BBC

# 苏格兰史

# A HISTORY OF SCOTLAND

[英国]
尼尔·奥利弗
——著

张朔然
——译

译林出版社

# 苏格兰史大事记

| | |
|---|---|
| 约45亿年前 | 地球形成。 |
| 约公元前8000年 | “寒流”结束，苏格兰已有采集狩猎的智人部落活动迹象。 |
| 约公元前2500年 | 农业生活方式传到苏格兰，但直到五百年后才占主要地位。苏格兰进入青铜时代。 |
| 约公元前1000年 | 铁器成为部族的核心力量。车轮传到不列颠北方。 |
| 46年 | 奥克尼国王同其他十位不列颠君王来到科尔切斯特，向罗马皇帝克劳狄乌斯称臣。 |
| 84年 | 据塔西佗记载，喀里多尼亚首领卡尔加克斯率领族人在蒙斯格劳庇乌斯抗击阿格里科拉的罗马军队，遭遇战败。这是有史书记载的发生在苏格兰的首场战争。 |
| 122年至129年 | 罗马人为抵御北方部落的侵袭，建造起哈德良长城。 |
| 410年 | 罗马人退出不列颠。 |

| | |
|---|---|
| 563年 | 圣科伦巴从爱尔兰来到盖尔人的土地,在艾奥纳岛上建造起修道院,成为北方王国的宗教中心,编写出著名的《凯尔经》。随基督教的传播,盖尔人开始具备读写能力。 |
| 685年 | 皮克特国王布里代在邓尼亨战役中击败盎格鲁人,并联合皮克特人组成皮克特兰王国。 |
| 8世纪末 | 苏格兰大地数次遭维京人劫掠。 |
| 843年 | 肯尼思·麦卡尔平统一盖尔人和皮克特人,成为苏格兰第一位真正的国王,其王国史称阿尔巴。 |
| 937年 | 布伦南布尔战役。挪威/凯尔特联盟和盎格鲁-撒克逊联盟的征战确立了不列颠南北割据的局面。 |
| 1040年 | 麦克白击败邓肯一世,统治苏格兰十七年后被邓肯之子马科尔姆三世取代,苏格兰开启坎莫尔王朝的时代。 |
| 1069年 | 马科尔姆三世迎娶玛格丽特,后者将成为苏格兰历史上唯一的皇室圣人。 |
| 1124年 | 大卫一世登上王位。他邀请诸多盎格鲁-诺曼家族来到北方定居,开启苏格兰的封建制度。 |
| 1237年 | 亚历山大二世与英格兰在特韦德河和索尔韦河中间划定边界线。英格兰首次承认苏格兰是一个独立、自由的王国。 |
| 1266年 | 苏格兰人在拉戈斯岛击败挪威人,并从哈康国王手中购得赫布里底岛。 |
| 1286年 | 亚历山大三世在三年内痛失三名子女,并在迎接 |

第二任妻子时不慎摔死。四年后，其唯一继承人，外孙女“挪威少女”玛格丽特病逝。苏格兰陷入混乱。

1292年 “苏格兰之锤”爱德华一世将约翰·巴里奥尔选为傀儡国王，挫败苏格兰独立运动。

1297年 威廉·华莱士在斯特灵桥大败英军。次年，爱德华一世以牙还牙，并在1305年捉拿华莱士，将其处决分尸。

1306年 苏格兰主教兰伯顿和威沙特用国王应得到人民同意的理据，罢黜约翰·巴里奥尔，推选罗伯特·布鲁斯为苏格兰国王。

1314年 罗伯特一世在巴诺克本以少胜多，击败英格兰，苏格兰迎来独立。

1320年 起草《阿布罗斯宣言》，向教皇若望二十二世重申苏格兰的独立地位。

1332年 受英王支持的爱德华·巴里奥尔北上讨伐，苏格兰独立再度陷入风雨飘摇。

1371年 斯图亚特王朝的首位国王罗伯特二世加冕登基。

1469年 从丹麦购得奥克尼岛和设得兰岛，现代苏格兰的版图正式确立。

1494年 在经历一个多世纪的权力斗争之后，苏格兰王室没收群岛之主麦克唐纳家族的土地和头衔。盖尔语从此变成一门次要语言。

1513年 詹姆斯四世应“老同盟”法国的邀请入侵英格兰，却在弗洛登战役阵亡。

| | |
|---|---|
| 1559年 | 约翰·诺克斯在珀斯发表布道，拉开苏格兰宗教改革的序幕，并历史性地提高了苏格兰人的识字率，为启蒙运动奠定基础。 |
| 1561年 | 苏格兰女王玛丽回到故里，等待接收英格兰王位，但在1587年被伊丽莎白一世处决。 |
| 1603年 | 伊丽莎白一世死后无子嗣，苏格兰国王詹姆斯六世加冕成为英格兰国王詹姆斯一世，不列颠迎来第一位联合君主。 |
| 1638年 | 苏格兰人为争取宗教自由，在爱丁堡格莱菲教堂签署《国民盟约》，不列颠因此陷入内战。 |
| 1649年 | “残缺议会”判决查理一世犯有叛国罪，他随后遭到处决。 |
| 1653年 | 苏格兰被克伦威尔纳入英吉利共和国。 |
| 1660年 | 王朝复辟，查理二世加冕为国王并阻击苏格兰的盟约派运动。 |
| 1689年 | 天主教徒詹姆斯七世诞下子嗣，爆发光荣革命。不列颠确立君主立宪制。长老会正式成为苏格兰国教。邓迪子爵约翰·格雷厄姆发动第一次詹姆斯党叛乱，并以失败告终。 |
| 1698年 | 达连公司首次远征美洲遭遇失败，这场经济灾难几乎摧毁了苏格兰的统治阶层。 |
| 1707年 | 《联盟条约》法案通过。大不列颠正式诞生。苏格兰人为了享受与英格兰结盟的经济利益，投票解散议会，放弃主权。 |
| 1715年 | 第二次詹姆斯党叛乱。马尔伯爵带领叛军试图恢 |

复“觊觎者”詹姆斯的统治，在谢里夫缪尔遭遇大溃败后结束。

1729年　　弗朗西斯·哈奇森担任格拉斯哥大学道德哲学系教授，拉开苏格兰启蒙运动的序幕。

1745年　　最后一次詹姆斯党叛乱以卡洛登战役收尾，“小觊觎者”查理战败，这是在不列颠本土上发生的最后一场战争。

18世纪至19世纪　　少数苏格兰家族因烟草、棉花等海外贸易攫取了巨额财富，但是苏格兰的富足仰赖着黑人奴隶赤裸的脊背。

1776年　　亚当·斯密出版《国富论》，与大卫·休谟、威廉·罗伯逊等思想家一道深刻地影响了现代世界的观念。詹姆斯·瓦特改进蒸汽机，为工业革命奠定基础。

1778年　　黑人奴隶约瑟夫·奈特经爱丁堡最高民事法院判决获得自由，苏格兰法律否认了奴隶制的合法性。

1802年　　沃尔特·司各特出版《苏格兰边区民谣》，并在随后的几十年中创作许多以苏格兰风景为背景，以苏格兰民族为主角的诗歌和历史小说作品，成为苏格兰民族身份的先行者。

1807年　　苏格兰发起了名为“高地清除运动”的土地改革，无数人被赶离土地，牧羊业取而代之。人们被迫前往城市务工，或远赴海外。

1822年　　乔治四世在司各特的组织安排下访问苏格兰，这是自查理二世（1650年）以来，联合王国国王首次

| | |
|---|---|
| | 访问苏格兰。满身格呢在此次访问中摇身变成苏格兰传统服饰。 |
| 1832年 | 第一次改革法案通过，投票权范围扩大到每八人中有一人。投票权范围在后续改革（1868年和1884年）中进一步扩大。 |
| 1843年 | 牧师任命权归属发生争议，苏格兰教会一分为二，反抗现行制度者出走组成苏格兰自由教会。 |
| 1853年 | 受爱尔兰自治运动触动，苏格兰权利全国促进协会和苏格兰自治协会先后成立，拉开了旷日持久的苏格兰自治运动的序幕。 |
| 1914年 | 第一次世界大战爆发，仅在战争的前一年半，就有超过30万苏格兰人踊跃参军。到1918年，约7.5万至12.5万苏格兰士兵战死沙场。战争的重负引发了“红色克莱德河岸”暴动。 |
| 1921年 | 在此之后的十年里，约50万苏格兰人移民海外。到1931年，每五个苏格兰人就有一个生活在苏格兰以外。 |
| 1934年 | 休·麦克迪亚米德组建苏格兰民族党。尽管一开始人丁稀少，民族党在20世纪70年代发展成一个主要政党。他们的唯一目标就是苏格兰独立。 |
| 1945年 | 第二次世界大战结束，造船、钢铁、煤矿等苏格兰传统重工业开始进入衰落期。 |
| 1979年 | 撒切尔夫人当选首相，取消了对苏格兰持续多年的经济激励和补助，靠国家救济生存的产业渐渐不复存在。 |

1999年　在苏格兰人自行投票解散苏格兰议会近三百年之后,新的苏格兰议会成立。

2014年　苏格兰政府举行全民公投,决定是否让苏格兰从联合王国中独立出来,45%的选民支持独立,55%的选民反对独立,据此结果,苏格兰留在联合王国内。

献给特鲁迪和埃薇

# 目 录

# 致 谢

写一本书最棒的部分就是当该写的都写完之后，你得以把自己希望牢记于心的名字都集合在一起。对这本名为《BBC苏格兰史》的书而言，能够将所有帮助过我的人尽数纳入这项伟大的工作，是一件格外令人满足的事情。

感谢魏登菲尔德和尼科尔森出版社的迈克尔·多佛在我写作过程中给予的耐心、鼓励和智慧——在最后截稿日期逼近时，只要听到他在电话中的声音就足以让我保持冷静。十分感谢林登·劳森，她细心而富有建设性意见的编辑工作让一切都大不一样。我还要感谢我的校对罗茜·安德森、凯特·因斯基普，以及卡洛琳·霍特布莱克和乔恩·莫瑞斯的图片研究。事实上，我非常感谢魏登菲尔德和尼科尔森出版社的整个团队。

就《BBC苏格兰史》项目的最初构想，我要向BBC公司苏格兰分部的尼尔·麦克唐纳和理查德·唐斯致以特别的谢意，以及奥黛丽·贝尔德、菲奥娜·克劳福德、桑德拉·布雷斯林和整个专业制作团队的其他成员。我由衷地感谢大家，特别是乔恩·莫里斯、斯蒂夫·怀特福德、凯蒂·霍兰、朱莉娅·杰米森和卡伦·默里。

如果没有每集纪录片背后的导演,莎拉·巴克利、克拉拉·格林、比尔·麦克劳德、简·麦克威廉姆斯、科林·默里、蒂姆·尼尔和安德鲁·汤普森的帮助和建议,这本书几乎是不可能问世的。没有他们,我简直都不知道该从何处着手。我衷心感谢大家。

内维尔·基德在弗朗西斯·麦克尼尔的协助下指导了这一系列每集节目的摄影。道格拉斯·克尔兢兢业业地进行了收音工作。当然,我能谈论的只有我自己的感受,但对我而言整个系列的拍摄完全是一种乐趣。

感谢威廉·莫里斯奋进娱乐公司可爱的尤金妮·弗尼斯对我一丝不苟的照顾,以及同样特别的索菲·劳里莫尔。一如既往地爱你们。

但尽管如此,没有人比特鲁迪更值得我感激了。当我在乡村优哉度日,或躲在家里的书房中为貌似永远赶不上的最后期限叫苦连天时,她一手包办了所有至关重要的事情,一切都取决于她,我永远无法对她表示足够的感谢。

一如既往,这项工作中的任何错误都是我一个人的。

# 引　言

一个人如何能够做到公平公正地看待苏格兰的历史？题材的博大恢宏，加上早已卷帙浩繁的典籍著作，足以使这项任务令人望而却步。我身处其中殚精竭虑，发现自己就像深深海洋中一条小得不能再小的鲦鱼，周围到处潜伏着庞然大物——更不用说还有几条虎视眈眈的鲨鱼和剧毒水母偶尔出没。不过，苏格兰是我一生挚爱之地。因此对我来说，书写苏格兰就如同书写一位挚爱之人，唯恐辜负了她。

我发现迈出第一步的唯一方法就是接受，甚至是颂扬如下事实：苏格兰的历史属于我们每一个人；它既属于现在居住在那里的每一个人，也属于无论现在身处何地，其家族谱系追本溯源亦扎根于这个古老国家的每一个人。最大的误解便是只有学者才有资格记录以及评论这片土地，这个民族的过往。相反，在我看来，我们每一个人都有责任去了解我们国家是如何，以及为何一步步走到了今天，呈现出当前的面貌。若不这么做，就相当于随手翻开小说中的某一页，并永远活在其中。历史是一段促使我们开启阅读本书的集体记忆——她让我们了解人物的出场，对于情节我们也有自己的几句话说。既然我们本身便是历史的幸存者，又怎能不为此着迷？“活着就是奇迹，”马文·皮克如此说道，而正是历史解开了我们是如何幸存下来的谜团。若是缺乏了解，我们就像漂浮在玻璃鱼缸里的金鱼一样，注定只能对当下的每时每刻报以茫然的惊诧表情。

苏格兰历史同时也是英国史、欧洲史乃至世界史中至关重要的组成部分。“边境”以北事态的发展，不可避免地影响着这个（至少目前还是）“联合王国”的周边国家的局势。苏格兰、英格兰、爱尔兰和威尔士就像一栋房子里合租的房客，虽然每人都有自己的一间屋子，可总免不了时常在大厅、厨房和客厅里遇到其他人。苏格兰亦对塑造更大的世界格局起到关键作用。苏格兰人在很长一段时间里都像是被世界放逐的流浪者，“衣衫褴褛的弃儿”，我们的民族天性也决定了在地球上其他每个国家的历史中，都至少有属于我们的几句台词。

其他姑且不论，历史永远是家庭事务——好的、坏的、丑陋的，以及彻头彻尾可耻和尴尬的——公开谈论历史总是会引起争议。苏格兰的历史就像其他国家的一样，都是事实和意见的结合——后者的力量至少和前者不相上下。这也是它最吸引人的原因。没什么比一场激烈的历史辩论更精彩的了。

一开始，我只是对自己家族的故事感到好奇。我想知道我们是从哪里来，以及为什么会如此。为什么我们会住在这栋房子里，住在这个镇上。我们的亲戚都是哪些人，他们又曾住在哪里，他们是做什么的，他们为什么做这些行当。最终我意识到是好奇心开启了我对历史最初的兴趣：我单纯需要了解这些我认识的人是如何融入了更宏大的叙事。通过这样的理解，宏大叙事变得就像发生在家里的任何事情那样有趣和迷人。

因此，当我得以参与BBC的《苏格兰史》节目时，我将这视作一生中难得的机遇。像这样通过电视台、广播节目、书籍、网站、音乐和演奏会来进行制作的全媒体节目，并不常有——也许一代人才有一次这样的经历——而能够拥有这样的机会，以我这一代人的视角讲述我们民族的故事，这实在是令我欣喜若狂。

我是作为田野考古学家开始我的职业生涯的，工作内容是协助发掘和记录下苏格兰从石器时代到工业革命之间所有时期的遗址。我的第一次“挖掘”是在艾尔郡达尔梅灵顿村附近一个叫作杜恩湖的地方，这次行动的指挥者是亲爱的汤姆·阿弗莱克，他毕生热爱考古，但直到人生后期才把它变成了第二职业。汤姆在第二次世界大战刚刚结束时拿到了他的第一个学位，专业是植物学，之后的岁月里他一直经营着一个蔬菜种植园。不过让我们许多人欣慰的是，在20世纪70年代，他又回到了大学，致力于学习他第二热爱的专业。当我们在80年代中期认识对方时，他正在为获得博士学位而努力奋斗。

我们当时正在考察的遗址后来被证实是几千年前狩猎与采集部落的野营地，现场发现的大多不过是极其微小的燧石和黑硅石碎片，那是很久以前人们用石块制造工具时遗留下的岩屑。汤姆天生的热情极富感染力，而为了让整个考察更有价值，他热情地向我们展示了他之前多年在遗址上辛勤工作的惊人成就。他胳膊下面夹着一卷白纸，领着我们这群人走到可以俯瞰杜恩湖铁灰色湖面的天然露台上，在一个不起眼的地方站定。然后他展开纸卷，那是一幅精心绘制的考古图，画的是我们站立之处近旁的一小块岩石地面，图上标注出了他在这区区几平方英尺里发现的几百枚燧石碎片的精确位置。乍一看它们似乎（也的确是）随意散落在地上。但稍过片刻，汤姆便指出图中有四处近似圆形的小块地方完全是空白的。每处大小不超过一块啤酒杯垫，四处形成了一个相当规则的长方形。所以呢？“这两块大一些的是他膝盖跪着的地方，”汤姆说道，指向两个并排的较大的空白处，“小一些的是他脚趾所在的地方。”

刹那间一切都解释得通了。在这一小块地方,曾有人双膝跪地,用石头敲打、制作出几件工具。细小的碎片便是当时落在膝盖和脚边的残屑,理所当然留下了四处空白。数千年前,一位人类的祖先跪在这块小小的地方。我们对这位久远之人几乎一无所知,甚至连是男是女都不知道,不过我们现在可以非常肯定地知道,他或者她,曾在这个地方度过了生命中的一些时刻,以及在这里他/她又做过些什么。

那一刻令我感到震惊,二十多年后的今天也依然如此。在这里,我和一个远古时代,和一个无名无姓的人有了近似于身体上的联系。这份平面图几乎就像一只手,指出了膝盖和脚趾曾经所在之处。能够找到某人曾跪于某处;明白了哪怕是生命中一些看似无关紧要的时刻都会留下几千年也难以磨灭的痕迹,这一点深深地打动了我。

和汤姆在小山坡上的那一刻永久地改变了我的人生,尽管他在几年之后便英年早逝。从那时起我意识到历史,即便是远古时代,其实也一直在我们身边。历史就在此时此地,我们伸手便可以触碰到。(我很清楚考古学和历史学被看作几乎独立的两门学科,后者由文献而来,前者则基于遗留下来的实实在在的物体,但对我来说这二者之间千丝万缕的联结远远超过阻隔。)

我认为,我们由我们居住的这片土地构成。我们呼吸这里的空气,饮用这里的水。我们吃的部分食物有时也是这片土地上独有的,而非几千英里之外空运而来。这片土地上的风景,以及我们对此的兴趣和欣赏,也毫无疑问地塑造了我们。于是我们通过这样的方式,渐渐吸收了我们称之为家园的这块小小陆地的本质。正是这些东西的原子组成了我们身体的一部分,因此,对我们这些居住在此地的人而言,苏格兰在某种程度上已成了我们的一部分。

因此，对我来说，苏格兰的历史便是一段私人的历史，而节目的制作过程也有着潜移默化的效果。在巴黎的法国国立图书馆，我近距离观赏了“阿尔巴国王编年史”，即所谓的苏格兰“出生证明”；在林肯城堡，我亲眼见到了《大宪章》四份原始版本的其中一份；我曾在罗马南部一座中世纪山丘小城阿纳尼漫步，而七百年前的苏格兰教士为了说服教皇承认罗伯特·布鲁斯为苏格兰国王，曾走过同样的街道和巷弄；我也造访过卢瓦尔河边的安布瓦斯城堡，这里是苏格兰玛丽女王度过童年时期的地方。

我们跟随节目摄制组走遍了苏格兰和英国其他地区，北至设得兰岛的“维京火祭”；南至多佛城堡，13世纪初期，年少的苏格兰国王亚历山大二世曾在这里指挥千军万马征服英格兰的领土；西至苏格兰基督教的第一故乡，爱奥尼亚的圣岛；东至圣安德鲁斯大教堂，一座令其前身黯然失色的圣殿。其中最令我印象深刻的是位于群岛中心，艾莱岛上的芬拉根。如今虽不复存在，昔日却曾是苏格兰诸王争夺的要害。所剩无几的废墟，仿佛是一道无声的标识，讲述了权力与意义的转瞬即逝。

如果在节目录制前我就深爱苏格兰，那么现在更甚。我以为自己已经足够了解这片土地，可过去两年间不断的发现与再发现则有如天启。有些故事会让任何一个苏格兰人感到骄傲；也有很多让我们恨不得羞愧而死。可当你爱一个人时，你要么就是爱她的全部，要么就是一点都不爱，你既爱她的好，也爱她的坏。

苏格兰的历史是世界上最古老的历史之一。其中极其微小的一部分便是我和我家族的故事。仅仅是属于这样的故事，对我而言，便已足够。

# 第一章

# 时间的基石

我出生在暴风肆虐的岩石上，厌恶阳光普照的大地上温柔生长的人，他们的骨头未经霜冻。

——利亚姆·奥弗莱厄蒂

那么，从哪里开始呢？

这部苏格兰史的第一句话来自一个爱尔兰人，以及他对伊尼斯摩尔岛的思索——那是爱尔兰西海岸阿兰群岛中最大的岛屿。不过有时候，对一个地方、对家乡的感受方式能够超越民族和地域。有时候，你反而会在其他地方和回忆中找到恰切的表达——那就是记忆，和历史本身同样重要。

在记忆或历史之前，位于所有事物最底层的是岩石。岩石塑造并考验我们。正如我们是家庭成员的一分子，我们也是脚下这片土地的一部分。魔法是变幻莫测的，但苏格兰古老的风景地貌中闪烁的是真实的微光。这也是一个环境艰难严苛的地方：大部分地方都风暴肆虐，而非阳光普照；这点至关重要。正是这样的地貌造就了苏格兰的故事和传说，造就了苏格兰人这个民族，因此也比我们用双手创造的任何东西都更持久，更刻骨铭心。

使人联想到苏格兰先民的最久远的事物，是用石头做的。有的从岩床中开凿出来，向天空矗立；有的用作艺术作品的画布；有的高高堆叠，筑成为活着的人和死去的人建造的住所；有的被炉火烧灼，迸裂；有的打碎抛光，做成工具。但历史仅仅从使用工具的人类开始还不够；正确的起点应该是岩石本身。在岩床的形成过程中（四处游走的岩石碎片聚集成为一片新的陆地，有一天它将被命名为苏格兰），隐藏着一条信息，也许是一则预言，预示了这个国家的形成和未来。

你选择从哪一刻开始看这个故事都不要紧：总有人会说你开始得太迟了。因此，为了抗衡这种批评，这本苏格兰史将从45亿年前地球的形成开始。大约50亿年前，一颗濒死的恒星爆炸了，产生的热量和气体填满了宇宙的一个小小角落。混沌中，一颗新的恒星被点燃了生命，而环绕在它周围的持续冷却的恒星残骸，就组成了这个世界，苏格兰和我们。炙热的星云冷却下来，凝结成团块。其中一些物质聚合在一起形成了这颗星球，被足够的引力牵制住，直到最终在它自己周围形成了一层薄薄的，能够维持生命繁衍的气体。

早在大气层或生命出现很久以前，一个不比地球小多少的物体撞击了这颗年轻的星球，带走了其中一大块。这个神秘的袭击者继续沿着太阳或无限空间的其他轨道向前运行，但是被撞飞的那一块在地球的引力作用下还留在附近。撞击的力量将碎块的温度升至沸点，起初它是一大团被困在地球轨道上的液体，经过一段时间之后液体冷却下来，固化成为月球。经过极其漫长的时间以后，生活在史前苏格兰大陆的人们就学会了计算那位银色旅伴的相位，追踪它穿越天空的轨迹。他们会竖起巨大的石块，排成圆形和道路的形状，有助于记住和预测它的出现和消失。不过这一切都必须等待，等到几十亿年过去，等到岩石移动数千英里，才得以组成现在这块大陆，让苏格兰人行走于其上。

地球因为这一次冲击而变得步履蹒跚，自转围绕的轴心以一个活泼的角度永久地倾斜了，但还是在继续摇头晃脑地旋转。无休止的运动使地球成了一个巨大的发电机，产生电磁场以保护地球上所有生命抵御最致命的太阳辐射。当条件符合时，人们能在苏格兰观测到北极光：地球磁场和太阳粒子发生噼啪作响的碰撞所产生的效果。

同样的磁场也决定了南极和北极的位置。位置并非固定的，而且已经围绕地球移动了很多次，每一次都引起了巨大的混乱。但是个别石头在形成的那一刻记下了北方的位置，这个位置在它们内部留下了永久的回音。地质学家通过倾听回音来辨别这些不同种类的岩石形成的那一刻正处于地球表面什么地方。如果说地质学能给出一块石头的出生证明，那么永无休止的地球磁场则仔细地给每块石头标注了“时间和地点”。

地球围绕太阳这颗年轻恒星的运行轨道也被造月的那次撞击更改了，变成一个规则的椭圆形状。在我们一年一度的绕行期间，对地球上的生命来说，太阳的温度不再是恒定的了。我们离火炉有时远，有时近。这样就决定了四季的轮回。

撞击产生的超高温度使大部分地球又变成液体，在冷却的过程中形成了同心层，而球体外层也形成了一层薄薄的硬壳。外壳下面依然是液体，随着热量的流动，上升至表面或向地心沉没，液体的流动努力使外壳保持永久的运动。地壳由各块大洲规模的陆地组成，因此也极度不稳定。这些薄薄的“鳞片”或“板块”，像持续移动的拼图片一样紧紧挨在一起；或者被扯开裂隙，从中渗出灼热的熔岩，就像蛋白质渗出鸡蛋壳的裂缝。板块互相上下滑动，让上面的那层在寒冷的宇宙中变硬，下面的则被推回地狱的熔炉中。

尽管苏格兰国家和民族的完整历史追溯至地球诞生的混乱时期，从岩石形状的塑造开始，但事实是，没有任何物理证据可以证明这个地方，以及构成这个地方的、占据地球生命三分之一时长的岩石彼时已呈固体的形态存在。15亿年之后，现在被称为不列颠群岛的北部三分之一地区才开始出现特定的地质状况，揭示它是如何来到今天的这个地方的，以及更有趣的是，它在这过程中经过的地方。

苏格兰人脚下最古老的岩石叫作刘易斯片麻岩。这种岩石构成了刘易斯岛、西部群岛其余部分、内赫布里底群岛和西北部沿海地区一些地方的岩床基底。它们是在30亿年前，甚至更早的地壳深处形成的。刘易斯岛上的卡拉纳斯石圈是距今将近5 000年前由整块的刘易斯片麻岩蜕变成的。不过构成刘易斯岛的岩石早在距此至少30亿年前就形成了。

随着漫长的岁月过去，更多种类的苏格兰基岩形成了：比如古老的托里多尼亚砂岩，其中一些带着沙漠覆盖陆地时代的记忆；石灰岩最初由早已干涸消失的河流和海洋沉积而成；大片的玄武岩和花岗岩由岩浆喷出，流经片麻岩中的裂缝，形成了哈利斯山脉的内核；更多的花岗岩形成了凯恩戈姆山脉和南部高地的部分地区。地狱般的高温在适当的时候会把一些石灰岩变为大理石，把砂岩变为石英石。

各种地形地貌的碎片最终会结合在一起，让苏格兰在地球上开启一段永无止境的旅程。当大陆板块在地球表面移动时，它就像巨大的石筏漂浮在熔化的海面上，组成苏格兰的各个部分也随之一起移动。大部分时间它们位于赤道以南，而不是以北。更漫长的时间过去，这些建筑砌块或围绕南极，或向北漂浮至赤道甚至更远。苏格兰的岩石曾孕育了热带雨林、沙漠、沼泽、青翠草原和不计其数的温带林地；它曾搭载过蜥蜴和恐龙、狮子和狼、河马和大象、熊和巨麋鹿，当然也有远古人类。乘客们在气候适宜时上车，在气候恶劣时下车，有时大地冻结在厚厚的冰层之下，解冻，然后再次冻结。

正是这些难以想象的强大力量驱使苏格兰的岩石穿过地球表面，也让它像太妃糖一样被扭曲、挤压和折叠。有1亿年的时间，大部分岩石淹没在热带海洋下面。微小的生物在浓稠的海水中生存和死亡，当它们的无数尸体沉入海底后，形成了厚达几百米的白垩层。几百万年后，这样的白垩层被冰川冲走，几乎不留一丝痕迹。

5亿或6亿年以前，一部分苏格兰岩石位于一块被地质学家称为劳伦古陆的大陆块边缘。在一片至少与现在的大西洋一样宽广的海面，即所谓的“伊帕图斯大洋”的另外一边，有一块被称为阿瓦隆尼亚的大陆，未来有一天会成为英格兰和威尔士。接下来的2亿年里，板块运动导致这片海洋渐渐合起，在这个过程中海水要么被消耗，要么被推向了其他地方。

到了差不多4亿年前，劳伦古陆和阿瓦隆尼亚大陆彼此并拢。板块相遇时上下交错，粗暴的撞击在海面上形成了一条弧线状的岛屿带。两大洲最后合并时又将这些岛屿依次包夹起来，它们的山峰和山谷最终形成了苏格兰高地。这是苏格兰和英格兰有史以来第一次合为一体。这块大陆终将四分五裂，地质学家把它称为“古红砂岩大陆”，它坐落在赤道以南的某个地方。除了一部分未来的不列颠群岛，它还包括了格陵兰岛和美洲大陆。

苏格兰还有一段很长的路要慢慢地走。到了3亿年前，地球上的所有大陆都融合到了一起——这块幅员辽阔的巨大地貌被称为“联合古陆”。整片大陆向北漂移，携带着深陷内陆的不列颠群岛的建筑砌块。在这段时间里，我们大陆的岩石上覆盖着沙漠，那是早期恐龙生活的地方。沉积物中有它们在很久以前留下的脚印，时至今日仍然能在苏格兰发掘出来。

地球不断转动，板块移来移去，联合古陆沿着几条裂缝分开，当一条新的裂缝出现时，未来会成为大西洋的海水开始聚集在一个巨大的深渊中。差不多6 000万年前，当大西洋持续拓宽时，苏格兰岩石从未来会成为北美洲的大陆中剥离出来，留在东边的海洋里，从此它们就是未来的不列颠群岛和欧洲的一部分。海平面下降，首次出现不列颠群岛的轮廓，虽然只是一个粗略的草图。

从来就没有心平气和的分手。大陆板块的四分五裂将地壳置于难以承受的压力之下。满目疮痍的地表之下，温度不断飙升，一条巨大的火山链相继爆发，形成了艾尔萨岩、阿德纳默亨半岛、阿兰群岛、穆尔岛、朗姆岛、天空岛和圣基尔达。当岩石抵达它们今天所处的位置（岩石所在的位置其实并不比它们的其他特质更恒久）时，它们相当于你能想象的最破旧、磨损最严重的漂流包裹，连发件者都未必认得出。

总而言之，这是一个几乎不可能令人相信的传说，但它包含了一条讯息和一个提醒：正如国家的诞生仅属偶然，一个被称作苏格兰的政治实体从来都不是必然的，因此苏格兰岩石的凝聚力也绝不是预先注定的——它们分别来自四五个大陆板块的碎片。

我们今日所知的西部高地、北部高地、中央高地、中央低地和南部高原只是来自其他时期和地方的残余：部分工作还在进行中。这些碎片是在压力和时间突发奇想的作用下偶然聚合到一起。一切本可以完全不同，1亿年后，一切也许又会不同。从来没有什么是永恒不变的；万物皆在运动中，唯一不变的只有变化。

大约3 000万年前，冰川的力量开始在世界范围内横行肆虐。过去300万年间，它们以类似“神谴”的能量和暴力塑造了我们整个大陆。不断的结冰和解冻在漫长而寒冷的冰河期和较短而温暖的间冰期周而复始。我们现在依然生活在冰河世纪，在过去75万年间，寒冷时期持续的时间比以往更久，气候变化也更剧烈，每一段几乎都要持续10万年。冰川的前进和后退迫使苏格兰的山脉降至断齿处，仅及原先的残余部分，山谷中数百万吨的岩石因此被推入低地或更远的海中。在我们之前，这片陆地上的最后一个署名以冰雪写成。

与我们外表大同小异的现代人类，一开始居住在非洲的东南部地区。大约能装满一个手提箱的骨头证据证明大约10万年前就出现了现代智人。他们从那个温暖的摇篮向北迁徙，然后向东，向西，逐渐向四面八方扩散，直到旧世界的每个角落都留下他们的脚印。

不列颠群岛存在现代人类的最早证据来自德文郡的肯特洞穴。人们从石灰岩洞穴里发掘出一个妇女的下颌骨，放射性碳检测结果追溯至大约3万年以前。她是上一次冰河期之前不列颠群岛唯一已知的幸存者。尽管她和我们之间隔了千万年之久，但我们是一脉相承的。在英国其他遗址（如肯特郡的斯旺斯科比和西萨塞克斯的博克斯戈罗夫）发现的骸骨，揭示了这里存在着更古老的祖先。这些早期人类甚至早于智人尼安德特亚种，也就是尼安德特人的祖先。在那个时期，人类在一个比现在宜人得多的气候下捕猎巨鹿和犀牛。

但是我们完全找不到上一次冰河期来袭前生活在不列颠北部三分之一地区的人类，那应当是苏格兰第一批人类的踪迹。假设虽然很可能成立，可每一样能证明他们确实在这里生活过的东西——工具、居所、兽骨、艺术作品或遗骸——所有这一切似乎都被后来的冰雪抹去了。

上一次冰河期在大约2.5万年前开始，也许是因为地球在轴心上摇摆不定的晃动使北半球更加远离太阳的温暖；也许原先的轨道再次被改变了，变得更加椭圆，公转的两个极点也偏离维持生命的阳光照射更远。不管是什么触发了冰河期，气候的急剧恶化足以让任何生活在这片大陆上的人类察觉到异样。

在几代人生存期间，气温有了显著的下降。几乎很少下雨，尤其在较高的地方，只有雪越积越厚，直到下层不堪重负压成实冰。北方的山脉形成了巨大的冰雪穹顶，包裹住了最高的山峰。冰盖的蔓延引发了气候的恶性循环。北半球越来越多的地方被白雪覆盖，将太阳散发的热量反射回去，加速了降温过程。降水越来越少，因为大气中无论形成什么沉淀物（雨、雪、冰），都被冰层吸收了。出于同样的原因，海平面也在下降，与此同时，巨大的冰雪穹顶变得越来越厚，越来越重。

由于冰体大到连群山也无法容纳，它们开始向周围和较低的地貌延伸。所及之处，它们能将淤泥般的浮层大陆变为某种润滑层，使厚达几英里的冰体得以磕磕绊绊地向南推进。岩石被困在冰体的最底层，就像被用一张你能想象的最粗糙的砂纸压在地面上摩擦。在天空岛的库林丘陵上，摩擦造成的伤痕深深蚀刻进岩石，告诉了我们冰体滑过岩床的方向。冰的重量把陆地本身压进了下面的地壳，在冰川鼎盛时期，北欧部分地区的位置比现在要低好几百米，就像被一个胖子一屁股坐塌的沙发。

冰原驱赶着阻挡在它面前的一切。为了逃脱它的魔爪，人类和动物一起向南迁徙。覆盖冰雪的山脉催生出巨大的冰川，冰川滑入山谷，使它们变得更深，更宽。不计其数的岩石从山脉中崩裂，滚落至下方的山谷。越过高地向南，冰川留下了一道温和而不引人注目的景观，到处是绵延起伏的丘陵和河谷。除了冲刷和开凿，冰原还产生出一些新的沉积物。大量的淤泥和碎石散布在低洼地带，日后将成为不列颠群岛最肥沃的良田。

大约1.6万年前，上一次冰川期达到了它的顶峰。冰原向南直至威尔士和英格兰中部地区，而这块土地上所有人类栖居地的踪迹都被彻底抹去了，就像抹去黑板上的粉笔字一样。然而从那时起，气温开始升高。也许地球又倾回轴心，增强了阳光照射的作用；或许我们的运行轨道变圆了一些。不管怎样，地球开始变暖了，冰川也随之融化和消退。

被冰层、岩石和时间凿出的山谷积满了融化后的雪水。当大量的水再次注入海洋时，激起了万丈高的巨浪。千百年过去，形成了我们今天看到的海岸线。海水冲过冰川开凿出的低谷，形成了苏格兰西部沿海地区独一无二的轮廓。早在上升的海面淹没一切之前，阿尔舍湖、蟠龙湖、杜伊奇湖、埃里伯尔湖、芬尼湖、地狱湖、拉克斯福德湖、林尼湖、长湖和托里登湖以及其他所有的峡湾就已被冰川切割并塑造成型。

在洪水无法企及的内陆，冰川融化后的水注入被切开的伤口，形成了阿弗里克湖和阿凯格湖、洛希湖和卢卡特湖、莫纳湖和莫拉多克湖、莫勒湖和尼斯湖。大河从南部高原流出，灌溉了下面肥沃的平原。克莱德峡湾、福斯湾、泰峡湾提供了方便深入内部的路径。

海水和融化的冰川水以高光打亮的方式显示出古代断层线和地质断裂。马里湖和蟠龙湖、申湖和拉克斯福德湖被冰川切割，在凿出的刘易斯片麻岩上留下了从西北到东南的纹理。反之，大峡谷则是从东北到西南——它追随冰川走过的路径，两个构造板块之间巨大的地质断层线宛如一道刀伤贯穿了整个苏格兰。这些地貌先在地质的作用下塑形，又经过冰雪的改造，比人类所创造的任何标记都更深刻。

在人类留下脚印前很久，地质和冰雪就密谋把苏格兰大陆一分为二。山谷中逐渐形成的酸性土壤和北部、西部崎岖不平的山坡只适合放牧最好养活的家畜，种植最坚韧的作物。大峡谷的南部和东部会形成肥沃一些的土壤，日后将成为农作物栽培的“面包篮”。人类注定会来到这里，并最终在两块截然不同的陆地上定居下来，这至少某种程度上已经由自然和土地本身的性质决定了。

这些都是后来的事了。从大约公元前12500年开始，随着气候变暖和冰雪消退，生物得以在冻土地带立足。底层土壤原先全年处于冻结状态，但在短暂的夏季，表层土壤的解冻使得这片地带在数千年来第一次出现了绿色风景。食草动物受到了诱惑，成群结队地去向北方。猛犸象、披毛犀、野牛、巨鹿和驯鹿——当苏格兰处于亚北极气候时，它们都在这片陆地上游荡。这里环境虽艰难，却适合耐寒动物繁衍生息，它们既能享受广阔天地，也能一眼看到远处的掠食者。

大地持续升温，风从南方带来了其他物种的种子，兽群带来的则更多，直到后来林地取代了平原。在平原地带感到安全的动物——比如驯鹿和野牛，要么离开这里去别处寻找草地，要么就等待灭绝。在它们的地盘上出现了喜欢隐蔽在树丛中，或埋伏在森林植被阴影里的野兽。

苏格兰披上了一层由白杨、桦树、榆树、榛树、柠檬树、橡树和松树织成的斗篷，各种各样的生物在斑驳幽暗的森林里游走：野牛、野猪、鹿、狍子、麋鹿。上方的树冠里，臭鼬、貂鼠和鸟类窜来窜去。栖息着河狸、水獭与野禽的河流和小溪向海岸奔腾而去，当然还有各种各样的鱼类。哪里有猎物，哪里就有猎手，因此也少不了狐狸、熊、野猫和狼。

如果这片大陆曾经只有动物没有人，那么就是这段时期。它当然没能持续多久。有野兽可捕猎，有野果可采集，这些诱饵也将另一类机会主义者吸引到了北方，他们是最致命也最心狠手辣的掠夺者。冰层消退了，大地恢复了生机，人类也出现了。

在冰川融化后，我们没法确定人类是在何时重返苏格兰大地的，但他们肯定发觉了环境尚未稳定。最初，解冻导致了海平面上升，但随着冰川重量的减少，陆地开始比海面上升得更快了。沙发终于从胖子的屁股下解脱出来，开始恢复原本的形状。陆地渐渐从海面升起，这个过程一直持续到今天——所以说苏格兰确实在蒸蒸日上，而沙发另一头的英格兰,则稳步朝英吉利海峡下沉。

偏偏在经历了最初几个世纪的气候变暖之后,冰雪又回到了不列颠北部,这让情况变得更加复杂。公元前10000年后的某个时期,所谓的"寒流"肆无忌惮地摧毁了所有好转的迹象。从洛蒙德湖到兰诺赫高地的某处中间点,再一次形成了冰川,冰川又一次穿过了山谷。所有的生命(植物、动物,也许还有人类)再一次被驱逐出这里长达几个世纪,直到最后一次冰雪融化。

到了大约公元前8000年,"寒流"结束了,最后一点冰川也融化了。融化的冰水再一次注入大海,海平面再一次上升,陆地的反弹和上升的海面之间又跳起了复杂的舞蹈——有时一方占据了大部分面积,有时是另一方。苏格兰到处都是"高耸入云的海滩",曾紧靠大海的悬崖峭壁如今却深居内陆。潜水员则在其他地方发现了海底的斜坡,它们在被上升的海水淹没之前曾是陆地。

无论如何,对第一批定居者来说,水域比坚实开阔的陆地更有用。几千年来,大部分陆地被茫茫无际的原始森林覆盖,人们只能沿着河流和海洋航行。如果人类最初栖息的踪迹是在海岸边和河岸上,那么上升的海面和反弹的陆地之间的对抗(直到公元前4000年左右才消停)抹掉了第一批人的许多脚印。

地质学家和地理学家认为,在相对较早的时期,位于苏格兰西海岸的艾莱岛和朱拉岛可能是一个无冰区的中心。1993年,一位在布里真德参加野外徒步考察的考古学学生,在艾莱岛鲍莫尔酿酒厂附近发现了一个石质箭头。这个箭头是大约公元前9000年制作并使用的,证明了冰层一退——很有可能在寒流期间或就要来临之前——人们就开始开采和利用不列颠群岛北部的自然资源了。最早期的发现确实寥寥无几,可证据的稀少并不是证据的缺失,毫无疑问,还有其他的痕迹有待发现。

朗姆岛坐落于马莱格西北海岸港口离岸15英里左右，像一颗胖墩墩的钻石。从北到南大约8英里，从东到西也差不多是这个距离，总共占地约1 000公顷，几乎都是贫瘠的山地。整个28英里的海岸线只有一个入口——金洛克，位于东边的斯科特湖的源头。第一批开拓者正是在这里登陆，就像今天来到岛上的游客一样。

至少早在9 000年以前，人们就找到了登岛的路，也许是从艾莱岛和朱拉岛往南走。任何在苏格兰西岸水域划过小船的人都会知道，陆地和海水的混合处只有烂泥。海湾与大海本身融合在一起；四周都是岛屿和小岛，或者那是海岸吗？除非你时刻查看海图，否则太容易失去方向，不知道前面是大陆还是岛屿。

现代人总是以汽车为交通工具，这让我们看到的风景和我们的祖先完全不同。我们看到河流、峡湾或海峡时，看到的总是一道需要桥梁或渡轮才能越过的障碍，而习惯于驾船航行的古人看到的则是通衢，甚至捷径。对第一批乘船而来的开拓者而言，“岛屿”的概念在很长时间里是无意义的。既然最好的出行方式是水上交通，谁会在乎目的地是不是“大陆”？

即便如此，关于朗姆岛的一些事情既有着强烈的吸引力，又令人望而生畏。仿佛有人给岛上施了咒语，对几千年以前的人来说它想必是一处若隐若现的晦暗之岛。作家加文·麦斯威尔在小说《孤注一掷》中写得好：

> 朗姆岛是一个奇怪的地方，如果真有一个赫布里底岛的话，恐怕就是这么恐怖而怪诞。就像“库林”这个名字一样，所有的山丘都是黑暗荒蛮之地，绝大部分都是伫立于海中的陡峭险壁。它们

甚至有“朗姆·库林”这样的名字，但灵魂大相径庭，更古老，更令人沉思……如果有一个地方可以让我相信每一个盖尔人的民间传说和野蛮迷信，那它就在此地的阴影之中。

我在距今二十多年前的本科毕业论文中引用了这段话，那时朗姆岛（Rum）仍然沿用拘谨的维多利亚时代的拼写（Rhum）。1986年夏天，我在俯瞰斯科特湖的一片“农田”参加挖掘活动，我想亲身体会一下发现某样东西的快乐，至少能和考古学家共事。在翻地的过程中，自然保护委员会雇用的林业工人注意到有大量敲凿的碎石，还有一个美丽的、锋利的、缠绕的箭头——然后考古学家便前来考察。林务员不小心踩到的是当时已知的苏格兰最早的史前聚落遗址。

此处发掘最终共计发现了超过15万片碎石片和工具，经考古学家鉴定为中石器时代的人类居民制作。像旧石器时代、中石器时代和新石器时代这样的标签往往既帮助归类，也妨碍归类，但它们提供了某种秩序感，否则我们更加不知道自己面对的是什么时期、什么风格的古器物。但是人们不会周五晚上睡觉时还在中石器时代，只是因为周末突发奇想，认为采用新技术会让他们的生活变得更好，周一起床就进入新石器时代了。重大的变化和发展不会连贯发生，更不用说一夜之间发生了。有着不同生活方式和工作方式的人们会同时并存几个世纪或更长的时间。

放射性碳检测的日期证实了金洛克这处遗址的重要性，它告诉我们这些先民们至少从公元前7000年起就开始在岛上生活。挖掘出的其他证据，如住所和生火留下的痕迹，说明他们不只是在白天活动。在岛的西北海岸有一座山叫作“血石山”，在数千年前从金洛克上岸的狩猎采集者眼中，正是这座山使朗姆岛成为特别目的地。血石是一种玉髓状硅石，和燧石差不多，可削成薄片并制成锋利的工具。而血石山的玉髓石质地尤其出色，拿来制作细石器的刀片格外理想，安装在木头、兽角或骨头制成的手柄上，可制作出锯齿状边缘。（考古学家鉴定这些细石器为中石器时代人类制作工具的关键特征——几百代人类就这样被细小的石片分门别类。）

除了来到岛上收集原材料，并把其中一些加工成工具，这批狩猎采集者还留在了岛上——也许几个星期或几个月。人们在山下的吉尔迪尔湾收集到血石碎块，显示古人当场对这些石头进行了质量筛选，随后这些“坯料”在金洛克的一个成熟有序的营地被加工完成。

为了在岛上待得更舒服，这些开拓者搭建了类似美洲印第安人住所的圆锥形帐篷，用从我们已知当时岛上生长的榛子树、桦树和柳树上割下的树枝搭成大致框架，然后将灌木或兽皮覆盖在上面。1万多年以前就住在苏格兰这片土地上，并学会利用自然资源的人类，从各个角度来看都和我们相差无几。以潜力、身体素质、智力，以及外表而言，他们完全是现代人，和今天的人没什么分别。他们所处的环境当然和今天大不相同，技术的落后限制了他们的成就。他们和我们之间的区别只有时间。

如果这群人更早出现，去捕猎苏格兰苔原上的野生驯鹿，那么第一批进军北方荒原的探险就值得同现代人类的边疆生活相比较。

> 他们身上披着皮毛和软鞣皮。呼出的水汽在睫毛、双颊和嘴唇上都结了冰，使得他们的面容都无法辨认……但在这一切之下，他们是人类，穿过荒凉、徒劳和死寂之地，一场场微不足道的冒险汇聚成一场庞大的冒险，使他们对抗一个遥远的、陌生的，像宇宙深渊一样无声无息的世界。

杰克·伦敦在《白牙》里想象19世纪晚期加拿大育空地区探矿者,或者说淘金者遭遇的艰难困苦,写下了上面这段话。

“但在这一切之下,他们是人类”:当我们想象苏格兰的第一批探险家时,应该牢记这一点。人们在一块广袤无垠的新大陆面前显得如此渺小,却能够毫不畏惧,带着无情的决心面对它。从欧洲北部其他地区发现的人类骨骼来判断,冰川期结束后来到此地的先民也许比今天的人类身材矮小。男性身高大约在1.67到1.73米之间,女性不超过1.65米。随着时间的推移,人们学会了充分利用现有的资源,祖先们后天习得并掌握了这些技能,将它们永久地流传下去。

对苏格兰而言,他们可能是新来的物种,但上一次冰期结束之后来到这里的现代人类,至少已经在地球上其他地方存活了9万年之久。他们为了开发利用环境而创造的物质文明是来自远古时代的经验和实践的产物。他们可能比任何一个19世纪的探险家都更善于野外探险,更灵活,装备也更齐全。

由于想从采集到的物品中获得温暖和保护,他们会穿上舒适合身的兽皮和毛皮制作的衣服和鞋子,用骨头、兽角、木头或石头做成纽扣(如牛角扣)系牢。石头留存的时间最久,故而埋在地下数千年后,在考古学家发掘修复的东西中,以石头为原材料的最多。但对早期定居者而言,石头并不比其他材料更重要,甚至是次要的。他们的工具箱包括用来打猎的矛和刀;用来加工圈套和陷阱的细绳和绳索;用来切割、制备兽皮的工具;用来修补衣服的针线;还有采集野果要用到的包和篮子。他们还需要生火工具。他们佩戴首饰和其他有象征意义的东西,这些图腾能表明本人身份、和他人的关系,以及关系的密切程度。最重要的是,他们会把之前无数代祖先流传下来的实践智慧牢牢记在脑中。

在至少公元前8000年登陆苏格兰大陆之后，人类发现自己身处超乎想象的丰富自然资源中：各种各样可捕食的动物；各种各样可采集的野果。海岸线周围环绕着盛产鱼类与贝类的河流和海洋。这是一片丰饶之海，提供的日常食物比我们现今所知的任何饮食方式都更加健康。因此，尽管疾病和伤痛时常给那时的人类带来生命危险，并且他们也缺乏现代社会视为理所当然的药物和治疗，但超乎想象的自然环境所馈赠的食物，也算在某种程度上进行了弥补。

千百年来，这群狩猎采集者走过了沿岸的每一寸土地，他们的生活方式就是唯一的生活方式。先民留下了幽灵般的痕迹，表明他们是游牧民族：流浪者，而非定居者。他们不豢养动物，除了狗，也许是出于安全、陪伴或者狩猎的缘故；他们亦不种植作物。相反，他们往往听从需求和欲望的召唤，从一个地方迁移到另一个地方，形成季节性的循环，也许是沿袭了早先设定好的，历经世世代代流传下来的固定路线。他们还驾驶小船，顺着河流和小溪深入探索内陆腹地。不过西海岸周边的岛屿尤其引人入胜，本领高超的水手即便驾驶最小的筏子也能抵达。

正是因为远离现代社会的喧嚣，让这些岛屿在考古学家眼中变得有趣和值得研究。苏格兰大陆的大部分地区是通过农业和林业、城市化、工业、道路建设等方式发展起来的，但在内外赫布里底群岛、奥克尼岛以及设得兰岛，人们对自然风景的破坏性干预却少得多。正是出于这些原因，我们才得以在这些离岸岛屿上发现这么多早期人类栖息地的短暂痕迹，完好地封存于历经千万年形成的泥炭层之下。从科伦赛岛、奥龙塞岛、艾莱岛、朱拉岛，以及朗姆岛上发掘出的史前器物和其他遗迹，使得我们可以一窥全豹。

这些如堡垒般坚固、封闭的岛屿使得苏格兰最早期人类定居地的大量物品得以保存，我们同样在本土大陆上也发现了许多中石器时代的人类活动遗址。在靠近东洛锡安海岸邓巴的伊斯特巴恩，考古学家被召集去考察一片即将被石灰石采矿场吞没的场地。在那里，他们发现了一处以结实的柱子建成的椭圆形大宅的遗迹。天然的石材经放射性碳元素检测，显示这座“大宅”实际上是一个巨大的圆锥形帐篷式的建筑——大约在公元前8000年建成并使用。往西，在爱丁堡郊外福斯湾南岸的克拉蒙德，人们发现了燧石制成的石头工具，以及烤过的榛子壳，而榛子是丰产的食物来源。这些微小的遗迹能够追溯到大约公元前8500年，是迄今为止在苏格兰发现有人类居住的最早证据之一，甚至比朗姆岛发现的营地还要早。克拉蒙德岛上的狩猎采集者选择此处制造工具和采集食物可谓明智至极，位于阿尔蒙德河和福斯湾交叉的地点便于他们捕捞各种海水和淡水食物。

大约1 000年后，公元前7500年，在韦斯特罗斯的阿普勒克劳斯附近的桑德地貌，一个家庭以天然岩石作为栖身之地，以石材、兽骨和兽角制作工具，并且用它们来捕猎红鹿和鸟类。他们采集贝类，吃完后把空壳丢成一堆，也叫贝丘。更有意思的是，他们把宝螺的贝壳和野猪的獠牙打磨做成首饰，并且收集红赭石和一种能提取紫色染料的犬峨螺。很显然，食物的充足让他们有闲情逸致去发掘生活中美好的事物。

我们永远不会知道在冰雪之后的头几千年里，生活在苏格兰的狩猎采集者数目到底有多大——或多小，高也不会高出几千，低也不会低于几百——但我们现在足以认为，最后的解冻期开始之后没多久，苏格兰就已经是一块宜居的大陆，持续了8 000年甚至更久的冰期结束了。

无论气候如何波动，海平面如何不断调整，不列颠都被视为一块宝地。人们往两个方向迁徙，朝向或远离欧洲大陆。消息传到了其他人口差不多的部落，这里方便捕猎打鱼，可采集的野生食物种类繁多，气候也同样宜人。一代又一代，一个世纪又一个世纪，人们不断拥来。

狩猎采集的生活方式意味着每一个相对较小的群体都需要相对较大的领地进行活动。从南边和东边来的新人很有可能不受欢迎，只能继续向北、向西而行。旅人陆续到来，并意识到必须继续寻找空旷无人的陆地。不是出于人口压力，更像是挽着野餐篮，带着野餐垫的一日游游客，情愿沿着海边走远一点，这样可以找到一个更清静的地方，可以更自在地开展活动。

最令人沮丧的是，虽然我们能够绘出一幅相当翔实的狩猎采集生活图景，我们依然无法了解人类祖先关于这个世界的想法。如果说我们对苏格兰原住民的精神生活一无所知，那么我们至少可以研究一下其他地方发现的线索。在如今的丹麦东北部的维德拜克，考古学家发现了中石器时代的一处人类定居点，差不多就在第一批探险家进入苏格兰的同期。出土的迹象表明人们一次又一次地来到这里，也许持续了几个世纪之久。然而最让人困惑的是遗迹中发现了一个墓地。尽管那个时期之前或之后都未再发现这种情况，但少数墓葬也足以证实一直以来人们对死亡都怀有迷茫而敬畏的心情。

在一次极为艰巨的挖掘中，人们不仅发现了一具女性遗骸，还发现了一件纪念品，来自一个了解并深爱她的人。她的脖子上挂着一串雄鹿牙齿，是从四十多头不同的雄鹿嘴里收集来的。她是否有一个善于打猎的丈夫，或儿子，或父亲？人们是否认为这样打扮会让她被视为一个有身份的人，一个被英雄保护起来的女人？如果埋葬她的人在她死后承认并尊重这种关系，那么他们肯定在她生前也怀有同样的感受。

在她身边有一副婴儿骸骨，放在一只天鹅翅膀上，也许是她的孩子。婴儿的腰旁放着一柄石头匕首和一枚硬币。墓地其他死者的头或脚置于鹿角做成的王冠中。这些人是怎么死的，为什么死？他们是死于摧毁了这个群落的，一次性夺走几条生命的灾祸吗？或者是在很长一段时间内分别死亡？是否曾有一场战斗，敌人突然发动了袭击，抑或疾病暴发？母亲和婴儿被如此小心翼翼和充满想象地安葬，这说明了什么？天鹅翅膀仅仅是一个舒适的衬垫，只因某人无法忍受他的宝贝在坟墓里受冻？还是他希望这个小小的灵魂能借助翅膀的力量飞翔，跟随成群的候鸟飞向遥远记忆中温暖的远方？

维德拜克人和苏格兰原住民的想法似乎不谋而合。直到公元前4000年，不列颠群岛还和欧洲连接在一起——它们那时还不是群岛，而是欧洲大陆的一部分。早期原住民除了驾驶小船探索英国的海岸线之外，也在干燥的陆地上行走。由此，想象当时那些生活在今天的丹麦领土上的人们，和那些通过陆路或海路来到不列颠的人拥有相似的精神生活，也就没什么好争论的了。

北海的多格尔沙洲资源富饶的渔场以被淹没在海水中的多格尔陆地为海床，在水深只有10米的地方，渔民们时不时能从打捞的拖网中发现远古时期的人造工具和兽骨。在不久之前，这还是另外一个国家，而不仅仅是连接英国和欧洲的桥梁，它本身也足够吸引人。“多格尔”来自荷兰语，指一种拖网渔船。在现在这个全球变暖和预测海平面上升的时代，能够注意到这片人和动物安居乐业的富饶大陆在不久前还位于比现在这些渔船和汽车渡轮低10米左右的位置，倒是令人警醒。

气候一直在好转。到公元前4000年左右，当多格尔陆地和其他通往欧洲的桥梁终于被日益变深的北海淹没覆盖时，气温比今天更高，气候更加干燥温暖，海平面高到几乎将苏格兰大陆一切为二。克莱德湾和福斯湾处于它们有史以来最深的位置，从西到东贯穿了整个内陆，只剩大约10英里左右的干燥地带将南方和北方连接在一起。

狩猎采集者的生活方式持续了数千年——比同时期演变至今的其他任何生活方式都要长久。适宜的气候环境提供了充足的食物、舒适温暖的住所，同时对劳动的要求相对较少，人们有大把时间用来休闲娱乐、过家庭生活、聊天、和孩子们玩耍，以及思考生命本身的奥秘。能够这样安逸度日，谁会选择每天累死累活呢？但劳累的生活恰恰是苏格兰的一些人从公元前4000年起就一直提倡的，这段时期被称为“新石器时代”。

谁也不认为从狩猎采集到农业（种庄稼或圈养动物）的转变，或者说作为一个统一进程的步骤能够迅速完成。从近东地区的“肥沃新月地带”（即现今伊拉克附近的利文特和美索不达米亚一带）发掘的考古证据显示，大约在公元前9000年左右，那里就有了农业，然后用了整整3 500年的时间传到了地中海地区，又花了至少2 000年才越过重洋发展到苏格兰和其他不列颠群岛。直到大约公元前2000年左右，农业才在苏格兰占据主要地位。转变并非一夜之间发生，也不是心血来潮，更不是好逸恶劳的狩猎采集者被逼到万不得已才做出的决定。相反，是农业生活方式的好处——为度过短缺时期提前储存粮食，为不用再辛苦捕猎而圈养动物，拥有一个稳定的不用四处迁徙的家——逐渐赢得了人们的青睐。

这两种生活方式并存了几百或几千年。某些狩猎者尝试了新的方式之后，也许会出于个人偏好而选择回归之前的生活；同样的，某些农夫也可能看到了游牧狩猎和采集生活的优点，从而放下锄头，过上了那些隔一段时间就路过他们领地的游荡者的逍遥日子。

随着海平面的上升，对海水淹没大地的恐慌也许改变了人们对这块陆地的看法。某些地区的土地流失（比如多格尔陆地最终消失在水下）已经迅速到足以让住在附近的人们意识到正在发生什么。也许他们开始思考，是否会有一天这里不再留有任何一片干燥的土地。在这样的情况下，人们开始照料土地，而不是视其为理所当然的恩赐，也许是比较明智的做法。领头人只需寥寥几句便可宣扬发展农业的好处——占有土地，种植庄稼，圈养牲畜，否则就要面对在下一次涨潮中失去一切的风险。

农民的移民概念（指从人口持续过剩的东部向人口稀缺的西部的大规模流动）在这些年来经历了盛行和过时。这种概念是考古学家针对放弃游牧狩猎和采集，过上永久定居并且开始耕种的早期诠释。随后开始有其他人认为农业是知识，是一套技能，可以轻易通过口耳相传传遍整个欧洲，不需要农民通过迁徙或入侵来获取。根据人类DNA的最新研究显示表明，就算有新的人口从东方向西方扩散，他们在当地人口中也只占了少数。

以伦敦大学皇家霍洛威学院的克莱夫·甘布尔教授和利兹大学马丁·理查兹教授为首的科学家团队研究了整个欧洲西部遗址中发掘出的古人类遗骸的DNA。其中一名成员，牛津大学教授布莱恩·塞克斯研究了一块被称为"切达人"的头骨上收集到的牙齿DNA。这是一块于1903年在萨默塞特郡切达峡谷的高夫洞穴中发现的现代人类骨骼，经放射性碳检测的断代大约为公元前7000年。他将经过修复的DNA序列与附近韦塞克斯社区小学的学生和老师的DNA进行了比较，发现和两名儿童及一名男子匹配。也就是说，小学历史教师阿德里安·塔吉特和"切达人"拥有相隔9 000年的血缘关系，由一股DNA链牢牢相连。简单来说，这意味着如今住在切达峡谷附近的人和冰期后来到不列颠群岛的狩猎采集者其实是同一族系。

尽管几千年过去了，外来文明接踵而至，在过去的1万年间，英国人的DNA并没有真的被冲淡。对更大的人口样本的检测也得到了同样结果：大约80%的人口都拥有狩猎采集者的DNA。在狩猎者之后到达不列颠群岛的，无论是第一批农民、罗马人、盎格鲁–撒克逊殖民者、维京海盗、诺曼征服者或其他任何人，他们的数量从未多到可以改变当地人口的纯正血统。我们和那时候的人基本上是同一种人。

在苏格兰的某些地区，比如多山的北部和西部地区，在贫瘠的酸性土壤上耕作是非常艰难的。气候也在持续变化，而且并没有在好转。到公元前3000年左右，环境变得更凉爽、湿润，这样的情况并不适宜森林发展，树木的生长开始变得困难，尤其在高地。如果树木的生长都受到阻碍，那么依赖其他物种、无法独立存活的庄稼或动物还有什么希望？艰难与否，农业都在这片大陆上扎下了根。如果天气的变化导致森林日益稀薄，农业的发展将很快使森林进一步减少。庄稼作物需要经过清理的土地才能耕种，从公元前4000年起，石斧砍在绿树上的声音就变得越来越熟悉了。

如果那些农夫懂得给土地施肥（海藻肥和牲畜粪）的价值，他们就能从一块土地上获得几轮丰收。如果他们知道轮种的好处，这么做也能延长地块的肥力。但最终，随着越来越多的邻居放弃了狩猎采集，转投农耕文明，人们需要更多的土地，因此也需要砍伐更多的树木。一旦开始耕种，森林砍伐就走上了不可逆转的过程，有史以来第一次，人类开始对自然景观产生重大影响。

有了简单的耕作提供的饮食，比如用谷类做的粥和面包，牛奶和奶酪，偶尔有肉，苏格兰的人口开始增长。人们以一种在数千年的狩猎采集过程中从未有过的方式依赖特定的土地，而这种依赖感渐渐变成了一种归属感。家庭和宗族头一次感到有必要悉心料理土地，因此也对土地提出永久主权；人们划分了疆界，也许以栅栏或石头为标志。伴随家庭地盘意识的增长，族群身份变得日益重要，你是来自哪块土地的？哪块土地属于你？

在公元前第四个千禧年间，新石器时代早期的人们开始为亡者建造房子。一开始的墓是用木头建的,然后用石头,不过功能始终不变:用来储存遗骨。当时的习俗是将死者的尸体长时间放在露天空地,让食腐动物叼走身上的肉,或者任其腐烂,当遗体基本上只剩下骨架时,人们再把这些骨头收集起来放置在专门建好的墓室中。男女老少都被放在墓穴中,虽然其数量还是远远少于整个群落的死亡人数,但是死者年龄和性别的各异暗示了一种死亡面前人人平等的态度,不过仍只有一小部分死者被选中葬在特定的墓地里,其余的绝大多数都是被丢弃在别处了。

虽然遗骨已经被安置在墓穴中,但这还不是事情的结局。墓穴保持开放,人们可以自由进出,在长时间内,甚至几个世纪间,越来越多成员的遗骨被放置其中,祖先的遗骸时不时被拿出来举行仪式,为了提醒活着的人,他们已经拥有这块领地多长时间了。我们的祖先同亲人的骸骨和睦相处,如同在树荫下乘凉。

讽刺的是,早期农耕文明最令人瞩目的遗迹并不是为活人建造的房屋,而是为死者建造的坟墓。即便如此,在第一批农耕群落房屋中,考古学家也有一些著名的发现。就像石头工具保存下来的可能性更大,石头建造的房屋也是如此。在过去,木头是一种常见的建筑材料,但在考古学上,它不可能像石头一样持久。柱桩式房屋和抹灰泥的篱笆小屋基本无迹可寻,只会像影子和污迹那样若隐若现,只有最用心的挖掘者才会在奋力挥铲时捕捉到或“感应”到它们的存在。因此,只有更加坚固耐用的石头结构的建筑才能在时间中幸存,而这很容易让我们对大多数祖先的居住环境产生美化和失真的印象。

在奥克尼郡帕帕韦斯特雷岛的霍沃尔山上,考古学家发掘出两座建造精良的房屋,在公元前3600年前后总共使用了500年左右。两座房屋紧挨在一起,外形大致呈长方形,不过四个角是弧形的,仅用石块建成,没有抹灰泥。入口是下沉式的,大约是为了抵御寒风和恶劣天气，一段长长的通道把两座房屋连接在一起。遗址中挖掘出的兽骨表明农夫们当时豢养了牛、猪、羊等牲畜，还种植了少量谷类作物。

到公元前3100年，在奥克尼岛西海岸斯卡尔湾附近的斯卡拉布雷岛，一个农耕群落已经基本形成，并且在良好地运转。1850年，一场风暴刮走了靠近海岸的一堆沙丘，群落遗址才得以重见天日。在沙子和草丛之下，露出了不知是几千年还是几百年前被沙丘掩盖的一片房屋（严重的暴风雨和随后铺天盖地的沙暴很有可能就是这些村落被遗弃的最初原因）。七座自给自足的独立建筑留存了下来，以及第八座也许是工作坊的小屋。村落原本可能有更多的房屋，经过几百年来沙子和海水的侵蚀已经消失殆尽，但在废弃之前，它至少被不间断地使用了500年。

游客可以自上而下进行参观，走在沿着墙顶生长、经过精心照料的草皮上。你无法不对当时的房屋建造者的高超技艺赞叹不已。为了容纳体量巨大的生活垃圾，他们挖出房屋大小的洞室，建造了通道，并且将天然形成的奥克尼石板巧妙地铺在这些地道和空间内，作为干砌石墙。当石墙超过头顶高度时，建造者们开始一层层地把石板往里叠加，墙面便可以逐渐闭合。这样一来，通道和房屋既可以用拱顶石，也可以用木材加顶。

一个个通道连接着房屋，成了名副其实的兔子窝，人们得以在糟糕的天气里相依为命。暖和的时候，堆放垃圾的洞室会散发较为强烈的气味，尤其对我们现代人灵敏的嗅觉而言难以忍受，但是它能庇护人们不受恶劣自然条件的侵害，这一点是不可或缺的。空气中也许有腐烂的味道，但对于那些在暴风雨肆虐时围坐在熊熊燃烧的火堆边的人来说，这是他们能想象的最舒适温暖的家了。每个家庭都有一个石柜，用来展示贵重物品。睡觉的空间用石头标出，一个大壁炉占据了每个家的中心。甚至有迹象显示有一条活水通道经过每栋房子，能够有效地冲刷室内厕所。

参观斯卡拉布雷遗址是一次超现实的经历，就像窥视到超出人类智慧的成果，它就像是土壤里自由生长出的，而不是人为建造的东西；或者像一个巨大的被切成两半的黄蜂巢穴，露出内部的蜂室和蜂道。对遗址的维护和不断修缮使它看起来完美无缺，仿佛是一两年前才建成的电影拍摄景点。

有时候这地方给人的感觉就像居民刚刚离开。倘若某天游客众多，他们的低声细语会提醒你，这个村子本来就充斥着繁忙的生活与生产。正是这样的时刻会让你不禁好奇，居民们会发出什么样的声音。据推测他们的语言应该是类似盖尔语或威尔士语，那是一种古老的语言，和第一批狩猎采集者一起由东至西穿越欧洲来到这片土地上。无论是哪种语言，他们没有留下任何书写的痕迹。我们并不知道这些人是如何看待他们生活的这个世界的，我们甚至不知道他们如何称呼自己。因此，斯卡拉布雷村庄是一个静默无言的地方，在一个静默无言的世界中慢慢成为化石。

随着农耕的生活方式成为常态，越来越迅速的人口增长也变得不可避免，这片土地第一次感受到压力。所有能够用来种植庄稼或养牲畜的土地都被牢牢控制、清理和占用了，不仅是肥沃的低洼地和溪谷，连较高的山地也是如此，所有的土地最终都被投入使用。随着公元前第三个千禧年的流逝，家庭、宗族和部落之间的关系变得越来越紧张，第一次到了剑拔弩张的程度。千百年来，人们一直享有充分的空间，足以让彼此相安无事，而从现在起，农民们不得不寻找和其他人和平共处的方式。

不仅人口增长引起了紧张的局势，不断恶化的气候无疑是雪上加霜。从公元前3000年开始，苏格兰的气候变得更加凉爽湿润。自公元前7500年以来，最潮湿的地区已经形成了泥炭层，现在它们生成的速度更快，进一步缩减了适合农作物生长的土地面积。泥炭层的增长目前还没有完全找到原因，但似乎是由过度湿润的气候引发的。当枯萎的落叶和凋落的植物浸泡在地表的积水中，而不是在土壤中腐烂成为肥料，它们就会形成一块不断增厚的有机覆盖物。如果这种情形持续上几年，就变成了泥炭。大规模清理森林的行为（无论是气候变化、病害，或者是人为因素）亦会引发整个过程，或至少是加剧。没人知道具体原因。

如果人类历史上曾有过那么一段乌托邦式的和平安详，那个时候有着温和的气候和丰富的资源，广袤无垠的天空照耀着几乎空旷的大地，那么在公元前2500年左右，这样无忧无虑的美好时光就永远地结束了。到那时，自然景观中开始点缀着新的纪念碑，那是宗教和巫术的场所，第一次禁止民众进入。那是一些高大的石碑，通常被环形的堤岸和壕沟围住，在封闭的环境下举行仪式，以免被窥探。有时早期的公共墓地也被圈在禁区内，隐藏起来，入口也被掩盖，只有某些有资格、有头衔的人才有权进入。

死者也受到不同的对待。以前的墓穴是放置许多人骸骨的公共储藏室，而现在只允许埋葬特定的人，坟墓也只为个人而建。第一次出现了等级制度和精英阶层。某些人和他们的家人被另眼相看——他们被认为无论生死都应给予特殊对待。奥克尼郡托米斯顿磨坊附近的大型古墓“麦豪石室”，就建在一个先前被划出并以巨石围成的遗址上。这座陵墓是一个建筑学上的奇迹，由巨大的石块建成，其中一些重达30吨，但不需要灰泥也能严丝合缝地拼合在一起。这是一个灵魂安息之处，不过不是针对死者当中无差别的代表，而是仅针对极少数特别人物。人类历史上第一次出现了“他们”和“我们”。

斯丹尼斯与布罗德盖石圈紧靠着麦豪石室,附近随处可见各种遗址,它们都是失落已久的宗教或科学的吉光片羽。当整个祭祀和仪式的场景建造完成、投入使用的时候,奥克尼岛该是一个什么样的地方啊!对于辛勤耕作、放牧牲畜的人们而言,这些举行仪式和典礼的场所将会是固定不变的、无法回避的存在。从早到晚,当他们四处奔波时,他们会发现自己身处一个或多个纪念碑附近,这些巨石阵、陵墓以及它们之间的行进路线都经过精心选址,确保人们从方圆数英里以外都能看到,并且无法把目光移开。这是一个世俗生活和精神生活并驾齐驱的世界,一个统治阶级已然毫无疑问地因为要求和组织建造这些场所而形成。

当韦塞克斯郡的艾夫伯里巨石阵和巨石圈建成时,斯丹尼斯和布罗德盖石圈已经有500年的历史了。和奥克尼岛上的相比,其他石阵的年代都差不多新近。不管新的宗教是什么,它最先出现在遥远的北方。只有最早期的巨石阵历史与之差不多久远,意味着由壕沟、堤岸和石块组成圆圈的想法也许是从北向南传递的。刘易斯岛上的卡拉纳斯巨石阵也表明了同样人群的存在:一个灵感迸发,创造出解读世界奥秘的新方法的精英阶层;阿盖尔岛基尔马丁峡谷令人敬畏的仪式场景也是如此。

到了公元前第三个千禧年的中期,这片大陆上开始流行起一种新的炼金术:那便是制作珠宝、工具和金属武器的技艺。人们也以这种铜和锡的合金命名这个时代:青铜时代。这让热衷于佩戴青铜制品的不列颠北部三分之一地区的人民面临了一个具体的问题:苏格兰产铜,却不产锡,而只有锡才能使柔软的铜变硬以形成锋利的边缘。由于锡必须从几百英里以外的不列颠群岛的西南角才能获得,那些希望获得它的人必须能够从贸易中获得利润。他们还必须克服距离上的遥远,建立和维持贸易的联系。

精英阶层不仅控制了巨石阵和陵墓，以及出入这些场所的资格，现在又设法控制了能够显示他们地位的珠宝，以及用来强制执行和确保统治能无限延续下去的武器。青铜制品开始出现在单人墓穴中，进一步告诉人们这里埋葬了一个特别的人。他或她不仅活着的时候用得起珠宝或武器，还能带着这些东西进入永恒。

随着青铜时代的发展，人口也在增长。在某些地区，农民们开始打起高地的主意。从前人们更倾向于争取肥沃低洼地的主权，常常忽略了高地。但现在人们在气候持续恶化的情况下迁入了更艰难的山区。那些被迫居住在贫瘠的高山等边缘地带的人，将会首先感受到生存压力。生产力低下的土地已经让生活变得困难匮乏，天气的变化莫测只会让一切更加脆弱。

金属加工技术在持续发展，当公元前第一个千禧年到来之际，手握工具和铁制武器的人才能获得人们最大的尊重，并能最大限度地控制利润和贸易。由于高地的某些地区完全无法耕种，走投无路的人们不得不回到低地去争夺土地，凭铁剑铁盾来一决胜负。到了公元前1000年左右，车轮也传到了北方，只是人们不仅用它装备马车，也用它装备战车。

人们会将贵重的金属制品扔进湖水、河水和潭水中，有时数量惊人。这些东西不是随意丢弃的，而是有意为之。似乎自从人们掌握制造金属制品的那一刻起，他们就觉得有必要将其中一些献给大自然，或神明，或一个虽然我们看不见，但是他的存在确凿无疑的生灵。1780年，在爱丁堡的杜丁斯顿湖里打捞出53件青铜刀、矛尖和剑。对将其一股脑儿抛在湖里的人来说，这批宝贝的价值不可估量。当人们掌握冶铁技术时，也发生了大量类似的情况。

向看不见摸不着的事物献祭，在当时已是一种历经数百年或更长时间的实践。也许其意义在于“重新播种”这片土地。矿石像其他农作物一样，是天然的收成。因此，也许回馈其中一些以确保资源不会有一天耗尽也不无道理。至于人们为何选择投入水中，也许是为了缓和天气，或求雨。也许强大的武器和贵重的珠宝可以说服雨神听从祭司的请求。

当统治阶级忙着砍伐清理苏格兰北部和西部的山丘时，南部和东部的权力集团也开始在最高的山峰上建造宏伟的堡垒，对他们自己的高地进一步加以掌控。气候变化对每个地区产生的影响各不一样，苏格兰南部的高地也许比北部高地具有更持久的吸引力。边境的艾尔登山有着容纳6 000人左右的体量，但其位置极其暴露，再加上供水不足的问题，很显然无法作为大规模永久性防御设施的建造地点，作为聚会和节日场所倒更加适合，并且在发生激烈冲突时，周边地区的人也可以带着牲口和家当撤退至此。一半出于防御一半出于炫耀，这些巍然高耸的城堡仿佛在清晰而响亮地宣示着主人的控制能力：首先他能够调动足够多的人来建造这些堡垒，然后维护和偶尔的保卫也需要人力。

当公元前第一个千禧年将近尾声的时候，在北部和西部出现了一种独特的建筑类型：石塔。在耶稣诞生前后的几个世纪，显要的人物和家族以石塔为家，也将其视作权力的象征符号。这些形似冷却塔的巨型建筑首先出现在古尔内斯和穆萨岛的海岸，然后扩散至周边的数百个地点，表明了有权势的土地所有者，甚至是小国国王所拥有的优越生活和强大野心。它们还表明了那些建筑专家在工作完成后还会被叫来继续劳作。厚厚的圆形外墙高达几十米，包围着一个相当小的内部空间，易于防御，因此这些石塔是一种凸显力量的方式，即使只是威慑周边地区。想象当那些住在以木头、草皮和石块为材料的简易房屋里的农民，看见这些犹如天外来物的塔楼出现在海峡和海岸线周围其他醒目的地方时,这对他们而言是多大的冲击和震撼。

到了耶稣基督的时代,生活在不列颠北部三分之一地区的人们已经感受到相当大的生存压力了,然而这压力至少有一部分是他们自己造成的。土地无法支撑更多的人口,可人口依然在持续增长。不记得从什么时候起,气候开始稳定地恶化,变得更寒冷和更湿润,曾经肥沃的土壤现在也成了贫瘠的荒地。由于人们对生存空间的渴求,争夺控制权已成为统治阶级的当务之急。

占统治地位的个人和家族很早以前就形成了,他们能够对大众行使自己的意志,宣称自己有权获得更多的庄稼和牲畜,能够哄骗或强迫大批人去建造宏伟的纪念碑和夸张的防御工事。他们生前佩戴珠宝和武器,死后将这些东西一起带进坟墓里。野心勃勃的人们通过这样的方式巩固了他们对自己领土、领地、部落和氏族的控制力。

商业和贸易网络不仅使物品和武器的引进成为可能,而且带来了来自四面八方的新思想。很快它们就不只是新思想,还会塑造出新人类。内部压力会持续上一段时间;不同群体毫无疑问会相互竞争,考验彼此力量的极限。这片大陆上分散着不同的部落和氏族,都有各自的特性;他们既忠诚于自己的领土,也会为土地的划分争吵不休;但每个部落都能自给自足,基本上和隔壁的部落井水不犯河水。

人们的脚下是岩石,是大地本身,几十亿年来被火、水和冰锻造、试炼。直到最近,相较于地球的寿命不过就是几个瞬间,人们才在岩石上留下自己的印记。几千年时间,和岩石的寿命相比根本不算什么,但人类已经将大自然逼到了极限。

到了公元前最后一个千禧年的末尾,在这片史前苏格兰的土地上,人们发展到空间已被瓜分完毕的地步。这是一个复杂的世界,部落和氏族既自给自足,又有着千丝万缕的关联。当地首领也许会得到当地人的尊敬，但还没有人能超越这样的影响力。

对大部分人来说，每天需要担心的无非是从前和将来都要担心的那些事：确保自己和家人能吃饱，照料田地和牲口，地界没有受到侵犯。任何时候都要保持忠诚，要维护关系，时刻提防对手和敌人。也有人试图理解和驯服变化无常的自然。宗教，或类似的事物，已经发展了几千年，以帮助人们控制无法控制的事情。

在这里，在不列颠群岛北部三分之一的地区，千百年来都存在着持续发展的社会和文明。没有人期待外人出现，对他们的生活指手画脚。这里没有中心，没有领导者，也没有国家，那是因为这个时候还不需要引入这些概念。

在被冠名苏格兰之前，这片大陆良好地运转着。它复杂、成熟、完整，一个自顾自忙碌的世界。到最后，一股来自熟悉的地平线之外的力量改变了这一切。

船队在公元43年春天从奥克尼大陆启航。这趟航行前景未卜，几乎不能确保抵达目的地。这艘船是为沿着海岸航行而设计的，只够从一个安全港口到达下一个安全港口，对它而言，这次航行的距离太远。到最后，这依然会是一次例行航行，最多花的时间长一些，也许几周，但不会出现没有遇到过的风险或问题。

数千年来，船只穿梭往来于长长的岛屿沿岸，载着人、牲畜、农作物和其他贸易物品，还有和其他地方从事贸易的人交换来的新鲜事儿和流言蜚语。在公元前325年，地理学家彼得亚斯被马西里亚（就是今天的法国马赛）的首领派遣出去查明各种贸易商品的来源和目的地。几年以后，他在《在海上》这本作品里写到了沿不列颠海岸线的一次环航，在所有近乎神秘的地方里，他提到了奥卡斯，或曰奥克尼群岛。

3 000年前，石阵和石圈的科学和巫术正是通过陆地上的长途跋涉，才得以从北部传到南部。如果这种宗教仍旧依赖于陆上旅行，那么很有可能在公元1世纪，它还走在向南行进的路上，迷失在某处的森林里，或陷入人迹罕至的泥潭。巨石阵、艾夫伯里或其他那些遗迹也许永远都不会建成。

如果非要说公元43年4月到5月间从奥克尼岛向南的这次航行有任何不同寻常之处的话，那就是因为船上那位最重要的乘客。任何人在海上被夺去生命都会令人遗憾，但若这个人是一位国王，则是令人不敢想象的事情。及时到达目的地也是这趟航行至关重要的目标，因为国王要见的人即将离开不列颠，很久都不会再回来。委婉一点说，他对别处有着更大的兴趣。对这样一个人而言，迟到是不能接受的，事实上这种失礼的后果很可能极其严重。

幸亏负责掌舵这支小型船队的水手经验丰富，技术高超，他们甚至提早到达了。于是，奥克尼国王来到了卡姆罗多努，也就是今天我们所知的科尔切斯特，但在很长一段时间里，它是不列颠南部的特里诺文提斯部落的首府。奥克尼国王和其他十位不列颠的国王一起，向罗马皇帝、不列颠尼亚征服者提比略斯·克劳狄乌斯·恺撒·奥古斯都·日尔曼尼库斯低下了头颅。这样的会面完全取决于你是否能及时了解远方的消息，并且是否能跟上一个复杂而苛刻的行程表，这对于一个生活在公元43年奥克尼的人而言也许的确不同凡响，克劳狄乌斯只在不列颠停留16天，因此奥克尼国王对于他行程的了解程度必须非常详细、准确，才能在他到达科尔切斯特之前很早就启程出发。

人们总是会想象，公元1世纪，生活在遥远的不列颠北部的人既不了解也不关心他们生活之外的世界。事实并非如此。不管在其他方面如何，史前苏格兰人民并不是原始人，也没有和外界断绝联系。虽然人、货物和消息的传播速度比现在慢，他们的行动却同样迫切和坚定。

罗马和罗马帝国不停地扩张，征服了世界上越来越多的地方，其权势在不列颠群岛上的那些部落中无人不知，奥克尼也不例外。在古尔内斯皇宫，国王家中的壁炉旁，人们必然还记得上一次罗马人在英吉利海峡不列颠一岸登陆的传说。

那是公元前55年和前54年，恺撒皇帝曾两次试图入侵不列颠尼亚，决心要把这片北方之地纳入麾下，但他没有成功。他两次被迫撤回了军队。在公元前44年，他被同伴刺杀，其中至少部分原因在于他们生怕他让一位异国女人成为罗马皇后，这个女人是来自埃及的克利奥帕特拉。在公元前最后一个千禧年的最后那几年，古尔内斯皇宫燃烧的炉火边是否曾流传过关于她美貌的传奇？或者他们只听说过她的名字？

公元前54年的罗马人观察到了一件事情：不列颠尼亚的当地人用一种靛蓝色染料画在他们的身体上，这样别人一眼就能认出他们的身份和地位。在这些所谓的野蛮人当中，罗马士兵一次又一次地注意到这种做法。这些有着许多不同名字的野蛮人曾在整个北欧地区公然反抗他们。这是铁器时代不列颠人精心培养和发展外交关系的又一迹象。一个多世纪后，另一位罗马皇帝派兵渡过海峡，也证实了这是一种当地风俗。

一位奥克尼的国王决定航行数百英里，只为了向罗马的克劳狄乌斯大帝卑躬屈膝，这件事本身并不足为奇。所有的国王，尤其是那些希望坐稳宝座的国王都是政治家。当地统治者前来觐见世界上最有权势的人，不是没有道理的。如果他想除掉不列颠大陆上的其他部落，那么和极有可能成为不列颠新领袖的人结成盟友，就再完美不过了。

直到目前为止，只有一枚来自罗马凯旋门的浮雕碎片证实了这次会面。即便如此，许多历史学家也相信提及奥克尼国王并不是误译，也不是误会。近日，在古尔内斯进行考察的考古学家发掘出了罗马陶器的碎片。更确切地说，他们发现了一种双耳细颈椭圆罐的碎片，这种黏土罐是用来运输葡萄酒和橄榄油的，在公元60年左右就不再有人使用了。如果在公元60年之前，贸易往来把罗马的美酒和橄榄油运给一个住在古尔内斯的有权势的人，那么罗马皇帝亲自访问最南端领土的消息也极有可能传到这个人的耳朵里。

因此，当罗马士兵第一次入侵苏格兰时，重要的是要记住，这不是一个不谙世事的当地原住民因为突然面对陌生外来文化而感到惊诧的案例，也不是火星人和地球人之间一边倒的世界大战，而是两个文明的冲突，双方都认为自己在道德上比对方更优越。当公元82年罗马人抵达这里的时候，北方人民已经对这些入侵者非常熟悉了。

在公元78年，尤利乌斯·阿格里科拉被任命为不列颠尼亚总督。他一到这里就打响了镇压威尔士部落的战役，并最终赢得了胜利。到了第二年，他就牢牢控制了英格兰北部地区。罗马对不列颠群岛的统治像潮水一样向北方蔓延。在公元80年，罗马军团再次北伐，阿格里科拉认为这场战役能圆满完成帝国对不列颠尼亚的征服。两年内罗马就以北至克莱德河与福斯河为界，建立了统治。

身为一个苏格兰人，当你想象接下来的事态时，你一定会感受到大脑中古老的反抗火花在噼啪作响。你知道这不是真实的，这是远古的荣誉仪式遗留在你脑海的东西，这些东西从来没有变过。不过事实上，在克莱德河和福斯运河以北，罗马人遇到了他们永远无法攻克的顽强抵抗。

在苏格兰南方部落中，达姆诺伊、诺瓦泰、塞尔格瓦、沃塔迪尼——这些民族已经完全被罗马文明同化了，作为帝国臣民满怀感激地接受了帝国的生活方式。在一开始征服了较为配合的几个部落之后的几个星期或几个月里，罗马士兵还是建造了常见的堡垒和防御工事，这样他们才能睡个安稳觉。他们已经充分了解这些野蛮人的行事风格，明白即使在占领区，他们也得时刻保持警惕。

两条大河将陆地冲刷成山和泥沼之间细窄坚实的平原，平原以北的部落，情况则完全不同。这几支部队由于常常集结在一起，被统称为喀里多尼亚人。他们在某天夜里对第九军团西斯帕诺发动袭击，在黑暗中发出呼号，从这时起罗马人便开始尝到苦头。幸好大批罗马骑兵在最后一刻赶到，才避免了全军覆没。

喀里多尼亚人偏爱游击战术，几千年来，他们都能用这一招以少胜多。由于阿格里科拉决心把所有的敌人引诱到一起，然后一网打尽，他开始折磨民众。冬天即将到来，罗马人忙着将他们所有能找到的粮食洗劫一空。

# 第二章

# 最后的自由人

还有一些人……他们死了，仿佛他们从未活过，从未出生。

——《次经传道书》

对于喀里多尼亚人而言，饥饿比罗马雇佣兵更迫在眉睫，此时，第一个在历史记载中留有名字的“苏格兰人”从黑暗中挺身而出，表明了他的态度。

我们能知道他的名字是因为阿格里科拉的女婿把他记录了下来。二十多年之后，盖乌斯·科尼利厄斯·塔西佗写下了《尤利乌斯·阿格里科拉的人生与性格》，即如今广为人知的《阿格里科拉传》，这本书旨在对将军的一生给予毫无保留的赞美褒扬，并竭力证明一个好人是如何在避免成为暴君的情况下有效而大胆地进行统治的。书里不仅透露了一些公元1世纪后半叶罗马人在不列颠尼亚的遭遇，还写下了罗马人对帝国本身行为的看法。

随着这位伟大的将军向北深入喀里多尼亚人的致命危险地区，塔西佗想通过给他的岳父大人找到一位值得尊敬的敌人，来凸显岳父的勇气。正是塔西佗如血肉般真实生动的文字，让苏格兰的第一位英雄大步走向舞台中央。

在公元84年的秋天，大批喀里多尼亚人（根据塔西佗的描述，有大约30 000名强壮的勇士）聚集并埋伏在大峡谷里，试图扭转战争局势：

> ……他们依然前仆后继，蜂拥而至——所有的青壮年，人人皆是荣誉等身的出色战士。在众多首领中，有一个名叫卡尔加克斯，一位英勇高尚的人，召集起早已渴望战斗的勇士们，向他们发表讲话……
>
> 和罗马人的战斗，我们曾胜利过，也曾失败过，[卡尔加克斯说道，]但我们从未绝望过；我们永远在蓄势待发。我们是代表不列颠阳刚之美的佼佼者，珍藏在她最隐秘的地方……我们是世界上最后的人，最后的自由人，时至今日，我们一直受到遥远和与世隔绝的庇护，也是因为这样才让我们声名远扬……罗马人……是世界的强盗……敌人的财富激发了他们的贪婪，敌人的卑微激发了他们对权力的渴望……抢劫、屠杀、强暴……他们制造灾难，还敢把这称作和平。

考古学家和历史学家依然在为战斗发生的地点争论不休。塔西佗称之为“蒙斯格劳庇乌斯”，即格兰扁山，一个流行的解释是战斗发生在阿伯丁郡的本纳奇山坡。

好在我们想知道的事情他都写了。卡尔加克斯（这个名字的意思是“剑客”）一发出信号，无数长矛就向斜坡下成群结队的罗马士兵射去。“双方以互相投掷武器打响了战斗，布立吞人展示了稳健娴熟的作战风格，一方面用他们手中的巨剑拨开飞来的利器，或用小小的盾牌接住；另一方面回以雨点般密集的长矛。”塔西佗如此写道。前线大约有8 000名罗马士兵首当其冲受到来自空中的奇袭，但他们仍以强大的罗马炮火向咆哮嘶吼的喀里多尼亚人予以反击。然后就是用武器贴身搏斗。“最后，阿格里科拉召集了四支巴达维亚步兵团和两支突厥步兵团，以刀剑一决高下。这些身经百战的勇士受过良好的剑术训练，敌人则手忙脚乱，用他们小小的盾牌和笨重的钝剑迎战，尤其是后者，毫无锋利之处，根本不适合近距离的激烈打斗。”

随后，3 000名强悍的罗马骑兵被派遣从两侧包抄部落，根据塔西佗描述，喀里多尼亚人死伤大约10 000人，剩余的突围而出，撤回到山上。卡尔加克斯随他的军队一起，从此失去了踪迹，再也没有听说过此人。“第二天的景象更加充分地显示了我们的胜利所产生的影响，”塔西佗写道，“周围是一片可怕的寂静，山上空空荡荡，只有远处的房屋冒着烟，而我们的侦察兵连一个人也没看见。”

无论是格兰扁山这个地点也好，还是卡尔加克斯这个不知真假的人物也好，历史学家仍在争论喀里多尼亚人和罗马人之间的这场巅峰之战到底有没有发生过。其中一些人认为，要想称之为“巅峰”，除非有超过三分之一的部落战士被屠杀或俘虏。如果征服者让20 000名勇敢无畏的战士带着武器，和他们的首领一起撤退到坚不可摧的高地堡垒里，他们很难算得上真正征服了苏格兰。

但不可否认的是，阿格里科拉旋即被召回了罗马（据称图密善皇帝对这位勇武将军的成就心生嫉妒，因为这使他相形见绌），并且在那里被奉若神明。这是只有在战场上获得无与伦比的胜利的罗马领导人才能够享有的庆典。如果阿格里科拉一举击溃了难对付的喀里多尼亚大军，他才算真正地、彻底地征服了不列颠尼亚。

不管实际上发生了什么，值得注意的是，对“第一个苏格兰人”的描述和罗马征服苏格兰的细节都来自外国人，都是从他人那里传到我们耳中的。

自从近2 000年前卡尔加克斯的话被写在羊皮纸上流传开来，它就对民族想象产生了巨大影响。这些话若是出自威廉·华莱士之口，也许更容易理解，其中的情感确实就像丘吉尔演讲背景中从远方传来的钟声一样鸣响。然而其中只有一个明显的问题：这些话并不是，也绝无可能是公元1世纪的卡尔加克斯或任何一个“苏格兰人”会说的话。相反，这些话是盖乌斯·科尼利厄斯·塔西佗本人在二十年后写下的，希望向人们传达关于罗马道德的永恒信息。如果一个像卡尔加克斯这样的人曾越过格兰扁山脉石楠花盛开的山坡，向他的同胞们发表宣战演讲，他不会像一位罗马历史学家一样使用考究的拉丁语词汇，而肯定是用生活在广袤无垠的不列颠的原住民语言，而这种语言现在仍存在于现代威尔士语的古老根源中。

从此往后，苏格兰神话般的历史拉开了序幕。请注意，几乎所有我们知道的事情，或者我们认为已知的自第一次和罗马接触后几个世纪内发生的事情，都不是由我们祖先写下的，而是出自那些有时与我们和睦相处，但经常同我们发生暴力冲突的他者。

任何任性的爱国主义说教，即觉得其他人都屈服于罗马的淫威，唯独苏格兰“最后的自由人”敢于公然反抗罗马人的说法，都必须得到一些事实的修正。首先，在公元纪年最开始的几个世纪（后来几个世纪也照旧），征服北方需要更多的钱，却永远不会得到相应的物质回报。何苦一直往那里派遣耗费巨大的军队，到底是为了获得长不出庄稼的土地，还是不产矿的山脉？其次，一旦帝国在其他地方的边界受到威胁，罗马都得放弃控制北方的念头，将人力物力撤出不列颠尼亚。

我们不清楚他们的努力有多大的效果。但喀里多尼亚人的个别部落从未放弃过利用一切机会袭击和惩罚这些罗马侵略者。到了公元122年，侵略者不得不承认这一问题的严重性，从而建造了帝国境内最奢侈、最伟大的边界工事。

哈德良长城东起泰恩河，西至索尔韦湾，乃是一道坚不可摧的防线。因此没有人会再质疑建造者的惊人实力（由三个军团在短短六年内建成）。城墙中耸立着堡垒和瞭望塔，用石灰砂浆涂成明亮的白色，使人们在方圆数英里内都能看见。它一方面能够控制由北向南的贸易（沿途需通过戒备森严的检查站，还会被收税），进一步说，这道城墙像在沙地上画下一道线，文明结束的地方，野蛮开始了。

二十年后，罗马人又一次尝试进军北方，完成之前未竟的事业。为了显示这次的决心，他们又建了一道防线——安东尼城墙。这道城墙西起克莱德峡湾的旧基尔帕特里克，东至福斯湾的博内斯，长达40英里。即便如此，安东尼皇帝的统一梦却依然没能成真。忙着在沙子上重新画下一道线的二十年里，罗马被迫把军队撤回到哈德良长城以内，接下来的时间里他们只能盘踞在那里。

罗马占领不列颠大约有四百年，在这期间，喀里多尼亚部落不断的骚扰让罗马人头疼不已。哈德良长城本身也成了靶子，遭到不同程度的攻击。就侵略者罗马帝国而言，他们一直在努力争取最终能够彻底征服整个不列颠，但总是因为其他地方发生的状况而功亏一篑。早在罗马结束占领之前，不列颠就一直试图脱离帝国的统治，获得独立。终于在公元410年，哥特人阿拉里克攻陷了罗马城。帝国在不列颠的统治彻底落下帷幕，而远在北部的，流着顽固抵抗血液的土地上，喀里多尼亚人部落正在策划最后一场战斗，一鼓作气将敌人赶出家门。

正是罗马人第一次把北方民族，即住在福斯湾-克莱德峡湾以北的那些人称作喀里多尼亚人。这名字不仅适用于某特定部落的人民，即创造了这个标签的喀里多尼亚人，而且还泛指整个反抗群体。罗马人甚至指责他们没有能够管理好这个地方，比如绵延不绝、无法穿越的喀里多森林。这种说法与其说是夸大其词，不如说是在胡编乱造。到罗马统治时期，森林的清理工作已经进行了数千年，焦头烂额的指挥官为了安抚没耐心的罗马皇帝，总得想出个像样的借口写在进展报告里，也许喀里多森林是在这样的情况下才被提到。

喀里多尼亚人的中坚力量是像梅亚塔这样的部落，这个失落已久的名字如今也许只为研究罗马历史的学生所知。但在公元297年，有一个词语，第一次被写下来就响彻整个苏格兰历史，至今仍余音萦绕。

当罗马人第一次抵达苏格兰时，他们注意到当地人将精心设计的、令人遐想的图案刺在身体上。很久以前，不仅在不列颠群岛上的民族，而且在欧洲所有的凯尔特部落中，这都是常见之事。然而到公元1世纪的末尾，这种习俗慢慢开始消亡了。那些第一次对福斯湾-克莱德峡湾以北发动攻击的罗马军团，亲眼看见当地人依然用染料在脸颊和身体上绘画或刺青，至少对他们而言，这意味着敌人的天性无疑是野蛮的、原始的。所以“皮克特人”（Picti）这个词最早应该是罗马士兵起的绰号，一个带有侮辱或轻蔑意味的称呼，像伊拉克人被称为“破布头”，或意大利人被称为“意大利佬”。这个词也有可能是由部落人对自己称谓转换而成的拉丁词；但无论如何，它的意思是“彩绘者”或者可能是“带有图案的人”。

如果说东方与西方曾在彼此都如一团乱麻的困境中相遇的话，那说的就是帝国公民和彩绘者之间的关系了。在公元211年，一场非同凡响的邂逅发生了。一位我们只知道是梅亚塔部落酋长妻子的喀里多尼亚女王，和罗马帝国皇帝塞普提米乌斯·西弗勒斯的妻子，罗马皇后茱莉亚·多姆纳在谈判中相遇，双方都感到彼此身上具有不可思议的异域风情。

罗马皇后听说过，野蛮人妇女对待男女关系的态度相当随心所欲，当她在这位女王面前表露出这个观点时，对方以最尊贵的女性的骄傲和威严回答道："我们以比罗马妇女更优越的方式满足自然需求；因为我们同最优秀的男人公开交往，而你们却放任自己和最卑鄙的人一起暗中堕落。"这次交锋显示出这两个世界是多么不同。罗马人从未理解过北方民族，因此作为回应，他们也只能得到敌意和误解。而对于"带有图案的人"，罗马人一心渴望成为征服者，渴望让整个世界臣服于帝国暴政的淫威之下。对于帝国子民来说，这些热衷于身体彩绘的部落男女只不过是奇特的动物，保持一定距离就好。

无论他们还有什么来历，皮克特人都是12 000年前退冰后殖民这些岛屿的第一批狩猎采集者的直系后代。如果他们的名字一开始是来自士兵的俚语，那么这个名字像其他东西一样留存了下来，从神秘笼罩的寂静远古流传到现代，成了骄傲和尊严的代名词。

皮克特人头顶上这种超凡脱俗的光环一部分来源于他们身上纠缠盘绕的谜一样的图案和符号，然而它们不仅被文在身体上，而且还被雕刻在石柱上，植入精美的首饰中。这是一门失落的语言，一个充满了意义的世界，我们原以为这世界几乎快被洞察，它却蔑视了所有试图破解的举动。但那些象征着永恒和神秘的符号，只是这些祖先激发我们想象力的部分原因。魔法似乎也附在他们身上，因为他们这个族群后来就消失不见了。

我们知道在罗马人出现很久以前和离开很久之后，皮克特人存在了几百年的时间；我们知道他们有着丰富多彩的文化。这是一个典型的武士社会，他们的表达欲强烈到必须借由身体诉说。尽管如此，他们不知怎么就整个儿从人类历史上凭空消失了；事实上，他们似乎已经灭绝了,用《次经传道书》中的话来说,仿佛他们从未活过,从未出生一样。最令人费解的是,他们仿佛是在苏格兰这个国家诞生的那一刻故意离开了舞台。但是,只有拨开皮克特人命运的重重迷雾,找到他们消失的合理解释,我们才能够了解苏格兰民族诞生的真实本质。

皮克特文化留下的证据则直截了当得多,也更一目了然:考古学家从泰湖的泥水中打捞出来这处遗址,他们在三米深的水下发现了一座古代要塞的废墟,茅草屋顶的碎片和残存的树桩显示,这些曾是支撑矗立在水面之上的房屋的立柱。这里曾是皮克特人的住所。

湖中小屋在苏格兰有着数千年的历史,在某些情况下到了17世纪人们依然在使用,而这也是皮克特人生活方式的一部分。小屋需要花费巨大的人力物力,采用复杂的工艺才能在水中建造而成。对于这种高强度劳动,有着从防御和安全方面的解释,房屋只有一条窄窄的桥或堤道可以出入,便于保卫;还有一种看法,即皮克特人为了最大限度地扩大他们的耕地,决定在航行便利、资源充足的湖面上安家落户。无论出于什么原因,湖中小屋本身是坚固的,能够建造这样的房屋,皮克特人社会想必也是组织良好且有序的。在泰湖岸边的肯莫尔村庄,苏格兰水下考古基金会的成员按照当时普通人家的样式,复制了一个真实尺寸大小的湖中小屋。

小屋建造完成已有十多年了,如果你碰巧路过,你会自然而然地认为它已经在原地历经了几百年的风吹雨打。走过连接小屋和陆地的侧边很高的窄桥,就像一场穿越时空的旅行。湖中小屋的内部空间很大,出人意料地舒适宜居,树枝编成的地板上铺着用干蕨菜和稻草织成的厚厚的地毯,柔软而且踩下去不会发出响声。我们很容易想象到,人们在忙乱的日常生活中丢失的东西得有多小,才能掉进地板缝隙下的湖中,等着几百年后的考古学家找到它们。

在圆形的空间中最显眼的是位于中央的壁炉，提供了房间里大部分的光源，人们在墙周围用隔板隔出两层私密的休憩场所。屋内也有充足的储藏空间，每一道水平的横梁和树枝似乎都挂上了有用的东西：干粮、用来做衣服的布料、工具、日常生活中随身携带的物品。湖水轻柔地拍打着支撑整座小屋的立柱，仿佛持续、舒缓的乐声。然而不得不说，在现代人看来，在如此易燃的房间中央设置壁炉无疑是一大安全隐患，小屋必定常遭受火灾的洗礼。

建造小屋的工艺之复杂使考古学家深信，能住在这里的人必定掌握大量的人力、物力资源。从湖里发掘出的残骸显示，铁器时代的原住民日常饮食已十分丰富多样，并且他们位于一个四通八达、辐射辽阔的贸易网络中。从湖水和淤泥中发现的一些小物件是用古代猴谜树的化石黑玉做成的，这种东西最近也要来自约克郡的惠特比。

肯莫尔的复制品是根据湖岸东北部发现的奥克班克小屋复原的，大小至少可以容纳二十人，也许四十人也能装得下。有可能一个部落的上层家庭全天住在这里，而当住在岸上的族人的安全受到威胁时，他们可以全数退避到这里来。湖中小屋作为水上的堡垒，为人们在冲突期间提供了安全的避风港。

到罗马撤退出不列颠尼亚的时候，被他们称为皮克特人的民族早已是此地历史悠久、与众不同的居民，占据了这个国家北部和东部的地区。他们当中最有权势的人标榜自己为国王——就像四百年前从奥克尼启程去科尔切斯特拜见罗马皇帝的那位。他们控制了东部良田产出的多余粮食，足以用来委托专业工匠为他们制造珠宝、武器和艺术品。他们还要求雕刻匠做出图案鲜明的巨石柱，每根代表该地区的区域划分，一共七个：凯特（凯瑟内斯），塞（马尔和巴肯），瑟辛（安古斯和梅恩斯），费伯（法夫），菲达特（莫瑞和伊斯特罗斯），福特律（斯特拉森和曼尼耶），还有福特拉（阿索尔和高里）。最近，历史学家达维特·布朗驳斥了这个说法，认为以上都是虚构，不能代表皮克特地区真正的区域划分。

有权势的人和他们的家人组成了贵族阶层。他们的消遣活动包括狩猎，以及和其他地方有权势的人发展私人关系和贸易往来。有些关系是友好的，进行商业交易的同时还伴有艺术和精神上的交流；有些则不然。

皮克特领土以南的地区由布立吞人控制，他们说的语言类似北方邻居但有所不同。他们是直接受罗马统治的那些部落的后裔。他们当中有沃塔迪尼部落的后裔哥多丁人，他们的大本营位于火山岩迪恩·艾登（爱丁堡）附近。还有一个孤立的族群位于阿尔特·克拉特，即斯特拉思克莱德著名的邓巴顿岩石。

在皮克特人和布立吞人领土以西是盖尔人的地盘。如果这还不够令人头疼，马上就要变得更糟。根据你读过的其他书籍，盖尔人有时也被认为是最初的苏格兰人。这个名字的词源是Scoti，在拉丁文中翻译成盖尔，或盖德尔。除了翻译之外，Scoti还有一个不太体面的联想。对一些人来说，这个词还有着“海盗”的意思——在这些人记忆所及的时间内，至少在某些人看来，这个词代表的是海上来的掠夺者。

盖尔人到底是否最初来自爱尔兰？历史学家无法就这一点达成共识。10世纪有一本爱尔兰文献名叫《苏格兰人的历史》，里面提到，说盖尔语的苏格兰人深信他们和爱尔兰盖尔人有亲缘关系。也许这么想更容易令人接受：生活在苏格兰西海岸和生活在爱尔兰东海岸的人们，认为应该让他们彼此相连而不是被海洋分开。一段可以使爱尔兰海两岸人民产生更多联系而不是分裂的关系可能早在几千年前就开始了。有一个古老的传说本用来解释盖尔人的起源，一位安特里姆的达尔里亚塔部落的首领，弗格斯·莫尔·麦克·艾尔克，在公元500年左右来到阿盖尔建立了自己的王国，传说他带领追随者横渡大海，为了给自己和子孙后代找到一片更广袤的土地。

无论他们的起源在哪里，盖尔人自6世纪起便开始深深扎根于西部海岸线及附近地区。他们王国的中心就是邓拉德山堡，像一个攥紧的拳头，从周围环绕的平原上升起。在阿盖尔中部基尔马丁山谷的南端，邓拉德山堡就像一个阴沉而险恶的人，对着下方的洛克吉普角怒目而视。它高约54米，平坦的谷底是一块当时和现在都名为“大沼泽”的泥潭，尤其令人印象深刻。在公元500年，海平面比现在高得多，邓拉德这座岩石城堡为他们这个需要时刻监督保护船只出海和归航的民族提供了绝佳的位置。

四个巨大的圆形堤防保卫着堡垒。大自然已经完成了大部分艰苦工作，天然基岩峭壁之间的空隙被十米厚的干石墙填上了，只留下一条狭窄的天然隘道作为易守难攻的入口，危急关头把门关上便可。整座堡垒看起来像一个倾斜的婚礼蛋糕，每一层都有足够大的空间用木材和石材建造房屋、商店、作坊等。居住在这里的盖尔人和他们东边的皮克特人邻居、南边的布立吞人邻居有着许多相同之处，特别是好战这一点。但很多文化上微妙的差别和怪癖又将他们一一区别开来。他们一会儿结成盟友，一会儿又恨不得掐住对方的脖子。

邓拉德山堡发掘的考古证据揭示了盖尔人温和、智慧的一面：热爱艺术的传统使这个民族拥有了自己独特的魅力。考古学家发现了用于熔化金、银和青铜的坩埚，还有用来铸造胸针的模具。对昂贵首饰如此大的需求和大量的精美珠宝只意味着一件事：这座城堡曾是王公贵族的家，他们在这里统治着整个盖尔王国，历任国王都是从这里产生。就在邓拉德山顶，在一片平坦的岩架上，刻着一枚脚印（原始的那枚已经被许多把自己当成灰姑娘的游客成年累月的摩挲给磨平了，现在你们看到的是一模一样的复制品，由直升机投放在原来的地方）。这里曾经举行过国王和王国永恒结合的仪式。人们聚集在下方，当准国王走上那块岩石，人们头顶上的天空会出现他的剪影，他会在指定的时间把一只赤脚放进脚印中，向他的臣民表明，这片土地既是他的仆人，也是他的主人。

也有证据可以证明盖尔人有着错综复杂的贸易往来。人们在邓拉德山堡还发现了一小块黄色的雌黄，用来制作在手稿上进行彩绘的墨水。这种珍贵的矿石是从某个地中海国家进口的，这相当于暗示我们，在6世纪末盖尔人的贸易网络发生了变化——这个变化使他们和皮克特人邻居之间开始产生无法弥合的精神分歧。由最基本的读写能力和文字发展而来彩绘手稿，由基督教传教士装在手提包里带给了盖尔人。虽然皮克特人在未来许多年里还会死守他们古老的异教信仰，可是在君士坦丁大帝将罗马献给耶稣之后，盖尔人在一拨又一拨传教士多年不懈的努力下，皈依了基督教。

尽管这些不知名的上帝子民承担了归化盖尔人的大部分艰苦工作，并消失在茫茫历史长河中，有一个却获得了最大的荣耀。这个人名叫科伦巴，意为“教堂的鸽子”。在公元563年，他不是主动离开，就是被赶出了爱尔兰。科伦巴是爱尔兰最有权力的奥尼尔家族的儿子，然而他好战的方式却让家乡的皈依运动最终演变成一场血腥的屠杀，作为不可避免的惩罚，他被判流放到完全陌生的地方，在苏格兰西部，他利用自己的家族姓氏来讨好当地的盖尔人军阀。公元574年，他出席了埃丹·麦克·加布林国王的加冕仪式，为奖励他的贡献，国王赐予他一座岛屿：位于穆尔岛西边的艾奥纳岛，科伦巴余生都以此为家。在岛上，以一系列简陋的茅草屋建成的艾奥纳修道院将成为整个中世纪黑暗时代欧洲最明亮的基督教之光。

基督教的传说赞扬了科伦巴凭一己之力让部落皈依基督教，但我们对他的所有了解几乎都源自同一个出处《圣人科伦巴的一生》，这本书在他死后一百年左右，由他的继任者，下一任艾奥纳修道院院长阿多姆写成，此人也是一位伟大的智者。是科伦巴创建了艾奥纳修道院，因此新上任的阿多姆将他的前任写成苏格兰基督教之父是再理所当然不过了。

不可否认，科伦巴的努力给艾奥纳岛周边及更远的地方带来了稳定。作为一个贵族，同时也是上帝的子民，他能够说服那些出身低微的传教士无法撼动的人。除了新的信仰之外，科伦巴还为诸位国王带来了另一个能为永恒的问题提供答案的信条——识字。每一个字词附带的魔法都像锻造金属的能力一般强大。这位圣人挥舞着笔，就像他挥舞着剑一般，他告诉诸位国王，他能够把从他们口中吐出的每一个字变为永恒的箴言。一旦国王的愿望和要求被写下、复制和传播开来，就成了法律、契约和协议的基础。在任何识字的人都能看到和理解这些条款的基础上，个人、家庭和部落都将互相受制于彼此。书写的语言，就像一个人的灵魂，可以借上帝之手发光发亮。在圣心教堂附近寥寥几间缮写室里，艾奥纳修道院的僧侣们孜孜不倦地日夜埋头工作，终于写下了著名的《凯尔经》。

凯尔位于都柏林以北40英里的米斯郡，几百年来一直是该书的发源地，但这本书实际上是在离穆尔岛只有一步之遥的美丽的艾奥纳岛上制作出来的。无论以多么严格的标准来看，这都是一部经典之作，包含了福音书以及其他一些文本。它更是一部伟大的艺术作品，绘有人物、动物和神秘的野兽；最错综复杂的编结和旋涡图案；一个大写字母周围缀有10 000个红墨水点；颜色鲜艳生动，比如像邓拉德山堡发现的那种来自地中海的雌黄做成了黄色颜料；来自阿富汗的青金石做成了蓝色颜料。《凯尔经》的创作者，或创作者们，达到了无与伦比、登峰造极的艺术成就。

今天的艾奥纳，作为苏格兰西部阿盖尔岛西边一个小岛再往西的一个更小的岛，早已乏人问津。但是在科伦巴的时代以及后来的几百年里，她都是信仰的中心。生活工作在那里的人可以创造出如此杰出的作品，没什么比这更能证明这座小岛一度有着怎样的地位。一位13世纪的学者如此赞美《凯尔经》高超的艺术造诣："你也许会认为这本书出自天使之手，而非人的创造。"但也并非所有人都被基督教上帝的作品深深打动。尽管盖尔人在科伦巴出现很久以前就皈依了基督教，旁边的皮克特人邻居依然坚决地拥护古老的宗教。他们信仰德鲁伊（古代凯尔特人的祭司）而不是僧侣，他们依赖回忆和口头传说，而不是文字。

你不能期望新旧诸神能和平共处。根据阿多姆的说法，科伦巴一人挑起了这个重任，打败了旧神。他走进黑暗的深处，还遭遇了皮克特人的巫术，经历了许多艰难险阻，到达了尼斯湖的布莱迪国王城堡，或许是在克雷格·法德雷戈，也就是今天的因弗内斯附近。他发现城门紧锁，于是手画十字，城门就自动打开了。随后是一场超自然意志的斗争，一边是科伦巴和他的十字架，一边是布莱迪国王派出的德鲁伊，据说科伦巴的声音犹如雷声，他打败了德鲁伊，在快要结束对方的性命的时候，以最高贵的基督教传统，怜悯并饶恕了他。科伦巴赢得了这场战斗，但国王依然是异教徒。

皮克特人和盖尔人在宗教上的不和持续了几十年，在"教堂的鸽子"来了又走之后依然如故。但"彩绘者"走向基督教的这段旅程却在他们的岩石上留下了痕迹。几百年来他们一直热衷于神秘符号：Z形和V形、圆盘、梳子、镜子和其他奇怪事物，比如各种各样的野兽，无论是真实的还是想象出的。但最终，皮克特人（或者至少是那些富有到可以定制艺术品的人）的信仰皈依，在后来的岩石中得到了表明。

从阿布罗斯附近的一个皇家中心遗址发现的一组38块皮克特石头显示，在很久以前，人们把异教和基督教传说雕在了同一张石板上，久到石板甚至变成了化石。德罗斯滕石块的背面有一些深受皮克特人钟爱的经典图案：圆碟、一轮新月、一把梳子、一个猎人正搭弓瞄准浑然不觉的野兽。所有图案都是经过精心打凿的浮雕，符号或动物清晰地从石板上显现出来。其中一只母鹿十分可爱，腿间缠着还在喝奶的小鹿，只是这一个简简单单的要素，就能使平凡的技巧变成艺术，使一幅普通的画成为杰作。石块正面最中央的位置是一个十字架——代表基督复活的凯尔特空心十字架。异教的过去和救赎的承诺，两种信念彼此支持。

这种包容向旧神的信徒突出了新信仰的核心教义：他们尊重几百年来一直带给人们慰藉的形象和圣地，这是人们愿意皈依基督教的原因之一。作为新的信仰，它不仅成功地为自己占得一席之地，并且将其他信仰比了下去。盖尔人的宗教信仰遍及整个不列颠北部，以基督教为最高穹顶，以强大的凝聚力把不同的民族牢牢地团结在一起。

如果说科伦巴身上有一部分机会主义者的特性（他利用自己的身份和读写能力劝说诸国王皈依基督教，告诉他们这么做既有实在的好处，也有益于精神生活），那么继任者阿多姆的做法可谓如出一辙。他抓住时机让五十位国王同意通过了一条新的法律：《无辜者法》。这是黑暗时代的《日内瓦公约》。它在战争时期保护了妇女儿童和修道士："妇女应免于以任何方式被男人杀害，应免于遭受屠杀或其他任何方式导致的死亡，应免于被投毒、溺水、火烧、被野兽攻击、掉入坑中、被狗咬，她应自然死亡。”大多数人的生命都是肮脏的、粗野的、短暂的，但阿多姆的法律强有力地证实了基督教文明、开化的影响力。像盖尔人一样，皮克特人也终于学会了接受成文法律的智慧。

皮克特人似乎照单全收。他们还将拉丁文字母加进了自身已经十分丰富的意义符号系统里。他们成熟而先进的文化不断发展出新的气象。贸易让皮克特人和广阔的世界联系在一起，不仅能买卖物品还能带来新的思想观念。他们低洼的农田是不列颠最肥沃的土地之一，更是北部最高产的土地。控制住不列颠北部最大的粮仓，就意味着能养活更多的军队：力量能带来权力。但正如卡尔加克斯几百年前所见，富饶的土地也会引来他人的觊觎，让生活在这片土地上的子孙后代永远无法得到安宁。

在7世纪的某时期，布立吞人将他们贪婪的手伸向了斯特拉思克莱德的阿尔特·克拉特堡等要塞堡垒，造成了皮克特人惨重的伤亡。公元631年到653年间的年鉴表明，皮克特人曾有几位国王来自不列颠。不过在大部分时间里，觊觎北方的民族另有他人。盎格鲁人是一群在4世纪早期罗马撤退后趁乱来到岛上的日耳曼人。一开始他们是作为客人，顺势留了下来以后，就在横跨英格兰北部中间线的伯尼西亚和德伊勒建立了他们小小的王国。

7世纪初，这两个小国一起加入了诺森比亚王国，不费吹灰之力就扩大了领土。起初他们注意到了苏格兰南部，首先占据了爱丁堡火山岩堡垒周围的哥多丁地区，接着就瞄准了皮克特人，一连串盎格鲁国王想要把福斯湾以北富饶的土地划到自己的领地内。一开始他们满足于在皮克特人的地盘扶持傀儡国王，到了7世纪下半叶，他们开始要求盖尔人的国王也给他们进贡。

在671年或672年，皮克特人赶走了傀儡国王戴斯特，这么做让盎格鲁国王埃格弗里斯非常生气，因为是他把戴斯特扶上王位的。为了复仇，他一怒之下血洗了斗胆挑衅他的皮克特军队，其中有许多皮克特人贵族。

屠杀之后，另一位国王布里代坐上了王位。多年来，他一直和自己的族人打得不可开交，袭击据点和要塞，比如阿伯丁附近的杜诺塔堡垒，珀斯郡的邓登山堡。他成为国王就是为了把所有皮克特人联合在一起，成为一个共同体。在公元685年，被持续的叛乱激怒的埃格弗里斯指挥一支盎格鲁大军北伐。布里代和他的皮克特人佯装撤退，实则为了诱敌深入，按计划将他们引到大本营，即阿维莫尔附近一块叫邓尼亨的沼泽地，埃格弗里斯和他的军队被包围后遭到了屠杀。

在这场名为邓尼亨（也称邓内廷，有些书中也称为内塔斯梅尔）的战役发生一百年后，皮克特人在附近建了一座石碑来纪念它，名为阿伯莱姆诺之石。它以丰富翔实的图像生动地描绘了一场血腥屠杀，就像贝叶挂毯记录了1066年诺曼人在黑斯廷斯的胜利一样。在战斗场面的一角画着没有头盔的长发皮克特战士，另一角是戴着独特金属头盔的盎格鲁人。从所有方面来看，这都是一场碾压式的胜利。成群结队、训练有素的皮克特长矛手把敌人赶进了阴冷的湖中，将他们全部杀死。右下角最后的浮雕显示了一只乌鸦在啄食死去的盎格鲁王子的脸庞。布里代国王取得的成就远不止赢得一场战斗。他凭借自己坚定不移的意志，强行使皮克特人联合在一起，听从一位国王的统治。这个新组成的邦联也有了一个新的名字：皮克特兰。

今天的苏格兰大地依然矗立着超过200块皮克特人的石碑，若在地图上标出它们的位置，大约可以知道皮克特王国的领土范围。在邓尼亨吃了败仗之后，盎格鲁人被一路赶回南方，随后的几年里皮克特人在与邻国的交锋中一直处于上风。在西部，盖尔人和布立吞人也被皮克特人征服，虽然得以保留各自的文化和习俗，但这两个民族都得向皮克特国王卑躬屈膝。

但如果你认为他们从此便不可战胜，那也必然是幻觉。就像之前招致盎格鲁人的入侵，皮克特兰的丰饶富足也将引来那些渴望攫取财富的贪婪目光。第二拨掠夺者实力大大领先，那些人对基督教的繁文缛节毫无兴趣，也无意遵循阿多姆或其他任何人立下的法律条文。相反，他们崇拜远古的战神，奥丁和索尔。

第一批登陆不列颠海岸的维京人来自挪威。虽然挪威是个大国，但挪威人对种田一窍不通。地理学家和地质学家指出气候也是影响挪威人行为的一大因素：在一段被称为中世纪温暖期的时间内，北欧的气温大幅上升。在像挪威这样的国家里，适合耕种的土地变得更有生产力，由此带来了人口的大量增长。可新增的人口必然造成现有土地资源分配的紧张，进一步强化了向外扩张的需求。

8世纪的挪威就像其他斯堪的纳维亚国家一样，还处在国家形成的早期阶段。军阀崛起，有权势的人顺势自立为王。想要吸引和留住支持者需要武器，也需要真金白银。在挪威西部的一些地区，对土地的需求量最大，想要称王称霸的人都在暗自掂量自己的实力和野心是否足够和东边的对手抗衡。所有这些压力加在一起，迫使那些最敢于冒险、最雄心勃勃、最冷酷无情的人将目光越过重洋，寄希望于找到一条通往财富和权力的新道路。就是这样，到了8世纪末，挪威海盗船载着一队维京人乘风破浪向西航行，去寻找可供劫掠之地。

近几年来，一些考古学家和历史学家倾向于把维京海盗描述成被误解的民族，认为这些人不是嗜血强盗，而是寻找新殖民地的爱好和平的商人和农民。当然他们在后来的几百年里的确变成了殖民者，并且转身就用抢来的金银购买土地和庄园。但就我们所知，最初的接触也绝不“太平”。

他们的名声之所以糟糕，也是因为他们一开始针对的目标过于特别：僧侣和修女。如果你一开始就攻击一个善于记录的群体，那么你必然会招来口诛笔伐。异教的维京人没过多久就搞清楚了教堂和修道院是很可能藏有上好的金子、银子以及大量贵重财物的地方。更让人蠢蠢欲动的是，这些地方不会有军队，只有一些除了信仰和祈祷之外手无寸铁的男人和女人。

《盎格鲁-撒克逊编年史》在“公元793年”这一条目中记载如下：“在6月8日这天，异教徒野蛮地摧毁了林迪斯法恩的教堂，教徒惨遭洗劫和屠杀。”通常这样的袭击中没人能活下来。尽管林迪斯法恩圣岛上的僧侣是第一批有记载的受害者，全国上下没有一处修道院能够幸免于难。“各地的上帝子民均被杀戮，被烧死，被掠夺，”七十年后一位僧侣写道，“这些维京人践踏了面前的一切，没人能够抵挡他们。”

似乎海岸线上已没有安全的地方，尤其是苏格兰的海岸线。维京海盗不会挑三拣四，船在哪里靠岸，他们就在哪里抢劫。艾奥纳岛的修道院第一次被打劫是在公元795年，但随后又遭受了两次更大规模的破坏。这些北方蛮族持续不断的骚扰导致人们最终不得不放弃了这所修道院，将包括《凯尔经》在内的珍宝转移到爱尔兰的凯尔修道院。

最先不幸被维京人注意到的是苏格兰北部的岛屿。1958年，考古学家进行了一次挖掘行动，目的是在设得兰群岛的圣尼尼安岛上寻找一座早期基督教教堂遗址。这座教堂在宗教改革运动后由于年久失修，加上沙丘的逐年侵蚀，早已失去了踪迹。学生道格拉斯·库茨当时是考古学家的助手，他发现了一块砂岩板，上面浅浅地刻着一枚十字架。他还在已经碎裂的石板下面发现了一组皮克特人的银碗、杯子和珠宝首饰，时间最早可以追溯到公元800年以前，这次发现被称为“圣尼尼安岛的宝藏”。现场还发现了用来存放宝藏的木箱的痕迹，但是银碗翻倒在地上，其他所有东西都乱七八糟地散作一团。似乎这只木箱是被倒着埋藏起来的，而且是在非常仓促的情况下。所有证据表明僧侣们匆匆忙忙地将他们最珍贵的东西藏在了教堂的地板下，想要保护它们免受维京海盗的劫掠。无人再回来取出这些宝物，这些僧侣的命运可想而知。

在不列颠海岸线猖獗肆虐的维京人不仅仅垂涎金子和银子，还对人感兴趣。他们绑架了男人、女人和儿童，装上船运回斯堪的纳维亚，然后在君士坦丁堡把他们卖给中东人，换取来自东方的金子和银子。维京人是9世纪的国际贩奴组织，掳走了已知岛屿上成千上万的岛民。

在接下来的几百年里，维京人的确变成了殖民者，占据并扎根于广大的诺森比亚、爱尔兰、赫布里底群岛和盖尔人的地区。丹麦的维京人也开始加入，不过他们主要集中在英格兰。海盗的势力范围以任何标准来衡量都是令人震惊的。最终他们控制的疆域范围极其广大，从法国诺曼底到格陵兰、西西里，甚至还有俄国的一些地区。毋庸置疑，他们也是第一批登上北美大陆的欧洲人，比哥伦布还要早几个世纪。

苏格兰的北部和东部被海盗全面侵占，这一点得到了盘旋在现代人细胞里的沉默的见证者的证明：今天生活在奥克尼的人的基因显示维京人要么杀了那些皮克特人，要么强迫他们永远地离开了这里。绝大部分人带有来自斯堪的纳维亚半岛的基因——铁证如山，皮克特人不是遭到了屠杀，就是遭到了驱逐。女性则多是岛上原住民的直系后代，她们的祖先可以追溯到退冰后定居在苏格兰的狩猎采集者。看起来维京人在想方设法摆脱当地男性的同时，也忙着霸占当地妇女为妻。事实上，奥克尼岛和设得兰群岛上几乎没有皮克特族的地名，也说明了这是某种程度上的种族大清洗。无论是山丘、海湾、村庄和城镇的名字都含有斯堪的纳维亚词根。

在奥克尼群岛东北角的一座潮汐岛上，我们发掘出一种文化完全被另一种文化吞噬的证据——伯塞堡垒。皮克特人几百年来所喜爱的圆形房屋突然间被维京人的矩形长屋替代，如同鸠占鹊巢。在一些维京人的房子里，还发现了皮克特人的器具，说明新进驻的业主甚至保存了被剥夺财产者的个人物品。

每年8月份的最后一个星期二，如今生活在设得兰群岛的人们会整夜庆祝他们的维京历史，这种仪式叫作维京火祭。一群男人身穿夸张的服装（并非全打扮成维京人），在设得兰首府勒维克的街道上游行。他们当中的每一个人都扛着一支巨大的火炬，狂欢达到高潮时，数百支火炬被扔进一艘海盗船的复制品中，这是当晚的重头戏。烈焰迅速吞噬了这艘船，让人们想起他们的祖先是如何选择烧毁船只留在岛上，而不是回到远在挪威的家乡。

这不是一个古老的节日，它是19世纪末被发明出来的，作为一年一度带给人们使命感和兴奋感的方式，否则一切都是那么绝望凄凉。虽然如此，这是一幕令人激动的绮丽景象。但是如果你不清楚庆典的气氛和盛况，那么想象一下某天早上起床发现一群咆哮的武士从他们的长船上跳下，来到你家下面的海滩上，也许有助于理解外敌入侵的景象为何犹如世界末日。这意味着你所知道的一切和你曾经珍惜的一切即将终结，除非有人能找到办法阻止它的发生。

维京人以血腥的、异教徒的姿态杀进了一片生活着四个民族（皮克特人、盖尔人、布立吞人和盎格鲁人），有着四个王国的地方。基督教是他们共同的信仰，表面上将他们联合在一起，实际则不然。在任何时刻，他们中随便哪一个民族对另外三家的统治都取决于国王或军阀头子的野心、才能和军事实力。

想要弄清楚8世纪和9世纪的苏格兰(记住,那时还没有苏格兰这个国家)的各路豪杰分别都是谁,就像尝试阅读托尔金的作品《精灵宝钻》。在"黑暗时代",或称"中世纪"的大部分时候,苏格兰的历史都包含着一连串令人眼花缭乱的名字,陌生、难发音,似乎比现实世界中的任何地方都更有可能来自"中土世界"。一个个朦胧的身影(有时是盖尔人,有时是皮克特人,有时是布立吞人或盎格鲁人,有时是以上任意两个民族联姻产下的混血儿)在权力的舞台上来去匆匆,最后遁入无人哀悼的死亡和无名坟墓的永恒中。

请看一段出色的,但无疑也艰深难懂的文字,摘自亚历克斯·伍尔夫的著作《从皮克特兰到阿尔巴》:

> 随着伟大的威格斯之子奥尼斯特和他的兄弟布里代,以及他们的直接继承人,威拉德之子西尼德和他的兄弟埃尔芬相继去世,皮塔维亚在很短的时间里接连换了四位国王(其中三位显然都来自奥尼斯特家族)。然而从公元789年开始,皮塔维亚有了一位强势的国王,威格斯之子康斯坦丁,他统治这个国家直到公元820年去世。皮塔维亚不稳定的政权似乎让达尔里亚塔重新获得了独立,先是在埃奥切德之子,艾德芬德和他兄弟费格斯德领导下,接着是汤克尔斯。汤克尔斯之后似乎是由塔格之子科纳尔继位,他显然在公元789年就和康斯坦丁竞争过福特律的王位。

读这段文字时,我有点期待会不会中途冒出来一个半兽人。这是一段艰难且混乱的时期,所有的细节都是从极少幸存下来的文字资料中一点点拼凑起来的。对我而言,审视这一切最简单的办法似乎就是,我们得承认,当维京海盗在公元8世纪90年代忙着到处烧杀抢掠的时候，还有一盘更大的棋等着我们去下，去争夺领土的控制权，去把不同的民族联合起来组成一个国家。

在邓尼亨大获全胜之后，布里代被千方百计稳住这个新生国家的几位国王簇拥着登上了皮克特兰的国王宝座。8世纪中叶的部分时期，邓拉德的盖尔人摆脱了皮克特人的霸权，重新恢复了独立的主权。其中一位盖尔国王塞内尔·麦克·加布林甚至控制了一部分皮克特兰的领土。天平又向盖尔人的方向倾斜了，东边的王国至少目前能制衡住西边的宿敌。

在公元839年，可怕的灾祸降临在皮克特王朝头上。《爱尔兰中世纪编年史》中有一个词条记载道："野蛮人异教徒（维京人）赢得了福特律（属皮克特兰）的一场战斗，奥尼斯特之子温、奥尼斯特之子布兰、博安塔之子艾司和其他数不清的人都倒在了那里。"一位不知名的爱尔兰抄写员写在羊皮纸上的"数不清的人"，可谓此地无声胜有声。在公元839年，本土血统的贵族阶级——毫无疑问，这是一个由皮克特人、盖尔人、布立吞人和盎格鲁人经过几百年的战争和通婚后形成的统治集团——被一支集结而成的维京海盗大军带进了史诗性的覆灭。皮克特人惨败，国王和继承人的鲜血染红了不知名的田野。这场战争的场面消失在历史中，但它造成了上层阶级的权力真空。新的空白里填进了一个在苏格兰家喻户晓的名字：肯尼思·麦卡尔平。

他也被称为"肯尼思一世"，是苏格兰历史上最伟大的英雄之一。不管他还有别的什么身份，他确乎是个军阀，几乎是横空出世。他也许是盖尔人，也许是皮克特人，也许两者血统皆有。根据一代代苏格兰儿童在课堂上学到的故事版本，他在那场被遗忘的战争结束后，步入了惨不忍睹的战场，将幸存下来的皮克特人和盖尔人团结起来，共同对抗维京人，直到将他们赶走。鉴于他的贡献，以及他成功地把几个民族联合在一起，肯尼思·麦卡尔平被拥冕为苏格兰的第一位国王。

但愿历史这么简单就好了。肯尼思·麦卡尔平到底是否曾经是苏格兰国王还是个谜。但这个传说一直流传到了今天，我在学校里学的也是这个故事。肯尼思·麦卡尔平和他的直接继承人的确在手抄本中被记载为皮克特兰国王，但是事实可能没有这么简单。维京人撤退到北部和西部，然后撤到了岛屿上，但依然活跃，保留了自己独特的文化和民族特性。盖尔人、布立吞人和南部的盎格鲁人也是如此。直到肯尼思死后四十年，历史上才第一次出现有关苏格兰国王的记载。

这个新的王国并非诞生自皮克特兰的肯尼思的功绩，它的源头实则出自巴黎国家图书馆馆藏的一本书。这部《波普尔顿手稿》完成于13世纪中叶，由约克一处修道院里，一位名为“波普尔顿的罗伯特”的修道士组织制作完成，它也由此得名。这是一组不同时代和不同题材的文字集，没有什么新鲜内容。它是一部汇编作品，一众作者的任务是把更古老的作品复制到单个卷宗上。这本书现在收藏于巴黎，是因为17世纪末一位法国官员将它连同其他同样晦涩难懂的历史资料，一起买了下来。仿佛这位不经意路过的法国人在旧货市场里一眼认出这便是苏格兰国家的出生证明，经过一番讨价还价买下了它。

书里的一份文件叫作《阿尔巴国王编年史》。原作不确定是什么时候创作的，但它列出了在9世纪到12世纪间，肯尼思·麦卡尔平所属的阿尔平家族的十二位国王。这是一份极其复杂的资料，当波普尔顿的抄写员开始着手工作时，原稿已经被复制几百年了，并被匿名作者不断加入内容。它的重要性在于涵盖了公元878年到889年这十年的变迁：当所有关于皮克特兰的文献都消失时，这个王国以苏格兰的新生面貌第一次出现在历史上。

名单上有几个名字，讲述了苏格兰失落的这十年时光。在这段重要的、神秘的时间里，扮演了第一个关键角色的人物就是肯尼思·麦卡尔平最小的儿子艾司。他不幸于动荡时刻临危受命，登上了王位，当时维京海盗又死灰复燃，再度返回皮克特兰大肆劫掠，两年来掳走了大量的耕牛、奴隶和贡品。皮克特兰再度遭到侵占，这些北方佬不把所有东西扫荡一空不会善罢甘休。艾司的王国成了一片断壁残垣，在他的人民看来，他没有做任何事情来阻止敌人的疯狂破坏。

艾司在位的时间只有一年，《阿尔巴国王编年史》说他短命的统治“没有在历史上留下任何值得一提的事迹”，这是多么声嘶力竭的控诉！《奥斯特编年史》还补了一刀，即艾司在公元878年死在了“自己人”手上。人们之所以相信皮克特人的国王被自己的追随者杀死，多少说明了在那个时期，人们是多么的绝望。据记载，谋杀地点为“civitas Nrurim”，即“英鲁里之城”。英鲁里似乎位于珀斯郡，但具体是哪里目前仍无定论。不过“civitas”这个词意味着它曾是一座非常重要的教堂的所在地。因此，在这块神圣的，或者非常接近圣域的土地上，艾司被他视作朋友的人杀死，以这样的方式结束了一生。

根据12世纪的皮克特历任国王列表，艾司是被邓加尔之子吉里克所杀。吉里克的名字亦出现在《阿尔巴国王编年史》中，随后成了皮克特兰的国王。吉里克不是皮克特人，而是盖尔人，因为盖尔王国也遭受了维京海盗的劫掠蹂躏，大批盖尔人为了摆脱嗜血的敌人，过上安宁的生活，纷纷逃往东边的皮克特兰，吉里克就是这些避难者中的一个。吉里克并非贵族，他一无所有，唯有靠自己的诡计和机智挣得了贵族头衔和国王身边的一席之地。这个盖尔人为了挣脱维京人的魔爪，已经逃离过家乡，当事实证明艾司无力抵抗维京海盗的时候，吉里克选择将命运掌握在自己手中。

杀死艾司之后，吉里克发动了政变。他清洗了宫廷里的皮克特政敌，换成了自己的心腹。他还控制了皮克特人的教会，任命一位盖尔人主教进行改革重组。这是一场不折不扣的宫廷政变。吉里克完全依照他的意愿将皮克特兰重新打造成了适合盖尔人生活的土地。为了更加完全地掌控这个国家，以及在上层稳固他的统治，他攫取了大量皮克特人的土地，赐予盖尔人同胞。

尽管做了这么多工作，吉里克还是无法睡个安稳觉。艾司虽然死了，他年幼的儿子康斯坦丁却还活着，肯尼思·麦卡尔平的另一个孙子，康斯坦丁的堂兄唐纳德也还活着。皮克特人眼看着自己的国王被谋杀，栖身之地被拱手让给盖尔人，教会则被一个异族的主教搅得乌烟瘴气。在他们心目中，这两个男孩才是国王宝座的合法继承人。只要他们还活着，篡位者吉里克将永不能高枕无忧。

没等吉里克找机会铲除掉这两大威胁，阿尔平家族忠诚的随从就秘密将两个男孩送到了爱尔兰。这一步看起来很出其不意：将两位皮克特王子送到盖尔人的国度，而且盖尔人还热情地迎接了他们。在爱尔兰北部的艾利奇城堡，康斯坦丁和唐纳德的姑妈，肯尼思·麦卡尔平的女儿梅尔穆尔收养了他们，她的丈夫也是当时爱尔兰几位国王当中最有权势的塔拉的艾司。因此除了政治上的考量，两位王子流亡到爱尔兰亦有家族原因，这一点对他们也产生了至为深远的影响。当康斯坦丁抵达艾利奇城堡时，他最多只有五岁，还是个天真懵懂的孩子，唐纳德稍年长一些，也不过才十来岁，青春期刚刚开始，对周遭的一切新事物都极度敏感。

无论是不是皮克特人，是不是国王的亲戚，两位王子都得受盖尔宫廷的约束，都得在对他们而言本属异族的文化以及信仰中长大。唐纳德和康斯坦丁多少也对盖尔人的礼拜仪式耳濡目染。这似乎有些讽刺：他们从盖尔族的篡位者手中死里逃生，被迫流亡，然而这里的一切都和家乡正在发生的变化一模一样。

在爱尔兰蛰居十几载后，王子们准备扬帆启程，夺回本就属于他们的王位。他们怀着正义的复仇之心，乘船渡过爱尔兰海，发起推翻篡位者的战役。吉里克似乎一直在等着这一天，因此选了珀斯郡的邓登要塞进行决战。躲在要塞高大的城墙后面，吉里克一度以为自己有胜算，但中年人的诡计最终不敌两位王子一往无前的年少和纯真。

编年史中的一篇记录扼要地说道："那位正直的人被杀于邓登要塞。"这近乎悲恸的语气似乎在暗示人们哀悼吉里克的死亡，然而邓登要塞的遗迹却描绘出一幅更加黑暗的图画。考古学家发掘出被烧过的木头和箭头，多少证明当时情况的残酷。鉴于唐纳德、康斯坦丁和阿尔平家族忠诚的追随者多年的忍辱负重，我们完全能够想象吉里克被复仇的烈火吞噬的情景。

无论如何，唐纳德夺回了属于皮克特人的王座。但他的支持者若以为一切能恢复从前，吉里克的盖尔化改革就此一笔勾销，他们会大失所望。唐纳德和康斯坦丁离开时还是皮克特族的孩子，回来时却已是盖尔族的王子了。肯尼思·麦卡尔平的继承人也蒙受了同样的思想改造。现在，他们以完全不同的眼光来看待故乡了。唐纳德国王的统治不仅没有逆转盖尔化变革，反而将之全面深化直至成为永久的定局。当他在公元900年去世时，撰写编年史的学者以"阿尔巴国王"之名记录下他的逝世，而非"皮克特兰国王"。

一个新事物从此诞生。阿尔巴，这个盖尔族人用来称呼自己领土的名词，现在被用来指谓皮克特人和盖尔人统一组成的新王国。《阿尔巴国王编年史》是已知文献中最早使用"Albaniam"（"Alba"一词的拉丁文译名）的文本。在这一刻，一个崭新的王国诞生了：在这之前，皮克特人和盖尔人是两个不同的民族，不同的王国，有着不同的文化和特性，现在则合二为一，成为阿尔巴人。然而，盖尔人长期以来绰号“Scoti”，即“海上掠夺者”，这样一来阿尔巴也成了苏格兰人的土地。而位于巴黎市中心的《阿尔巴国王编年史》中装订的那一页，就可以被看作是苏格兰的出生证明。

康斯坦丁继堂兄唐纳德之后登上了王位，那时的苏格兰已完全是一个盖尔王国了。人们说，皮克特人的世界不是以一声巨响，而是以一声啜泣结束。可从历史上来看，这两个不同民族的融合，远非世界末日或种族灭绝这样惨烈的事件，皮克特人像替换掉过时的、不再合身的衣服一样，逐渐抛弃了他们的文化。那些曾经的皮克特人脱下他们的旧衣服，换上了盖尔族的新行头：苏格兰人。盖尔人把新国家称为“阿尔巴”是天才的举措，这名字既标志了崭新的开始，也是这朵盖尔玫瑰的别称。

此后没过几代人，皮克特人的生活方式、他们与众不同的习性，就完全消失了。关于他们的一切，从膜拜上帝、雕刻岩石到打造珠宝的方式都被摒弃了。最残酷的莫过于，就连他们用来理解事物和表达自己所用的皮克特语言，都被盖尔语代替了。盖尔语成了权力的语言。但无论盖尔人还是皮克特人都并不为此感伤。生活总是在变化，作为新生事物的一部分，皮克特人选择放下过去，为自己在当下和将来争得一席之地。

在公元906年，康斯坦丁赶赴斯昆参加继位典礼。这就像阿尔巴王国一样，同样意味着一个全新事物的诞生，其中也掺有古老的意味。这是历史上第一次记载斯昆这个地方，似乎在公元906年前不久，它才刚刚成为新的政治中枢。自此，它将成为苏格兰国王的诞生地。

康斯坦丁坐在一大块从附近开采的红色旧砂岩上，接受了名为塞拉赫的盖尔主教的祝颂。也许是因为塞拉赫主教曾拥护吉里克，这道仪式在某种程度上算是公开对新国王表示宗教支持。塞拉赫和康斯坦丁也共同宣布将继续维护教会的权利。也许典礼本身带有加冕仪式的元素，国王坐在上座，通过向邓拉德的脚印点头致意，表明自己与基岩结合。

典礼那天国王坐过的石头，就是我们今天所知的“命运之石”。从那以后直到今天的许多个世纪以来，它都一直被用于国王和王后的即位典礼。现在，它陈列于爱丁堡城堡，就如一块不大不小、取自这片大陆的岩石。这是一份来自河流、海洋和沙漠的馈赠，在很久以前不知不觉创造了这片大陆，它带着来自别的地方、别的时代的沙和水的记忆，但在人类存在的所有时间里，这片大陆就是一块岩石。现在其中的一块碎片，即“命运之石”，和苏格兰的其余部分一样，历经一次又一次的战斗，它已成为神话、幻想和罗曼史的符号，成为这个国家的象征。苏格兰大陆是一块岩石，岩石也永远是一切事物的起源。

可以称之为巧合，也可以称之为宿命，当阿尔巴作为北方的新兴王国出现的时候，在不列颠群岛南部，也形成了另一股统一的力量。当康斯坦丁即位苏格兰国王，一位叫作艾塞尔斯坦的国王统治着盎格鲁人的领地：盎格鲁兰，也就是今天的英格兰。艾塞尔斯坦将军队开进诺森比亚，赶走了维京海盗，统治了后来被称为英格兰的很大一片地区。

然而这样并不能满足这位盎格鲁国王。身为罗马崇拜者，他视自己为古罗马人的天然继承者。这样一来，也只有征服整个不列颠才能填满他的胃口。像几个世纪以前的那位帝国军团指挥官一样，艾塞尔斯坦向北挺进，迫使康斯坦丁和他的军队节节败退。最终，苏格兰国王被逼到了哈德良长城另一边，退守邓诺塔城堡。邓诺塔城堡是一处天然防御堡垒，位于阿伯丁附近得天独厚的岬角上，仅凭借一条狭长而陡峭的高地和大陆相连。深入海中的光滑峭壁让任何想接近的举动都望而却步。康斯坦丁只要待在那里就是安全的，可他的王国也只剩城堡里的那几英亩了。

像卡尔加克斯一样，他也面临着生死攸关的选择：到底是缴械投降，还是孤注一掷杀出重围。不过康斯坦丁是一个有头脑的人，不会允许自己在走投无路的情况下束手就缚。他没有战斗，也没有放弃，而是与对方达成协议。通过承认艾塞尔斯坦为最高君主，康斯坦丁得以保留国王的地位。这笔交易在短期内奏效了。盎格鲁人撤退，康斯坦丁总算暂时安全。但是对于周围那些和他一起建设国家的热血沸腾的年轻人来说，他的交易无异于背叛。向敌人卑躬屈膝的国王是没有未来的，艾司的命运已经清楚地说明了这一点。他明白，为了生存下来，他必须反败为胜。事情接下来的发展即使放在近代也堪称不可思议：他和维京人达成了和平协议。正如当年各个部落联合起来对抗罗马大军：敌人的敌人就是朋友，足以消弭一切分歧——因此，他们组成了盟军，联合起来对抗盎格鲁兰。

公元937年，不列颠的命运岌岌可危，所有民族都准备以战争解决问题。来自南边的艾塞尔斯坦率领几万大军，北边的则是另一股势力：康斯坦丁和阿尔巴的苏格兰人，来自斯特拉思克莱德的布立吞人，以及穿过爱尔兰海远道而来的维京国王。经过数周的行军，两股力量终于在默西河口附近一个名叫布伦南布尔的地方相遇。

后世将这场战争简单记载为“伟大的战役”。它是中世纪黑暗时代最血腥的一场战斗，并且定义了现代不列颠版图的形状。盎格鲁-撒克逊人对战况的激烈描写如下：“他们劈开墙一般的盾牌，用捶打过的刀刃劈下敌人的头颅，敌人纷纷撤退，苏格兰人和海盗舰队注定难逃一死。战场上满是勇士的鲜血……成队的西撒克逊人用磨过的利刃从后面残忍地砍杀逃命的敌人。”他们战斗了一整天，在前所未有的屠宰场里面对面厮杀，直到夜幕降临才告终，彼时战场和海滩上到处都是已死和将死的人，狼和乌鸦在逐渐冷却的尸体间觅食。这些人在阴间也未必能称兄道弟：苏格拉人、盎格鲁人、维京人、撒克逊人、布立吞人、威尔士人、爱尔兰的盖尔人、诺森比亚人和冰岛人。

从最高贵到最卑微，任何想称霸未来不列颠的人都来到了布伦南布尔。康斯坦丁的长子也和其他成千上万人一样倒地死去，除了诗人和编年史作者，谁也不愿记得这一天。盎格鲁人占领了战场。表面上他们赢得了这场战斗，但实际上双方都伤亡惨重，以至于没有所谓的胜利可言。野心勃勃、一心渴望成为罗马帝国传人的艾塞尔斯坦，再次被迫接受无法征服苏格兰的事实。任何想要征服北方人的企图都将付出超乎想象的代价。康斯坦丁和幸存的北方盟军历经磨难才逃出这个可怕的地方，回到了他们的家乡。

每个人都听说过1066年的黑斯廷斯，可谁听过布伦南布尔？如今就连战斗的确切地点都无人知晓。最有可能的地点位于默西河附近，但迄今为止尚未达成共识。另外几个可能的地点位于英格兰中部地区或东部地区；还有一些人认为是在苏格兰西南部的某个地方。然而这场战斗比一个多世纪之后发生在苏塞克斯郡的任何事情都更重要，因为它才是决定当今不列颠版图的缘起。1066年，诺曼人所占领的已是一个完整的英格兰，公元937年的这场战斗正是不列颠的定局之战，在那以前一切还未成定局。

布伦南布尔是两个截然不同的族群之间的对决：挪威/凯尔特联盟和盎格鲁-撒克逊联盟。它的目的就是一劳永逸地解决不列颠到底是由单一的“帝国”来统治，还是保持几个各自独立的王国。布伦南布尔之战代表了一种观念上的分歧，不管你喜不喜欢，这分歧伴随我们直到今天。

在历史上，肯尼思·麦卡尔平作为苏格兰第一任国王，已经沉寂了。他确实建立了苏格兰王室族系，但他毕生都是一个信奉机会主义的皮克特军阀。保卫苏格兰王国的重任落在了肯尼思的孙子康斯坦丁身上。他统治了苏格兰四十三年（对于10世纪的君主制而言，这是相当长的一段时间），正是他的治理才能和敏锐确保了苏格兰能作为一个独立王国生存下来。他始终出人意料。在位四十三年之后，康斯坦丁决定交出国王的权力。经历了此生最惨烈的一战，仅仅六年，他就自愿退位，不再过问朝政。他有太多事情要思考；也许他希望时间与安宁能让他把这一生发生的事情梳理清楚：流亡到爱尔兰时他还是个男孩，后来和唐纳德一起回到故乡推翻了吉里克，夺回了王位；在经历了对艾塞尔斯坦短暂的屈从迎合后，他直面了布伦南布尔之战的极度可怖；最后，他拯救了他的王国，也失去了自己的儿子。

他带着回忆和悲伤来到了圣安德鲁斯。多年来维京人的肆虐，皮克特人与盖尔人的阿尔巴大融合，使得世俗和精神力量逐渐从西方转向了东方。艾奥纳修道院依然如常运转，死去的国王依然埋葬在那里，但它作为苏格兰中心的日子已经结束了。现在，复活圣子的教会更偏爱旭日初升的海岸。新王国宗教中心的两处高光分别打在邓克菲尔德和圣安德鲁斯。科伦巴曾是苏格兰最至高无上的圣人，但近来耶稣基督的使徒圣安德鲁斯的圣骨同样来到这片土地。康斯坦丁统治期间，圣安德鲁斯一直处于首要地位，他也选择在这个宗教中心海边的一座山洞里度过余生。

在1140年，英格兰历史学家亨廷顿的总执事认为，皮克特人作为最后的自由人，已被历史抛弃。他写道："我们看到皮克特人已经被历史抹去，他们的语言也被完全破坏，使得他们形如我们在古书中发现的寓言。"然而当康斯坦丁选择退隐，彻底消失在阴影之中后，皮克特人却永久地留在了世界上。他们放弃了这个名字的背景和语境，甚至连名字本身也放弃了，以此来换取和另一个民族的融合，创造出一个崭新的世界。皮克特和盖尔两个民族，被投入命运的烈火中，锻造为一体。

现在，阿尔巴王国，也就是苏格兰，开始了新的故事。

康斯坦丁之后的苏格兰国王又回到隐匿和默默无闻的迷雾中，那些人物的名字只为这方面的专家所熟知。我们大部分人应该都对康斯坦丁之后的几位继承人的名字毫无印象：第一个是他的侄子马尔科姆……然后是他最小的儿子英德尔夫……然后是杜拜……崔连……我们甚至不能确定这些名字的拼写是否正确，每本书都不太一致。

对当时绝大多数生活在苏格兰的人来说（他们基本不知道这些名字），谁是国王根本不重要。大多数人从一开始就依靠务农自给自足，现在也依然如此。他们日复一日地耕种，只为确保有食物吃，有屋子住，管他哪个军阀头子要立地为王，把脚放进什么石头中间的洞里。

在公元9世纪初，平地犁对人民生活的影响比统治阶级的任何阴谋诡计都要大。这种新型农具方便人们更快地清空耕地，为播种做好准备。它还能翻出更多草皮，形成深深的犁沟，方便潮湿的地块更好地排水。这样一来，以前因太重而不易耕种的土壤也变得适合种庄稼了。

在公元10世纪，大家都已是苏格兰人，但若说他们已然生活在一个新世界也略显牵强，因为在大多数人看来，旧世界的痕迹依然无处不在。农奴们就像牲畜一样在这片土地上劳作，并为主人所有。这种不幸的身份代代相传，但其中至少带有某种安全感和确定性，至少他们不会失业，不会饿死。社会中最脆弱的成员反倒是那些尽管法律上享有自由，却没有土地的人。在人口稀少的时候，对劳动力的需求量也许会增长，对购买劳动力的人而言，价格也相对高一些；而当人口众多时，劳动力不仅廉价，而且供大于求，没有土地的农民及其家人的生活就会沦落到悲惨的境地。

早在诺曼人的“封建制度”定义了人与土地、有地者与无地者之间的关系之前，苏格兰人就以这样或那样的形式收起了租金。社会地位较低的人必须付出租金和艰辛的劳动，才得以耕种他们赖以生存的土地。除了耕种自己的一亩三分地外，他们还要帮土地所有者干活，这通常意味着帮地主种地，但也意味着时不时得服兵役。

当土地所有者被更高阶级的人下令提供武装力量时，他会让那些租用其土地进行劳作的人放下工具，拿起武器替他上战场打仗。进一步来说，富人还欠更富的人一份组建军队的职责。阶级的最顶端就是国王，为了保住王位，时而哄骗操纵，时而恐吓谋杀。他需要他们当中至少一些人无时无刻的支持，只要看起来在政治上是明智的，他就会寻求他们的建议。这就是诺曼人到来之前，苏格兰的封建制度、议会和末日书。

随着时间的推移，摇篮时代的苏格兰也如此继续下去，直到1034年，一个名字和一个故事敲响了警钟。那一年，肯尼思·麦卡尔平的最后一位继承人马尔科姆二世去世了。在他之后继位的是他的孙子邓肯——莎士比亚对此事的描述是充满尊敬和温情的。而事实上，他只是个不能胜任王位的年轻人。他的判断失误导致几次军事行动都遭到挫败，包括对英格兰北部发动的一次愚蠢的突袭，直接导致达勒姆在1039年遭受袭击，造成了惨重的伤亡。第二年夏天，他向北进发，试图把对死亡的恐惧加诸一位名唤“生命之子”（即麦克白）的人身上。

马尔科姆二世去世的时候，麦克白是有望继承王位的。他是马里伯爵，达尔里亚塔国王的后裔，他的妻子古鲁奇也同样有皇室血统。然而马尔科姆却指定他的孙子为国王，这个不寻常的行为激怒了麦克白。

正是这个原因导致邓肯为了震慑这个对手而入侵北方。苏格兰的皇家领地比我们如今理解的要小得多，因此他离中心越远，力量也越弱，甚至宛如蒸发般消失了。

邓肯一世死于现今埃尔金附近的一场战役，胜利者麦克白代替他坐上了王位。他将邓肯的两个儿子，马尔科姆和唐纳德流放至别处，成功地统治了苏格兰达十七年之久，像之前和之后的许多任国王一样合法。直到马尔科姆王者归来终结了“生命之子”，麦克白在公元1057年的一场战役中被击败并杀死。

在历史上，马尔科姆三世以“伟大首领”马尔科姆·赛恩·摩尔之名更为人所知。他为人冷酷，这是一个开创王朝的人该有的品质。麦克白虽已死，他的继子，古鲁奇的儿子卢拉赫，却很有可能聚集起足够的支持力量进行反击。马尔科姆一路追击，最终也将他杀死。但正如肯尼思·麦卡尔平的后人才是苏格兰真正的创始人和守护者，在历史学家眼中，马尔科姆的后人才更有资格被称为“伟大首领”。总而言之，赛恩·摩尔王朝（或称坎莫尔王朝）统治了苏格兰接下来的230年。

马尔科姆三世娶了玛格丽特为他的第二任妻子。公元1016年在一场战役中被丹麦的卡努特击败后一个月内就去世的英国国王“忏悔者爱德华”，有一位同父异母的兄弟埃德蒙·埃恩赛德，玛格丽特就是他的亲戚。更重要的是，她是在1066年的王位之战中被哈罗德打败的埃德加王子的妹妹。当征服者威廉大帝在黑斯廷斯打败并杀死哈罗德之后的同一年，也即他登上英国国王的宝座之初，他曾对埃德加王子及其家族频频示好。但在公元1068年，当得知埃德加成为反抗新诺曼王朝的中坚力量时，威廉大帝怒不可遏。埃德加试图带着母亲和两个妹妹克里斯蒂娜和玛格丽特逃往欧洲大陆。根据传说，上帝本人出手干预了这次逃亡，把船一路向北吹到了苏格兰，并在法夫靠岸。马尔科姆国王迎接了皇室一家的到来，立刻和玛格丽特坠入了爱河，几乎当场就娶她为妻。当马尔科姆通过联姻进入了英格兰最古老的皇室家族，对南方新王朝表示嗤之以鼻时，埃德加也就有了苏格兰国王这一强有力的盟友，很有可能会支持他未来推翻篡位者威廉，驱逐诺曼人大军。

马尔科姆和玛格丽特成就了一段传奇，虽则这段传奇更多的是关于玛格丽特。传记作者把她描写成一位笃信宗教的虔诚女性，似乎将自己在苏格兰的一生都奉献给了基督教信仰，不过是罗马基督教，而非凯尔特基督教。正是宗教信仰上的分歧，使得她没能得到所有人的爱戴。马尔科姆国王并不识字，然而他对妻子忠贞的爱足以让他双膝跪下，温柔地亲吻她那本《圣经》的书页。

这位后来成为圣玛格丽特的女人在邓弗姆林建造了一座罗马式小教堂。按照她的要求，坎特伯雷教堂把本笃会僧侣派去那里建了一所小修道院。她鼓励人们重燃对圣安德鲁教派的信念，为了方便信徒去法夫海岸的教堂朝圣，她还在福斯河两侧都建造了渡口，昆斯费里北部和南部的城镇都以她的名字命名。玛格丽特不仅致力于影响苏格兰人的精神生活，她对这片土地最大的贡献就是为马尔科姆孕育了三个未来的王位继承人：他们的儿子埃德加、亚历山大和大卫。

如果说玛格丽特是虔诚的典范，她丈夫则有更世俗的野心。他通过联姻进入了英格兰最古老的统治家族，以这段嫁接的血缘作为攻打威廉大帝的借口。他在公元1070年入侵诺森比亚，但只给自己的家族惹来了麻烦。威廉大帝两年之后进行还击，入侵苏格兰并赢得了苏格兰国王延续几个世纪的归顺。这次投降史称“阿伯内西投降”，以签署投降书的城市，泰河流域的阿伯内西为名。马尔科姆接受了他作为“英格兰国王的人”的新身份，他亦被迫交出他和第一任妻子奥克尼的英布乔格所生的长子邓肯为人质，以证明他的顺从。自此，基于“阿伯内西投降”,英格兰人开始了他们对苏格兰的统治。

无论马尔科姆是否自认为在英格兰国王面前卑躬屈膝,投降都没有阻挡他向国王开战。他坚持不懈地发起叛乱,直到公元1093年的11月,他在又一次对诺森比亚的突袭中遭遇伏击身亡。玛格丽特王后无法承受打击,遂一病不起,并命人将她在人世间最为珍视的宝物“黑色十字架”带到病榻前。这是一枚黄金制成的十字架,里面镶有钉死耶稣基督的“真正的十字架”的碎片;但即使是圣像显灵也不足以修复她的心碎。在失去丈夫的同月,玛格丽特也随之去世了,她的遗体被安葬在邓弗姆林的小教堂里。

马尔科姆的王位先是由其弟弟唐纳德继承。自从麦克白杀害了他们的父亲,他就一直流亡于西部的群岛。在众人眼中,玛格丽特王后强迫他们以英格兰人的方式生活,而这正是个摆脱这一切的好机会。她的孩子们,埃德加、亚历山大和大卫只好在英格兰宫廷寻求庇护,并成长于那里。

英格兰的威廉二世的目光则从未离开过父亲一直垂涎不已的北方。他派马尔科姆的长子邓肯北上夺回王位。自“阿伯内西投降”以来,邓肯一直被英格兰人扣为人质,至少在他们看来,他算是归顺的苏格兰人。邓肯听从英格兰人的摆布,于公元1094年赶走了叔叔,但是不到一年自己也死于谋杀,王位则被唐纳德三世继承。威廉二世没有气馁,接着派出了另一个受过诺曼人调教的苏格兰流亡王子:马尔科姆和玛格丽特的儿子埃德加。这一次,唐纳德三世算是遇到了对手。他在一场战斗中被击败并活捉,敌人按照惩罚落败国王的古老手段,刺瞎了他的双眼。他被囚禁在一个地窖中,直到死去。

随着埃德加登上王位,坎莫尔王朝的统治终于稳固了。笃信宗教、性情温和的埃德加去世时没有留下子嗣。王室把苏格兰国王的头衔和领土的北半部分留给了马尔科姆的次子亚历山大。洛锡安和苏格兰南部则交给了最年幼的大卫。

亚历山大和大卫也是在英格兰国王的庇佑下长到成年的苏格兰王子。征服者威廉大帝最小的儿子亨利一世现在成了英格兰国王，并娶了坎莫尔兄弟的妹妹伊迪丝为妻。等到亚历山大娶了亨利的妹妹西比尔，苏格兰和英格兰皇室就以前所未有的方式紧密联系在一起。一位又一位苏格兰国王被当作英格兰王室的家臣抚养长大，不难看出英格兰的历任君主是如何愈发坚信苏格兰作为附庸国，理应为他们所控制。

亚历山大在自己的故土是个异乡人，所以他感到有必要把他早年熟悉的人和制度再次笼络到身边。至少从麦克白时期起，诺曼骑士在苏格兰就很受欢迎，现在在亚历山大的统治下也是如此。他在英格兰长大，也深谙西欧人的行事风格。他对诺曼骑士敞开了苏格兰的大门，鼓励奥古斯丁教派的咏礼司铎在斯考恩、福斯河上的因奇科姆岛、敦克尔德和圣安德鲁斯建造教堂。

诺曼人没有像征服英格兰一样“征服”苏格兰。相反，苏格兰国王非常关注外面更广阔的世界是如何运转的——在适当的情况下，他们也会见贤思齐。毕竟，“苏格兰”这个国家自皮克特和盖尔文化的融合中产生。现在这个羽翼未丰的王国正在吸收更多的能量。苏格兰需要不断吸取其他国家的长处，正如火焰的燃烧需要不断吸取氧气一样。

亚历山大就像他哥哥一样，去世时也没有留下子嗣。当大卫在公元1124年继位时，他已经四十多岁了，他拥有英格兰各地大片的土地和庄园，是英格兰南部最大的贵族。英格兰人对大卫一世视如己出，他一登上王座，英格兰人也就理所当然认为无需再忌惮北方的力量了。和亚历山大一样，他也希望周围都是自己所熟悉的人，于是邀请了几个被授予骑士封号的家族来到北方。因此，一些日后如雷贯耳的名字，是在大卫统治期间才到达苏格兰的。对源自诺曼底的布鲁斯家族,大卫赐予了西南部安纳代尔的领土;布列塔尼来的菲特扎兰家族,大卫赐予了如今伦弗鲁郡地区的土地(对于菲特扎兰一世,也就是沃尔特·菲特扎兰,大卫为他创造了苏格兰高级管家的世袭头衔,这样一来他的后代也都成了苏格兰的王室管家)。皮卡迪的巴里奥尔家族应邀而来,在苏格兰西部安家落户。这些家族尽管都是法裔,却已在英格兰生活了很长时间。在所有华丽显赫的头衔中,大卫还有一个亨廷顿伯爵的称号,这是一块极具价值的领土,正因为如此,它引起了人们的注意,甚至令大卫受到了英格兰精英阶层的爱戴。此外还有道格拉斯、吉法兹、林赛、莫维尔、默里、奥列芬特和里德尔等许多家族应大卫的邀请而来。苏格兰的精英阶级将努力向这些说法语的贵族学习语言、礼仪和生活方式。至于随着诺曼贵族北上的农民,他们说的则是另外一种语言:苏格兰语,也许是盎格鲁-撒克逊语系中最纯粹的语言。讲盎格鲁-撒克逊语言的人紧跟着说法语的贵族到来,这样一来,苏格兰人至少在苏格兰南部站稳了脚跟。

新国王和南部许多家族关系良好,热衷于向各自治区颁发皇家特许经营权,以推动商业繁荣,而他自己也可以从中获利。先是特韦德河畔贝里克和罗克斯堡,后面还源源不断。事实上,苏格兰的许多城镇的历史都起源于大卫一世的统治时期。在他的统治下,苏格兰第一次铸造了属于自己的货币,不过这是因为他控制了奔宁山脉北部的银矿,这就相对容易很多。一旦人们口袋里真的有了钱,对于贸易和商业活动而言,整个行业就永久地改变了。现金在各个地区之间进进出出,买卖货物,收取租金。到12世纪最后十年,就连苏格兰社会最底层的人手里都有一定的钱。

国王也有他虔诚的一面。他在苏格兰边境的凯尔索、梅尔罗斯、杰德堡和德莱堡建造了四座很大的修道院。传说大卫在爱丁堡附近的德鲁姆塞尔教堂周围打猎时遇到了一只白色的雄鹿，不慎摔下了马。他躺在地上动弹不得，那野兽正作势刺他，就在这时，他拿出母亲的“黑色十字架”悬在鹿角之间。白鹿突然退回了森林，他毫发未伤。亲历这场神迹使他决心在现场建造一座修道院，也就是荷里路德修道院。此外，他还建造了福斯河边的坎布斯肯尼思的圣玛丽修道院、埃斯克河上纽巴特尔修道院，并将他母亲玛格丽特王后在邓弗姆林修建的本笃会小修道院改造成大修道院。他时时把虔敬上帝的事情放在心上。

但是，他也没有忘记几位前任国王的野心。当英王亨利一世去世的消息几乎将南方的邻居卷入内战时，大卫看到了进军诺森伯兰的好机会。正当英格兰人内斗得不可开交时，大卫在1138年的夏天率领庞大的军队南下。编年史记录了苏格兰军队在行军过程中沿途劫掠和烧毁了英格兰人的村庄和教堂。

8月22日，在诺萨勒顿城外，他们遇到了一支规模不大的英格兰军队，接下来发生的“旗帜战争”对苏格兰人来说可谓是军事灾难。苏格兰军队的核心部队是来自加洛韦的“愤怒的盖尔人”，虽是旧世界遗留下来的产物，但体力充沛且一心取胜。还没等指挥官下令，这支轻装上阵的部队就冲进了英格兰人铺天盖地的箭雨中，像被收割的干草一样纷纷倒下，挣扎着站起来，再倒下。大卫的爱子亨利策马冲进呼号震天的战场，幸运的是他逃过了一劫。眼看着己方溃败，大卫一声令下，其余的苏格兰军队奉命撤退。

尽管战场失意，事实证明大卫依然是个幸运的人。由于内部的争斗导致的分裂，英格兰人无力乘胜追击。幸存下来的苏格兰军队顺利回到了家，大卫甚至趁机拓展了一部分领土。诺森伯兰被赐予了亨利王子，坎伯兰地区则归国王自己。之前苏格兰的国境线扩张到特韦德河为止，现在离蒂斯河更近。胜利的果实没持续多久，安茹的亨利在1154年继位成为亨利二世，终于结束了英格兰近二十年来的动荡，他立马撕毁了此前和北方达成的协议。

到了那时，大卫已经去世一年了，他的儿子亨利去世已有两年。根据大卫的遗愿，王位由他的孙子马尔科姆四世，史称"少女"马尔科姆继承。尽管这绰号带有负面含义，马尔科姆依然是个勇敢果断的人。一位编年史家指出，这位年轻的国王"用他的王权和严厉惩罚遏制了邪恶和粗野"。但即便如此，亨利二世远非他能够应付。他在1157年被召唤到切斯特，被迫正式接受诺森伯兰、韦斯特摩兰和坎伯兰从此不再属于苏格兰的事实。

马尔科姆死于1165年，终年二十四岁。因为没有留下子嗣，王位由他性格迥异的二十二岁的弟弟威廉继承，人称"狮子"威廉。"狮子"威廉有姜红色的头发，身材高大，他是苏格兰统治时间最长久的君主。在历时49年的君主生涯中，他对收复诺森伯兰始终怀有一种古老的、苏格兰式的执念，这种执念只结出了哀伤。一开始他不断纠缠亨利二世，希望得到那块土地的权利，直到一提到威廉的名字，英格兰国王就会勃然大怒。然后他不惜为此开战，却于1174年在安尼克被俘，被带到亨利二世面前认罪。他签署了《法莱条约》，承诺为了保全"苏格兰王国和他在英格兰境内的其他领土"，他必须永远敬畏和参拜英格兰国王。五个月后他才重获自由。特韦德河畔的贝里克城堡、爱丁堡和罗克斯堡都被移交给英格兰卫戍部队，《法莱条约》对苏格兰的独立而言，是一次前所未有的屈从。

在人生余下十五年的统治中，亨利牢牢抓住苏格兰作为附庸国的条款，不放过任何一个机会来强调他才是苏格兰的最高君主这一事实。直到亨利去世，其子理查一世需要资金方面的援助以参加第三次十字军东征，对抗巴勒斯坦的伊斯兰军队，威廉才终于有机会推翻《法莱条约》的挟制。为了回报这笔高达10 000默克的慷慨资助，理查在1189年同意签署一份新的协议，也就是著名的《坎特伯雷弃权书》，总算是撕毁了之前屈辱的条约。

威廉没有被过往充满挫折和痛苦的经历吓退，而是立刻开始重新提出对诺森伯兰所有权的要求。当理查的弟弟约翰随后登上王位时，威廉再次考虑以战争的方式解决北方的问题。最终，在真正准备开打的时候，他还是失去了勇气，转而在1209年签署了《诺勒姆条约》。新的条约更加屈辱：除了其他方面的让步，威廉还得向约翰支付15 000默克的赔偿；永久放弃对北方领地的任何所有权，以及交出他的两个女儿，玛格丽特和伊莎贝尔。他本以为其中一个会嫁给约翰的儿子，但最终她们都只嫁给了普通贵族。

威廉死于1214年，享年七十一岁，他毕生致力于将王国的疆土向南扩展，却以一败涂地收场。他再也没能见到他的两个女儿。他被葬于自己在1178年修建的阿布罗斯修道院的主祭坛附近，接替他坐上王位的是他的儿子，亚历山大。

# 第三章

# 苏格兰之锤

他们意识到想要掌握权力，你不需要枪支、金钱甚至人，你只需要有敢为他人所不敢为的意志。

——“多嘴”金特，《非常嫌疑犯》

我们读到了一个又一个国王的名字，他们像一支无尽的队伍，面孔却都是模糊的。人们轻易就忘了他们也曾是真实活过的人，更不用说他们是王国中最成功的人，双手也浸透了无辜者的鲜血。我们很容易想象一个国王，特别是一个来自遥远的过去的国王，免于日常事务的琐碎烦扰，比周围的人更加出类拔萃。这样的想象是错误的，甚至会伤害其他有能力建设国家的人。

这一章将讲述两位猛士：亚历山大二世，他用鲜血和残暴铸造了一个王国；威廉·华莱士，他对分裂国家的英格兰国王的不懈抵抗，使苏格兰人迸发出民族意识，并从此觉醒。他们所塑造的事件，也成了塑造他们的事迹，几乎可以视为小说。他们的生命和死亡都太令人难以置信了。所以说历史比小说更精彩。因为在这一切之下，这一切背后，有着一个残酷的真理：他们都是了不起的人，尽管如此，他们也只是人。

亚历山大二世是坎莫尔王朝的新晋国王，是那个击败并杀死了麦克白和卢拉赫，在1058年坐上国王宝座的马尔科姆的后裔。马尔科姆死于1093年，他的弟弟唐纳德继承了王位。唐纳德三世的王位受到了马尔科姆和第一任妻子所生的儿子邓肯的威胁，但邓肯称王后也没能在位多久。

邓肯实在不太走运。自"阿伯内西投降"后，他在英格兰做了多年人质，然后被送到北方，成了英格兰人的傀儡国王，结果屁股还没坐热就被谋杀了，唐纳德三世得以重新回到王座上。邓肯虽死，厄运却留了下来，像有缺陷的基因一样，通过血脉世世代代地遗传下去。邓肯后代中的一个分支发展成莫雷的麦克威廉家族，他们完全继承了这份悲愤和不幸，总是向族人抱怨，并且发现北方人民中还有不少人愿意支持他们去挑战对手，夺回王位。

像亚历山大二世这样的古代国王，并没有真正地控制住如今被我们称作"苏格兰"的土地。尽管维京人的势力范围被一再缩小，他们仍然拥有从北到西的广阔领土，从北部的奥克尼岛，往南至马恩群岛，都不受苏格兰国王的辖治，而属于维京人的后裔。

早在1098年，埃德加国王曾和挪威国王"赤脚"马格努斯达成协议，将维京人限制在这些岛屿上，但这并不是一片微不足道的领地。在12世纪，它催生了一众像萨默勒这样在后世的岁月中一直让苏格兰国王头疼不已的强者，他们是"群岛领主"，甚至是国王。

早在很久以前，来到苏格兰大陆南部和西部的布鲁斯和斯图亚特等家族，就引起了这些岛主的不安。如果要他们这些北欧人听命于任何国王（这点恐怕也做不到），那也只能是挪威国王。远在挪威的他，对维京人这样独立行事的民族来说眼不见心不烦,不啻为完美的君主。

这些苏格兰国王的新晋英格兰友人和同盟则做着另外的美梦,他们要最大限度地拓展他们的私人领土。岛民独立的领土和权力都面临威胁,他们往往乐于支持任何能给英格兰统治者带来麻烦的人。其他位于王权统治范围边缘的人想法相近,比如北方人民忠于势力雄厚的本地家族,而不是什么看不见摸不着的国王。

公元1228年,当麦克威廉终于决心发起最后一次起义时,亚历山大二世已经来到了在位的第十四年。当他粉碎了叛乱,他需要向这些意志强大的人展示什么才是真正的意志。1230年仲冬的一天,在签订《福弗尔协议》的过程中,国王的一个亲信大步行进到城镇广场的中央,停留在市场的十字架旁。他胳膊里夹着麦克威廉家族领主的一个女婴,刚生下不久就被人从母亲的怀抱中掳走。

当女婴被高举示众时,亚历山大就在附近观看。成功地引起围观民众的注意,他感到很满意。他的亲信抓起婴儿的脚踝,用尽全力将她甩起来。女婴的脑袋像鸡蛋一样撞碎在十字架中间的柱子上,鲜血和脑浆沾满了石柱,溅到围观人群的脸上。《拉纳克斯特编年史》记载道:"女婴不久前才刚刚离开母亲的子宫,如此无辜,却在市场中被处以死刑。她的头撞在石柱上,脑髓被砸了出来。"这就是铸造国王的特质:敢为他人不敢为之事。

1214年12月5日,亚历山大二世在斯昆举行仪式,加冕成为国王,那一年他十六岁。他的父亲前一天才刚去世,但他无暇哀悼。在黎明的寒气中,他和贴身随从乘船横渡泰河。他们走到了同样绿荫覆盖的小山丘上,那是康斯坦丁国王和塞拉赫主教在308年前宣誓效忠这片土地的地方。这个地方那时被称为穆特山,或信仰之山,上面放着"命运之石",这块石头具有让人成为国王的魔力。

亚历山大坐在石头上，倾听一位吟游诗人逐个念出他盖尔族名字的前缀。就像后来被他残暴杀害的女婴一样，他也勉强可算一个麦克威廉，“Mac Uilliem”。他是“狮子”威廉的儿子。不过他不像那个倒霉的女婴，来自没有继承权的家族，他可以声称自己是所有国王的子孙，甚至可以一直追溯到第一位苏格兰人。

这样的加冕仪式只能助长男孩心中自信的火焰。他和家族所有男性一样，有一头红发，气质和形象也吻合。从孩童时期开始，他就被当作未来的国王培养。威廉确保每次签订条约都带上他，并让他参与管理内政。家族世世代代都为保存血脉流传而奋斗，亚历山大也有同样的决心。

为了确保他的子孙后代稳坐宝座，他首先必须着手保卫自己的王国。像他父亲一样，亚历山大也对一件事耿耿于怀：他的阿尔巴王国不得不和北部以及西部操其他语言的杂牌民族摩肩接踵：北边是凯瑟内斯和萨瑟兰，即使理论上不独立，实际上也是独立的；西边是维京人的群岛；南边是另一个独立王国加洛韦。

和这些邻居相比，英格兰领土还要更辽阔、更富有，实力也更雄厚。更糟糕的是，两百年中大部分时间，英格兰国王都宣称苏格兰隶属于他们。一切都是游戏，你声称你拥有什么，就等于你实际拥有什么。坎莫尔王朝的第一位国王顺应了这个游戏规则，承认英格兰国王拥有最高权力，但卑躬屈膝从来不是亚历山大的风格。在他看来，他和英格兰国王在任何时候都应该平起平坐。也许是年轻气盛，也许是傲慢自大，但亚历山大二世心中一直怀有把王国从英格兰霸主的掌控中彻底解放出来的使命感。

亚历山大继承了父亲的红发，也继承了父亲被英格兰国王约翰捏在手心里的耻辱感。许多苏格兰人都认为“狮子”威廉作为一家之主，拥有英格兰人自古以来在诺森伯兰、坎伯兰和韦斯特摩兰领土享有的所有权，这一点却被约翰全盘否定了。威廉为争取自己在南方的领土而奉献了一生，不惜鲜血，也不惜金钱，为了追求他的权利，甚至不惜献出自己的两个女儿，却无济于事。现在亚历山大宣誓，他也会不惜一切代价，并且将赢得更多胜利。这不仅仅事关领土；还事关夺回理应属于他的东西。这是他与生俱来的权利。

苏格兰国王并非唯一一个和约翰有过节的人；还有一长串英格兰贵族都对他积怨已深。他们最大的不满就是约翰为支付和法国打仗所需要的军费而横征暴敛，榨干了他们的财富。最后，为了表示抗议，他们起草了一份法案，也是英格兰历史上最著名的法律文件，原称《自由宪章》，现以《大宪章》之名为世人所知。在最下面的第59条中，他们承诺认可"苏格兰国王亚历山大对有争议的北部地区拥有权利"，这是亚历山大经过深思熟虑想出的妙招。大部分造反的贵族都来自英格兰北方，那里正是亚历山大无论如何要夺回的地区，这些人和他站在了一起。

贵族们在1215年5月占领了伦敦，那时亚历山大正式加冕为国王还不到六个月。他们在伦尼米德的泰晤士河边草地上向约翰国王呈上了从前一年冬天就开始起草的文件。国王的印玺实际上是附在一份名为《贵族章程》的文件上的，文件列出了国王要做出的让步（约翰没有在《大宪章》上签字，事实上没有证据显示他会写字）。《自由宪章》或《大宪章》是后来根据这份国王在伦尼米德被迫接受的文件为依据编写的。它写在一张小牛犊皮做成的牛皮纸上，使用的墨水是一种叫作瘿的液体，是黄蜂刺破橡树树皮产卵后产生的一种局部增生。当抄写员完成了63条条款（有时也称63章）的誊写，人们就在液体上弹入烟灰或铁盐，正是这样的处理方式，让已知存在的四份副本上的字呈现出柔和的金色。

尽管《大宪章》在今天赚尽了美名（如2005年，伍尔夫勋爵在演讲中称其为“英语世界的自由基石”），约翰国王却对它嗤之以鼻。他刚在《大宪章》上盖上自己的印章，就向身边每一个人大肆诋毁它，斥它为“纯粹是愚蠢”。贵族们忍无可忍，立刻决定彻底摆脱这位令人头疼的国王。

英格兰陷入内战，亚历山大抓住了他的机会。当约翰国王专注于解决眼前的难题时，一支苏格兰军队入侵了英格兰北部，在1215年10月包围了诺勒姆城堡。亚历山大下令将纽卡斯尔付之一炬，除此之外还占领了卡莱尔。尽管他年纪尚轻，却可谓久经沙场。他早在十四岁时就开始了军事见习生涯，当时他率领父亲的军队在莫雷和罗斯参加了镇压另一个麦克威廉–古特雷家族的激战。在父亲的领地上粉碎叛乱后，他赢得了军队的爱戴。现在，他要通过向英格兰国王开战，赢得贵族们的爱戴。

1215年11月，英格兰皇家军队夺回了具有重大战略意义的罗切斯特城堡。约翰看似要把目光转向伦敦，却向北行进，前往贵族叛军的中心地带。亨伯河以北有不下十二个领主都加入了反对他的战争。他指挥军队深入腹地，所到之处对叛军进行了血腥镇压，攻占城堡（包括卡莱尔和里士满），叛乱的贵族不得不纷纷逃往苏格兰。

次年1月11日，北方贵族聚集在梅尔罗斯修道院，宣誓效忠国王，不过他们效忠的是苏格兰国王（对亚历山大而言这几乎可算家族行为，因为其中两位领主，罗伯特·德·罗斯和尤斯塔斯·德·维西分别娶了他父亲的两位私生女）。就亚历山大而言，既然贵族们已向他宣誓效忠，那么一直以来存在争议的边境领土就统统归至他的名下。约翰被苏格兰国王的胆大包天激怒到忍无可忍，发誓一定要猎杀这只“狐狸幼崽”。他占领了特韦德河畔贝里克，并将洛锡安夷为平地。但就像狐狸一样，红发国王总是能逃脱追捕。

由于约翰不在伦敦，贵族们做了一件匪夷所思，也不可原谅的事：他们派信使去法国，向路易亲王献上了英格兰国王的王位。路易欣然接受，立刻扬帆向东南海岸航行。约翰接到了法国入侵的消息，但他为即将到来的海上交战而组建的舰队被一场暴风雨击溃。5月，路易和他的军队在桑威奇登陆，贵族军队立刻改旗易帜，投靠了路易亲王。

风险如此之大，但回报也如此之高。亚历山大再次向南出发，迅速夺回了卡莱尔。胜利的气息吹到遥远的北方，年轻的苏格兰国王迄今为止的成就可谓前无古人，后无来者：他带领大军一路打到了多佛。他的计划是和法国人谈判，将北部地区并入苏格兰王国的领土。

一切似乎尽在掌握。他横扫南部，追击英格兰军队，一路所向披靡。他如愿和法国军队缔结联盟，一同包围了英格兰的门户多佛城堡。在所有和英格兰的战争中，没有一位苏格兰国王走得这么远。他无法不膨胀，才十七岁已经快要实现家族几代人都未能实现的抱负，不列颠近一半的领土眼看就要落入他的手中。

只有命运能阻挡他，而命运的打击确实不期而至。路易正要进军伦敦，却传来了谁也不曾预料到的消息。约翰国王死了，死于痢疾。英格兰君主的死亡对亚历山大而言看似是个好消息，但事实恰恰相反。一旦没了约翰这个共同的敌人，贵族们也就没有继续战争的理由了。老国王死了，新国王万岁！他们转而支持起约翰的儿子，年仅九岁的亨利三世。

贵族们不再和路易一起并肩作战，叛乱被机会主义的爱国精神取代：他们掉过头来对付篡位者。法国王子和他的军队在伦敦和桑威奇都彻底被打败。法国人铩羽而归，亚历山大吞并北部地区的梦想也化为泡影。当贵族与英格兰国王齐心协力对抗约翰时，亚历山大是至关重要的盟友；现在他们对王室旧情复燃，他就成了来自异族的威胁。刚刚才宣誓效忠他的北方贵族转眼就背叛了他。

亚历山大不再有可以谈判的对象；他的抱负也落得一场空。亨利三世抓住时机重新颁布了《大宪章》，所有和苏格兰国王有关的条款都被谨慎地删除了。更糟糕的是，就连教皇也站在英格兰这一边。尽管约翰已经死了，亚历山大一开始还斗志昂扬；为了展示他不变的决心，他在1217年春夏期间入侵了诺森伯兰。但那时传来了他和他最重要的几位神职人员被教皇霍诺利乌斯三世逐出教会的消息。“狐狸幼崽”不得不夹起尾巴，交出卡莱尔作为被赦免的条件。最后的屈辱在12月到来，在北安普敦，他被迫向还是个孩子的英格兰国王亨利三世宣誓效忠。

怀着深深的屈辱和失望，亚历山大回到了阿布罗斯修道院，回到了父亲的坟墓前祭拜。“狐狸幼崽”像“狮子”一样，没能收复英格兰北部的领土。也许是修道院地下的安静让他在某个瞬间忽然明白了些什么，而这番顿悟极大地改变了他后来的统治。当还是个孩子的亨利和法国王子摆在面前时，英格兰贵族本能地知道他们的国王该是谁。亚历山大心里一定划过一个念头……如果换成是苏格兰的贵族，他们会怎么选择？

在亚历山大的统治所及范围之外，其他民族的人民过着他们自己的生活。但是他的王国本身也存在一道难以弥合的裂痕。南部地区生活着早前应国王之邀从法国来到苏格兰的诺曼家族后裔，像埃德加和大卫一世这样在英格兰长大的国王，亲眼看到诺曼文化如何将英格兰南部改造成欧洲最强大、最先进的地区。当他们打开苏格兰的国门，欢迎异邦人来此地定居时，他们希望借此也能给北方带来同样的成就和繁荣。

移民确然带来了苏格兰国王向往已久的欧洲生活方式。他们也支持坎莫尔王朝引进经过改良的修会(奥古斯丁教派、本笃会教派、西多会教派、帝罗宁教派等),而且出资建造那些改变了苏格兰地貌的宏伟修道院和教堂。但北部和西部是古老的盖尔人家族的后代,他们自古以来就生活在这里,铸就苏格兰王国的基石是他们的祖先立下的。他们曾是苏格兰的中坚力量,但到了亚历山大时期,盖尔贵族已被排挤在外围。他们曾帮助国王管理这个王国,现在却被称为“分裂王权者”。相比之下,初来乍到的诺曼贵族则接连被封为“大臣”、“苏格兰治安长官”等头衔。那时的一位编年史家写道:“现在的苏格兰国王在种族、习俗、语言和文化上都效仿法国人;他们把法国人当成家人和拥趸,却把苏格兰人贬为供人呼来喝去的奴隶。”

因此,盖尔贵族很久以前就远离了坎莫尔王朝的宫廷,宁愿打造国王无法触及的属于自己的领地。半独立的盖尔人领地包括南部的加洛韦和北部的阿盖尔、罗斯、萨瑟兰和凯瑟内斯(那里历来有叛乱的传统,麦克威廉家族和他们的亲戚麦克白家族就扎根于此)。除此之外,还有赫布里底群岛和北方群岛,那里只认挪威国王。

亚历山大仔细审视了他的国度,发现如此治国太过混乱了。是时候敲定新的方式和新的政策。与其像先王一样支持一边压倒另一边,不如在诺曼人的创新和盖尔人的传统之间找到平衡。在他治下的苏格兰,两边都应该繁荣发展。他邀请被冷落的盖尔军阀和他们的家族重返政治舞台,而作为重新获得头衔和职位的回报,他们将为亚历山大而战。在他们的帮助下,亚历山大将彻底征服苏格兰一片又一片土地。

亚历山大在1221年娶了亨利三世的妹妹乔安为妻。这是一百年来苏格兰国王最受瞩目的一门婚事,也向国境内外的观望者证明这是一位格局宏大的统治者。同年，教皇代表为他施涂油礼并加冕。这是一道历史的分水岭。苏格兰国王的加冕典礼原先一直是世俗而非宗教事件，一切都贴合大地，和岩石结合。而现在，亚历山大请求上帝庇佑他的王冠，这是英格兰和法国国王才享有的特权。此前他的要求被拒绝了，很大程度上是由于英格兰人的反对，但他绝不会放弃。

婚礼才过去几周，他就动身去因弗内斯镇压叛乱，同年晚些时候，他也在阿盖尔处理了类似问题。

1222年，皇室的反对者在凯瑟内斯活活烤死了主教亚当。点燃火堆的是奥克尼伯爵的亲信，他声称亚当是自食其果，因其强迫当地教会沿袭南方的做法。亚历山大在正准备去坎特伯雷朝圣的时候收到了这个消息，对此却有不同看法。亚当的主教一职是由国王的父亲亲自安排的，因此这桩可怕的谋杀实际上是谋反行为。亚历山大把原先计划的沉思冥想放在一边，向北出发，一路召集了一支复仇军队。所有参与此事的人都被毫不留情地惩罚了。

西部的群岛也同样引起了亚历山大的注意。随着时间推移，挪威对这些岛屿的影响力也在慢慢衰退。1217年，精力充沛且性格强硬的哈康四世成为挪威国王，他决心加强对这些岛屿的控制，并积极煽动岛上的臣民抵制苏格兰国王试图同化他们的举动。亚历山大因为其他地区的频频捷报而备受鼓舞，因此毫不犹豫地出兵攻打这些岛上的领主，由此开始了一场持续到他统治时期结束之后，甚至更久的征服战。

正是在亚历山大极其敏感，不允许出现任何挑战，也不允许出现任何对他绝对统治的威胁的当口，麦克威廉家族发动了他们前述的最终叛乱。在福弗尔的市集广场对女婴的残忍谋杀，即使以当时的野蛮标准来看也令人震惊。从政治上而言，它其实也毫无意义：妄想篡夺王位的麦克威廉早在女婴出生前就死了。但是这位苏格兰国王足够彻底。

被杀死的女婴，尤其是她被杀死的方式，给一代又一代人留下了刻骨铭心的记忆，而这正是亚历山大想要的。

亚历山大没有食言，那些为他出战，帮助他扩大领土范围的军阀，都被赐予了丰厚的回报。罗斯的盖尔领主法夸尔·麦克塔加特，因1215年血腥镇压麦克威廉家族早先的叛乱而获封伯爵爵位。在其他地方，国王亲自挑选的盖尔贵族后代，也最终被封为萨瑟兰伯爵和凯瑟内斯伯爵，以及巴登诺克和洛哈伯勋爵。加洛韦也受到国王的直接管制。1286年，苏格兰的十三个伯爵家族中，有八个都是古老的盖尔家族后代。

国王鼓励盖尔人领主接纳盎格鲁-诺曼人的生活方式，但也不强迫他们摒弃自身的传统和特色。他们成为骑士，建造城堡，通过婚姻进入盎格鲁-诺曼的显赫家族。没过多久，他们当中的许多人也会在英格兰拥有土地。英格兰的诺曼人的同化是侵略性的、彻底的，而在苏格兰则有所不同，这里的盎格鲁-诺曼文化是可通融的，可以酌情采纳的。

亚历山大二世比他的父亲更有能力，甚至可能比他之前的所有国王都更有能力。他将苏格兰铸造成我们今天所知的地理上的统一体。但他最长远的成就具有更为深刻的意义：他影响了苏格兰人看待自己的方式。

他请求教皇和上帝庇佑他的王冠。在1221年，他第一次请教皇施涂油礼的要求被拒绝了，在1233年，他再一次提出请求，又再一次被拒绝。他可能反反复复地提出要求，但最终的失败已经不重要了。重要的是他的坚持，他决心要让苏格兰王国和英格兰、法国一样平起平坐。然后在1237年，他获得了最伟大的胜利。根据《约克条约》，苏格兰和英格兰之间有史以来第一次划清了永久性边界。为了达成这个目标，他必须交出对英格兰北部地区的所有权利，但现在英格兰终于承认在特韦德河和索尔韦河中间有一条固定的边境线了。这意味着英格兰国王终于接受苏格兰是一个独立、自由的王国。未来的岁月里尽管它将一再引发战争，但这条边界依然存在，并且直到今天也不曾被真正地改变。

苏格兰成了真正的王国。边境以北的每一个子民都只有一个国王，这使他们成为一个民族——苏格兰人。从现在起，他们永远可以说："这里是苏格兰，那里是英格兰。我们是不同的国家。"这是亚历山大二世给他们留下的宝贵遗产。

直到他死的那一刻，他都在努力扩大皇家控制权。尽管在1237年确保了南部边界的安全，他从未放弃按自己喜好打造王国西部的计划。1249年，阿盖尔也终于落入他的控制之下。同年，他将注意力再一次转向西部的群岛。他带领庞大的舰队和人马前往奥班，准备和挪威国王哈康四世的军队开战，这一次他却病倒了。7月8日，他死于奥班湾的小岛凯勒拉，在位整整35年。

那一年，岛上的领主没有遭到攻打。苏格兰的军队踏上归航，国王的遗体被送往梅尔罗斯修道院，根据他的遗愿，他被安葬于主祭台旁边。

他的独子，七岁的亚历山大三世继承了王位。亨利三世的妹妹，来自英格兰的乔安，直到1238年去世时都没有生下孩子。第二任妻子并非如亨利所愿来自英格兰，而是一位法国女子玛丽·德·库西，而她的父亲就是在1216年到1217年间指挥路易亲王的军队对抗约翰国王的军方首脑。毫无疑问，当英格兰国王得知他野心勃勃的邻居娶了这样一位女子，不可能无动于衷。

生下王位继承人是中世纪国王的首要任务。1241年，玛丽生下了亚历山大。到了1244年，苏格兰和英格兰之间争端再起，还在襁褓中的王子成了解决方案的一部分。和平谈判避免了王国之间发生任何实际冲突，其中也包括了小亚历山大与亨利的女儿玛格丽特订婚的条款。

亚历山大三世也像他父亲一样，在斯昆的命运之石上举行了加冕仪式。他如此年轻却要承担国王的重任，本身就是个问题，更何况是接任一位凭借自己的人格力量就取得如此巨大成就的君主。但是苏格兰贵族和教会一直在男孩身边保护着他。不到一年，他的天祖母玛格丽特就成了圣女（那是苏格兰唯一的王室圣女）。这似乎是个好兆头。

1251年，十岁的国王经过长途旅行来到约克参加双重典礼。首先他被亨利封为爵士，然后和年仅十一岁的玛格丽特举行了婚礼。苏格兰国王和英格兰国王女儿缔结的婚姻，在旁观者看来，这一定会给这对老对头带来和平的新希望，甚至是王室之间缔结联盟的愿景。

1259年，亚历山大的少年时期在他十八岁生日那天结束了。他一直接受和皇室关系最亲近的贵族的指导，尤其是科明家族，他们从王室得到了巴登诺克、洛哈伯和西南部的领土。但自从他完全进入国王角色的那一刻起，他就一直缺乏自信，且没有方向。到1261年，他才把注意力集中在父亲直到死都念念不忘的地区。他派皇家特使前往挪威，向哈康国王施加压力，要求就西部群岛的控制权达成协议。待到特使铩羽而归时，亚历山大采取了主动。

第二年夏天，消息传到挪威，一支苏格兰军队袭击了天空岛。1263年，哈康集结了他的舰队向南航行，前去解决这个问题。挪威人想要先展示他们的力量和意图，随后进行外交与和平解决的尝试。最终，不可避免的战斗还是于10月2日在拉戈斯岛发生了。但所谓的战斗实际上是个哑炮。解决挪威舰队的不是苏格兰人，而是席卷海岸的一场大风暴。等幸存下来的挪威人登陆面对严阵以待的苏格兰军队时，他们已经完全丧失了斗志。

如果说这场战斗真有一方胜利了，那就是苏格兰人；不过这场战斗并不是决定性的。哈康和剩下来的舰队背弃了西部群岛，撤退到奥克尼，10月底，他病倒了。他在科克沃尔主教宫里一病不起，直到死亡。拉戈斯岛的战斗什么也没能决定，但哈康的死亡则让事情完全不同了。之前挪威国王残留的愿望，即想要继续拥有离家乡如此遥远的领土的欲望，从此烟消云散。1266年，挪威人同意将西部群岛出售给苏格兰王室，条件是苏格兰国王尊重挪威持有奥克尼和设得兰岛。

有些人认为，苏格兰在13世纪下半叶进入了黄金时代。繁荣是毫无疑问的，整个欧洲的经济都处在蓬勃发展的时期，简直和2008年的金融危机一样无法解释。苏格兰赶上了好时候。那时整个王国大约50万人口。尽管大部分人生活在乡村，大卫一世时期创立的自治邑都已然迅速发展起来。东海岸的城镇，如阿伯丁、特韦德河畔贝里克、邓迪、爱丁堡、埃尔金、因弗内斯和珀斯，因身处北海周边国家的贸易网络而兴旺发达。在西边，像艾尔、邓弗里斯、格拉斯哥、欧文和伦弗鲁等地真正经历了城市化的居民，则一直和爱尔兰及英格兰西部的城镇有着贸易往来。商品多是羊毛，大部分是从西多会教派拥有的南部高地上放牧的大片羊群中收获的。鱼、木材和兽皮也利润颇丰，出口数量十分可观。苏格兰迎来了她的繁荣昌盛。

在英格兰人的周全筹备之下，亚历山大和玛格丽特的婚礼是一场璀璨夺目的金色盛宴。他们的用意很明确：苏格兰如今的地位应是和英格兰势均力敌、平起平坐的王国。受邀参加的客人中有一位双腿修长的王子，未来将给整个不列颠群岛投下阴影。他是玛格丽特的哥哥，现在是亚历山大的大舅子：爱德华王子。

身为英格兰王位继承人，爱德华王子本身融合了多种强烈的特质。他拥有指引着他祖父和父亲统辖英格兰的那种压倒性的优越感，并因他罕见出众的智力和军事才能而加倍放大。如果这些都不足以让他成为危险人物，他还有一颗异常残忍、冷酷的心，偏好残酷的暴力。马修·帕里斯也许是13世纪最杰出的编年史家，他记录了爱德华王子少年时期发生的一次事件。只是因为一点微不足道的小事，小爱德华就命令身边的随从去攻击一个人，割下了他的耳朵，挖出了他的一只眼睛。帕里斯带着明显的担忧和不祥预感写道："如果他小时候就能如此行事，长大后岂非更加不堪设想？"

的确如此。爱德华的暴力倾向在练武中得到了宣泄，并很快成长为武艺超群的战士。1266年，他和法国国王路易九世一起参加了十字军东征，在阿克里的战斗中，他的勇敢以及差点死于穆斯林暗杀者之手的荣耀，大大增加了他的威望。他在归国养伤的途中收到了父亲病逝的消息，等他回到英格兰继位时，一些人称他为新的"狮心"理查。当爱德华开始书写属于自己的绚丽篇章时，他的苏格兰妹夫却很快陷入了希腊式的悲剧。亚历山大的妻子，英格兰的玛格丽特，死于1275年。那时她已诞下两男一女三个孩子，继承人貌似不成问题。1281年春天，他们的女儿玛格丽特将嫁给挪威国王埃里克二世，此举旨在让两国的关系更加紧密。但还没等婚礼举行，亚历山大八岁的幼子大卫就生病死了。这是一次严重的打击，人人都为之悲恸，尽管大家都在哀悼，王座的未来至少还掌握在苏格兰王子，长子亚历山大手中。

玛格丽特和埃里克的婚礼在8月举行，一年多之后玛格丽特就怀上了他们的第一个孩子。但是，1283年4月9日，玛格丽特死于难产，生下了一个女儿。这体弱多病的女婴以母亲玛格丽特为名。在故乡苏格兰，坎莫尔王朝又一次陷入了哀悼。这一切已经够糟糕的了，在这个失去了亲人的家庭里，仅余的两个人都想弄明白到底发生了什么，让上帝带走了母亲、儿子和女儿。亚历山大王子才刚刚结婚，也病倒了，原本以为很快就会生下儿子和继承人，挽回点运气。但事与愿违，1284年1月17日，苏格兰王子也去世了。

爱德华国王也为之动容，给妹夫寄去了吊唁信，信中描述了自己的震惊和悲痛。亚历山大的回信流露出两个男人之间真诚的温情："你所说的话大大地抚慰了我们的悲伤，你说虽然死亡……带走了我在这里的亲人，按照上帝的旨意，却切不断使我们永远团结在一起的感情纽带。"对任何人而言，失去所有儿女都是无法承受的。但国王不可以是任何人，尤其是当国家的未来岌岌可危，坎莫尔王朝眼看后继无人的时候。亚历山大选择了重新开始。他的孙女玛格丽特，人称"挪威少女"暂时作为苏格兰王位继承人。尽管从统治者的角度来看这纯粹是实用主义的行为，却仍然引起了许多不安的情绪。苏格兰从未有过女性主宰的王朝，权贵们怀疑王冠若是落到女人手中，未来将会变成什么景象。此外，他们中的几个人认为自己更有权利坐在国王的宝座上。

令人安慰的是，亚历山大还处于人生的鼎盛时期：他有充裕的时间再娶一位妻子，再生几个儿子。无论是否心碎，国王适时地再次踏入国际婚姻市场，两年之内他就找到一位新妻子。她是法国人，德勒的约兰德，她现在的职责就是为坎莫尔王朝生下一个男孩和继承人。可以理解的是，亚历山大渴望尽早和他的新娘在一起。因此1286年3月18日的晚上，他从爱丁堡城堡出发，闯入呼啸的寒风中。他已经和御前议会的大臣们待了一整天，会议即将结束时，他们力劝国王等到第二天早上再走，也许那时天气会有所好转。

但是亚历山大还有比风雨交加更重要的事情要考虑。二十三岁的约兰德正在福斯湾另一边的皇家庄园金霍恩等待他的到来，他尚有别的职责亟待履行。在达尔门尼，摆渡的船夫试图说服国王往回走，说去因弗基廷要横渡2英里，实在太危险了，国王调侃地问他是不是害怕了。“一点也没有，”船夫答道，“能和您父亲的儿子共命运是我最大的荣幸。”在因弗基廷，他遇到了镇上的一个法官。法官邀请国王留宿一晚再走，但这里离亚历山大的目的地太近了，他谢绝了邀请，策马冲进了狂风暴雨的夜晚，身边仅有两名“奴仆”跟随。

路上究竟发生了什么，历史上并无记载。只有一点可以确定，就是在通往金霍恩的险峻的崖顶小路上，亚历山大与另外两人失散了，他从未抵达他的皇家庄园。第二天早上，1286年3月19日，坎莫尔王朝最后一位国王被发现死于一处制高点下方的海滩上，摔断了脖子。那段悬崖今天被称为“国王悬崖”。苏格兰失去了国王，她的未来攥在一个三岁小女孩稚嫩的小手中。

接下来的一个月，全国最高级的教士和最有权势的贵族聚集在斯昆，他们组成一个议会，宣誓效忠挪威的小玛格丽特，承受着可能被逐出教会的风险，发誓为她维系国家的安全与和平。苏格兰建立了临时政府，指派了六个“王国共同体的护国者”。两位红衣主教，格拉斯哥的罗伯特·威沙特和圣安德鲁斯的威廉·弗雷泽；两位伯爵，巴肯的亚历山大·科明和法夫的邓肯·麦克达夫；还有两位贵族，巴登诺克勋爵约翰·科明和皇室管家詹姆斯。

议会还决定邀请英格兰国王爱德华为维护苏格兰的和平安全提供帮助和建议。毕竟“挪威少女”是爱德华妹妹的外孙女，也就是他的侄外孙女。对他来说，苏格兰的未来是家务事。一开始，英格兰国王的到来是在危急时刻雪中送炭，在亚历山大死后不久，那些想要坐上王位的贵族之间剑拔弩张，几乎要把国家推向内战的深渊。安纳代尔勋爵罗伯特·布鲁斯，未来的罗伯特一世的祖父，明目张胆地宣称他们更有权继承王位。是爱德华一世的存在，以及护国者的努力，才稳定了局势。

双方开始为“挪威少女”和爱德华的儿子及继承人，凯纳文的爱德华规划未来的婚事。谈判持续了很久，终于以1290年《比格汉姆条约》为标志达成了一致。人们对这次联姻寄予厚望，他们生下的孩子或许将戴上两个国家的王冠。对于这个经历了四年昏暗岁月的国家来说，总算闪现出一点乐观的微光。未来似乎又有了保障。《比格汉姆条约》的条款中甚至明确地写道，苏格兰王国是“单独、分开和自由的，不受英格兰王国的支配”。爱德华国王对此则有不同看法。精通法律的他很清楚英格兰王室能从这门婚事中得到什么好处。中世纪的女性终究是一种财产，从法律角度来说，女性拥有的一切都属于她们的丈夫。一旦她嫁给了爱德华王子，苏格兰就名正言顺地属于英格兰了。

然而，不合时宜的死亡终究没放过坎莫尔王朝。六岁的小玛格丽特在1290年10月返回苏格兰的旅途中病倒了——也许是晕船。船停靠在奥克尼，好让她上岸恢复健康，但她死在了那里。她的遗体被送回卑尔根下葬，这令人心碎的消息传到了南方。

爱德华起初被事态的意外发展激怒了，为婚事进行的一轮又一轮谈判都白白浪费了，但他很快把这件事看成是天意的安排。随着玛格丽特公主的死亡，王位继承权的明确界限被打破了，想要得到它的人可以自由竞争了。亚历山大去世后不久，安纳代尔的罗伯特·布鲁斯就提出坐上王位的要求，可他还有一个势均力敌的对手：巴纳德城堡的约翰·巴里奥尔。

这些人都没有被选为王国的护国者，足以见得斯昆的议会长老是多么有智慧。他们双方都有足够的军事实力支持自己夺取王权战争的胜利。责任落在护国者肩上，他们必须迅速果断地采取行动，以免国家落入分崩离析的境地。鉴于这一点，他们找到了一个貌似精通相关法律，能够提供明智建议的人；一个受到别国尊敬的人，一个说话有分量的人，一个几乎可以算是家人的人。他们向爱德华寻求帮助。

英格兰国王在1291年5月6日召集议会，决定苏格兰的未来该何去何从。他选择集合的地点是诺勒姆城堡，位于特韦德河的英格兰这一边，苏格兰人明显嗅到一丝不对劲。《比格汉姆条约》明确写道：有关苏格兰事务的会议只能在苏格兰境内召开。现在爱德华却提议将如此重要的会议安排在英格兰召开。至少在护国者看来，这么做是不妥的。当护国者在河的苏格兰这一边踌躇不前时，爱德华又提高了赌注。诺勒姆城堡是达勒姆的主教安东尼·贝克重兵把守的堡垒，他不仅继续坚持会议要在那儿举行，还说只有当护国者和王位竞争者承认爱德华是苏格兰最高统治者，会议才能开始。这是一个令人震惊的举动，护国者受到了深深的打击。

格拉斯哥主教威沙特第一个回过神来。他当面对爱德华阐明了苏格兰的独立地位："苏格兰王国不是贡品，也不向除了上帝以外的任何人效忠。"这是从一个勇敢的人口中说出的公然违抗的话，但爱德华根本不屑一顾。他再一次提高了赌注：除了布鲁斯和巴里奥尔之外，他又另外找来了十一个王位候选人，谁不承认爱德华是最高统治者，就从名单中剔除。罗伯特·布鲁斯首先没能顶住压力，无疑因为他实在太想要得到王位。但最终有十二个候选人向爱德华屈服了。巴里奥尔到最后才低头。6月12日，威沙特主教和其余的护国者一起，宣誓效忠英格兰国王。

众所周知的"伟大事业"就此拉开了序幕：以爱德华为法官，决定谁是苏格兰王位的合法继承人。事后看来，一切早有定论。爱德华找来那十一个人纯粹是恶作剧，只有两个人的理由是站得住脚的：布鲁斯和巴里奥尔。未来的几年里，布鲁斯家族会改写历史来证明他们的行为是正当的，但事实上，在1291年，约翰·巴里奥尔的权利更优先。两人的祖先都通过婚姻进入皇室族系，结婚对象包括大卫的女儿，以及马尔科姆四世最小的儿子亨廷顿伯爵。罗伯特·布鲁斯(后称“竞争者”)是大卫最小的女儿伊莎贝拉的孙子。约翰·巴里奥尔是大卫的长女玛格丽特的曾孙。

布鲁斯非常厚颜无耻地试图辩称他更优先,因为他比约翰辈分高,离大卫更近。但他和围坐在诺勒姆城堡的会议桌边的所有人都心知肚明,在13世纪的苏格兰,一切只和长子继承权有关——只有长子的后代才有权继承。既然巴里奥尔是长女的曾孙,那么王位就是他的。尽管事实很简单,但他在1292年11月6日被正式任命为继位者之前,经过了整整十七个月的谈判、辩论和休庭。

对爱德华来说,结果只是无关紧要的细节,他对此毫无兴趣;他已经得到了在座每一个人的效忠誓言,这才是他想要的。在11月17日,巴里奥尔再次接受爱德华作为他的最高君主。之后不久,巴里奥尔就前往斯昆,于11月30日坐在命运之石上,加冕成为苏格兰国王。事实上,正是从巴里奥尔时代开始,这块石头才有了这个最著名的名字。如果在那之前,它很有可能被称为“斯昆之石”。巴里奥尔是最后一个在这块砂岩上举行加冕仪式的苏格兰国王。

下面是岩石,上面是爱德华,巴里奥尔现在是真正的进退两难。爱德华一世是欧洲最强大的君主之一。他也极其聪明,是一个精通政治和战争的谋略家。在他统治期间,他没有放过任何一个欺侮和羞辱这位苏格兰最倒霉的国王的机会。被迫对英格兰国王卑躬屈膝已经够糟糕了,巴里奥尔还必须忍受布鲁斯家族及其支持者的恶意。无论以什么标准来说,这位新国王都处于绝望的境地。有一段时间,精神虐待成了日常生活的一部分,爱德华就像一个坐在后排的司机,每一天都越过巴里奥尔下达命令。终于在1294年,爱德华要求巴里奥尔和苏格兰军队在法国加斯科尼为英格兰出战。

对威沙特主教和其余的苏格兰领袖而言，这是压垮骆驼的最后一根稻草：苏格兰国王凭什么为英格兰出兵？这简直匪夷所思。他们在斯特灵秘密集合，同意成立所谓的“十二人理事会”，其中包括四名主教、四位伯爵和四位勋爵。他们还一致同意这个新的护国者队伍将不再听命于巴里奥尔。毕竟他只是个傀儡而已。真正的权力掌握在最有影响力的理事会成员手中，即巴登诺克的科明家族。

理事会从一开始就明白他们需要借助外来的力量。在1295年6月，为了获得爱德华的敌人，法国国王腓力四世的支持，他们派出了一个秘密代表团。得到的结果是两国承诺互相支持，史称《巴黎条约》，苏格兰人至今仍充满感情地称其为“老同盟”。它最终没有真正带来多少法国方面的帮助，但从原则上确保了如果英格兰攻击两国当中的任意一方，另外一方将前来支援。同年，条约或者说背叛的消息传到了爱德华的耳中，他大发雷霆。在不久前未流一滴血就被他征服的王国，现在竟与他的死敌签订秘密协议！

苏格兰则弥漫着紧张气氛。有了海峡对面承诺军事支持的保障，巴里奥尔在1296年3月11日下令苏格兰的领主在塞尔柯克北部集合。最先在诺勒姆屈服于爱德华的布鲁斯家族引人注目地缺席了。巴里奥尔立刻宣布他们在安纳代尔的土地将转给约翰·科明——他既是巴里奥尔的岳父，同时也是布鲁斯家族的宿敌。

爱德华的军队一进入法国，苏格兰人就越过边境，直接攻打卡莱尔的英格兰卫戍军队。这体现了苏格兰人对《巴黎条约》的承诺，却招来了报复，遭到报复的对象就是贝里克人民。爱德华带着大约3万名步兵和骑兵，从科尔的斯特里姆穿过特韦德河，这无疑是有史以来派往北方的最大规模的军队。贝里克是苏格兰最富有的自治邑，是显而易见的靶子。复活节庆典即将结束，紧张不安的哨兵时刻紧盯木头搭成的薄弱的防御工事,他们发现了英格兰军队的骑兵。几个星期前他们就接到消息,北部地区的英格兰军队将开始行动。现在,敌人真的来了。

苏格兰卫戍部队在这样的大军面前毫无还手之力,几乎立刻就投降了。爱德华和他的军队闪电般地占领了贝里克。接下来发生的事情足以位列中世纪不列颠历史上最残酷的暴行。一位编年史家记录道:“屠杀持续了整整两天,尸横遍地,血流成河,出于暴怒他下令屠杀了男女老幼约7 500人……他们的鲜血足以让磨坊转动。”爱德华要的就是将全城人屠杀殆尽。直到当地牧师再三恳求爱德华多少怜悯一下幸存下来的,已然创伤累累的男人、女人和孩子,杀戮的狂欢才终于结束。当爱德华的军队停止暴行后,原先约13 000人的城市只剩下不到5 000人。

但贝里克只是热身。爱德华嗜好大规模屠杀的恶名远扬,他一路长驱直入,直抵苏格兰的中心地带。先前,一支苏格兰军队曾从英格兰卫戍部队手中夺下了邓巴城堡。4月底,萨里伯爵约翰·德·沃伦奉命围城。在4月27日,苏格兰军队派出主力先遣部队试图赶走他们,却被经过良好训练的英格兰重骑兵和步兵击溃。不论这场溃败是否像英格兰编年史家写得那么血腥(他们声称多达1万名苏格兰士兵死于这场战斗),战争总算结束了。

苏格兰的抵抗宛如潮湿的沙子般崩溃了。在接下来的几周,爱丁堡城堡、珀斯、罗克斯堡和斯特灵向英格兰军队敞开大门投降。巴里奥尔一直举棋不定,似乎完全不知道该怎么办。7月初,他给爱德华寄去了一封低声下气的信,向英王承认自己的错误:“我们被邪恶、虚假的谗言和自己的愚蠢所误导,严重地冒犯了我们的主人爱德华……我们……向他交出苏格兰的土地和所有的苏格兰人民。”他正式宣布《巴黎条约》无效,然后像个犯了错的孩子一样来到爱德华面前,听凭他处置。他已经准备好接受不可避免的结局。他需要解释的太多了。□□

声声宣誓效忠爱德华，却和法国人串通，还袭击了英格兰领土。在爱德华眼中，他是个忤逆的封臣，必须受到惩罚。

对这位苏格兰国王（或者按照自从上个月苏格兰军队在边界以北集结以后爱德华赐予他的新称呼，“前国王”）而言，仅仅是投降还不能使爱德华满意。他想要一场演出。因此，苏格兰国王约翰·巴里奥尔以极尽戏剧化的方式，被剥夺了所有头衔。爱德华首先让他游行示众作为忏悔，然后命人把他的皇室徽章从袍子上扯下来，为他取了一个从此摆脱不了的绰号：“空外套”，即无足轻重的国王。巴里奥尔受尽羞辱，精神完全被摧毁，先是被关进伦敦塔，然后被流放到法国。

爱德华仿佛在苦思冥想，该如何才能羞辱和重创他刚刚征服的国家。他从爱丁堡城堡拿走了王冠。他拿走了苏格兰自古以来最神圣的圣物，圣玛格丽特的黑色十字架。这样一来，苏格兰人就永远也不能有自己的国王了，他甚至拿走了命运之石，把它送到威斯敏斯特教堂，放在忏悔者爱德华的神殿中央。他还是个地地道道的官僚，下令把苏格兰皇家档案，把那些详细记录了他最新添置的资产的文件分类、登记、装箱送上一艘开往英格兰的船。不过没有到达终点：船沉了，一批极其重要的，不可替代的文件从此遗失。资深贵族全部被抓起来送进边境南边的监狱。他们当中最杰出的一些人曾为巴里奥尔，为苏格兰的独立而战，现在他们的命运也和国王一样。苏格兰不仅失去了国王，而且也彻底失去了所有未来可能煽动叛乱的人。

1296年夏天，爱德华来到了苏格兰境内，他去了一个又一个自治邑，一座又一座皇家城堡，一直到北边的埃尔金。当他的出现引起所有人注意的时候，他的行政官员忙着起草一份将被唾弃为苏格兰历史上最声名狼藉、最可耻的文件。爱德华要每一个重要的领主向他宣誓效忠，承认他为最高君主。大约1 900人在这份日后以“拉格曼卷轴”闻名的文件上盖下了自己的封印。

昔日的王位竞争者悉数盖下了封印：布鲁斯家族和巴里奥尔家族，各个主教、高级神职人员和宗教领袖，像科明和斯图亚特这样显赫的贵族，直属封臣，下属封臣，大大小小的骑士，简直相当于将苏格兰的独立主权集体移交出去。当卷轴末端集齐了所有的封印时，2 000条丝带让卷轴看起来破破烂烂的，因此而得名（拉格曼卷轴的发音也让人联想到“rigmarole”，意为冗长复杂的过程）。

历史学家，更不用说过去几个世纪以来自封的爱国者和叛乱分子，已经充分说明了一件事，那就是有一个人的名字没有出现在拉格曼卷轴上。直到1296年左右，威廉·华莱士还只是寂寂无名的扈从，生活在伦弗鲁附近的埃尔德斯利。他的哥哥马尔科姆是那块土地的持有者，但两人的名字都没有出现在卷轴上，还是令人颇为意外。爱德华的手下行事滴水不漏，在埃尔德斯利，比他们俩地位低的人都得盖上封印，宣誓效忠；所以不太可能是因为他们不够格而侥幸逃脱，更有可能是华莱士兄弟拒绝配合；这是反抗火花的第一次闪现。

无论如何，1296年的冬天是苏格兰最黑暗的日子。爱德华将这片土地交给了两位深受他信任的副手：萨里伯爵约翰·德·沃伦担任总督，休·德·克雷辛汉姆担任财务主管，然后动身回家。他认为法国才是他的当务之急；占领苏格兰已经是板上钉钉的事实了。穿过特韦德河回到英格兰时，他不无讥讽地说道：“摆脱这个乱七八糟的地方，一个人方能成事。”

几个星期，也许是几个月后，苏格兰人才从这场灾祸中慢慢站起来。但如果爱德华真的以为一场屠杀，一场战斗，一车战利品和一卷破烂烂的文件就能榨干北方王国最后一点战斗精神的话，他就大错特错了。一开始，一切发生得太快了，苏格兰人还没反应过来，就为爱德华在法国无休止的战争支付了第一笔款项。但到了1297年春天，他们恢复了神志，天性中的不屈服又浮现出来。尽管百般努力，克雷辛汉姆发现钱已经快用完了。他没有靠强行征税来支付手下人员和占领驻军的薪酬，而是不得不向他的主人解释，为什么英格兰现在必须为其在苏格兰实行的霸权买单。

真正的第一束抵抗火花，在北部盖尔人的土地上点燃。那只是一次小规模的反抗，本来针对的是爱德华的一次单独的、普通的行动，但很快就开始扩散开来。苏格兰的上层阶级几乎被爱德华清洗殆尽，不是被投入监狱囚禁就是被震慑得服服帖帖，但"中间阶层"虽然拥有的土地较少，骨子里却一样骄傲，他们一致反对为英格兰在海峡对岸的战争买单。抵抗是无条件的，最初只是零星的火苗，但很快四面八方都燃起了火堆，如果这些火焰会聚拢在一起变成一条火带呢?

威沙特主教仍然在逃，皇室管家斯图亚特也是如此。他们二人一度曾是叛乱的焦点，还有一个人也加入了他们：小罗伯特·布鲁斯，也就是"竞争者"罗伯特·布鲁斯二十三岁的孙子。小布鲁斯在1297年站出来公开反抗爱德华国王。这让人有点惊讶，因为布鲁斯家族当初缺席了入侵英格兰的大集合，土地全被没收了。他们被迫向南迁徙，重新宣誓效忠爱德华，可英格兰胜利后他们却仅仅收回了安纳代尔的资产。他们从前拥有的现在不仅拿不回来，还欠着爱德华的债务；年轻的罗伯特宁可放弃这点恩惠，也要公开宣布决裂。无论是对祖国隐藏的爱，还是暗藏夺取王位的长期策略，他在苏格兰的至暗时刻挺身而出，准备战斗。

但是无论是威沙特、斯图亚特，甚至布鲁斯，他们所有人很快就被远处一道更明亮的光芒盖过。斯图亚特家族自大卫一世时期以来就拥有伦弗鲁郡周边的土地，埃尔德斯利的骑士华莱士原本是斯图亚特家一个默默无闻的随从，却渐渐开始崭露头角。5月的一天，他杀死了拉纳克郡的英格兰治安官威廉·亨利格。根据盲哈利的《华莱士之歌》（此书全名《光辉且英勇的冠军廉·华莱士爵士的伟绩》），亨利格曾残忍地杀害了华莱士的妻子，那么对骑士而言砍下对方的头颅就是正义的复仇。不管是出于什么动机，华莱士的确将这个治安官大卸八块，而这一举动被广泛认为是他发起反抗英格兰占领运动的开始。不仅是治安官，华莱士和他的同伴还杀死了在场的每一个英格兰人。

从威廉·华莱士到《华莱士之歌》，对许多人而言他是终极的自由战士，对有些人来说，他则是个恐怖分子。他是一个谜一般的英雄，横空出世来解放人民，塑造历史。《华莱士之歌》讲述了苏格兰最富传奇色彩的人物，也是苏格兰历史的缩影。然而，过度的神化让我们无法看清华莱士这个人：他既是一个伟大的人，也仍然只是一个人。

在拉纳克一战成名之后，他又对斯昆发动了一次突袭，这次的目标是英格兰法官威廉·奥姆斯比。陪同他一起打劫的是贝里克城堡前任总督，特立独行的威廉·道格拉斯爵士。遭遇突袭的奥姆斯比措手不及，勉强逃脱。更重要的是，他留下了很多钱，这笔钱就成了华莱士的战斗基金。

他在什么地方学习或训练过，他的战斗水平如何，没有人知道。这位备受崇敬的苏格兰草莽英雄，似乎一出现在战场上，就已经为胜利做好了准备。毫无疑问，成为他的对手是危险的；至于他是如何做到这一点的，我们也许永远也无法得知了。在战场上，与他相比，威沙特、斯图亚特和布鲁斯说好听点是不堪一击，说难听点完全就是懦夫。7月，威沙特和斯图亚特在欧文附近和一支英格兰军队发生了一场荒谬的冲突，随后被抓住并囚禁起来。布鲁斯就像风向标上的公鸡一样，风往哪里吹他就往哪里转，他立刻再次宣誓效忠爱德华。

华莱士依然在逃亡，越来越成为叛乱的焦点。威沙特至少在一件事上取得了成功：他把英格兰军队的注意力吸引到自己所在的艾尔郡，并以投降条件的谈判拖住对方，为埃尔德斯利的骑士争取了时间。一位英格兰编年史家写道，这位主教“促成了曾是苏格兰强盗头目的威廉·华莱士的出现，这个嗜血狂徒起义反抗国王，还纠集了一帮支持他的人”。这确实从另一个角度证明了华莱士的作为，他是万众瞩目的焦点人物。但聚集到他身边，一直到死都爱戴他、追随他、为他去死的人都没有贵族血统。华莱士的军队是由普通人、平民、“中等阶级”组成的。他们正是那些对爱德华的横征暴敛和屠民政策有着切身体会的人。

投奔华莱士的人带着满腔热忱，人数众多，但是他们大多对打仗一窍不通。如果在爱德华那些身经百战的重骑兵和重型马面前想有胜算的话，他必须有大量的时间和空间来训练他们。7月，在塞尔柯克森林树影斑驳的空地上，他一点点给战士们灌输纪律观念，教他们组成长矛圆阵的战斗技巧：编成刺猬一样的队形，背靠背紧紧聚集在一起，手中长矛向外。华莱士还教给了战士们一些外人无法传授的东西，这些东西是侵略者永远不会有的秘密武器：为祖国而战的决心。

亚历山大二世留给了苏格兰人一个边境清晰的统一王国，让他们知道自己是谁。亚历山大三世死后仅仅十年间，一切全都被剥夺了。苏格兰人向南望去，发现英格兰国王爱德华已经彻底击垮了威尔士的贵族，威尔士人被编入英格兰军队，被迫去异国打仗，而现在爱德华即将对他们故技重施。被别的国家不着痕迹地吞并，为陌生人而战，正是这样毫无悬念的前景把苏格兰人逼到了绝境。

华莱士的军队不是唯一准备为苏格兰战斗的军队。在东北部山丘的北面，一位贵族的儿子安德鲁·默里，也在不断抗击英格兰军队。他也不是刚刚加入战斗，早先曾和他父亲一起在邓巴战役中对抗沃伦的军队。父子二人都被捕了,但默里从囚禁他的切斯特城堡成功脱逃,一路向北,他的热血依然沸腾。他的反击始于尼斯湖岸的乌尔库哈特城堡,他迅速集结了一帮勇士,带领他们向英格兰驻军发起了一次成功的袭击。自从那次胜利之后,他的起义军把英格兰人赶出了东北部的一座又一座城堡。

在夏天快要结束时,骑士和贵族之子成功会师。直到那时,爱德华的苏格兰副手才模糊地意识到,他们也许很快就要面对比游击队和扔砖头更严重的事态。事实上,传到沃伦和克雷辛汉姆耳朵里的消息是,苏格兰南部现在有一支可以称作反叛军的军队,虽由无名小卒领导,主要靠农民组成,但依然是一支军队。

爱德华正忙着为法国的战争做准备工作,几乎头都不抬地研究法国地图,他只是不耐烦地挥了挥手,说增加斯特灵城堡的驻军就行了。华莱士和默里这两个人只要包围起来处死就行。毕竟苏格兰已经被征服了,这只是一点小麻烦而已。

他有把握认为,叛军只配给英格兰重骑兵拿来练手,只不过是站定不动的靶子,对付他们就像割草一样轻而易举。于是沃伦和克雷辛汉姆向北方出发。他们穿过英格兰控制的贝里克城堡,城堡新建的护墙一直延伸到河里,犹如一个象征傲慢统治的骨白色符号。一天到晚惹麻烦的苏格兰人已经到了福斯河北边的斯特灵。沃伦率先抵达城堡,为了尽快解决掉敌人,他走到斯特灵桥,去侦查这条唯一可以让军队渡过湍急河水的通道。

他遇到了皇室管家斯图亚特(他在欧文和威沙特主教一起遭遇了惨败)和伦诺克斯伯爵马尔科姆(另一个竭力讨好爱德华的苏格兰人)。这些两面三刀的奸诈小人,包括布鲁斯家族的那些人,是如何躲过了被那些诚实的灵魂割断喉咙的命运?对我而言这是个永远的谜。就连爱德华也对布鲁斯家族一味的利己主义感到恼火。在邓巴之战以后，小布鲁斯的父亲曾问爱德华他是否可以成为苏格兰国王。“我们难道没别的事可做了，专为你打江山吗？”爱德华尖刻地回道。斯图亚特和伦诺克斯表示，他们会尝试说服华莱士和默里投降，可他们的提议就像他们身为苏格兰人的意义一样，一文不值。

沃伦上床后呼呼大睡，以至于错过了第一次部署过桥的行动。指挥官都睡过头了，底下的士兵于是只好被召回。等他睡到自然醒，吃过早饭，正要第二次指挥过桥时，伦诺克斯和斯图亚特又小跑着出现，英格兰军队再一次被召回。沃伦满以为他们这次能兑现和平解决问题的承诺，但他失望了。

华莱士和默里在著名的克雷格修道院的斜坡上（山顶现在就是华莱士纪念碑）召集部队，他们就驻扎在这里，想必看着英格兰军队前前后后白跑几趟，心里也感到奇怪吧。他们从高处发现了另一队骑兵也在向他们靠近。这次是两个多明我会的修士，奉沃伦的命令前来探明苏格兰人是否愿意达成协议。华莱士告诉他们：“告诉你们的指挥官，我们来到这里不是为了和平，而是用战斗来捍卫自己，解放我们的国家。他们尽管放马过来，我们将割下他们的胡须来证明这一点。”

沃伦和克雷辛汉姆并没有把眼前即将发生的战斗当回事。他们手下有好几百名骑士和重骑兵，还有好几千名装备精良的步兵，其中许多是威尔士人。在距桥大约一英里以外的克雷格修道院，苏格兰叛军尽管人数相当，但在马匹和武器方面彻底落后。英格兰指挥官被告知福斯河上游大约一英里有一处浅滩，骑兵可以涉水过河，然后从侧面包抄苏格兰人。这听起来是个貌似合理的战术建议，但英格兰人已经等不及要和叛军正面交锋，而且认为根本不需要采取任何防备措施。沃伦下令军队开始过河。

在上方的克雷格修道院，华莱士和默里简直不敢相信他们的好运气。这座古老的木桥（战斗中被摧毁，后来被一座石桥取代）桥面狭窄，只够两三匹马并辔而过，英格兰军队全部过桥得花上半天时间。克雷辛汉姆就在率先骑马过桥的人群当中，胖到大概一英里外就能认出来，他每颠一下都散发出沾沾自喜的傲慢。

不安感很快袭来。第一，骑兵们发现对面的河岸似乎有点松软，软到根本无法部署大规模的集体冲锋。第二点更棘手，他们发现自己在一处河湾里转来转去。斯特灵城堡下方的福斯河处处是水流缓慢、蜿蜒曲折的河湾，英格兰骑兵和第一批步兵就这样心甘情愿地把一条水做的绞索套在了自己的脖子上。

他们的左边是前行的唯一希望：福斯河两股水流中间一段狭窄的瓶颈路段。背后则是湍急纵深的河水，他们要么前进要么退回桥上，没有别的办法。就算这是个陷阱，那也是他们亲手铺设的。英格兰编年史家沃尔特·吉斯博勒写道："再也没有比这更适合以少胜多，更适合把这么多英格兰军队送到这么点苏格兰人手上的地方了。"丘吉尔的演讲也差不多体现了吉斯博勒的意思。也许有几名步兵也体会到了最初的恐慌，当笨重的马儿不知所措地转来转去，咬着嚼子，发出沉重的鼻息声时，马背上的骑手也同样束手无策，他们当中一些人听到了苏格兰人特有的呼号，马的耳朵最先竖起，远处人和武器发出的嘈杂声似乎越来越近。

华莱士和默里一直耐心等待，直到大约半数英格兰军队过了河，挤满了那片小小的河道拐弯处，才发起进攻讯号。苏格兰人充满信心地一路小跑，他们都是出身低微的士绅和农民，一群胸无大志的平凡百姓。英国人只能眼看着他们冲过来。一场腥风血雨即将上演。

既慌了阵脚又没有施展空间的骑兵，在长矛阵面前就是活生生的靶子，乱成一团的步兵也没好到哪里去，骑手们从马背上被拖下来砍杀，克雷辛汉姆也没从近身混战中脱身，被拉下马并残忍地杀死。后来他那具庞大的、肿胀的尸体被剥了皮，毕竟他的苛捐杂税也让苏格兰人脱了一层皮，现在是以牙还牙的时刻。华莱士把其中一部分皮做成了剑上的肩带。

沃伦没有过桥。他在后半段队尾眼睁睁看着苏格兰人大开杀戒，震惊而无助。他已是年过六旬的老人，从未见过像这样和预期完全相反的局面。他明白除了撤退已无能为力，遂下令捣毁斯特灵桥，率先撤回城堡。

极少数英格兰人和威尔士人突破重围，游泳回到了城堡一侧的岸边。他们当中有一位名为马默杜克·吐温的约克郡骑士表现出非凡的沉着，值得人们纪念。在沃伦忙着逃往边境线时，他匆忙地指定吐温负责掌管斯特灵城堡。他身后的斯特灵浅滩上堆满了至少一百名骑士和几千名步兵的尸体。果不其然，斯图亚特和伦诺克斯伯爵又一次转变了风向。看到英军的惨败，他们忙不迭地跑去打劫英格兰的辎重车队。

即使是最大胆、最乐观的苏格兰人，也没指望会出现这样的情况。英格兰几乎所向披靡，这台征服了威尔士人，在整个欧洲闻名遐迩的战争机器，就这样被苏格兰人粉碎了。这不仅仅是一场胜利，这是一场惊人的、令人难以置信的胜利。苏格兰人的耳朵已经暂时听不见别的声音了，不是因为战斗的喧嚣声，而是热血冲上脑门所致。对幸存下来的英格兰人而言，最难以接受的现实在于他们被一群未经训练的苏格兰农民杀得抱头鼠窜。爱德华不得不第一次正视威廉·华莱士这个名字。有一件事是肯定的：他将永远不会忘记这个名字。

残存的苏格兰贵族要么在监狱里煎熬，要么在法国为爱德华打仗，要么暗地里偷偷地反抗,他们也为之惊愕。他们想不顾一切地抓住这场出乎意料的胜利,掀起爱国热情的飓风,进而混入庆祝胜利的狂欢,于是他们任命华莱士为苏格兰守护者。在塞尔柯克附近的柯克森林教堂,他们就地举行了一场仪式,华莱士被赐予爵士称号,因此一举晋升为贵族。他的得力伙伴,贵族的儿子默里出身高于他,对苏格兰贵族阶层而言,默里本应是更优先的选择,但他已经死于战斗中所负的重伤。

默里死亡的具体日期不得而知,但战斗过后他最多也就活了几个月。在1297年10月11日一封写于东洛锡安郡哈丁顿的信中,他的名字就在华莱士名字旁边。这封信寄给"吕贝克和汉堡的参议员及平民",为了说服北海贸易往来国家相信苏格兰一切情况正常:"请你们告诉商人们,他们的商品现在可以安全进入苏格兰王国的所有港口,因为感谢上帝眷顾,通过战争,苏格兰王国现在终于摆脱了英格兰人的控制。"

尽管华莱士大获全胜,一战成名,还是有人对一个昔日的平民领导苏格兰人的想法不以为然。一介平民能知道什么是政治,什么是统治?更为明显的事实是,斯特灵桥之战狠狠地羞辱了爱德华,同时也让他非常恼火。华莱士发誓要让约翰·巴里奥尔重新成为苏格兰国王,但在此之前他们要先面对英格兰国王的怒火。

爱德华把这场惨败看成是对他个人的挑衅。但在苏格兰的问题上,斯特灵桥之战虽然的确令人尴尬,在战术上却没有那么重大的意义。从1297年余下的时间直到第二年春天,爱德华都忙着和法国打仗,但他在1298年5月回到了英格兰,开始着手对付叛军,将这个华莱士斩草除根。他没有把这件事交给手下去做,而是要亲自完成。

华莱士也没有躺在功劳簿上睡大觉。斯特灵桥战役之后,他带领叛军对英格兰北部进行了惩罚性袭击。苏格兰的护国者同样暴露出对残忍和暴行的嗜好。他的军队庞大而不守纪律，在坎布里亚和诺森伯兰，他也没有阻拦那些不受管束的士兵们屠杀和掠夺人民，连神父和修女也未能幸免。

在7月，爱德华带领1 500名全副武装的骑士、重骑兵和超过1万名战士穿过特韦德河。他还带了弓箭手，配备了新发明的武器——长弓。尽管掌握庞大的军队和顶级的装备，爱德华并非无懈可击。他在向苏格兰南部行军的过程中，走进了一片因华莱士的焦土政策而被毁弃的土地。侵略者的军队很大程度上依赖于从周围的环境获得补给，因此随着时间推移，一种绝望的气氛开始在英格兰和威尔士军队中蔓延。士兵们本就来自两个历来敌对的民族，这样的紧张关系更引发了激烈的内讧。

7月第三个星期开始，爱德华的军队在爱丁堡城外几英里处扎营。粮食已经不够用了，恶劣的天气也断绝了从贝里克港口运送新鲜补给的希望。为复仇而来的军队也许还没等苏格兰人出现就先分崩离析了。

就在爱德华以为自己即将沮丧甚至耻辱地带领大军撤回英格兰的时候，消息传来了，在不到20英里远的福尔柯克发现了华莱士和叛军的踪影。这次机会绝不容错过，爱德华强行命令军队向福尔柯克行进，他要一鼓作气决出最后的胜负。英格兰人和威尔士人早就跃跃欲试；几个星期以来，反华莱士的宣传机器一直孜孜不倦地向士兵们灌输一个信念：他们要追杀的不是一个人，而是要将他们生吞活剥的食人魔。

对华莱士而言，和英格兰军队狭路相逢只能说好坏参半。如果爱德华沮丧地率军撤退当然更好，因为他们在向南穿过荒原的过程中将备受折磨，战争力会进一步折损。现在，一场激战迫在眉睫。一年之前在斯特灵，华莱士取得了巨大的胜利，也许这一仗在苏格兰人战斗情绪高涨的时候发生是最好的。而现在，没有了默里（他被历史描绘成叛军中真正懂得战术的军事天才），华莱士已是苏格兰的心脏和灵魂。但是，他够格担任苏格兰的最高统帅吗？

等到爱德华和他的大军赶到叛军所在的附近时，天色已经太晚，无法进行战斗。于是成千上万的士兵只能蹲下来休息，挨过悔恨莫及和辗转反侧的一夜。随着7月22日黎明的到来，他们终于接到命令，要振作起来对付可怕的怪物。华莱士和他的军队排成庞大的长矛圆阵，上千名战士肩并肩聚集在一处，向四面八方伸出他们的长矛。在这些刺猬状阵型的缝隙中有一批艾特里克弓箭手，由约翰·斯图亚特爵士指挥，在队伍边缘徘徊待命，只要苏格兰骑兵队需要掩护就随时放箭。苏格兰马比传说中的英格兰重型马体型小一些，骑手们只能轻装上阵，但他们依旧骁勇善战。

手持长枪盾牌的苏格兰战士的坚定决心激怒了英格兰骑兵队，他们发起了第一次冲锋。只要维持秩序和纪律，他们就是令人敬畏的对手。一时间双方步兵都无法取得进展，僵持不下似乎会扼杀任何取得重大突破的机会。华莱士也许希望他的战士们能凭借自己顽强的意志持续战斗。

最终是苏格兰骑兵队打破了僵局：他们毫不客气地掉头离开了战场。他们没有对自己的行为做出解释，之后也没有。在没有解释的情况下，谣言自然会滋生：他们是懦夫，是叛国者。但无论如何，他们的离开改变了一切。对手的离场大大增加了英格兰骑兵队的勇气，他们策马冲向艾特里克弓箭手。没有了苏格兰骑兵队的掩护，弓箭手们完全暴露在敌人面前，在战场上静止不动是极其危险的。在他们的指挥官，华莱士忠实的追随者约翰·斯图亚特爵士的命令下，他们勇敢地坚守在原地。但重骑兵的威力实在太大，他们转眼间就被踩踏砍杀到一个不剩。

当长矛手眼睁睁看着同胞们被屠杀时，他们第一次动摇了。然后英格兰人的注意力也转向了他们，爱德华的弓箭手走出掩护，将手中用红色紫杉木做成的长弓对准了苏格兰步兵。他们从几百码以外的四面八方射出了宛如黑色风暴的铁箭，每一箭都瞄准了苏格兰长矛手。

就像大约1 800年前塞莫皮莱的斯巴达三百勇士一样，苏格兰人只短暂地占据上风，就永远倒下了，这是对他们赢得斯特灵桥之战的报复。这是一场屠杀，据说苏格兰人就像果实成熟后的花朵一样凋落。

周围无数倒下死去的同伴终于让剩下的长矛手无法忍受，他们冲破重围，不顾一切地逃命去了。之前是看似顽强、不可动摇的长矛圆阵，现在是一群魂飞魄散、在混乱中四下逃散的人。苏格兰人溃不成军，华莱士和极少数幸存下来的人逃离了战场。

福尔柯克战役之后不久，华莱士就卸任了苏格兰护国者一职，销声匿迹了一段时间，尽管民间流传他依然在坚持战斗。他可能重新采取自己擅长的游击战术，随时随地都能出其不意地打击英格兰人的要害。王国共同体的控制权如今落到了“红脸”约翰·科明、小罗伯特·布鲁斯、圣安德鲁斯的威廉·兰伯顿主教等人手中，华莱士暂时离开了苏格兰的舞台。

叛军的唯一目标仍是让国王约翰·巴里奥尔重回王位，华莱士来到法国国王腓力四世的宫廷，希望法国人能遵照“老同盟”的约定支持苏格兰的战争。只有小罗伯特·布鲁斯不希望约翰国王回来，布鲁斯家族是因为爱德华才拿下了安纳代尔的土地，而不是因为巴里奥尔。鉴于这一点，对小罗伯特而言，赤裸裸的利己主义总比忠诚于什么国王更贴合他的心意。最终华莱士的外交游说无功而返。腓力似乎正和弗兰芒人打得焦头烂额，根本无心兑现这个承诺。

到1303年，爱德华决心重新开始镇压叛军，苏格兰这时已失去了法国盟友。王国共同体迅速意识到这个国家已禁不起更多的战争，他们开始寻求和平的解决方案。就连爱德华也已经六十多岁了，他也同样身心俱疲，无心恋战。此外，与苏格兰持续多年的战争掏空了他的国库，到1304年，他也想给这笔不划算的交易画上句号。

大多数苏格兰贵族都得到了赦免，他们的土地也被完好无损地归还原主了。然而威廉·华莱士则不可原谅。只要爱德华活着，他和强盗头目之间的恩怨就永远不会了断。3月在圣安德鲁斯，在应爱德华要求召开的国会会议上，华莱士被宣判为罪犯。同时，有129名苏格兰的土地持有者宣誓效忠他们的主君爱德华。这些人当中有格拉斯哥主教罗伯特·威沙特。罗伯特·布鲁斯在爱德华的庇护下也安然无恙。他们签署的文件名为《1305年法令》，事实上无声地标志了苏格兰第二次反抗运动的失败。其中完全没有提到王国二字，更不用说苏格兰国王了。事实上，他们心平气和地接受了爱德华的真实意图：他们在一个仅仅名为"土地"的地方拥有领地。

华莱士在自己的祖国逃亡，在山洞和森林中顽强求生。爱德华盯得越来越紧，那些曾经的朋友和追随者被迫背叛了他。他最终被约翰·门蒂埃爵士（即在福尔柯克为他英勇战死的约翰·斯图亚特爵士的舅舅）抓捕并被移交给了英格兰人。1305年8月3日晚，他在格拉斯哥外罗伯伊斯顿的一座房子里被捕，并移送到伦敦，站在威斯敏斯特大厅，接受爱德华国王的法庭审判。他们为了嘲弄他的野心，强迫他戴上一顶月桂叶做成的王冠。

华莱士从未试图夺取王位，他一直以来只为约翰·巴里奥尔国王而战，但英格兰法官只想混淆视听，根本无视事实，甚至连正规的法庭审理都没有。华莱士是个罪犯，那么他就罪该万死。响彻宏伟厅堂的起诉书内容，只是国王御前演出的演奏音效而已。爱德华对这场演出颇为满意。

他们声称华莱士是臭名昭著的杀人犯。纵火、破坏财产、渎神，爱德华仿佛在炫耀自己精通法律。爱德华还说华莱士冒充护国者，唆使他的苏格兰同胞串通法国人。直到听到“叛国”、“叛徒”等罪名的出现，华莱士才第一次大声发话，他说自己从未对英格兰国王效忠，毕竟他的名字从未出现在拉格曼卷轴上。“我怎么会是叛徒，”他抗诉道，“英格兰本就不是我的祖国。”爱德华的法官自然不为所动。他们说当巴里奥尔国王对爱德华宣誓效忠以回归王位时，他已然代表了每一位苏格兰子民的心声。华莱士掉进了爱德华用法律论据精心编织而成的陷阱，而他的结局也早已注定。

1305年8月23日，华莱士被拉出去游行示众，法庭的判决还清晰响亮地回荡在他耳边。处死苏格兰最高爱国者的地点，位于今天的史密斯菲尔德肉类市场对面的某处。按照针对叛国者的传统处刑方式，刽子手先将绞索套上他的脖子勒至窒息。等意识渐渐恢复时，再割下他的睾丸。然后用刀划开他的腹部，这样他的胃、肠子和肺就可以从体内“抽出”。接着他们扯出他的心脏，高举起来向围观的人群示意。最后，行刑者举起斧头，一斧砍下了他的脑袋。他的头颅被插在伦敦桥的栏杆顶端。他的躯干被切成四块，送到纽卡斯尔、贝里克、斯特灵和珀斯等地展示，以儆效尤。

对尸体的处置经过了深思熟虑，爱德华认为没有一具完整的尸体下葬，也就没有供哀悼者聚集的坟墓，这个人也就会迅速被遗忘。当然他错了，华莱士的传奇是不朽的。

到了最后，华莱士在人世间的使命还是失败了。苏格兰国王约翰·巴里奥尔始终有名无实，贵族们不是被囚禁就是被迫宣誓效忠另一个国王。“苏格兰之锤”爱德华一世赢得了所有重要的战斗。1305年的苏格兰无非是英格兰的一块领地。但还有一场战斗是永无止境的。爱德华非但赢不了，他甚至看不到、听不到也触碰不到它的存在。这是一场苏格兰人民的战斗。

爱德华对王冠的执迷不悟使他低估了人民的力量。他摘下了其中一人的心脏，但还有成千上万颗心脏在跳动，发出巨大的声音。爱国主义不是苏格兰独立战争的原因，而是结果。

爱德华粉碎苏格兰的决心只会让苏格兰人更加明确地意识到他们到底是谁。

# 第四章

# 主教造就国王

不要相信大王和小王。三条足以干掉他们俩。

——罗伯特·C. 申克将军

比起诚实、勇敢和荣誉，两面三刀、奸诈以及残忍似乎才是国王、王子，以及最终称王的人所具有的特性。

在美国南北战争期间，申克将军是联邦军队的指挥官。他参加过布尔朗战役和仙纳度山谷对抗南方名将“石墙”杰克逊的战斗。他也是一个牌类游戏玩家，主要玩扑克牌。他关于扑克牌规则的著作推动了这项游戏在大西洋西岸广为流行。从那场战争中幸存下来，使申克将军像所有人一样深刻理解内战如何撕裂家庭和友谊：兄弟反目，父子交战。作为技艺高超的扑克牌玩家，他也知道一张牌也许看上去很厉害，但单靠它本身几乎毫无用处。玩扑克牌就像打仗，数字的力量才是关键。

苏格兰贵族和苏格兰战争也是如此。

华莱士在福尔柯克被打败之后，他身为苏格兰护国者的位置被两大贵族代替，卡里克伯爵小罗伯特·布鲁斯和巴登诺克勋爵的儿子约翰·科明，这两个人很相似。他们都很年轻，二十岁出头；都极富野心；都是各自家族的代表人物；他们都出身于苏格兰最显赫的家族。

科明家族包括巴登诺克勋爵和巴肯伯爵，他们支持巴登诺克的叔叔约翰·巴里奥尔为苏格兰国王。安纳代尔的布鲁斯家族则自成一派，是巴里奥尔和科明家族的死对头。

约翰·科明和小罗伯特·布鲁斯也有着共同的困境。他们的家族都在苏格兰和英格兰拥有土地，尤其是科明家族的领土甚为辽阔。他们在英格兰国王的统治下持有这些土地，因此要向他宣誓效忠。如果他们当中的任何一个宣布放弃领土，和爱德华断绝关系的话，就等于自绝于整个封建社会。这样的举动可能会让科明对巴里奥尔的支持变得更容易；也会让布鲁斯当上国王这件事变得更简单。但如果把他们的野心限制在苏格兰，就会让他们显得像小池塘里的大鱼了。

正是这些复杂的因素，使得14世纪苏格兰显赫家族之间无休止的竞争显得如此残酷无情。这也无疑解释了1299年布鲁斯和科明在皮布尔斯战争委员会争论时发生的激烈冲突。

当时华莱士正远在法国交涉，科明家族的支持者大卫·格雷汉姆爵士想趁机将他的土地和财产据为己有。此人声称华莱士没有向其他护国者提前说明，就在战争期间擅自离境，因此理应没收他的财产作为惩罚。然而华莱士是布鲁斯家族的支持者，因此小罗伯特·布鲁斯决定亲自出面处理这件事。言语间的针锋相对很快升级为公开的暴力相向，科明甚至扼住了布鲁斯的脖子。

不曾停歇的谋划和计策，也导致了家庭内部的分崩离析。关于该支持谁，该站在哪一边，儿子也许不同意父亲的意见；兄弟之间也会为了同样的问题而反目成仇。作为继承人的长子大多安于现状；次子反正没什么可失去的,反而可能会为了追求权力和财富,选择一条更为莽撞的道路。一位英格兰编年史家写道:"这些斗争把苏格兰搅得四分五裂,常常是父亲支持苏格兰而儿子支持英格兰,或哥哥支持苏格兰而弟弟支持英格兰,甚至一个人一会儿支持苏格兰,一会儿支持英格兰。"

当1305年的夏天被秋日的阴霾取代,接着便是冬天漫长的黑暗,太阳仿佛永远不会在苏格兰升起了。英格兰国王爱德华可以非常确定,他已经掐灭了北境的最后一束光。

爱德华也是一位玩家,不过他玩的不是扑克牌,而是象棋。很多年前波斯人发明了象棋,这项游戏随后流传到北方,在公元10世纪尾声时被维京人带到了西欧。所有棋盘上的那些长期战略,包括巧妙的佯攻,误导和闪电般的快速出击,对像英格兰国王这样的军事战略家来说都是完美的训练。游戏的终局就是国王之死,即波斯语中的"Shah mat",意思就是"国王死了",因此有了英语中的"将死"。而让国王无路可走,束手无策,也可以达到同样的效果。

苏格兰国王约翰·巴里奥尔已经被判出局了,他被彻底摧毁、打败,被爱德华的主教、士兵和骑士给逼到了死角。对爱德华来说,更欣慰的是至少在短期内,约翰国王那麻烦的骑士威廉·华莱士已经被摧毁了。象棋大师爱德华赢了这盘棋,因为他的棋艺更加高超。苏格兰是一个被征服的省,对她的管理跟其他省相差无几。贵族们大多安然无恙,爱德华允许他们保留居所和头衔,只要他们向他卑躬屈膝,称呼他为国王。爱德华给战争的铁拳套上了天鹅绒做的手套。

不过游戏还没结束:至少从长远来看是这样。棋盘上还有一些棋子在背着爱德华悄悄移动。事实上,当爱德华全神贯注在对付国王和骑士时,他没有注意到苏格兰主教已经偷偷转移到棋盘上不为人知的角落里。出于实际考虑,他把苏格兰的高级教士和贵族们一并处理,只要承认他的统治，他们就能安全地待在自己的大宅和庄园里。但是在英格兰国王身后，有两位主教参与了一项错综复杂的长期战略。到头来，恐怕就连他本人也无法不对这种拜占庭式的聪明狡黠表示钦佩。

1305年，格拉斯哥主教罗伯特·威沙特，一个像斗牛犬一样顽强的人，已然二十年如一日地为苏格兰的独立而奋斗。虽然很多时候，他在英格兰国王的眼皮底下采取行动，甚至在伟大事业期间站出来反对他，但他也同样倾向于在地下行动。圣安德鲁斯主教威廉·兰伯顿也阳奉阴违，他实际上是个和爱德华不相上下的战略家。

如果爱德华多了解他们一点，他会把他们和华莱士一起斩首。除了个性的不同之外，他们还拥有迄今为止苏格兰十一个教区中最富有的两个教区。阿盖尔、凯瑟内斯、加洛韦、莫雷、罗斯……它们在人口、规模和财富上都差异巨大；但在势力、军事和金融方面，这九个教区加起来都比不上格拉斯哥和圣安德鲁斯。作为圣安德鲁斯主教，威廉·兰伯顿除了他的主殿以外，还拥有另外九到十所庄园和宅邸；他们不只是神职人员，更是达官显贵。

在边境线附近，科尔丁汉姆、德莱堡、杰德堡、凯尔索和梅尔罗斯的西多会教派通过从事利润丰厚的羊毛产业而暴富。羊毛生产是教会在13世纪到14世纪挖到的金矿，财富也给教会名下带来了辽阔的土地。

故而，苏格兰的主教既是有权有势的土地拥有者，又过着超凡脱俗的生活，苏格兰国王也一向格外关注他们。无论出于宗教或实际，国王都热衷于和主教们打成一片，以便在任命新主教的时候拥有一定话语权。大部分时候，这种干涉是可以容忍的，这种象征性的关系对双方而言比其他任何关系都更重要。教会强大的影响力，特别是圣安德鲁斯教区和格拉斯哥教区举足轻重的地位，从两位主教入选1286年亚历山大三世去世之后的苏格兰护国者名单就可见一斑。

苏格兰主教所遵奉的“下棋”规则甚至比英格兰国王的更古老，这些规则能够让他们从不同角度看待这个游戏。他们的每一个行动和理由都围绕苏格兰教会的独立展开，就其具体诉求来说，就是独立于英格兰。

他们的自信一部分来自“狮心”理查于1189年签署的《坎特伯雷弃权书》。1174年，“狮子”威廉签署了《法莱条约》，被迫接受英格兰国王亨利二世为最高君主，而《坎特伯雷弃权书》废除了耻辱的《法莱条约》。当英王理查一世需要支付1189年十字军东征的军费时，他十分乐于让苏格兰人以1万默克的价格赎回苏格兰的独立权。《弃权书》中洋溢着苏格兰在精神和世俗上的自由：苏格兰摆脱了英格兰的统治，教会也是如此。

对当时的苏格兰主教而言，苏格兰的独立与他们一年前收到的教皇谕令不谋而合。在1188年，苏格兰教会派出一个代表团来到梵蒂冈寻求说法。他们提出的是质疑《法莱条约》的问题：谁来掌管苏格兰教会？罗马教皇还是英格兰国王？毫无疑问，教皇克莱门特三世对此感到有点不悦，他发布了一道谕令宣布苏格兰教会直接听从罗马教廷的指示，也就是说听从他本人。从那一刻起，苏格兰的主教将苏格兰国家和苏格兰教会都视作“罗马特别的女儿”。当英格兰的主教服从于坎特伯雷或约克大主教时，他们的苏格兰同行已经可以和教皇直接对话了。

在即将进入14世纪时，却出现了一个无法忽视的问题。苏格兰教会的独立取决于苏格兰王国和苏格兰国王的存在。如果苏格兰没有了国王，成了英格兰的一个行省，那么苏格兰主教将不再拥有直接和教皇对话的特权，而是很快就要向约克或坎特伯雷的大主教卑躬屈膝，缴纳什一税。醒来时，“罗马特别的女儿”的念头会像梦一样消失。威沙特和兰伯顿都立即意识到他们和其他同行将要面对的梦醒时分意味着什么。巴里奥尔在教皇伯尼法斯八世的监护下流亡欧洲，苏格兰的命运宛如飘在风中的“空外套”。

到了1299年，教皇重申了他对苏格兰教会的直接权威。但爱德华国王为证明英格兰的霸主地位而不遗余力，他在第二年给教皇写了一封措辞谨慎的信。作为论据的一部分，他引用了12世纪英国学者蒙茅斯郡的乔弗里记录的英格兰的起源神话，说英格兰人是古时候征服了不列颠岛的罗马政治家布鲁图的后裔；事实上“不列颠”这个名字就起源于布鲁图。既然英格兰人最先到达这里，按照逻辑，一定先于苏格兰人。这是一个大胆鲜明的论证，并且激发了苏格兰主教以其人之道还治其人之身的回应。

在1301年夏天，一小群苏格兰神父来到意大利当面陈情。当时教皇身在阿纳尼山镇的夏季住宅，那里是他的出生地，距罗马50公里。在那里，苏格兰的主教为了捍卫他们的祖国，走出第一步妙着。代表团由一名叫作巴尔德雷德·比塞特的牧师带领，他来自斯特灵郡，不仅足智多谋而且精通教会法，苏格兰和苏格兰教会的未来危在旦夕，他需要倾尽全部的经验和诡计。

他提出了自己的理由。如果英格兰有自己版本的古代史，那么苏格兰人也有：他们是诺亚的后裔，当以色列落入亚述人手中，他们便出走了。他们逃往“以色列失落的十部族”中的大陆。经过了长时间的流浪，他们来到了黑海附近的西锡厄，西锡厄的一位王子娶了名为斯科塔的埃及流亡公主为妻，苏格兰人就以斯科塔给自己命名，比塞特如此这般说道。故事的意图很明显：苏格兰人是个古老的民族，是他者。英格兰对他们而言是另一个国家，教他们如何服从呢？

接着他提醒教皇苏格兰作为“罗马特别的女儿”的地位。鉴于英格兰国王爱德华一世的行为和意图，比塞特说道，这位女儿急需得到父亲的保护。然后他又提到了新近发生的事：英格兰国王恶毒地虐待了苏格兰的合法国王。爱德华利用巴里奥尔的被迫缺席和苏格兰由此而来的脆弱，他滥施暴行，从神职人员到平民百姓，从贵族到农民，无论男女皆受其害。比塞特呼吁教皇让巴里奥尔获得自由，作为合法国王回到苏格兰。

他的话起到了作用。教皇伯尼法斯下令释放巴里奥尔，并宣称在他眼中，巴里奥尔是“苏格兰杰出的国王”。远在家乡的护国者开始重新以“约翰·巴里奥尔国王”的名义颁布法令。然而，比塞特和代表团仅仅获得了短暂的成功。尽管有这么多人全力以赴为巴里奥尔扫清了这条他与生俱来的道路上的障碍，他本人却对这份工作倒了胃口。他窝在位于皮卡迪的家族宅邸中，再也没有心情出来承受爱德华的炮火攻击。

除此之外，还有更多阻碍。在1302年，伯尼法斯发布了著名的教皇谕令《一圣教谕》，宣称教皇拥有至高无上的地位，因此超越任何国王，却不小心激怒了错误的对象。在极力反对这一主张的人中，法国国王腓力四世甚至不惜同教皇开战，并在1303年将其监禁起来。（教皇随后被释放，但一个月之内就驾崩了；他对苏格兰独立和国王的支持也随之消逝。经此一事，新教皇搬到了阿维尼翁。）

苏格兰主教的努力都付之东流了。他们把一切赌注押在赢得伯尼法斯八世的支持上，而当他们争取到他的注意时，也确实赢得了他的支持，可一旦他自己也处于岌岌可危的时刻，对“特别的女儿”的关照也就被抛到九霄云外了。当教皇在抵挡法国国王的怒火时，苏格兰发现自己成了一个孤零零的国家。与此同时，爱德华正在考虑是否有必要重新入侵苏格兰。但在战争机器发动之前，另一位可敬的苏格兰主教开始行动。

在1302年秋天某日，自1297年起就担任圣安德鲁斯主教的威廉·兰伯顿因教会事务出发前往巴黎。他身处一个由神父和其他重要人物组成的代表团，但当他和一个定居在巴黎的苏格兰人见面时，他是只身一人。约翰·邓斯·斯科特斯接待兰伯顿来访时才三十七岁，但已被认为是那时最伟大的神学家。人们对他早年的生活几乎一无所知，但他似乎出生于贝里克郡的邓斯。在加入了方济各会后，他于1291年在北安普敦的圣安德鲁斯教堂被授予圣职，在短短的四十三年人生中，他先后在牛津、科隆和巴黎教授神学与哲学。他思想的核心就是个人的重要性——个人的首要地位，正是这点促使兰伯顿远道而来，就苏格兰国王和王国共同体成员的问题征询邓斯·斯科特斯的意见。

和21世纪一样，14世纪的世界也是依靠法律进行统治的。皇帝、国王甚至教皇会适当调整法律的宽松或严格程度，但这些都至少以实事求是为前提。毫无疑问，维护国王不可侵犯的天赐王权正符合前两个集团的利益。

兰伯顿的难题，或者说苏格兰的难题，就是约翰国王是个扶不起的阿斗。主教想做的事情就是废黜他，扶持另外一人当上国王。历史学家威廉·罗素博士认为兰伯顿和邓斯·斯科特斯不仅会面成功，而且正是邓斯·斯科特斯为兰伯顿提供了推翻苏格兰合法国王，并用另一个人取而代之的论据和信心。根据罗素博士的观点，当兰伯顿为用布鲁斯取代巴里奥尔的方案寻求法律咨询时，邓斯·斯科特斯没有让他失望。神学家认为，王室权威的真正来源并不是继承。一位拥有合法权力的国王之所以是国王，正是因为他的人民同意赋予他这样的权力，如果出于任何原因人民不再同意赋予他这样的权力，那么此人就不再是国王了。既然巴里奥尔拒绝回到王位，即便王位是无条件给予他的，那么他也相当于犯下了中世纪的严重渎职行为。"人民"是他的雇主，完全有权将他解雇并另择他人代替。

这种思维方式在古老的国王时代产生了回响和共鸣。在遥远的过去，盖尔人和皮克特人中就一直存在关于"febas"（盖尔语中的"配得上"）的问题。即便在那时，身为皇室后裔也只是一个先决条件，但并不是作为国王候选人唯一或者最重要的资格。王室中其他追随者至少会关心新国王能否配得上这个位置，如果在他们眼中，老国王的长子不配，他们也会选择其他人作为统治者。

事实上，在苏格兰成形之前，这片大陆就给现代世界留下了一块关于合法政府的基石：人民有权选择被谁统治。当然，这里的问题在于，直到近代，"人民"只意味着这片土地上相对一小撮最富有、最有权势的人。

同兰伯顿会面后不久，邓斯·斯科特斯就写下了一篇长文，阐述统治者对被统治者负有哪些道德上的责任。他说国王不是由上帝选择的，也不是凭借拥有比其他人多的土地才得到了至高无上的权力。在邓斯·斯科特斯看来，一个公正的国王是由他身边的团体选出来的，只要他满足了那个团体的诉求，他就有权进行统治。一旦他辜负了他们，他将被罢免。在14世纪的欧洲，这是一种相当激进的想法。人们不禁会认为，比如在罗素博士看来，邓斯·斯科特斯是于1302年在巴黎与兰伯顿谈话之后，才形成了如此明确的观点。

圣安德鲁斯主教愉快地回到了苏格兰，他为自己有理由废黜国王而感到安心，但时间已经不多了。兰伯顿开始说服其他人相信他所做的事情是正确的。与此同时，爱德华正准备对不安分的北方邻居发动最后一次征战。

1304年春夏期间，斯特灵城堡已是苏格兰硕果仅存的堡垒，爱德华一直把它留到最后，作为终场谢幕演出，这是对七年前斯特灵桥战役的复仇。从4月最后一周到7月最后一周期间，苏格兰驻军在指挥官威廉·奥列芬特爵士的指挥下进行了顽强的抵抗。爱德华用尽一切办法攻城，甚至让宫廷里的夫人小姐都来观赏他攻城武器的狂猛攻击。

威力最大的攻城机器是一架巨大的投石器，被爱德华称为“战狼”。他用了足足二十七辆马车才把它的组件运到斯特灵，城墙上的城堡守卫只能眼睁睁地看着它被组装起来。一经组装完毕，爱德华就用它发射巨大的石球和装着“希腊火”的陶罐。这是一件令人震慑和敬畏的中世纪武器。尽管被“战狼”和其他武器轮番轰炸，苏格兰卫戍部队还是坚守住阵地，直到最后实在弹尽粮绝，他们才不得不打开城门让敌人进来。

当爱德华在全神贯注攻打斯特灵城堡时，他的两个封臣偷偷地溜走了。罗伯特·布鲁斯一直待在英格兰国王身边，顺从地看着主人攻城。兰伯顿也是，他结束了代表团的工作，为了取悦国王而出席。1304年6月11日，在城堡的视线范围内（近到无休止的轰炸就在耳边），圣安德鲁斯主教与苏格兰未来的国王见了面。他们秘密会晤的地点位于福斯河边，在离斯特灵城堡不到半英里的坎布斯肯尼思修道院。

这是一个国家历史上的转折点。当巴里奥尔被选为国王时，另外两个家族也曾声称有权继承王位。科明家族由于和巴里奥尔家族沾亲带故，为了尊重家族关系而放弃了自己的权利。兰伯顿知道约翰·科明是一个小心谨慎、墨守成规的人。说服这样一个人去参与怎么看都像是（事实上也确实是）篡夺王位的行动并非易事。当然还有另外一个家族和另外的候选人。第六代安纳代尔伯爵，“竞争者”罗伯特之子在两个月前刚刚去世。他的儿子继承了衣钵，除了祖父的领地和名字之外，还继承了他的野心。罗伯特·布鲁斯七世就像兰伯顿一样，也是英格兰国王的家臣。但他对于让家族成为苏格兰王室的热忱甚于一切。

尽管他坚信自己的主张是正当的，这位布鲁斯到目前为止还不知道该如何采取行动。但是兰伯顿拥有篡位的合理根据。在坎布斯肯尼思，他们将各自的名字写在一份合同上，“为了彼此的友谊，为了联合起来对抗所有人”。考虑到其重要性，也考虑到它的叛国嫌疑，该文件的措辞异常含糊：“他们忠实地同意在所有事务中始终担任彼此的顾问，并作为对方的代理人……任何一人都不应在没有另一个人的情况下从事任何重要业务。他们会互相警告对方任何即将发生的危险，并尽最大努力避免危险发生。”里面并没有提到合同的真正意义：兰伯顿和苏格兰教会将与布鲁斯合作，助他成为苏格兰国王。当然，把任何像这样的计划白纸黑字地写下来都无异于自杀行为。保密是至关重要的。考虑到这一点，任何一方未能遵守合同条款的处罚金额被定到高达10 000英镑的天文数字。

协议在沉默中达成了，两人在修道院的幽暗处分开，回到爱德华身边继续做他恪尽职守的仆人。这段时间里，英格兰国王忙着“用炮火征服苏格兰土地”，威廉·华莱士也处于被通缉之下，兰伯顿和布鲁斯继续对他们的主君俯首称臣。对布鲁斯而言，持续的沉默服从是很高的要求。兰伯顿告诫他需要耐心，需要顺从和正常行事，直到时机成熟之时向前迈出那一步。很显然，兰伯顿认为他才是那个决定何时是“时机成熟”的人。然而已经二十九岁却不知耐心为何物的布鲁斯却有其他想法。

在大约一年半的时间里，他设法维持了正常的表象。有些人认为，在此期间他可能和对手“红脸”约翰·科明就谁将成为国王私下进行了讨论。双方都明白就目前而言布鲁斯是更合法的候选人。但为了赢得这片土地上最有权势的家族的认可，他一定也暗示了，支持他对科明家族不会没有好处。布鲁斯可能提出用一部分土地换取科明的支持，但这些细节都不可能留存下来。

1306年2月10日星期四，治安法庭在邓弗里斯城堡开庭。当然这是爱德华的法庭，可他病了，正躺在一座英格兰修道院的病榻上，其他重要的人物都在数英里以外的法庭出席。

罗伯特·布鲁斯和“红脸”科明在这样的情况下会面可谓再自然不过了。他们都坐在本地座位，两位贵族大人聚在一起商讨未来计划似乎也显得非常合理。兰伯顿和其他主教甚至有可能允许布鲁斯低调提起众人支持他成为苏格兰新国王的事。官方议事日程上具体怎么规划我们无从得知，但两人在尼斯河附近的方济各会小修道院会面，这座建筑史称“格莱菲教堂”。双方都有追随者陪伴，气氛也许有些紧张。毕竟两人的会谈并不总是融洽的。

尽管有任何紧张情绪都可以理解，布鲁斯在面对他的对手时表现得还是非常得体，试图说服对方相信一个国王取代另一个已被认定是合法的。布鲁斯没道理非要杀了科明。但他还是这么做了。也许在关键时刻，约翰·科明最后宣布他将继续公开支持巴里奥尔，从而把对手逼到了绝境。科明身上至少有一处伤口（也许是第一处）是布鲁斯的刀刃造成的。当科明受伤后退时，他的手下拿着剑闯了进来。布鲁斯从教堂里冲出去，对他的一个追随者，罗杰·德·柯克帕特里克爵士喊道，他想他可能杀了科明。“我来确认。”柯克帕特里克回答道，冲进去了结了剩下的事情。“I mak siccar”（“我来确认”）一直到今天都是柯克帕特里克家族的家训。（无论这件事是否真实发生过，它已经成了根深蒂固的民间传说。至少作为一种文学手法，它展现出“红脸”科明的遇害是一出两幕剧。）

后来布鲁斯和他的人更加明目张胆地造反，他们扰乱治安法庭，把所有人都赶走了。对爱德华权威的公然挑衅已经足够糟糕，但远远比不上杀死另一个地位同样显赫的贵族。罪行本身已经够判死刑，在上帝的屋檐下实施犯罪让他的行为更加罪无可赦。将成为国王的人走入了黑暗深渊。他让愤怒和沮丧占据了上风，擅自做出一个决定，永远违背了和兰伯顿的协议，在那一刻他已经从可能继承王位的人变成了一个面临毁灭的人，无论是在世间还是精神上，他都堕入了万劫不复的地狱，陷入不朽灵魂的灭亡。

布鲁斯没有时间悲痛，也没有时间后悔。无论永生的恐惧是否困扰过布鲁斯，他立马劲头十足地准备拿下这个国家。他亲手拿下了艾尔、达尔斯文顿、泰伯和邓弗里斯的城堡。巴特的罗瑟赛城堡被他的盟友，坎宁安的罗伯特·博伊德以他的名义占领；他自己领地周边的其他堡垒要么被他占领，要么被迫移交给他。

谋杀发生后几周内，罗伯特就来到格拉斯哥。和兰伯顿一道密谋取代巴里奥尔国王的威沙特主教，现在明白他们的计划成功与否完全取决于爱德华何时驾崩。英格兰国王年事已高，日渐衰弱，也许只有几个月，最多一两年可活。现在，布鲁斯严重的渎神行为甚至有可能使苏格兰再次成为独立王国的希望化为泡影。但威沙特的智慧让他看清这一切都不再重要了。如果要从格莱菲教堂的惨案中挽回些什么，他们必须立刻行动，将遥远的小修道院里一系列暴行所产生的不必要但无可争议的强大势头保持下去。

威沙特宽恕了布鲁斯的罪行，布鲁斯则发誓会继续服从苏格兰教会的意愿。这等于既提醒他铭记自己的罪行，也提醒他谨遵与兰伯顿的约定。这是一条永远拴在脖子上的缰绳，威沙特会时不时拽一下。血十字（对出征的古老召唤）传遍苏格兰大陆。久经沙场的老马威沙特登上讲坛布道，每个字都情真意切，仿佛注入了自己的不朽灵魂。他告诉信徒，罗伯特·布鲁斯将成为苏格兰国王罗伯特一世，现在他们必须为他而战，必要时为他放弃生命，因为这是不亚于十字军东征的神圣事业。“他是你们的国王，”主教的声音振聋发聩，“为他而战！”

在邓弗里斯杀害约翰·科明之后仅仅六个星期，布鲁斯就来到斯昆接受加冕的仪式。当消息传到爱德华耳中时，他想到苏格兰人连国王加冕的工具都没有，也许感到了一丝安慰：命运之石，圣玛格丽特的黑色十字架和国王的所有珠宝，包括剑、权杖和王冠，都在他的手中。他甚至还扣留了十六岁的法夫伯爵，而这位伯爵的祖先所保留的特权就是为苏格兰国王加冕。

不过，主教手上至少还有罗伯特·布鲁斯这个人，他们仍使他加冕为王。威沙特为这个场合专门准备了一套王袍，一直小心地藏在别处，使得布鲁斯看起来会像国王的样子。他的第二任妻子伊丽莎白王后站在他身边。没有法夫伯爵在场，由巴肯伯爵夫人法夫的伊莎贝拉将王冠亲手戴在罗伯特头上。她的丈夫，巴肯伯爵是“红脸”科明的远亲，可是他一点也没有对伊莎贝拉的背叛感到恼怒，而最终这个举动将让她付出巨大代价。现有的记录显示，其余在场的人有四位伯爵和三位主教：兰伯顿、威沙特和莫雷主教大卫·默里（三条显然在扑克牌中胜算更大）。这一天是1306年3月25日，国王罗伯特一世时年三十一岁。

两天后，当罗伯特举行庆祝弥撒时，兰伯顿在场。如果新国王借此机会向全能的上帝祈祷，寻求帮助和保护，那么他除了自己的安危，实则还有更多的事情要担心。在场的都是他的追随者，都是支持他、声援他的人。他是十个兄弟姐妹中的长子：四个弟弟分别是爱德华、亚历山大、托马斯和尼尔；五个妹妹分别是玛丽、克里斯蒂安、玛蒂尔达、玛格丽特和伊莎贝拉。还有他十一岁的女儿玛乔里，她的诞生致使布鲁斯的第一任妻子伊莎贝拉死于难产。布鲁斯的所作所为使他们全都陷入了危险的境地,未来的岁月里,他们的命运就像仆人的枷锁一样挂在他的脖子上。

王冠、仪式和豪言壮语就到此为止:罗伯特国王面前的任务不仅仅是保卫自己的王国不受英格兰国王爱德华侵犯,更为紧迫的是他首先必须将王国牢牢掌握在自己手中。科明家族也是国王的后裔,势力比布鲁斯和他的传统支持者还强大得多,而布鲁斯却杀害了他们的长子和继承人。巴里奥尔家族和他们的追随者也在寻求复仇的机会。罗伯特想自立为王是他自己的事情,但若要让从最卑微的底层百姓,到王国共同体成员的苏格兰人民打心眼里认可这一点,则是完全不同的两码事。

罗伯特国王首先来到西南部的科明家族祖传领地,并着手安定后方。威沙特主教暂且把彬彬有礼放在一边,"像勇士一样"为他夺取了库帕尔城堡。但风暴很快就来了。爱德华一世在苏格兰找到了代理人:"红脸"科明的姐夫,下一任彭布罗克伯爵,能干且经验丰富,擅长快刀斩乱麻的爱默·德·瓦朗斯。这位效忠爱德华的军人的冷酷行径将会是罗伯特·布鲁斯之流闻所未闻、见所未见的。彭布罗克奉爱德华的命令"举起龙旗"——也就是说,龙旗之下没有骑士精神。他们将毫不留情地消灭眼前一切敌人。兰伯顿和威沙特身为高级教士,他们的职位保住了他们的性命,但两人都被捕并关押起来。

英格兰人夺回了库帕尔城堡,又闪电般地占领了珀斯。罗伯特国王为了夺取主动权于6月份在那里发起了一场激战。他和部下在梅斯文附近的树林里安营扎寨准备过夜时,因为近乎愚蠢的鲁莽,竟没有在临时营地附近设置岗哨。没有骑士精神约束,又有科明家族支持,彭布罗克和他的军队毫无顾忌地向他们发动了夜间突袭。这与其说是战斗,不如说是溃败,所幸布鲁斯和他的几百名追随者逃过一劫。

经此一役,对于大多数被英格兰俘虏的人,等待他们的只有叛徒的下场。苏格兰国王罗伯特一世成了落跑的逃犯。从梅斯文逃出来之后，他向西北方向前进，在靠近廷德鲁姆的达利又遭遇了一次战败。除了继续逃亡别无出路，他只好让妻子伊丽莎白、女儿玛乔里和其他女眷前往遥远的北方，寄希望于她们能一路顺利到达奥克尼，从那里坐船去挪威。罗伯特的妹妹伊莎贝拉是挪威国王埃里克的遗孀（皇后玛格丽特在分娩"挪威少女"时死于难产，她成了他的第二任妻子），承诺为他和他的家人提供庇护。可惜事与愿违，女眷在泰恩被俘，被全数移交到爱德华手中。

罗伯特国王幸运一些，得以忍辱负重苟活下来。其他的路都已经被堵死了，他只能转向西南方。最后，他终于无路可走。在海边，他转身回望自己的王国。他只当了短短几个月的国王，而现在他只能将自己的王国拱手交给穷凶极恶的敌人。他的妻子女儿，兄弟姐妹，主教以及所有与他一道并肩战斗的人都被他抛下了。人们说自我决断也是勇敢的一部分，而这位国王现在唯一要做的事情就是让自己消失。于是他登上船，消失得无影无踪。

爱德华沉溺于残忍和屠杀的狂欢中。罗伯特的支持者以各种方式被成批处决。他的弟弟尼尔像华莱士一样被残杀。还有不少人以同样的方式被大卸八块。阿瑟尔伯爵斯特拉斯基的约翰，因试图带领罗伯特的女眷逃往挪威而被判绞刑。当有人向爱德华指出阿瑟尔伯爵是他的亲戚时，国王下令绞刑架可以抬高些，这样他也会吊得更高。

只有两位女眷受到的处置流露出爱德华复仇的怒火下真实的温度。他命人打造了两只大笼子，一只放在罗克斯堡，另一只放在贝里克城堡。罗伯特二十四岁的妹妹玛丽被关在第一只笼子里，亲手将金冠戴在罗伯特头上的巴肯伯爵夫人伊莎贝拉被关在第二个笼子里。笼子悬挂在塔楼上当众展示，可能是露天的。她们两人至少被囚禁到1310年，然后似乎被转移到一座女修道院。爱德华一开始也对罗伯特的女儿，年方豆蔻的小玛乔里处以同样的处罚，不过他竟动了恻隐之情，将她改送到女修道院。伊丽莎白王后被软禁在霍尔德内斯，直到八年后才见到她的丈夫。罗伯特的妹妹克里斯蒂安·布鲁斯被送到了女修道院。

在六个月的销声匿迹中，罗伯特遭受了无数艰难困苦，但没有什么比听到家人和朋友一个接一个传来噩耗更令他感到切肤之痛。罗伯特国王（英格兰人现在轻蔑地称他为"洞穴国王"）是个虔诚的人。在谋杀"红脸"科明之后，他被教皇逐出了教会，而现在每一次噩耗都让他更加怀疑自己追求的事业是否正确：诸多不幸很有可能是上帝发怒的迹象，也许上帝并不希望他成为国王。

他到底是在什么地方度过了人生中这段最痛苦的日子，现在还不清楚。在1306年至1307年的冬天，在苏格兰西海岸甚至英格兰北部上上下下几十处洞穴，可能有一处在某个时刻为苏格兰国王遮风挡雨。也许他藏在赫布里底群岛，或爱尔兰。目前大多数学者的猜测是阿德纳默亨角，但真相可能永远不会为人所知。也许罗伯特国王也认为，自己耻辱的隐匿处最好完全被世人遗忘。沃尔特·司各特爵士在1828年出版的《祖父的故事》一书中，把关于布鲁斯流亡的种种传说和传闻汇集在一起，并在书中安排了一只蜘蛛和他为伴：

> 布鲁斯抬起头，望着他栖身的小屋的天花板，他的目光被一只蜘蛛吸引住了。那只蜘蛛挂在一根长长的蛛丝的末端，为了把这根丝固定在那条横梁上结网，正努力让自己从屋顶的一条横梁荡到另一条横梁上。它一次又一次地尝试，却没有成功。布鲁斯仔细数了数，它一共试了六次，这让他突然想到，他自己也和英格兰及其盟国战斗了六次，这只坚持不懈又可怜的蜘蛛和他自己的处境是完全一样的。

蜘蛛的寓言不是司各特杜撰的。故事传统贯穿许多文化，描述人们的勤劳和坚毅。蜘蛛和山洞在用来安抚儿童的故事中常常出现，有一则古老的寓言故事说的是在基督诞生后不久，圣家族就开始躲避希律王手下的追捕。他们在一个山洞里避难，一只蜘蛛仿佛知道这个孩子的重要性，在洞口织了一张网，让山洞看起来像很久无人进入。一夜之间，蛛网被晶莹的霜冻覆盖，这完美的假象成功骗过了赶来的士兵。圣诞树上挂的金属丝就是为了纪念另一只蜘蛛和另一张网所扮演的重要角色。

司各特的蜘蛛寓言已够写实。在1306年至1307年间的冬天，罗伯特国王确实面临一个严峻的选择：放弃抵抗还是继续战斗。放弃抵抗并非明智的选择：虽然他可以一路逃到挪威，躲进妹妹家的避风港，过上新的生活，但这么做会让他剩下的家人和支持者置身于极大的危险。他将无法为弟弟以及那些为他而死的人复仇。

无论他是从何处获得激励和决心，那源头必定是一口深井。因为当他在1307年春天重返战场时，最初迎接他的只有更多死亡和悲伤的挫折。他计划分两路进攻：他派两个弟弟亚历山大和托马斯带领一小股军队去加洛韦，他们两人几乎立刻就被抓捕，其他人不是被杀就是被俘虏，随后亚历山大和托马斯也立刻被处决了。

罗伯特国王在坦伯利城堡附近的艾尔郡登陆，三十二年前他就出生在这里，而此时的他身边只有些爱尔兰人和赫布里底人。苏格兰到处都是英格兰人，他不得不再一次在自己国家的荒野中东躲西藏。不仅如此，他又失去了两个弟弟，如今他对自己的信心已经所剩无几。他无意步华莱士光荣牺牲的后尘，所以开始充分利用起有限的资源。由于缺乏人手，他将屈指可数的几名骑士和几百名长矛手和步兵整合成了一支组织严密的游击队，以下是《苏格兰编年史》中的记载：

> 苏格兰的战略将是这样：步兵、山峦和沼泽；用她的森林、长弓和矛作为路障。愿她所有窄路都潜伏着凶险，愿她的平原燃起熊熊烈火，令敌人纷纷逃散。愿她的子民在夜里呼号，为她站岗放哨，她的敌人将于慌乱中躲避饥饿的刀刃。当我们在罗伯特国王的指引下，一切都会是这样。

就在国王和士兵们需要一些好事发生时，他们终于在1307年3月打赢了一仗。在加洛韦的格伦特罗尔，他们出其不意地袭击并赶走了一支规模大得多的英格兰军队。英军由彭布罗克伯爵爱默·德·瓦朗斯指挥，由于他太想一举击溃麻烦的"洞穴国王"，他提出5月双方在艾尔郡对战。罗伯特一反所有游击战争的戒律，接受了这个提议。但彭布罗克伯爵不知道的是，他的对手打算因地制宜，随机应变。英格兰的骑士本以为会策马飞奔在艾尔郡地势平缓的田野上，却没料到自己被苏格兰人包围了。罗伯特选择了一个方圆数英里都能为他所用的地点进行战斗，他选择了劳登山，那是欧文山谷东端一座标志性的火山岩要塞。十年前，威廉·华莱士曾在山阴处袭击抢劫了一支英格兰辎重车队，但彭布罗克没意识到这地点暗含不祥的预兆。

苏格兰人抢先来到这里，在等待英格兰人到来的时候，他们可没有闲着。他们在敌人上方，背后就是悬崖峭壁，即便如此，地面仍需要进行重大改造。罗伯特国王下令在下方的山坡上挖了三条巨大的壕沟，里面插满了锋利的木桩，为了不让逼近的骑兵发觉，更是进行了仔细的伪装。

当由三百名骑士、重骑兵和步兵队组成的英格兰大军出现在他们的视野中时，一切已都准备就绪。如果彭布罗克曾想象让重骑兵冲破这六百多个苏格兰人组成的整齐而单薄的阵线就算大功告成了，那么现实很快会给他上一堂战争艺术的速成课。骑士大军得令冲锋，地面像往常那样震动，然后他们直接冲向了陷阱。

上百匹马和骑士都掉了进去，被木桩刺死。苏格兰长矛手飞奔下山，帮那些尚存一丝微弱气息的人彻底解脱。他们接着向前冲，踏过敌人的尸体，冲进被倒下的战友和后方的步兵困住而乱成一团的敌军，用长矛将他们刺死。苏格兰人终于有机会报仇了，他们又闻到了敌人鲜血里的金属气味。还未来得及加入混战的英军极度震惊，只能转身逃跑。约翰·巴伯在他的史诗《布鲁斯》中描述如下：

> 国王的战士在壕沟和他们相遇
> 如此坚毅，至为勇猛
> 最强壮的战士倒在了地上。
> 然后传来了可怕的声音
> 当长矛被盔甲无情地击碎，
> 伤者发出哭喊和呻吟。
> 那些第一次上战场的人
> 全力以赴战斗。
> 他们的喊声响亮而清晰；
> 我们听到的是一声巨响。

事后看来，正是在劳登山战役，罗伯特首次向世人证明，自己是一位卓越的战略家和胜利者。

五天之后，一位倒向英格兰的苏格兰贵族给南方寄了封信，报告劳登山战役对边境北边士气的影响："布鲁斯从未像现在这样……博得人民的好感……看来上帝似乎站在他这一边，因为他摧毁了爱德华国王的大军。”“洞穴国王”因为拒绝赴死而成了英格兰人的噩梦。一则古老的梅林预言从沉睡中复苏,并广为流传,它说待到“贪婪国王”一死,苏格兰人和威尔士人就会联合起来,成为整个不列颠的统治者。爱德华死前还砍掉了两个英国主教的脑袋,因为他们说罗伯特国王就是亚瑟再世,他会将不列颠所有的凯尔特人团结起来。但这样的末日谣言又能归罪于谁呢?是谁给英格兰人播下了怀疑的种子,同时又给了苏格兰人一个可信赖的英雄?还能有谁,当然是苏格兰教会的主教。他们从一开始就选择了他,现在正是维持人们信仰的时刻,这是主教应尽的职责。

人称“长腿立法者”、“英格兰屠夫”的爱德华一世已经垂垂老矣,随着时间流逝和无休止的战事,他的身体也愈加衰弱。但他依然准备好从地狱里把刀捅进罗伯特·布鲁斯及其苏格兰人的心脏。他对将军的失利感到沮丧,只得挣扎着亲自带领另一支军队向北方进军。他虚弱的身体状况使这段征程持续了好几个月,以至于到了1307年7月,他才到达索尔韦峡湾的英格兰这一侧,即两国边境南边的布鲁夫。越过泥沙淤积的水面可以清楚地看到对面的苏格兰,但从某些根本意义上,他是永远也无法企及了。贪婪国王于7月7日撒手人寰。

他的儿子,凯纳文的爱德华接替了他的王位。时间会告诉我们,他虽继承了父亲誓要征服苏格兰的野心,却没继承到任何能使愿望成为现实的军事才能或意志力。历史对“软弱而愚蠢”的爱德华二世的不客气是出了名的:“贪生怕死,每战必输。”这里必须替他说句公道话,他还继承了父亲在苏格兰和法国成年累月的战争中积累的巨额债务。英格兰人民对巨额的军费和大肆征税已经极度厌烦,他们最不想看到的就是新国王接过老国王留下的担子继续前行。

即使到了弥留之际,“长腿”爱德华也渴望能一直留在战场上,所以他给儿子留下了明确的指示。他的心脏要进行防腐处理，并参加十字军东征；他的骨头要放在袋子里出征苏格兰，直到彻底征服那片土地。年轻的爱德华则有其他想法。他和军队一起越过了边境线，但仅仅是观赏了一下苏格兰西南部的风光，接受当地一些重要人物的膜拜，他满足于光靠露脸就在如此短的时间内取得了如此大的成就，于是他调转队伍，踏上了返程。大体上来说，他让苏格兰人在接下来的三年里得以休养生息。

多亏了这段喘息的时期，重新振作起来的苏格兰国王才能转向国内事务。他已经向英格兰人证明了自己：再也没有比战场上的他更不容小觑的对手了。但在他自己的国度还存在怀疑挑衅、愤恨的声音。科明家族及其支持者依然拥护巴里奥尔国王，这样庞大的家族是无法忽视的。罗伯特国王现在冲着他们而来，这一定会让“长腿”的老脸上浮现出一丝微笑。

科明家族在军事方面的无能让这项挑战变得容易多了。他们富有而且拥有许多忠实的追随者，这一点毫无疑问，但作为领袖他们缺乏战士的心态。然而罗伯特国王具备这样的心态。科明家族的核心地带位于北方，在1307年剩下的时间里，罗伯特无情地向北方前进，名声总是先一步到达。他接连攻下了几座城堡：位于如今威廉堡附近的因弗洛奇城堡、尼斯湖畔的乌尔库哈特城堡、因弗内斯城堡。

他事先已制定好战略：作为一支不断行进中的军队，必须轻装上阵。城堡对他毫无用处，因此他把攻下的城堡全摧毁了。抵抗的人被杀，防御系统被捣毁，水井被填满。既然他用不上这些东西，他要确保科明家族、英格兰人或其他任何人也用不上。他把奈恩夷为平地。到了11月，他已经在大峡谷和整个东北地区树立了自己的威权，在那里他遇到了莫雷主教默里，战斗的男人身边又多了一位上帝派来的使者。

正当罗伯特势头高涨，眼看要碾压对手的时候，他第一次被神秘的疾病击倒了，余生也一直被它纠缠。周围人都不知道这是什么病，但这让他极度虚弱，几乎无法动弹。该病无法确诊，自然也无法治疗。罗伯特的一路征战在科明家族的领地巴肯陷入了僵局，国王别无选择，只能下令撤退到荒野中去。巴肯伯爵约翰·科明是被杀害的“红脸”科明的亲戚，在领地附近持有大规模军队。然而似乎无论生病与否，罗伯特总有某种好运相伴。科明家族一直没有动静，国王被送到附近一座城堡安心养病。

有些人认为他要么在悲痛和悔恨中死去，要么被疾病夺去生命。但到了1308年，他开始有了好转的迹象。虽然还是很虚弱，但对血腥的纯粹渴望让他重新回到了路上。巴肯伯爵躲进了因弗鲁里和老梅尔德鲁姆之间的巴拉山山顶上的一座堡垒里，那是一座古老的铁器时代的堡垒，也许伯爵和他的人在断壁残垣下反而感到安全，如果真是这样，他们就大错特错了。最后，是巴肯伯爵的人对罗伯特·布鲁斯的恐惧击败了他们。他们迅速逃离了堡垒，逃离了战场。科明家族最后一个有希望和罗伯特抗衡的约翰·科明也逃走了，一路逃到英格兰。他当年就死掉了。

现在已经没有人能保护科明家族的领地了，但好国王罗伯特依然不满足。他们还有一笔债要偿还，只有当账目扯平了，他才会罢休。他带兵到科明家族在埃尔金附近的据点达夫城堡，彻底摧毁了它。1308年他对巴肯的所作所为甚至可称为末日灾难，每一个村庄、每一个聚落都被烧毁了，骚乱让这里的土地至少荒芜了一代人的时间，但布鲁斯破坏的并非农田：烧毁庄稼只会让土地更肥沃，他惩罚的是人和牲畜。城中男女老幼无一幸免，巴肯成了不毛之地，因为他没有留下一个活口。

当布鲁斯的双手仍然沾满人民和他们的孩子的鲜血和脑浆时，教皇解除了开除他教籍的禁令，欢迎罗伯特国王回到教会的怀抱。即便是渎神的教堂屠杀和连婴儿也不放过的大规模屠杀，都不会对国王关闭通往天堂的大门。确信已无人能挑战他的权威后，从1309年开始，王国的统治开始回归常态。

他在圣安德鲁斯第一次召开了自己的议会。那里的大教堂在经历一百五十年的建造后总算接近完工，罗伯特国王选了这个全新的场所来传播全新的想法。他发表了一封公开信，被称为《神职人员宣言》，虽然不是著名的文件，但它本应广为人知。它将诸位主教对1302年兰伯顿和约翰·邓斯·斯科特斯谈话内容的看法第一次庄严地载入史册。它全然宣称“人民”选择了他们的国王：“借由接受他作为国王的人民的知晓和同意，他可以修复王国的缺陷，纠正需要纠正的事情，引导那些缺乏引导的人。借由他们的权威，上述苏格兰国王被庄严赋予苏格兰王国，他忠实的人民希望与其共存亡。”

这一切听起来当然还不错，在21世纪的人类看来甚至颇有点革命宣言的意味。但在1309年，“人民”指的是像贵族和高级神职人员那样的重要人物，而不是平民百姓。事实上《神职人员宣言》是为他们写的，而不是由他们写的，因为“人民”是聆听的对象。这份宣言不仅被送到教皇手中，也在苏格兰全境大大小小的教堂里布道。它被复制流传，四处展示，无休止地复述。它是一条政党路线，直接来自罗伯特国王永远的支持者：苏格兰教会。

尽管如此虚张声势（即使写得非常好），不过，将他树立为无可争议的君主所需要的工作逐渐变得清晰起来。凭借军事才能和冷酷的暴戾，他已经击垮了最强的对手。“宣言”确立了他身为国王的合法性。但在很多人眼中他不过是个自说自话的国王。

为了让自己的地位坚不可摧，无论是为他自己还是为了千秋万代，他都必须完成三项任务：第一，他需要在驱逐英格兰人的同时确保所有苏格兰贵族对国王效忠；第二，他需要迫使或说服英格兰国王承认苏格兰王国的独立地位；第三，他需要拥有一名男性继承人。但是，他的妻子还在英格兰人手上，第三项任务还需要耐心等待。在此之前，他开始驱逐英格兰人，夺回属于苏格兰的堡垒。他还时不时会袭击边境以南的地区，把英格兰北部当成银行，可以随时从中提取战争经费。

这些征伐把他麾下的战士打造成一个更加紧密的团队。他的高级指挥官（比如詹姆斯·“黑皮”道格拉斯）自始至终在他身旁不曾离去，因而大大鼓舞了士气。而罗伯特国王似乎再也没有犯过错误。他不再好大喜功，从一开始的对阵激战转为用秘密、诡诈和突袭作为根本战略。他从苏格兰堡垒驱逐英格兰驻军的成果是惊人的，在1313年1月他攻下了珀斯，2月光复邓弗里斯，5月到6月拿下了马恩岛。

到了年底，罗伯特国王自信可以向那些仍然拒绝支持他的贵族发出最后通牒了：他们有一年的时间来做决定或面对后果。其间，他始终对在苏格兰的英格兰人进行迫害。他的侄子托马斯·伦道夫爵士于1314年2月占领了罗克斯堡，接下来的一个月再接再厉，又攻下了巍峨的爱丁堡城堡。

最为豪赌的不是罗伯特国王，而是他的弟弟爱德华。在罗伯特拿下马恩岛的同月，爱德华被任命负责指挥对斯特灵城堡的包围战。由于国王本人不在，城堡的英格兰治安官菲利普·莫布雷爵士向爱德华提出了一项协议：如果英格兰军队没有在1314年6月24日仲夏节之前赶到解围，他将交出城堡的钥匙。爱德华立马就同意了……罗伯特得知后大怒。这和罗伯特国王迄今为止的每一条策略都背道而驰。他总是以出其不意来占据上风，以少胜多。可现在他的弟弟把他逼到一个可以让爱德华二世朝着指定日期行动的境地！到1314年6月24日，英格兰国王就会知道苏格兰国王所处的地点：在斯特灵城堡为打败强大的英格兰军队进行各种准备。罗伯特国王绝不允许英格兰人继续控制斯特灵城堡的情况发生。

如此祸从天降的困境也提供了一个可以制造奇迹的机会。虽然罗伯特依靠经年累月的战斗，一块一块地夺回了他的王国，虽然他打了那么多胜仗，但没有一场能使他成为毋庸置疑、任何挑战者都望尘莫及的王者。不过，如果他能在斯特灵城堡这么重要的地点战胜英格兰人，也许可以一举达成目标，让他成为真正的传奇人物。

但他仍然保持头脑清醒，没有出牌。他带领军队先于英格兰人到达斯特灵，日复一日地训练长矛圆阵的战术。从城堡向南延伸有几英亩开阔林地，被称作“公园”，是训练步兵的理想场地。树林提供了自然屏障，尤其不易被骑兵队发现；附近福斯河东面的沼泽平原，又是一处天然保护。自远古时期以来，南来北往的人和动物唯一的干燥落脚处就是城堡旁几英里坚实的土地。这也是斯特灵城堡如此重要的原因：谁控制了它，谁就控制了此地的来路和去路。罗马人很看重这一点，修了一条直接通往城堡的路，罗伯特国王正期盼他的敌人沿着这条古老的大道前行。

考虑到这一点，他命人在大道两侧各挖了数百个几米深的坑，上面铺了青草和草皮做伪装，对全速前进的人和马能造成致命伤害。最重要的是，他还没有决定自己是否要全力以赴打这场仗。理论上他不会和英格兰人进行对阵激战，无论他弟弟答应了什么条件，他都保持开放的心态寻求尽可能多的选择。如果敌人列队沿着大道前行，当他们看到前方的苏格兰人，一定会松开缰绳飞驰而来，掉进先前挖好的陷阱，方便苏格兰长矛手赶来处理。这也许不能算大获全胜，但至少能给爱德华二世一记狠狠的重拳。

当英格兰大军终于在6月23日浩浩荡荡出现时，可谓盛况空前，罗伯特国王无疑觉得自己很有先见之明。这是自“长腿”的辉煌时代以来英格兰往北方派遣的规模最大的军队，由成千上万的骑士、重骑兵、长弓手和步兵组成。其中不乏一些传说中的名字，如整个基督教世界排名第三的骑士，基尔斯·德·阿根坦爵士。虽然没有准确的估算，但最有可能的猜测表明全军大约有15 000名步兵，以及3 000名骑兵。他们在人数上肯定占了极大优势，对苏格兰人也许是二比一的比例。但尽管爱德华二世能召集如此规模的兵力，他们却是在几天前才临时集结的，在面对苏格兰人时这将成为很大的障碍，后者是经过多年磨合，一起训练成长起来的核心队伍，齐心协力且冷酷无情。

第一天也就是仲夏夜前夕的战斗，完全不像罗伯特国王预期的那样，是一场拖泥带水的混战。英格兰骑士没有莽撞地一头扎进陷阱，而是将苏格兰军队团团围住，寻找突破口，但由于苏格兰人严丝合缝的防守，他们失去了耐心，开始胡乱戳刺。然而一件发生在大道旁边的事情，只要还有一个苏格兰人活着就会被永远铭记下去。

世袭治安官汉弗莱·德·博亨爵士的侄子，一个名叫亨利·德·博亨的英格兰骑士，正和同伴一同策马疾驰，这时他突然发现了意想不到的目标：一个戴着金王冠的骑士。这是个千载难逢的机会，若能一对一击败苏格兰国王，他将创造不朽的传奇。他降下头盔上的护面罩，放低长矛，冲出队列向前疾驰。想象一下吧，可怜的妄想狂德·博亨以为自己能抓住这个机会。罗伯特国王是独自一人没错，而且胯下骑的是一匹小马而非战马，但他作为国王已经实实在在地拼杀了七年；在那之前，他一生都在为保护他的领地、姓氏和头衔而战斗。英格兰人屠杀和绞死了他的兄弟和朋友，他的妻女姐妹都被囚禁起来，沦为阶下囚的还有帮助他登上王位的主教。从山洞藏身到统治整个苏格兰王国，这是他自己一路奋战的结果。

在德·博亨朝他冲来的时候，罗伯特国王判断了一下情势，闪到了一边。他站在马镫上，双手紧握最钟爱的一把战斧，带着多年来受英格兰人迫害的仇恨和屈辱，将锋利的斧刃劈在年轻对手的头盔上。斧柄断成两截，德·博亨的脑袋也一分为二。罗伯特国王骑马小跑回去和己方贵族会合时，他们责怪他冒了太大风险，他答道只为自己的战斧感到惋惜。

当漫长的夏夜即将来临时，双方都撤退了，苏格兰人隐没在树林的阴影中，英格兰人走进了泥泞潮湿的沼泽平原。晚间，一位原先为爱德华二世出征的苏格兰骑士叛变了。他冲进苏格兰人的阵营，说英格兰人正士气低落，他们若在黎明时分发起突袭很有可能会获得胜利。

6月24日是一个星期天，苏格兰人在昏暗的晨曦中举行了弥撒。英格兰人在半梦半醒中接到敌人已经开始行动的情报。英格兰人大吃一惊，他们原以为苏格兰人既然已经略有战果，可能会趁着夜色偷偷溜回家。相反，他们抬头望去，看见的是上千名苏格兰长矛手从树林的阴影中走出来。英格兰人纷纷跪倒在地。爱德华二世笑话敌人是来请求他的宽恕，一个苏格兰人叛徒英格拉汉·德·乌姆弗雷维尔爵士纠正了他："他们是想为他们即将要做的事情得到宽恕，但不是你的宽恕，而是上帝的宽恕。"

就像华莱士当年借助斯特灵桥地形大胜英军，这片土地又一次为罗伯特国王而战。在沼泽平原上，英格兰骑兵被困在福斯河的支流班诺克本河所圈出的地形中，完全无法调度。他们不仅失序，而且互相踩踏，连弓箭手也是，这些在福尔柯克一战中表现出色的人，在这里却被绊倒的骑兵和步兵困住了。事实证明，英格兰人在人数上的优势毫无意义。只有一小队骑兵和步兵能和苏格兰人正面交锋，而苏格兰人正举着长矛向他们快步逼近。这是一场浴血奋战，班诺克本河的河水也被染成了深红色。

从沼泽、溪流、福斯河和苏格兰长矛手中逃出生天的英格兰士兵做了唯一明智的选择，就是逃命。爱德华二世一路逃到城堡前，才发现面前横着一根门闩。莫布雷的判断力比国王稍强一些，他看出风向不对，于是告诉爱德华自己无力保护他，并敦促他尽快回家。爱德华虽感到耻辱，也只能照他的话办。1314年6月23日至24日的班诺克本战役，使苏格兰国王罗伯特一世成了传奇。

苏格兰人忙着在战场上围追堵截，抓捕俘虏，因为这批人非常有价值。罗伯特国王得以用其中一些人换回了他在1307年失去的家人和朋友。其中有已经七十四岁且双目失明的主教罗伯特·威沙特，他的女儿玛乔里和妹妹克里斯蒂安，以及最重要的王后，现在终于回到了他身边。伊丽莎白和其他人一样被囚禁了八年，这段空空荡荡的岁月留下了痕迹，更增添了国王的悲痛。

罗伯特·布鲁斯和班诺克本河的传奇是不朽的，岁月的流逝只让它更加大放异彩。但荣耀遮蔽了眼前的事实，我们必须认清这尽管是一次光辉的胜利，但归根到底也不过是又一场战斗，又一个血腥的周日。英格兰人几乎都被驱逐出边界以北的占领区，但英格兰国王丝毫没有承认苏格兰独立的意思。

在接下来的四年里，苏格兰人一次又一次掠夺了英格兰北部。这成了罗伯特国王的执念，源于对英格兰迟迟不肯承认苏格兰的独立感到绝望。罗伯特·布鲁斯已经四十多岁了，长年累月的艰苦生活和无休止的战斗损害了他的健康，他还没有子嗣，有那么一段时间，爱德华觉得他似乎只需要等待罗伯特的自然死亡就可以解决苏格兰独立的问题了。

罗伯特国王的注意力开始转到更远的地方，他入侵了爱尔兰，并在1316年扶植他唯一活着的弟弟爱德华为爱尔兰国王。对英格兰北部的袭击仍在继续，他们胁迫勒索，强奸妇女，焚烧房屋。三番两次之后，终于在1318年从英格兰手中夺回了贝里克城堡。但胜利的满足感被爱德华·布鲁斯同年在爱尔兰战场的失利抵消了。一切都是徒劳的，爱德华二世甚至没有察觉，因为他无需察觉。

如果说英格兰国王欠缺战士的品质，那么他用自己政治家的天赋弥补了。他转而向教会寻求帮助，对于依靠主教当上国王的罗伯特来说，此举必定令他大为光火。

新晋登上宗座的教皇若望二十二世，希望欧洲所有大国国王都加入反对伊斯兰教的一场新征战中。他把这样一项宏伟大业列为首要任务，对任何可能给邻国带来麻烦，破坏基督教世界团结的国王都没有好感。1318年，苏格兰人得到消息，爱德华二世在教皇面前彻底抹黑了他们，唆使圣父相信两国之间多年战争是苏格兰挑起的。罗伯特国王以及他的将领和主教都被开除了教籍。此外，每一位英格兰牧师都奉命每天举行三次礼拜，每一次都要诅咒苏格兰国王的名字。苏格兰王国的命运再一次掌握在神职人员手中。苏格兰的主教也再一次站出来迎接了挑战。

1320年4月，一位苏格兰骑士动身前往罗马教廷。从某种意义上来说，他是一个邮差。他随身携带了三封信，一封来自罗伯特国王，一封来自诸位主教，还有一封来自苏格兰贵族。只有最后一封留存至今，最初很有可能是在“狮子”威廉创建的阿布罗斯修道院的总理府里写就的。如今为我们所知的这篇《阿布罗斯宣言》是对爱德华二世挑拨离间行径的强硬回应。一共有51位苏格兰贵族和要人签下了名字，但他们并没有参与撰写，这份宣言更有可能出自同为苏格兰议长和修道院院长的伯纳德之手。

每一任教皇在每一天中都要长时间坐下聆听一份接着一份的请愿书，来自遍布整个基督教世界的愤懑灵魂，而伯纳德院长深知自己有必要把教皇从白日梦中唤醒，他的文字酣畅淋漓，毫无保留。

宣言从巴尔德雷德·比塞特主教关于苏格兰人起源的神话开始阐述，他们是古老的民族，是罗马特别的女儿，等等，目前为止我们都耳熟能详。接下来是1309年《神职人员宣言》中的条文，罗伯特·布鲁斯“经过我们所有人的批准和同意”，已经将苏格兰人从英格兰的桎梏中解放了出来。

此刻，伯纳德院长已热血沸腾：如果罗伯特国王要以任何方式屈服于英格兰的统治，苏格兰人民会将他驱逐出去（大胆的陈述保证能唤醒任何沉睡的教皇）。他们会驱逐他，“并另立能够保护我们的人为王；因为哪怕我们只有一百人活着，也永不接受英格兰的统治。事实上，我们之所以战斗不是为了赞美，不是为了财富，也不是为了荣耀，而是为了自由——仅仅为了自由，也没有一个诚实的人不愿为此放弃生命”。

伯纳德院长向教皇请求，事实上是恳求他以慈父的眼光看待罗马特别的女儿的苦难。他甚至重提了塔西佗写卡尔加克斯的话，来代表全体苏格兰人向教皇求情，希望他命令爱德华二世“和平地放过我们苏格兰人，放过苏格兰这个贫穷而无栖身之地的小国”。

最终的请求希望教皇能够从苏格兰人的角度看待事情：找借口避免参加十字军东征的是英格兰人，而非苏格兰人；苏格兰只是在努力争取作为独立王国的地位。英格兰人从中作梗，使得无论哪一方国王都无法带兵对抗伊斯兰教，无辜的基督徒就会继续死亡。苏格兰人认为如果教皇不采取行动，那么由此招致的后果只能由他来承担。只有教皇能阻止生命的凋零和灵魂的毁灭。

从现代的眼光来看,《阿布罗斯宣言》是一份令人惊叹的文件。作为优雅的独立宣言,它是无与伦比的。然而在1320年,它并没有一夜之间引起轰动。当时它最多只做到了施加压力,把教皇推向正确的方向,实际上却没有改变他的想法。

罗伯特国王在家甚至都不得安宁。他最近刚刚经受了“索尔斯阴谋”的考验,这是一次险些将他从王位上推翻的政变。这起阴谋的名字源于世袭皇家管家威廉·索尔斯爵士,但它实际上只是某种深层感染的表面症状。约翰·巴里奥尔国王的儿子爱德华·巴里奥尔出现在英格兰的宫廷里,对于北方蛰伏已久的巴里奥尔和科明家族的支持者来说,这无异于往余烬未灭的火堆上吹风。即使他已在位十四年,经历了所有的磨难,获得了那么多成就,依然有许多苏格兰人随时准备推翻罗伯特。他从危机中幸存下来(正如他从所有事情中幸存下来)证明了他的顽强和好运。

1321年,爱德华二世提出和苏格兰人进行和平谈判。法国国王无疑在背后施加了压力;被宣言触动的若望教皇也出手了。他们选定位于诺森伯兰海岸的巴姆伯格城堡为会谈地点,双方派出的特使于3月份在那里会合。

这是一场闹剧。英格兰人再一次宣称他们对苏格兰的霸权。苏格兰人回以重新宣读起源神话。现在他们可以尽情借助《阿布罗斯宣言》的力量了。除此之外,他们还说爱德华和他的金雀花王朝是非法的。金雀花王朝起源于1066年一位“自命的国王”,苏格兰人称其为“私生子威廉”的“异国篡位”。他们认为英格兰王位的合法所有权应该属于韦塞克斯家族,其唯一在世的代表恰好是苏格兰国王罗伯特一世。

除了几番言语上的讥讽之外,这只是古老纠纷的老调重弹:什么也没有达成，什么也没有解决。对于罗伯特国王来说，他还要再忍耐六年。每当他的主教快要获得教廷的让步时，爱德华的人都会在最后关头采取行动以确保他们前功尽弃。在1323年，为了结束北境的冲突，英格兰国王和苏格兰国王签订了长达十三年的休战协议；但这份协议并没有终止老朽的霸权主张。

1324年3月5日是个一反常态的日子。三十五岁的苏格兰王后生下了一名健康的男婴，取名为大卫。罗伯特国王已经快五十五岁了，以当时的标准来看，这几乎是奇迹。苏格兰虽然在取得公认的独立王国地位一事上还未有进展，却终于有了男性继承人。当这件事发生时，罗伯特国王几乎不敢相信他最遥不可及的梦想成真了。在1327年1月20日，英王爱德华二世的妻子法国的伊莎贝拉终于忍无可忍，将爱德华二世废黜了。他们十四岁的儿子在此后的一个月里成了爱德华三世，但伊莎贝拉的情人罗杰·莫蒂默，才是英格兰真正的统治者。

1307年，命运将第一位爱德华国王从罗伯特国王的道路上清除掉了。现在又清除了一位，罗伯特决定先发制人。尽管再次受到无名疾病的折磨，他还是在8月份发动了对诺勒姆城堡的攻城战，与此同时莫雷和“黑皮”道格拉斯发兵攻打了安尼克和沃克沃斯的堡垒和要塞。

1327年10月18日，罗伯特国王在贝里克明确表示，如果英王希望结束暴力争端，他就必须承认苏格兰王国的永久独立地位，而爱德华的妹妹乔安公主必须嫁给罗伯特的儿子大卫。他的意志让人无力抵抗，对一个摄政王朝而言尤其如此。1328年3月，爱德华三世正式宣布：

> 为了我们自己，为了所有的继承人和继任者，我们做出让步……苏格兰王国应在所有方面与英格兰王国保持永久分离的状态，它的完整、自由与和平，不受任何形式的服从、奴役、索取或要

求，其合法边界与苏格兰国王亚历山大去世时的合法边界保持一致。致伟大的君主，罗伯特大人，愿上帝的恩典赐予杰出的苏格兰国王，我们的盟友和亲爱的朋友，以及他的继承人和继任者。

就在这一天：英格兰给予苏格兰自由与和平。

罗伯特国王赢了，但他也输了。伊丽莎白王后知道成功即将来临，却没能亲眼看见它的发生。就在英格兰使节携《北安普敦—爱丁堡条约》抵达爱丁堡圣鲁德大教堂的几天前，她去世了。

苏格兰国王也躺在病榻上，依然受着无名慢性疾病的折磨。尽管如此，他还是神志清醒地听到了那些意味着他投入毕生心血的工作即将大功告成的条款。条约基本上复述了爱德华国王一个月前宣布的所有观点。这几乎令人难以置信。世界又回到了亚历山大三世的时代：一切如初，但又不一样了。三十年的战争改变了这个世界。

罗伯特国王麾下的几位伯爵和主教都出席了。威廉·兰伯顿已老迈而衰弱，但若没有他就不会有这一天。看到签名的那一刻，他可能会想起二十四年前在福斯河畔的坎布斯肯尼思修道院阴险的沉默中签署的另一份文件。在签订《北安普敦—爱丁堡条约》之后两个月，威廉·兰伯顿功成身退，与世长辞。

6月12日，六岁的乔安公主和年仅四岁的大卫在贝里克结婚了。这是两个孩子之间的结合，但它象征着和平。终于，经过三十二年的战争和杀戮之后，人们得到了和平。教皇也宣布承认苏格兰国王的身份，并恢复了罗伯特国王的教籍。

罗伯特国王的代表抱着极大的乐观和善意向教皇提出了一项请求，希望教皇能赐予他每个有地位的欧洲君主都拥有的东西：教皇亲自加持的一壶圣油。这种装在瓶里的油在加冕典礼中被用来涂在国王额头上。任何企图以武力征服或任何方式干涉王国的行为，对经过神圣涂油礼加冕的国王而言，都是死罪。英格兰国王有一壶圣油，法国国王也有，苏格兰国王却从来都没有，他们也想要。一壶圣油不仅仅是地位的象征——它更是一瓶象征独立于英格兰国王的油。

获得了这么多成就（几乎都是在逆境中取得），疾病缠身的国王也许真的可以安心休息了。但还不行，如果要享受和平，只能是在来世，在他无法企及的地方。他的病就像一块无法消除的污迹，至少在他自己看来，表明他是不洁之人。他没有得到上帝的恩典，否则他将从肉身的痛苦中解脱出来。

他该如何还清追逐王位而必须付出的代价？到目前为止，付出代价的都是别人：妻子、家人、朋友、主教。他们为他流血牺牲，这笔债本该算到他头上。可他怎么做才能让自己安心？他在巴肯雇了一位教士，每天为他最先死去的弟弟尼尔朗诵弥撒。他将伊丽莎白安葬于邓弗姆林修道院，并捐赠了大量财物，这是圣玛格丽特最后的安息地。

这才是罗伯特·布鲁斯国王的真实面貌，但一直以来都从大众视野中消失了。相反，他的名字成了固定的原点，成了王国“真正的北方”。如果“苏格兰”再次失去方向，她只需要从“布鲁斯”这里得到指引，那么前方的道路将再次清晰可见。然而国王自己在生命的最后几年里，一直在不顾一切地寻找证据，证明他做的事情是正确的。

在他最后几个月的时间里，他的病情已无力回天。他们说他快死了，这一次他们终于说对了。加洛韦的惠特霍恩有一座古老的朝圣之地，名为圣尼尼安圣祠，以能治愈疾病而闻名，现在罗伯特国王前来寻求它的帮助。假如圣人不能治好他的身体，也许至少能减轻他灵魂的痛苦。他病得太重，无法骑马出行，只能躺在担架上，用了好几个星期才到达目的地。抵达之后，他立马开始了为期五天的禁食和忏悔。

回程稍微容易些，最后他被带到克莱德峡湾北岸的卡德罗斯，三年前他在那里盖了一所大宅。他知道自己只剩下几天或者几周的时间了，于是写信召来了诸位伯爵和达官显贵。他们如期而至，聚集在他身边，在他弥留之际发誓会同样为他的儿子和继承人抛头颅洒热血。“阁下们，我的日子已经远去，”他告诉他们，“只剩下一件事，就是像每个人必须做的那样，毫不畏惧地面对死亡。我感谢上帝，他在我活着的时候给了我忏悔的机会，因为有太多人因我和我的战争抛洒了鲜血，太多无辜的人被屠杀。因此我以这病痛为我赎罪。”他要求将自己经过防腐处理的心脏带到十字军东征中，而他最忠实的将领詹姆斯·“黑皮”道格拉斯被赋予了这项任务。

苏格兰国王罗伯特一世于1329年6月7日在卡德罗斯的宅邸中去世，享年五十五岁。他的心脏如其所愿被取出来，他的遗体被送到了邓弗姆林修道院，埋葬于唱诗班位置中央的下方。

第二年，“黑皮”道格拉斯加入了西班牙国王阿方索十一世的十字军东征。1330年8月28日，摩尔人大军在特巴斯德阿达莱斯以压倒性力量击败了一支苏格兰和英格兰骑士团，他可能就是军队指挥官。不管怎样，骑士团全军覆没。罗伯特国王的心脏在战场上被找到，和道格拉斯的遗骨一起被送回了苏格兰。这颗心脏埋在了梅尔罗斯修道院。

大卫和乔安于1331年11月24日作为苏格兰的国王和王后登基即位。他们没有举行命运之石的加冕礼，尽管爱德华三世承诺会把它和圣玛格丽特的黑色十字架一起归还，这两样国宝却始终留在了威斯敏斯特大教堂。不过，他们得到了一瓶圣油。苏格兰国王第一次领受上帝的恩赐，以受其他君主尊敬的方式接受涂油礼。罗伯特国王赢得了他最后一场战斗的胜利。

罗伯特·布鲁斯现在成了一座雕像，事实上是许许多多的雕像，遍布整个苏格兰和世界各地。他在斯特灵城堡前的广场上向南望去，仿佛时刻警惕英格兰人向自己的故土逼近。人们最熟悉的一座雕像出自皮尔金顿·杰克逊之手，坐落于班诺克本传统遗产中心的高地上。这座雕像呈现出布鲁斯最勇武的姿态，是真人的两倍大小，骑着一匹巨大的战马（它的精确复制品位于加拿大阿尔伯塔的朱比利大礼堂）。这些雕塑似乎取材于他年轻力壮的时候。在生命的最后日子里，他因疾病而瘫痪了。一位他身边的人指出："除了舌头，他什么都动不了。"就连死后，他都要被塑造成一副不真实的刻板模样。

在他活着的时候，他的话流露出真实的人性、谦卑和悲痛："有太多人因我和我的战争抛洒了鲜血，太多无辜的人被屠杀。"他非常清楚自己欠下了多少债，并且无疑是还不完的。一旦沉默，他就永久变成了雕像。再也没有人提及他强烈的罪恶感；再也没有人提及将他选为国王，指引他在棋盘上日日夜夜小心翼翼的苏格兰主教；再也没有人提及他失去的兄弟、朋友和家人；罗伯特·布鲁斯的传奇模糊了他自己或以他之名取得伟大成就的中世纪精神。

苏格兰终于成了一个脱离英格兰管辖的独立自由王国，但实现这一目标的国王已经化为石像，创造传说的国王仿佛受到了童话里的诅咒。他也成了苏格兰大陆的一块岩石。

比起布鲁斯、巴里奥尔和金雀花王朝的成就和灾祸，对于大部分生活在14世纪的苏格兰人而言，还有许多其他历史进程更能显现生活的样貌。

不可否认的是，在14世纪上半叶，突袭的威胁对边境地区无论是哪一边的人民而言都已是司空见惯。如果不是突袭，就是全面开战引发的掠夺和破坏。鉴于这一点，这一带无论哪一边的群体都滋生出强烈的尚武精神。当然，在有争议的土地上，有权势的家族随时保持着战争状态，他们的佃户也做好了尽可能保护家人、房屋和牲畜的准备。

还有一些人对自己的国王怀有对任何外国军队一样的恐惧。罗伯特国王在巴肯粉碎了对手科明家族，他在该地区造成的破坏哪怕在半个世纪以后依然存在。

但在远离边界的地方，在远离像爱丁堡和斯特灵这样核心的地方，战争不是那么令人担忧，强权之间的斗争也更少波及至此。对大多数苏格兰人来说，还有其他事情需要他们去考虑和处理。首先，气候正在恶化，变得越来越阴冷潮湿。过去几个世纪温和的气候使现有的农田变得更加肥沃，由此而来的人口增长不可避免地意味着许多人别无选择，只能迁徙到更贫瘠的土地上。然而，气候的变化已经开始导致人口的下降——那些最不具吸引力的农田开始被人们遗弃了。

1349年底，苏格兰暴发瘟疫使人口出现了断崖式减少。正是人口数量的减少，让许多人的生活发生了翻天覆地的变化，比任何王权争霸的斗争带来的变化都要深刻。曾经人口稠密的时候，苏格兰的土地价格也更昂贵。那些拥有土地的人控制着财富和权力；相比之下，没有土地的人只能靠体力劳动生存下去。

人口多的时候，劳动力便宜又充足，因此他们也一直贫穷并依赖着土地。到了14世纪下半叶，人口的巨变从根本上改变了无土地者和有土地者之间的关系。对所有人来说，有生以来第一次，地产价值出现令人担忧的大幅度下降，那些对租金或其他条件不满意的人拥有了前所未有的选择。他们可以选择去别的地方，他们的体力劳动成了越来越值钱的商品，其中勤劳肯干的人行情更是蒸蒸日上。

1286年亚历山大三世去世后，延续了数十年的不确定性和全面战争使苏格兰的护国者以及苏格兰的国王对南边英格兰的领土重新产生了执念。边境问题以及与英格兰的对峙占用了他们大部分的时间，这种执念给聚光灯之外的地区带来了意想不到的后果。

当亚历山大三世去世时，西部群岛刚刚被并入苏格兰领土才二十年，如果国王还活着且能征善战，他可能会用更多的时间把新的领土更好地纳入自家版图。他的继任者如果能卸下抵御强敌的战争负担，也许能确保苏格兰的生活方式传播到岛上并同化在岛屿上生活的人。

当然这一切都没有发生。相反，西部群岛被晾在一边，只能自力更生。当大陆的苏格兰王国从1296年起为了存亡而战斗的时候，这些小岛反而越来越开放，从爱尔兰接受了越来越多的思想和风俗。主要的影响体现在武士崇拜上，在13世纪到14世纪的交替中，正是“爱尔兰酋长麾下武士”的战斧统治了群岛和西北沿海地区的人们。随着14世纪的进展，岛屿上最强大的麦克唐纳家族开始以贪婪的眼神看向北方的苏格兰大陆。然而，这仍旧是苏格兰的另一面，眼不见心不烦，各自为政。当好国王罗伯特快要打完仗的时候(此时敌人已被驱逐出境，只有良心让他不安)，遥远的西部已是一块分离的土地。

大卫二世继承了这个以战争铸就的国家。班诺克本战役和《阿布罗斯宣言》使他父亲成了传奇。当罗伯特一世在世时，苏格兰作为独立国家的未来是有保障的。就算是今天，很多苏格兰人听到“班诺克本”这个词，心中依然充满了苏格兰人获得最终胜利，爱德华的军队滚回老家反省的壮志豪情。在他们脑海中的某个地方，这本书啪的一声合上了：“故事到此结束了。”但问题在于，爱德华和他的军队回去想了又想，之后的国王和军队也这么做了，他们想了又想的结果是卷土重来，从哪里倒下就从哪里爬起来。

如果护国者能活得长久一些，年幼的大卫可能会表现得好一点。但到了1332年，罗伯特·布鲁斯的侄子和伟大盟友莫雷伯爵托马斯·伦道夫爵士已经死了。与此同时，英格兰国王爱德华三世已成年，几乎立刻开始计划该如何纠正他少年时期在苏格兰人手上犯下的错误和受到的羞辱。1328年的《北安普敦—爱丁堡条约》最让他坐立不安，协议将苏格兰国王描述为“我们的盟友和亲爱的朋友”，同时承诺尊重亚历山大时期的两国边界。现在是时候让罗伯特的继承人看看，冠冕堂皇的条约文本中有多少可操作空间和回旋余地了。

巴里奥尔国王的继承人爱德华·巴里奥尔，依然像一艘失事的船只一样漂浮在英格兰的宫廷里。爱德华三世把他送到北方，他的姓氏重新点燃了科明家族与生俱来的反布鲁斯信条和他们永不言败的支持者。巴里奥尔还把那些被剥夺继承权的人（因布鲁斯而失去土地的苏格兰人）召集起来，把他们一起送上了英格兰国王提供的舰队。

1332年8月，他们一在法夫登陆就向珀斯行进。这或许是一支临时集结的队伍，但他们半生都被阴暗中滋生的怨恨所驱使。8月8日，他们在杜普林沼泽遭遇了苏格兰新任护国者马尔伯爵带领的皇家卫队。这场战斗对大卫国王的人马而言是一场血腥的灾难，沼泽地和缺乏领导力导致他的长矛手完全暴露在巴里奥尔的弓箭手面前。数千人中箭倒地，其中包括马尔伯爵，结果是完全的溃败。

几个月前，斯昆见证了大卫国王和乔安王后的加冕仪式，但现在，爱德华·巴里奥尔登上了默特山，宣布夺回父亲的王位。苏格兰现在有两位国王了，谁是篡位者很大程度上是见仁见智。大卫继承了父亲罗伯特的王位，可罗伯特的王位是从国王约翰·巴里奥尔手上夺来的，苏格兰王国的所有权几乎成了只有律师或哲学家才能定夺的难题。

王位的权利归根到底还要看这个人有没有骨气，而爱德华·巴里奥尔被证明是没有的。他刚戴上王冠，就迫不及待地跪在地上宣誓效忠英格兰的爱德华，称其为自己和苏格兰的君主。他还把整个苏格兰南部作为礼物双手奉上。更有甚者，他承诺将1318年被罗伯特国王夺回的贝里克归还原主，不过附加了一个条件，即英格兰国王需亲自前来拿下。

马尔伯爵一死，守护苏格兰的责任就被移交给了安德鲁·默里爵士，他是1297年和威廉·华莱士在斯特灵桥并肩战斗的安德鲁·默里的儿子。但默里被英格兰人抓起来了，当英格兰国王爱德华到达贝里克附近准备接收礼物时，他还在监狱里苦苦煎熬。

"黑皮"道格拉斯的弟弟阿奇博尔德·道格拉斯接任苏格兰的代理护国者，他带领一支苏格兰军队于1333年7月19日在哈利登山与爱德华的军队进行了战斗。就像在杜普林沼泽一样，大卫国王的人马再一次被打得溃不成军。道格拉斯和另外三名伯爵，以及成百上千的骑士、男爵和步兵都在战斗中阵亡。大卫国王和乔安王后立刻被送往法国避难。英格兰的爱德华不仅成了巴里奥尔的主人，也成了整个苏格兰的霸主。

然而此时的苏格兰王国，已经同之前所有的苏格兰王国都不一样了。每一个苏格兰人都清楚地知道，爱德华·巴里奥尔不过是个傀儡，他们在经年累月的独立战争中遭受了太多苦难，也学到了太多，绝对不会再忍受英格兰的统治。护国者默里很快获得了自由，回到苏格兰领导人民继续战斗。这是一场消耗战，但这场战争给人民和土地带来的伤亡和破坏只让他们更加坚定了要摆脱巴里奥尔的决心。

1337年，英格兰的爱德华卷入了海峡对岸的战争，这是一场令他和继任者泥足深陷的百年不遇的大战。法国的事情让他焦头烂额，以至于他对苏格兰和巴里奥尔都没了兴趣。因此在1341年，大卫国王和王后从流亡地安然无恙地回到了祖国。但是这位国王总是让机遇从自己手中消失，最后一一变成难题，他竟在自己的王国里逍遥自在了五年，才重新燃起对抗的热情。1346年8月，爱德华在克里西取得了胜利，基本上是弓箭手的功劳——他们可能在和苏格兰人的战斗中提高了技巧。当法国国王腓力六世呼吁老盟友苏格兰帮助他入侵英格兰时，大卫幸灾乐祸地拒绝了他。在随后的遭遇战中，大卫被俘虏并送往伦敦塔，接下来的十一年里，他都成了大舅子不情愿的客人。

英格兰人迅速向北扩张；巴里奥尔承诺的苏格兰南部到底成了他们的礼物。巴里奥尔自己则很快明白了他当国王的日子从此一去不复返，他默默地离开了苏格兰，并于1364年去世。

当大卫终于在1357年被允许回家时，他带回来的条件是要每年缴纳的大额赎金。对金钱的需求使他更加依赖自治区的繁荣，也因此加强了这些地区对国家事务的影响力。正是在大卫二世的统治下，自治区才获得在议会派驻代表的权利，成了议会中的“第三等级”。

更重要的是，从长远角度来看，大卫的缺席帮助代替他掌权的人巩固了地位。罗伯特·斯图亚特的母亲是罗伯特一世的女儿玛乔里，因此他也是大卫国王的侄子。他的父亲是皇室管家（Steward，大卫一世国王创造的世袭头衔）沃尔特，只是后来皇室管家变成了“斯图亚特”（Stewart）。1318年，在大卫出生前几年，斯图亚特由于母亲的身份被选为王位的推定继承人，过了这么多年，他依然占据着这个角色。

当他的舅舅被囚禁时，斯图亚特正忙着和这片土地上其他有权势的人（如道格拉斯家族）建立联盟。他为了同西部人民交好，把女儿嫁给了群岛上的好约翰·麦克唐纳。他还曾两次阻挠舅舅回到苏格兰，当大卫国王终于回到家时，两人几乎水火不容。大卫的王后，英格兰的乔安公主，还未来得及给他诞下继承人就去世了。尽管他尽了最大努力和后来的王后造人，还是一直没能拥有一个儿子。1371年2月23日，他突然死在了爱丁堡城堡，他的侄子终于等到了属于自己的机会。3月

26日，罗伯特·斯图亚特在斯昆正式加冕成为苏格兰国王罗伯特二世。

斯图亚特家族的第一位国王直到晚年才登上王位。当时他已经五十五岁了，在剩下的时间里，他都致力于确保血统的延续。儿子和继承人蜂拥而至。他和第一任妻子所生的长子是卡里克伯爵约翰，但他还有其他子嗣。在两段婚姻中，他一共生下了五个儿子和八个女儿。另外还有至少八个私生子。

他对王位的态度像是接管了一个董事会，整体战略以把自己人安排妥当为基准，尽可能地让他的儿子和女婿担任最高职位。他的二儿子是法夫伯爵罗伯特；三儿子亚历山大勋爵，人称“巴登诺克之狼”；他的第四个儿子是斯特拉斯伯爵大卫，第五个儿子是凯瑟内斯伯爵沃尔特。

虽然他旺盛的生殖能力解决了后继无人的问题，但也带来了一些全新的问题。亚历山大是国王最心爱的儿子，“巴登诺克之狼”的绰号来自他本人的管理风格，但他排行第三，因此几乎没有可能接替罗伯特二世成为国王。在巴登诺克这片荒蛮之地，他仿佛土生土长，武士作风不亚于当地强大的军阀。他们麾下拥有由充满野性的高地战士组成的私人军队，亚历山大也有。他整天和这些军阀头子为一点小事打打杀杀，莫雷主教对此大为光火，甚至在埃尔金大教堂的布道中表达了对他的不满。“巴登诺克之狼”完全听不得批评，干脆一把火将教堂烧成了灰烬。

由于罗伯特二世无力管教儿子，一场宫廷政变应运而生。1384年底，他被迫退下王位，取代他的是曾经的苏格兰护国者，他的长子和继承人卡里克伯爵约翰。

1385年，苏格兰和英格兰再一次旧疾发作。彼时理查二世已登上了王位，边境两侧常有互相袭击的事件发生。最后，英格兰人一路杀到爱丁堡，将这个城市夷为平地之后凯旋。

罗伯特二世死于1390年，终年七十四岁。他从未想过自己能当上国王，但王冠依然落在了他头上。不幸的是，他头上的王冠也被亲生儿子夺走。

在父亲去世的两年前，也就是1388年，卡里克伯爵约翰被一匹马踢伤，差点因此丧命。他一直没有完全康复，余生都行动不便。人们说，坏运气会滋生坏运气，于是决定约翰应该改名，最好避免与约翰一世，即“空外套”约翰·巴里奥尔扯上关系。1390年8月14日，他在斯昆加冕成为苏格兰国王罗伯特三世。他的统治从一开始就被糟糕的身体状况拖累，九年后更是被无情地终结了。他依然是国王，但在权贵眼中，他作为统治者，实际上已经被他的儿子大卫王子和他的弟弟法夫伯爵罗伯特取代。

两位掌握实权的人一开始关系很友好，后来却变得糟糕。1398年，被哥哥封为奥尔巴尼公爵的法夫伯爵，最终把侄子羁押起来。做到这个地步，并且意识到国王大卫三世在未来某个时候肯定会君子报仇十年不晚，他决定永远不能释放大卫。大卫王子在1402年3月死在叔叔位于福克兰的城堡里，据说是饿死的。

心碎而绝望的罗伯特三世只能转而守着他最后一个活着的儿子，詹姆斯。但是，政治伎俩完全不起作用，最后这孩子被送上了开往欧洲大陆的船。流亡于友好国家是他生存的唯一希望，但厄运再次袭来，他的船只在诺福克海岸惨遭一帮英格兰海盗劫掠。十二岁的王子被海盗在一堆臭烘烘的兽皮下面搜了出来。他被当作无价之宝移交给了英格兰国王亨利四世，苏格兰国王的未来又一次掌握在英格兰人手中。

# 第五章

# 语言就是力量

群山将身处孤独的牧场的我们
与荒芜海雾中的岛屿分开；
然而血依然浓，心还在高地，
我们在梦中，看见了赫布里底。

——加拿大船歌

为了更好地理解传说中近乎神话的群岛之主的兴衰往事，我们来到天空岛上一家名为“艾琳·伊尔曼”的酒吧。

那是一个傍晚，酒吧里挤满了说盖尔语的当地人。我们一行人中只有一个来自刘易斯岛的人可以直接加入当地人的闲谈，而不用先请在座的各位说英语。明明是在自己的国家，却发现周围的同胞说的话完全听不懂，这是一种多么奇特又隐约令人有些不安的体验。除了“Ciamar a that thu?”（“你好吗？”），以及一些诸如Buachaille Etive Mor（位于格伦科的“埃蒂夫的大牧羊人”）这样的地名，我完全迷失在盖尔人的语言中间。在巴黎或马德里的酒吧，我都能更好地和人交流，这很能说明问题。

在某一刻有个人问道:“为什么会有人想要摧毁盖尔语? 这是我们所有人最初的语言。”这是个好问题,而且是一个令人不安的真相的核心所在。

苏格兰是个同时存在两个国家、两种语言、两种文化的地方。大部分苏格兰人不说盖尔语,无论他们自己是否承认,他们都不得不透过一门外语,即英语的棱镜来看待这个国家。

苏格兰的盖尔语同爱尔兰语和威尔士语一样,就像秋天里挂在印欧语系之树古老的凯尔特语分枝上的最后一个苹果。在基督诞生前的一千年里,整个西欧都分布着说凯尔特语的民族。苏格兰盖尔语似乎是随农耕文明到来的文化组成部分;事实上,为了弄清楚如何耕种畜牧,狩猎采集者可能不得不学习新的语言。

无论新语言是随着迁徙而来的务农民族抵达苏格兰,还是从很远的地方口口相传而来,这已经不重要了。重点是盖尔语,或与盖尔语非常相似的语言,早在人们知道什么是“英语”之前就传遍了整个不列颠群岛。正如天空岛酒吧里的那个人所说,这是我们所有人的第一语言。这门语言的陨落史,也道出了苏格兰,这个如今语言分裂的国家的由来。

有那么一个故事,讲的是一位中世纪西班牙旅行者来到爱丁堡观光。当他回到家乡后,有人问他旅途中最奇妙的见闻是什么。旅行者想了想,回答道:“我见到了一个名唤麦克唐纳的伟人,身后有一支训练有素的队伍,可他既不是公爵也不是侯爵。”

当年幼的詹姆斯·斯图亚特在诺福克海岸被英格兰海盗抓获的时候,麦克唐纳家族自封为“Righ Innse Gall”,即赫布里底群岛的国王。像麦克道格尔和麦克卢里家族一样,麦克唐纳家族也是维京战神萨默勒的后代,他在12世纪建立的“王国”南至马恩岛,北到刘易斯岬,从琴泰半岛一直到诺伊达特。维京人也许一度曾说挪威语，但由于时间的原因，他们在新的故乡习得了盖尔语，逐渐忘记了过去使用的语言。群岛王国有着古老的海上作战传统，它在1266年被苏格兰王国收编。但是这并没有阻止独特的岛屿文化不受干扰地得到发展。

麦克唐纳家族深谙权力的游戏。当麦克道格尔家族在王位之战中加入巴里奥尔与科明的阵营时，麦克唐纳家族支持的是布鲁斯。当罗伯特国王逃离苏格兰大陆，很有可能是麦克唐纳家族接纳了他，他在班诺克本的军队里也有麦克唐纳的武装力量。

因此布鲁斯家族的崛起对麦克唐纳家族而言是个好消息，不过他们仍然专注于打理自己的事务，没有过分关心发生在苏格兰的事情。虽然他们依然是布鲁斯战线的潜在支持者，但他们对国王赐予亲戚斯图亚特家族大片土地颇为不满，尤其这份馈赠明显侵占了他们自己一直觊觎的西部地区。（麦克唐纳家族对斯图亚特家族的世仇和萨默勒本人有关：他曾嫉恨国王大卫一世邀请了斯图亚特家族的祖先菲特扎兰家族跟随布鲁斯、巴里奥尔家族和其他盎格鲁-诺曼人一起来到苏格兰。对其他移民，萨默勒倒没有放在心上，只有后来变成“斯图亚特”的菲特扎兰家族除外，因为他们的土地离他自己的未免也太近了。）

在14世纪中叶，艾莱岛的好约翰·麦克唐纳率先自称为“群岛之主”。他的聪明狡诈使家族财富暴增，仿佛回到萨默勒曾经的辉煌时代。只要他觉得能够巩固麦克唐纳家族的地位，他可以无所不用其极，甚至准备在大卫二世统治期间支持巴里奥尔。毕竟，谁说只有国王才会两面三刀？

与此同时，北方大陆的盖尔人也发现自己并非中央政府的触手所能触及，尽管原因不同。虽然布鲁斯成功地向他的对手，巴登诺克和巴肯的科明家族以及斯特拉斯伯爵和阿索尔伯爵寻仇，但他没法安插能够长期代他守住这些地方的亲信。当地的军阀建立起自己的小小王国来填补空白，巴不得和国王保持距离。岛上的居民和他们的武装力量也被吸引到这些地方来，他们一开始是雇佣兵，然后成了殖民者。赫布里底的盖尔文化就这样在北方大陆扎下了根。

随着斯图亚特家族在罗伯特二世和罗伯特三世统治期间建立家族事业，一个远离大陆的独立世界在西部和北部人烟稀少的地区蓬勃生长。只要是麦克唐纳家族占据的地方，他们总是本能地怀疑斯图亚特家族图谋不轨。尽管斯图亚特家族整体而言已经足够糟糕了，但奥尔巴尼公爵罗伯特最近建立的帝国在麦克唐纳眼里更加难以容忍。奥尔巴尼和他的亲戚多年来一直向北部扩张，但当他们将注意力转向了罗斯这片广袤而富有的土地时，此举深深地冒犯了第一位群岛之主的儿子和继承人，艾莱岛的唐纳德・麦克唐纳。

1411年7月24日，他们之间的敌意升级为史称“哈洛之役”的可怕战斗。双方集结的军队在阿伯丁以北约20英里的山坡上展开了激战，仅仅一天工夫就尸横遍野。很多人说双方打成平局，而唐纳德・麦克唐纳家族的军队一路撤退到了岛屿上，最终大概只有吟游诗人知道真相了。哈洛却因其分水岭的意义而被人们铭记：它向世界表明高地和低地终于决裂了。

这就是亚历山大・麦克唐纳所继承的“岛屿联盟”。其族人的力量虽然被削弱，但与苏格兰的斯图亚特家族的世仇却像随时可以复燃的余烬蠢蠢欲动。随着15世纪的流逝，在苏格兰西部的低地，越来越多人开始抱怨“野蛮、邪恶的高地人”的凶残行径。

艾莱岛的亚历山大・麦克唐纳在1423年成为“群岛之主”。他继承了父亲和祖父留下的约一万名战士的私人军队和超过一百艘苏格兰长船（“birlinns”，用他们的维京祖先在这几个世纪以来威胁苏格兰的长船改造而成，是当时最先进的远洋桨帆船）。在14世纪的苏格兰，从海上运输军队和物资比陆路要快得多。亚历山大毫无疑问控制了西部沿海地区，拥有非凡的权力和影响力。

他领土的中心位于艾莱岛的芬拉根。今天去那里观光会给人带来一种阴郁的体验。芬拉根曾经是这片广袤土地的核心区域，现在成了一小堆废墟和难以辨认的土堆。湖中小岛曾是当年安排所有重大活动的大礼堂所在地，现在看来小到几乎不可能成为举行任何重大事件的场所。但它就是这么重要；当群岛之主亚历山大宣召他的大臣前来时，他们都是一路小跑前来。

芬拉根作为群岛首都，最显著的特点是缺乏防御工事。它有十分宏伟的建筑，以当年眼光来看极其奢华，令人赞叹，但是没有城垛，没有外墙。群岛之主的强大可见一斑。他们在自己领土上无人挑战，完全不需要自卫。当亚历山大即位时，这个地方已经经历了一个世纪不受打扰的和谐安定。

恰逢太平盛世，又有麦克唐纳家族的资助，岛屿迎来了雕塑、音乐和诗歌等各种艺术的繁荣昌盛：

向伟大的麦克唐纳家族致敬
是我献上的礼物，
此物比我所得之金杯
更了不起。

尽管我仿佛从盖尔之狼手中
白白得到了这只杯子，
但我并不这么看：

爱即是我的报偿。

岛屿上的麦克唐纳对苏格兰国王而言是若隐若现、时而令人不安的存在。只要国王和赫布里底群岛之王和睦相处，就没有什么可担忧的。可一旦麦克唐纳带着一百艘长船和一万名战士在岛屿间和大西洋海岸游荡，没有一个身处大陆的国王，尤其是斯图亚特家族的国王，能够高枕无忧。

也许，他们比任何事物都更能代表已然逝去的旧世界。他们和爱尔兰人关系紧密。他们有盖尔人血统，而很久以前，在阿尔平家族的康斯坦丁二世带领下统一这片大陆的也是盖尔人。这最初王国名为阿尔巴，当时整个不列颠大陆都是盖尔人的世界。在"长子继承权"决定一切的国家，盖尔人岂不是名正言顺的"长子"？

群岛之主和艾奥纳岛的关系也源远流长。他们小心翼翼地博得了圣科伦巴的精神传人的好感，世世代代得以长眠于修道院的地下。亚历山大·麦克唐纳和他的家族都是老派苏格兰人。他向艾奥纳修道院慷慨捐赠了不计其数的金钱和财富，但如果这些行为是出于对死亡的恐惧，那么这几乎是他唯一恐惧的事情。因为赫布里底群岛之王亚历山大是他自己领土上的霸主，而这片土地上本没有国王。

詹姆斯·斯图亚特，即詹姆斯一世出生于1394年，是罗伯特三世和他的妻子安娜贝拉最小的儿子。詹姆斯的哥哥罗斯塞公爵大卫，在1402年死于他的叔叔奥尔巴尼公爵罗伯特·斯图亚特之手，因此詹姆斯成了王位继承人。罗伯特三世的御前顾问是大卫·弗莱明和奥克尼伯爵亨利·辛克莱。两人最初都努力在年幼的王子身边组建忠心拥戴他的圈子，以此提高和他叔叔奥尔巴尼公爵抗衡的力量。但这样一来，他们就惹恼了边境地区强大的道格拉斯家族。

1406年，他们和道格拉斯家族发生了一场灾难性的冲突，而弗莱明死于战斗之中。辛克莱带着年幼的詹姆斯逃进了福斯湾的贝斯岩城堡，等待踏上流亡的旅途，最终害他落入英格兰国王亨利四世的手中。詹姆斯被抓后不久就收到了父亲的死讯，不管怎么说，此时的他已经是苏格兰国王了。

在接下来的十八年里，詹姆斯一世国王始终都被软禁在国境以南。由于他的缺席，奥尔巴尼成了苏格兰总督，他的儿子默多克也是英格兰人的俘虏，所以总督花了更多时间和精力寻求释放他自己的儿子和继承人，而不是年轻的国王。无论亨利四世还是后来的亨利五世，都明确表达如果苏格兰想要回詹姆斯，就必须承认英格兰是他们的最高君主。这是英格兰人一直以来玩的老把戏。忘了布鲁斯家族吧，他们说，放弃你们的独立。但是在奥尔巴尼掌舵下，苏格兰人拒绝扮演英格兰人强加在他们头上的角色。他们一直在国王缺席的情况下治理国家，也会继续这么做。奥尔巴尼凭什么要费尽心思争取国王回归，从而结束他自己的总督统治呢？默多克·斯图亚特在1415年被释放，但詹姆斯依然逃不出生天。

詹姆斯被留下来自生自灭，他变得相当钦佩亨利四世和亨利五世的成就和雄才大略，也就不足为奇了。尽管他在英格兰的生活是以被关押在伦敦塔里开始的，然后陆续辗转了诺丁汉、佩文西、肯尼尔沃思和温莎的城堡，但他逐渐受到了国王一家的欢迎。他作为英格兰皇室家族的一员长大成人，因此他的观点和态度也永久地改变了。

首先他支持亨利五世在法国的战争，被自己人抛弃后，他也许被寄宿家庭于1415年在阿金库尔取得的胜利打动，而当他围攻巴黎东南30英里处的战略要害梅伦时，英格兰国王就和他在一起。

事实证明，梅伦的攻坚战对年轻的苏格兰国王是一道严峻的考验。

他忠实的子民赶来支援法国王储，未来的查理七世。奥尔巴尼遵守了与法国人年代久远的盟约，数千名苏格兰士兵在威格顿伯爵阿奇博尔德·道格拉斯以及奥尔巴尼的亲戚巴肯伯爵约翰·斯图亚特的指挥下横渡海峡，亦有几百名苏格兰士兵前来支援梅伦。亨利在1420年11月带领两万大军包围了这座城镇。在这种情况下，英格兰国王自然让詹姆斯命令他的子民缴械投降，而詹姆斯照做了。像亨利五世这样的国王，只期待并接受无条件的服从，这就是英格兰人的行为方式。

詹姆斯要么忘记了，要么根本没机会知道，苏格兰人的行为方式可大不一样。在苏格兰，王国和国王是两件不同的事；忠于王国未必意味着也必须忠于国王。毕竟苏格兰已经在没有国王的情况下正常运转多年。梅伦的苏格兰士兵没有理由突然转头听从一个他们根本不认识的国王的命令。他们一致继续战斗来保卫这座城镇。七百名法国士兵和苏格兰士兵坚守了四个月，英格兰人在城墙下挖了隧道和地道，希望能让城墙倒塌。但是守卫者将计就计，挖了反地道闯入英格兰人的隧道里，和敌人在令人窒息的黑暗中搏斗。

最终是城内的饥荒决定了战局。当英格兰人终于攻下这座城镇，亨利一心想要复仇。忤逆国王命令的苏格兰人被挑出来全部执行死刑。他们名义上是因背叛国王而被处死，但对詹姆斯来说，这是奇耻大辱。他也许还是苏格兰国王，但当他试图让人民听从他的命令时，才发现他的头衔和地位毫无意义。他从亨利五世那里学到了国王必须自己塑造自己的形象。这是一项积极忙碌又充满活力的事业。统治是一个动词，而不是名词：它既事关你的血统身份，也事关你的功勋业绩。

1420年的梅伦之战是詹姆斯国王永生难忘的一课。他一直充当昔日宿敌的傀儡，也因此饱受臣民的诟病和蔑视。从许多方面来说，对梅伦的围攻使他成了一个急躁、偏狭而不懂变通的国王。亨利在1421

年的圣乔治节册封詹姆斯为爵士,进一步凸显了他的“英格兰属性”。1424年夏天,他娶了红衣主教亨利·蒲福的侄女,也是亨利六世国王的亲戚,乔安·蒲福。

亨利五世死于1422年8月31日,詹姆斯的地位随之进入了一个新阶段。无论是从赎金还是谈判筹码的角度来看,苏格兰国王永远都是极具价值的。英格兰人在1424年愉快地和苏格兰人就归还国王进行谈判的基础就是金钱,但是随着强大而富有魅力的亨利五世被他那个不怎么起眼的儿子取代,英格兰人突然发现他们有了在北方交朋友的理由。他们最不希望发生的就是在自己脆弱的状态下被苏格兰人找麻烦。所以在3月,他们同意让苏格兰人以4万英镑换回他们的国王。詹姆斯在4月踏上了回家的路。一个陌生的人去往一个陌生的地方。

在软禁时期,他并没有和祖国完全断绝联系。亨利允许他保留王室,这些年来不断有流亡者或其他苏格兰人前来拜访,想和他们的国王建立关系。但对于大多数达官显贵来说他仍然过于神秘,他们现在不得不等待,看看他们用4万英镑换来的国王到底是什么样的人。

简单来说,对苏格兰最有权势的人来说,国王归来这件事一点好处也没有。詹姆斯国王最大的威胁奥尔巴尼公爵罗伯特已死于1420年。他的儿子默多克作为苏格兰的摄政王,显然不可能从国王的回归中获益;默多克的儿子沃尔特公开反对英格兰释放詹姆斯,当然更不希望看到他成为边境以北的合法君主。威格顿伯爵阿奇博尔德·道格拉斯控制了苏格兰南部的大部分地区,甚至持有爱丁堡和圣鲁德大教堂的钥匙:詹姆斯国王对此会有何评价呢?

当然还有艾莱岛的亚历山大·麦克唐纳。作为群岛之主,他拥有自己的王国,自然不想突然冒出来一个什么别的国王对他指手画脚。他也时刻关注苏格兰大陆贵族的动向,就像关心国王的回归日程表一样关心他们的一举一动。作为麦克唐纳家的人，他也警惕每一个姓斯图亚特的人。

詹姆斯于1424年5月21日在斯昆举行加冕仪式，他只需要再等上三个月，就能得到他梦寐以求的最好的加冕礼物。8月17日，阿奇博尔德·道格拉斯和约翰·斯图亚特的苏格兰军队在维尔纳伊被英军彻底摧毁，这支部队是从曾在梅伦令詹姆斯蒙受奇耻大辱的军队中抽调出来的，得知他们剩下的人也被大卸八块，想必一定多少抚慰了他苦涩怨恨的心。这场飞来横祸大大削弱了忠于奥尔巴尼的道格拉斯家族和斯图亚特家族的力量。

詹姆斯一回到家就把默多克的儿子沃尔特关押起来。维尔纳伊之后，他对自己的能力信心倍增。一方面他挑起了贵族间的内讧：他将罗斯伯爵的头衔赐予了亚历山大·麦克唐纳，以此表明对出身奥尔巴尼·斯图亚特家族的马尔伯爵的公然冷落。对群岛之主而言，这是对“哈洛之役”的甜蜜复仇。但大多数时候，詹姆斯沉迷于破坏奥尔巴尼家族的阵线。“易如反掌”对年轻的国王来说意味着痛苦而非优势，因为老奥尔巴尼早已长眠于地下，立于不败之地。他的子孙后代都在詹姆斯手中，没多久就步了他的后尘。

在1425年3月，詹姆斯的远亲默多克及其子嗣被捕入狱。群岛之主无疑十分享受扮演罗斯伯爵的角色，但依然很谨慎。在奥尔巴尼·斯图亚特家族的默多克、沃尔特和亚历山大被处死的那一年，他依然出席了斯特灵的议会。与此同时，詹姆斯拿回了斯特灵和邓巴顿的城堡钥匙，以及原先在奥尔巴尼公爵手中的法夫、莱纳克斯和门蒂斯。

在故乡芬拉根，亚历山大·麦克唐纳对很多事进行了深思熟虑。也许他把军阀都召集到岛上的大礼堂里，是为了商议在东方有一个斯图亚特国王的情况下，盖尔人统治的王国将会有怎样的未来。当他们的猎犬在火堆的阴影中嗅到残羹剩饭的气味时，岛民们自然有时间去想，等新主人吃饱喝足了，苏格兰还能剩下多少？

詹姆斯国王想要的不仅仅是复仇的滋味。他声称王国就像一个在他缺席时播撒了种子的花园，植物野蛮生长，需要修剪才行。但是除了展现强硬态度，他也决心向权贵证明，他同样具备一个世故、文明的欧洲君主该有的风度。这方面他最重视的项目是林利斯戈宫的建造，这等规模的宫殿是苏格兰前所未有的。它不是一座堡垒，而是文艺复兴风格的皇家住宅。林利斯戈宫的意义不在于其坚不可摧，而在于对财富的展示。而国王的目的也正是彰显他至高无上的王权。

在詹姆斯一世之前，由苏格兰的贵族和主教组成的王宫共同体一直习惯于把国王视为同侪中排首位的人。1309年的《神职人员宣言》和1320年的《阿布罗斯宣言》中揭示的邓斯·斯科特斯的思想，清楚地表明了国王依靠他的"人民"来获得权力。只要他让人民得到好处，人民也不会亏待他。但是詹姆斯·斯图亚特学会的不是苏格兰的国王之道，而是英格兰的。站在亨利五世这样的统治者的肩膀上，他开始相信国王的权力是全然的。

这位苏格兰国王也经历了文艺复兴浪潮的洗礼，他是一个受过良好教育、具有才华的觉醒之人。在他诸多造诣中，最为耀眼的是他的诗歌天赋，在他的一部作品《国王之书》中，他详细描述了初次坠入爱河那一刻的感受。传统认为这些文字的灵感来自他的妻子乔安·蒲福，但他抒发情感的对象从未真正被揭晓：

我再次把眼帘垂下，
看到塔下缓缓走来，
新的悼念者，

她就像刚采下的鲜花般娇艳，
我从未见过如此美人，
那一刻我身体僵硬，
全身血液冲向狂跳的心脏。

这是被爱情冲昏头脑的年轻人詹姆斯，但字里行间流露出的一些东西具有更重大的意义：他的母语。

15世纪的苏格兰是个混杂了不同语言和方言的国家，詹姆斯·斯图亚特说的是苏格兰语。这种低地人说的苏格兰语是一种源于盎格鲁-撒克逊语言的独特方言。他正是在生命的前十二年中学会并使用这种语言，后来在常年囚禁期间，他也必曾想念它甜美的发音，因此选择用苏格兰语进行创作，可想而知这对他有多么重要。

低地在詹姆斯的王国只占一半的面积；也只有一半苏格兰人民说苏格兰语。在高地、岛屿和加洛韦生活的人都说盖尔语。盖尔文化当时仍然活跃，有着强大的生命力。这是我们所有苏格兰人的第一种语言。它的声音在岩石间回响，振聋发聩。在盖尔人的苏格兰，没有比群岛之主亚历山大更强悍的声音了。

这位麦克唐纳家族的最新掌门人非常清楚他的“王国”是什么样，他祖先的王国又是什么样。罗斯现在是他的了，这份来自国王的礼物使他得以在大陆上立足，其领土从西部怪石嶙峋的大西洋海岸线一直延伸到东部北海肥沃的农田。它使亚历山大成了王国中最有权势的土地主之一，但正如卡尔加克斯在十五个世纪之前对他的喀里多尼亚同胞所说，一个富有的敌人会激发其他有权势的人的贪婪。

詹姆斯国王很有权势，却不再富有。宫殿的建造耗尽了他的财富，而且他的回归也付出了巨大代价。他仍然欠英格兰还他自由的赎金，这笔本该送到南方支付赎金的钱却花在林利斯戈宫的金箔和精美的石砌工艺上。在1424年,国会授予詹姆斯提高税收来支付赎金的权利,但即使这样也满足不了他的诸多需求。

他把目标转向了王国中富甲一方的人,他贪婪的目光盯上了亚历山大·麦克唐纳及其位于罗斯的领地。詹姆斯一开始企图在岛屿联盟内挑起争端,借此搅乱当地局势。这伎俩未能如愿以偿,他又在1428年召唤亚历山大参加因弗内斯的议会,亚历山大怀着诚意如期而至,还带着他的母亲马里奥塔,以及大约五十位贵族。然而他们一踏进因弗内斯城堡内,就全部被抓起来,关在塔楼里,马里奥塔甚至在自己儿子眼前受到了粗暴的对待和百般凌辱。詹姆斯亲眼看见麦克唐纳家族被带上镣铐拖走,再次诗兴大发,据说他即兴创作了一首诗供手下欣赏:

让我们抓住这个机会
带领这帮人
去往塔楼
因为基督的死亡
这些人也应当毁灭。

除了亚历山大和他的追随者,詹姆斯还监禁了北方领地的其他几个最有权势的人:斯特拉斯内弗的安格斯·杜拜麦凯,他是4 000名战士的首领,比外还有肯尼斯·摩尔、约翰·罗斯、威廉·莱斯利、安格斯·德·莫雷——每个人手下大约都有2 000名战士。国王先是通过摧毁奥尔巴尼·斯图亚特家族来庆祝自己的回归;现在他正在清算王国里其他有影响力的人。对王国共同体而言这是一种嚣张跋扈的专制,最终也将导致他自己的覆灭。

从短期来看，他得到了他想要的以及需要的东西：罗斯的财富。他处决了几名囚犯，却在几个月后以仁慈宽大的夸张表演释放了亚历山大。群岛之主集结军队将因弗内斯大部分夷为平地，来表达他的“感激”。国王自然大发雷霆，带领一支浩浩荡荡的大军向北进发，意在震慑对手。在1429年8月，亚历山大发现自己走投无路，只能在荷里路德修道院向詹姆斯投降。也许是为了效仿对“空外套”的羞辱，群岛之主在苏格兰国王面前被扒掉了大部分衣服，只剩下内衣。他被迫向国王下跪，上缴他的佩剑、头衔和领地。他受尽屈辱，被押往坚不可摧的东洛锡安要塞，囚禁在坦塔隆城堡中。

如果詹姆斯以为这样就除掉了他在西部的心腹大患，那么他就大错特错了。苏格兰王国早已一再证明，当国王被囚禁时，王国上下反而会团结一心，对群岛之主而言似乎也是这样。当亚历山大从囚室的窗口向外望去，看到福斯湾泛起灰蓝色的波浪，他的族人正聚集在岛屿王国的水路上。他也许被剥夺了一切，但支持他的人正聚集在他昔日王国的每一个角落。在年轻的族人唐纳德·巴洛克和阿里斯代尔·卡拉奇的临时指挥下，长船启航，向靠近大峡谷前端的科明家族曾经的据点，位于因弗洛奇城堡的皇家军营迅速前进。

吟游诗人用盖尔语吟唱着激励他们前行的歌谣：

驾船的孩子们，现在想起，<br>
战斗时的勇气：<br>
专注，敢于冒险，<br>
敏捷，野心勃勃。<br>
大胆，赏心悦目，<br>
强壮，咄咄逼人，

轻蔑,勇敢无畏,
聪明,杀气腾腾,
从容,毁灭,
致命,忍耐。
热烈,熟练,
全副武装,举止优雅……

他们的族人受大了极大的折磨,但更重要的是,西部盖尔人王国的独立受到了威胁。现在岛民的舰队从因弗洛奇城堡顺流而下,在今天的威廉堡附近接连靠岸登陆。他们沿着河岸悄无声息地前进,直到国王的军队映入眼帘。

一支由阿里斯代尔·卡拉奇率领的弓箭手队伍早已在高处就位,正俯瞰着下面的皇家军营。伴随着唐纳德·巴洛克及其人马的逼近,卡拉奇下令放出一阵箭雨。由马尔伯爵亚历山大·斯图亚特(那个在哈洛把麦克唐纳家族打得一败涂地的人)指挥的皇家军队,被出乎意料的突袭击败了。据说马尔伯爵接到敌军来犯的消息时,玩纸牌游戏玩得正酣畅。他不为所动,说他“再清楚不过小岛上那些大腹便便的游民能要什么花样”。也许此话不假,也可能是他孤陋寡闻,但冷不防从天而降的箭雨的确让他大吃一惊。铁箭还在漫天飞射,岛民们集体全速进击,在黑暗中发出战斗的呐喊。仅用了几分钟,就有900名皇家士兵阵亡。他们爱玩牌的指挥官仓皇跑进后面的山里,逃过一劫。

詹姆斯渴望继续率领军队让岛民俯首称臣,并要求议会提供必需的资金。但因弗洛奇的逆转,再加上高地人更大规模、更持久的反抗,已经损害了国王的声誉。王国共同体同时也很清楚,詹姆斯在宫殿和艺术赞助上挥霍了不计其数的金钱。他们明确表示不愿意再花钱去填这个无底洞,并阻挠国王为进一步北伐筹集资金的举措。当时国王似乎认为,把群岛之主囚禁起来和任由他和他的战士在外游荡的危险程度相当。亚历山大很快就从监狱里被释放出来,回到了芬拉根家中的壁炉旁。虽然他历经磨难,但并未被击垮。事实上,他胜利了。他的领土和头衔都回到了他手上,至关重要的是,他也重振了自己的声望。群岛之主回归王座,国王则只剩下一顶月桂叶王冠。

幸运的是,詹姆斯至少成功地确保了斯图亚特王朝的未来。当时只有一支奥尔巴尼的旁系生下了男性继承人,经过了漫长的担忧,乔安王后终于在1430年10月16日生下了一对双胞胎男孩。长子亚历山大死于襁褓中,另一个孩子詹姆斯活了下来,成了王国未来的希望。同年,国王将他六岁的女儿玛格丽特许配给查理七世的儿子法国王储路易。这对斯图亚特家族来说是一场门当户对的联姻,也迎来了新的法兰西—苏格兰联盟。

1436年的婚礼之后不久,詹姆斯觉得自己足够有底气发起战争,夺回在爱德华·巴里奥尔卑微的统治下一直掌握在英格兰人手中的两座苏格兰城堡,罗克斯堡和贝里克城堡。尽管他为此做了大量的,几乎是戏剧化的准备工作,最终结果却是滑稽可笑的。詹姆斯特别定制的大炮没能轰下罗克斯堡的城墙,顶多制造了很大噪声。英格兰军队正在赶来的消息一传开,苏格兰人只好仓促撤退。对于苏格兰权贵而言,这场昂贵并且失败的突袭是压垮骆驼的最后一根稻草。詹姆斯被证明是个挥霍无度的人,而且在军事上极其无能。而且他最后释放了群岛之主,也让他尊严扫地。

当国王及其眷属在珀斯的多明我会托钵修道院小住时,一群人密谋采取行动,想要摆脱这个累赘的国王。斯特拉斯伯爵的侄子罗伯特·格雷厄姆爵士,以及阿索尔伯爵的孙子和继承人罗伯特·斯图亚特爵士,在1437年2月21日的夜晚悄悄靠近了国王和王后的卧室。詹姆斯及其侍臣发觉了,急忙掀起一块地板,跳进下面的下水道里,再将地板放回原位。叛变的人第一次搜查没有找到他。但具有讽刺意味的是,就在几天前詹姆斯堵住了下水道的末端——因为他一直在往下面丢球。因此他无路可逃,第二次搜查卧室时,他们发现了他的藏身之处。

密谋者一个接一个跳进臭烘烘的地洞中。詹姆斯年纪大了,身体状况也不佳,但被逼到绝境时依然具有危险性,他只用一把刀就迅速解决了率先靠近的人。最后,格雷厄姆亲自带着一把剑走了下去,给国王致命一击。其他人这才敢一拥而上。当他们把他的尸体拖出来的时候,他身上足足有16处致命伤口。

格雷厄姆和其他人很有可能也打算杀了皇后。但在混乱中她尽管受伤,却成功逃脱了。最重要的是,她生怕密谋者挟天子夺取权力,也带着小王子詹姆斯,同其他逃离珀斯的追随者一起,逃到了爱丁堡的安全地带。

苏格兰屏住了呼吸。杀死国王是骇人听闻,几乎亵渎神明的行为。但是王国已经学会在国王缺席(无论是死是活)的情况下生存,保皇党集体赶来保护乔安皇后,密谋者全都被抓起来了。罗伯特·斯图亚特在人群面前被鞭打了三天,他们还把一顶炽热的铁王冠嵌在他的头上,直到行刑者砍下他的脑袋,才终于让他脱离苦海。除此之外,还有更多的杀戮。年幼的王子在1437年3月25日加冕成为詹姆斯二世国王。加冕仪式改在荷里路德修道院举行,因为斯昆位于叛徒斯图亚特的祖父,阿索尔伯爵的领地中央,实在太过危险了。阿索尔伯爵沃尔特·斯图亚特本人也被斩首,他的伯爵爵位和斯特拉森都被归入皇家所有。

尽管对密谋者的惩罚堪比残忍的野蛮人行径,但不可否认的是,对国王采取行动暴露了斯图亚特王朝的软弱可欺。詹姆斯活着的时候就已经给家族和王国造成了巨大的破坏，到了国王被谋杀的时候，贵族地位已日渐式微。国王需要资金来支持他的宫廷和野心，贵族为此受到了欺凌和恐吓，其中几人因为“老同盟”的承诺被派往法国和英格兰人打仗，死在了战场上，另有两人被英格兰人监禁起来，作为詹姆斯未付赎金的担保。詹姆斯留下的政治遗产，往好了说是混乱的，往坏了说则是个岌岌可危的王室政权。

相比之下，麦克唐纳家族显得坚不可摧。当亚历山大在1449年去世时，他从东海岸延伸到西海岸的王国仍然完好如初。他没有像祖先一样葬在艾奥纳，而是长眠于大陆上富饶的罗斯地下。就算是在坟墓里，群岛之主也要加强生前对这片土地的统治，还暗示出进一步扩张的野心。

而斯图亚特王朝的未来则落在了男孩国王的手中。罗伯特三世的孙子，詹姆斯最近的男性亲属道格拉斯伯爵阿奇博尔德被任命为摄政王。两年后他死于鼠疫，儿子威廉接替他成为道格拉斯伯爵。王国的船舵仍然没有一双坚定有力的手可以一直掌控。詹姆斯还未成年，其他家族开始在他的阴影下谋求权力。在1440年11月24日，爱丁堡城堡主人威廉·克莱顿爵士和斯特灵城堡主人亚历山大·利文斯顿爵士在国王面前谋杀了年仅十六岁的威廉·道格拉斯伯爵和他的弟弟大卫。

詹姆斯和这两位道格拉斯十分亲近，甚至对这两位年轻贵族心怀崇拜之情，克莱顿和利文斯顿因此怀恨在心，绑架了男孩国王，并制造了这幕可怖的屠杀场面。他们邀请道格拉斯兄弟来到爱丁堡城堡赴宴，把二人抓起来，并在私设的法庭上指控他们叛国。道格拉斯兄弟跪下哀求放过他们，但还是在惊恐啜泣的国王面前被斩首。詹姆斯悲痛不已，这场史称“黑色晚宴”的屠杀至今仍被人们铭记。但事实上，这只是道格拉斯家族未来命运的可怖预兆。威廉和大卫只不过是横亘在国王和野心家中间,成了阻挡后者前进的障碍,因此才惨遭杀戮。在未来,国王本人将会成为边界地区强大贵族的心腹大患。

与此同时,麦克唐纳家族的未来则取决于亚历山大的儿子约翰是否取得成功。他在1449年接替父亲成为群岛之主,他的加冕典礼囊括了达尔里亚塔的古盖尔国王时代所有的抒情神秘主义要素。国王全身白衣,象征清白和正直,他是照向人民的一道光。约翰会站在一块长方形的大石头上,将一只赤脚置于石头上刻出的脚印之上,"表明他应该继承前任国王的足迹和正直"。接着,他将接过一支白色权杖,证明他从此拥有统治权。他还会得到他父亲的佩剑,象征他有保护人民的责任。

> 我衷心赞美麦克唐纳,他是我注定要崇敬的英雄,是每一次战斗的英雄,
>
> 盖尔人的太阳,科拉后裔的脸庞,在班恩的边界周围,长船飞速航行,
>
> 米斯的困惑,艾莱岛之狼,赏金之主,家园的保卫者,
>
> 只有国王和王后在他身边成长,这些评价是真心的,我的赞美是真心的。

有人递给他一件沉重的披风,盖尔诗人的赞美吟唱只会让披风更显沉重。据说他更适合做一名教士而非领袖。但他生来就是领袖,他自己的意愿已无关紧要。他将带领他的人民往何处去?他身边总有一些族人希望王国的疆土不断扩张。约翰更相信巩固目前已经过度扩张的王国,在短期内将获益更多。他选择安于现状。

随着约翰当上群岛之主，詹姆斯二世也完全进入了国王的角色。他不再是那个眼看着道格拉斯兄弟因为他而被杀害时，只能啜泣着畏缩在一旁的男孩。他出生时半张脸都带着鲜红色的胎记，到了1449年，他更是以和胎记相称的火暴脾气闻名，得到了“火脸詹姆斯”的诨名。

同年，他缔结的婚姻对这位新上任的国王和他的家族而言是一场辉煌的胜利。他的新娘是玛丽·盖尔德雷斯，她是欧洲大陆最富有、最强大的人物之一，勃艮第公爵“好人腓力”的侄女，詹姆斯在7月3日同玛丽一起登上荷里路德修道院的圣坛，这样一来，他就在欧洲拥有最高权力的人物当中占了一席之地。玛丽是战利品新娘，她叔父选择的陪嫁礼物也凸显了这个事实。勃艮第公爵腓力是一个国际军火商，除了其他几件令人赞叹的武器之外，他还送给詹姆斯一门巨大的火炮，是腓力在国王成年的那一年在蒙斯镇命人打造的。

蒙斯梅格大炮是15世纪最具震慑力的武器，能够发射20个石球，最远射程达2英里。它的威力相当可怕，可以用来攻陷石头城堡，但它真正的力量在于它给拥有者带来的威望。但考虑到如何移动这样一个庞然大物，以及在攻打城堡时难以就位等实质性问题，蒙斯梅格大炮的实用性其实并不强。但对于野心勃勃的年轻国王而言，拥有它就像拥有一架太空飞船。有了它，苏格兰国王的统治才算是步入了正轨。詹姆斯二世巴不得抓住每一个提升自信的机会。他性格易怒，多疑而偏执，无论是真实发生或想象出来的任何一点小事，都会让他歇斯底里。他的过度敏感在某种程度上是可以理解的：傲慢而具有独立意识的岛屿王国凌驾于从北到西的领土之上；南部长期以来盘踞着边境地区最强大的“黑皮”道格拉斯家族。詹姆斯国王夹在两者之间进退两难。

当得知第八任道格拉斯伯爵威廉，同群岛之主约翰以及克劳福德伯爵亚历山大签订了一项友谊协定时，他愤怒的脸涨得更红了。道格拉斯家族多年来都是边境地区最主要的势力，群岛之主从大局来看也同样重要，与他们结盟对于像克劳福德这样的贵族来说完全合理。但国王并不认为这只是权势人物之间握个手那么简单；他把这件事看作是这些人密谋推翻王位的第一步行动。他既愤怒又伤心，仿佛被同伴排挤的孩子。但詹姆斯二世面对的情况显然要严重得多。

1452年2月，他邀请威廉·道格拉斯到斯特灵城堡赴宴。威廉是15世纪欧洲的偶像，一个拥有国际声誉，背后有家族巨额财力支持的人。他也非常精明，早就从其他贵族身上看到了背叛的下场。他嗅到不对劲的气味，预感国王不只是想聊聊上等的勃艮第葡萄酒和大炮那么简单，因此他提出要求并得到了詹姆斯的回信，保证他和随行人员的安全。尽管万般谨慎，这依然是一场鸿门宴。国王神经质且情绪反复无常，威廉本人也同样烦躁起来。两人都是二十啷当岁的年轻人，一个是二十七岁的纨绔子弟，一个是二十二岁的国王，再加上两人在一起喝了一整天酒，只有一件事可以肯定，那就是必出乱子。

到了深夜，他们都喝得醉醺醺的，詹姆斯逼迫威廉退出和约翰·麦克唐纳的联盟。当威廉拒绝这一要求时，国王暴跳如雷，情绪一下子爆发了。他称威廉为叛徒，并从衣袖里抽出一把匕首，深深刺入威廉的身体里。鲜血喷涌而出，国王的侍臣伺机冲向受伤的伯爵，将他团团围住，一通乱刺乱砍。传说疯狂杀戮过后，他们把威廉的尸体从一楼窗户扔到下面的花园里。不管是真是假，这个地方直到今天仍被称为道格拉斯花园。当威廉的随从找到主人的尸体时，发现他身上有26道刺伤，脑袋也被斧头劈成两半。

不管用什么标准衡量，国王做出此等行径都是骇人听闻的，也是对所有荣誉和信任观念的野蛮侵犯。威廉的追随者把詹姆斯签名的确保安全的信件绑在一匹马的尾巴上,牵着它穿过大街小巷,然后血洗了这座城镇。但詹姆斯用行为表明了他是一个行必果的君主。

他想要得到道格拉斯家族的财富和领地,并且不介意在这个过程中弄脏自己的双手。在谋杀事件发生后的三年间,他通过一系列军事和政治行动让威廉的弟弟和继承人詹姆斯被永久流放,并失去了他全部的领地。此外还有两位道格拉斯家族的伯爵(詹姆斯伯爵的兄弟)也全部被处决并被王室没收了领地。

大炮、富有和强大的朋友、高层之间的关系,以及谋杀:詹姆斯国王有意愿,也有能力去得到他想要的任何东西。这是群岛之主的噩梦:他会成为国王的下一个目标吗?

詹姆斯在1455年完全接管了"黑皮"道格拉斯家族的领地。同年,英格兰皇室和贵族以"玫瑰战争"的爆发开始自相残杀。在1460年,代表统治者兰开斯特家族的红玫瑰随着亨利六世国王陷入偶发的精神错乱而凋零。亨利六世沦为约克家族的囚徒,随后爱德华四世取代他登上了王位。

当南边的邻国处于水深火热之中,合法国王也遭到废黜,苏格兰的詹姆斯决定是时候再次尝试夺回罗克斯堡和贝里克城堡。急于表忠心的群岛之主向其发誓,他和他的部下将在战斗中为王室军队开路。事实证明,这是一个他并不需要遵守的誓言。

1460年8月3日,詹姆斯在罗克斯堡漫长而炎热的夏季战役中接到了玛丽王后来访的消息。他很兴奋,下令准备一门大炮开炮向王后致敬。当炮手点火时,他就站在大炮旁边。那究竟是铸造时留下的缺陷,还是在炎热的天气中过度使用的后果?谁知道呢。不管怎样,炮膛炸裂开来,致命的金属块和碎片飞向四面八方。年仅二十九岁的詹姆斯二世国王当场死亡。

他留下一个寡妇和五个孩子，其中有两个女儿，三个儿子。男孩中最大的是九岁的罗斯塞公爵詹姆斯，8月10日在凯尔索加冕成为国王。苏格兰人在两天之前攻下了罗克斯堡。

又一个斯图亚特家的男孩登上了苏格兰的王位，权贵和其他有影响力的大人物再次乘虚而入，企图在权力真空中攫取个人利益。

已故国王去世一年之后，一位特使来到俯瞰马尔岛海岬的阿德托尼什城堡。信使向住在城堡里的群岛之主提出了一个令人激动的危险建议。他虽是由流亡的“黑皮”道格拉斯家族派来，但在幕后操纵整个计划的人是约克王朝的英格兰国王爱德华四世。兰开斯特王朝的亨利六世正带着妻儿在苏格兰流亡，王后玛丽·盖尔德雷斯似乎玩起了权力的游戏，为逃亡的国王一家提供庇护。

爱德华四世通过“黑皮”道格拉斯家族的信使提出的建议是比任何詹姆斯二世令人垂涎的大炮都更具爆炸性的阴谋：约翰·麦克唐纳将和“黑皮”道格拉斯家族联手发起推翻詹姆斯三世的叛乱。一旦成功，他们就可以瓜分苏格兰，北部归约翰所有，南部则交给道格拉斯家族，而爱德华四世将借此巩固他对英格兰的统治。然而他还有一个条件，那是英格兰国王对于苏格兰的执念：约翰和道格拉斯需要承认爱德华四世及其继承人为苏格兰的最高君主。

群岛之主同意接受这个提议和全部条件。他知道这是叛国罪。詹姆斯二世一定在他的坟墓里辗转反侧：他的多疑准确得犹如预言。约翰并不像父辈那样精明强干，因此他肩负来自家族内部的巨大压力。麦克唐纳家族多数希望他回归扩大家族领地的事业，这道来自英格兰国王的邀请像是美梦成真。理论上他们是苏格兰国王的臣民，但这得看他们对待这个头衔有多严肃。而向远方的国王效忠似乎只需他们付出小小的代价。

约翰的私生子安格斯·奥格马上就果断地行动起来。纸上的墨迹还未干，他就要求本应上缴詹姆斯三世的税金现在应该缴给麦克唐纳家族。要不是因为詹姆斯三世抛弃了兰开斯特家族的话，麦克唐纳家族本有可能得偿所愿。结果爱德华四世只想要北方能够改变立场，现在他的王位竞争对手已经被苏格兰王室抛弃了，他也就不再需要苏格兰，也不需要任何苏格兰同盟了。道格拉斯家族本就在英格兰流亡，可以免于苏格兰国王的报复，而约翰只能独自一人面对后果。

他最终被国王召到面前，蒙受了他父亲在詹姆斯一世手上受到的羞辱。他被迫在君主面前下跪，戏剧性地被剥夺了头衔和土地。他曾一心想成为父亲那样的人，却以如此苦涩的方式达成了心愿。但约翰的耻辱不仅仅是他个人的失败，这个不可撤销的错误举动造成的恶果将一直延续多个世纪，影响苏格兰直到今天。

像他父亲一样，约翰得以保住脑袋，甚至还保留了一些土地，但其中既不包括富裕广袤的罗斯，也没有纳普代尔和阿盖尔。这样惨重的损失对麦克唐纳家族天性反叛的年轻人来说是难以忍受的。他们不惜一切代价也要得到土地。在对追悔莫及的群岛之主的所有批评声中，最刺耳的声音就来自安格斯·奥格，詹姆斯和他的议会甚至试图安抚约翰这个最好斗的亲人。虽然是私生子(因此在法律上，他在他父亲去世之后也没有任何继承权)，议会却任命他为约翰的继承人。这还不够，安格斯成了反对约翰的核心人物。族人们听他回忆往昔：在亚历山大时代，麦克唐纳家族所向披靡；他们火烧因弗内斯，在因弗洛奇击败苏格兰皇家军队。这些麦克唐纳的子孙现在是不是该打个翻身仗了？

根据民间传说，在1481年的某一天，安格斯带领一队全副武装的人员出现在他父亲的大厅里。他们发生了激烈的争吵，群岛之主约翰被粗暴地赶出自己家门，被迫在一艘倒扣在陆地上的船下过夜。当安格斯要推翻父亲的消息传开后，群岛王国爆发了全面内战。有人决定追随年轻的安格斯，也有很多人站在约翰这一边。曾经塑造王国的长船现在则聚集起来要将它撕裂。

双方的海上力量在马尔岛海岬相遇，在灾难性的厮杀中响彻着整个中古世纪的丧钟。这个地方现在被称为“血腥海湾”，安格斯·奥格本应以胜利者的姿态从风暴中走出，但事实上这场战争没有赢家。安格斯赢得了战斗，但对整个王国而言这是一场失败。那天的损失远比人员伤亡数字要惨重：一个强大的盖尔王国的理念，一个可以与苏格兰其他地区平起平坐的统一体，在那一天死去了。

苏格兰大陆的岩石在无止境地移动，构造板块从某个地方移动到其他地方的过程中会无意识地相互摩擦、碾压，不时发出震颤，幅度大到可以从脚下感知，其响声犹如来自远方的雷声。血腥海湾就源自这样的地震。高地和低地之间发丝般的细缝突然变成巨大的裂隙，宽到再也无法逾越。曾经这里的一切，无论是我们最初的大陆抑或最初的语言，都属于盖尔人。在很久以后才有其他语言到来，给古老的地方起了新的名字，但盖尔人的世界依然占据中心位置，是一切的核心。这是一条贯穿所有苏格兰人集体身份的透明命脉。在马尔岛海岬的那一天，盖尔人的苏格兰变成了另一回事，变成了完全不同的东西，变成了一种具有威胁性的“异邦”。在那一刻，未来被永远地改变了。

随着正式统治的临近，詹姆斯国王也有他自己的烦恼。据一位16世纪编年史家说，他“失去了许多贵族的人心”。而且他似乎养成了听信谗言的习惯，只是向他建言的人都不是贵族，而是占星家、哲学家、石匠之类的人，苏格兰的权贵感到自己被蔑视了。他也处处碰壁，无法理解王国一直以来的运转方式。从前的国王会在贵族间周旋，四处走访也接受贵族晋见，可詹姆斯三世更喜欢待在爱丁堡的家中，只和最亲密的熟人组成的核心圈来往。

他在1469年7月和丹麦的玛格丽特结婚，她的父亲克里斯蒂安国王将奥克尼和设得兰岛抵押给苏格兰做嫁妆。当丹麦接管挪威时，这两组群岛尽管插上了丹麦国旗，但依然属于挪威，故而克里斯蒂安很有可能会收回岛屿。出于个人原因，他没有这么做，在1472年，詹姆斯三世宣称这两个群岛属于苏格兰王室。除了将我们今天所知的苏格兰地图拼凑完整，詹姆斯和玛格丽特的结合还生下了三个儿子来确保王朝的未来：两个名叫詹姆斯，一个叫约翰。当大一点的詹姆斯满一岁时，他和英格兰国王约克王朝的爱德华四世的女儿塞西莉亚缔结了婚约。

这是詹姆斯为和南方邻居建立良好关系而制定的政策，然而一些贵族（特别是边境地区的贵族）十分抵制这个政策，因为他们认为和英格兰作战才是有利可图、大快人心的生活方式。作为苏格兰人，尤其是生活在边境的苏格兰人，仇恨和讨伐英格兰人是他们生活的一部分。国王的想法是可憎的。

1480年，爱德华国王要求年轻的詹姆斯南下完成婚约，但他的父亲却闪烁其词。就在那时，詹姆斯三世的弟弟，奥尔巴尼公爵亚历山大反而出现在爱德华国王面前。他承诺将在爱德华的帮助下推翻哥哥，代替他登上王位。事成之后，他会将整个苏格兰南部和他的忠诚誓言一起献给爱德华。没人会对送上门的礼物挑三拣四，爱德华欣然召集一支庞大的英格兰军队，入侵北方。

受到这样的威胁，詹姆斯国王也立即率军南下。他在1482年7月抵达劳德，在那里他的一些贵族企图发动一场荒谬的政变。他们对非贵族在军队中担任指挥感到十分不满，自作主张决定取消入侵行动并绑架了国王。詹姆斯被一路反拧双臂押送回家，关押在爱丁堡城堡中。

他一定怒不可遏，在玛格丽特王后和长子詹姆斯王子代表他进行秘密谈判之后，国王竟被弟弟奥尔巴尼公爵释放。这件事在历史上被称为“劳德私刑”，长子涉嫌参与此事也许能解释这两人在其后的统治期间一直龃龉不断。

1488年发生的另一场叛乱则在6月11日索契波恩战役的混乱中达到顶点。战役地点靠近斯特灵城外的班诺克本战役遗址，交战双方一边是国王，另一边是他的儿子和继承人，这简直就是一场人间悲剧。具体情况历史上没有记载，但詹姆斯三世国王被身边的随从背叛并谋杀了，也许是未来的詹姆斯四世从中作祟。

7月26日，新国王在斯昆举行加冕仪式。不管他是否和父亲的死亡有关（传说在那之后他的腰间永远戴着一条沉重的铁链为他犯下的罪过赎罪），后来的他被认为是斯图亚特王朝的国王中最有魅力、最招人喜爱的一位。他激发了人们的爱戴和尊重，但他确实有一个令人头疼的特征，他和先辈一样好大喜功，迫切地想要获得举世瞩目的非凡成就。

西班牙使节堂·佩德罗·德·阿亚拉在1497年访问了苏格兰宫廷，他对苏格兰国王的自信感到震惊。这个西班牙人说道，他是一个“把自己当成世界之王”的人。个人的虚荣心除外，詹姆斯四世的行为在某种程度上领先于每一个他之前的詹姆斯·斯图亚特。无论是政治还是暴力抑或对财富的展示，这位新晋的斯图亚特国王一心要向贵族表明，他是唯一坐在权力金字塔顶端的人。

在15世纪初，苏格兰最显赫的家族拥有随时能和国王相抗衡的力量。其中最受瞩目的是道格拉斯家族，其骑士精神、财富和全面的荣耀甚至在西欧的宫廷里也得到人们的推崇。在苏格兰，他们将自己定位为抵抗英格兰侵略的主要捍卫者。在1452年詹姆斯二世采取谋杀行动之前，他只能以嫉妒的眼神看着第八任道格拉斯伯爵威廉在1450年一次浮夸的罗马朝圣活动中炫耀他的财富，任由围观人群钦羡。到了15世纪下半叶，情况永远地改变了。现存的家族中再也拿不出可以与皇室的奢华和风采相媲美的派头。

授予爵士头衔并不是国王才有的权力。但随着詹姆斯兄弟的崛起，和从其他贵族那里获得的爵士头衔相比，从国王那里获得的爵位价值也随之水涨船高。这一切都属于一个潜移默化的长期过程，国王渐渐地从同侪的领头人变成了毋庸置疑、不可挑战的统治者。这个位置上的人是独一无二的。

为了完成君主的跃升，詹姆斯四世以超乎寻常的热情和智慧拥抱了文艺复兴的思想和象征意义。在1496年，他强制所有的土地拥有者为他们的儿子支付教育费用，也正是在他的统治期间，苏格兰奠定了最高民事法院的基础。他还以重金打造了一支海军来保卫苏格兰的船只不受英格兰人的袭击。当他的主舰“伟大的迈克尔号”于1511年下水时，它是海上最大的船只。

父亲在人前很容易尴尬，更喜欢和密友在一起，詹姆斯四世则完全不同，他是一颗闪闪发光的明星，吸引了各路奇人异士来到他的宫廷。加洛韦的汤格兰修道院院长约翰·达米安便是其中最具传奇色彩的一位。除了承诺能将廉价金属变成黄金外，他还声称自己掌握了飞行能力，但他仅有的一次展示以滑稽的灾难告终。他披上覆盖羽毛的翅膀，从斯特灵城堡的墙壁上跳了下来，还好降落在垃圾堆上，只摔断了一条腿。他的赞助人，即詹姆斯四世，则更懂如何在人群中出类拔萃。他的宫廷闪耀着来自科学和艺术各个分支的万丈光芒。他几乎一手打造出斯图亚特这个“品牌”。

14世纪的苏格兰王室从地方领主手中夺取了福克兰宫，之后这里就一直是皇家度假地。它曾是一座防御城堡,罗伯特三世的王位继承人大卫就被第一任奥尔巴尼公爵活活饿死在这里。但自16世纪初,詹姆斯四世开始将它改造成一个优雅的文艺复兴风格的狩猎别墅。等他完成这项工程时,福克兰宫成了苏格兰国内最美轮美奂的宅邸之一。现在去参观这个地方的话,你会发现室内装饰的特点是苏格兰蓟。事实上,福克兰宫里到处都是它的身影。詹姆斯把苏格兰蓟定为斯图亚特王朝的符号。这是极为明智的选择,因为随着时间过去,它不仅成为斯图亚特王朝的象征,而且成为苏格兰的象征。家族和王权借此合二为一。

詹姆斯在政治上也极富远见。他想要为苏格兰人创造一种全新的身份。然而这是一种非常具体、犹如枷锁的身份:苏格兰将不再是一个各自为政的松散联盟,人们首先效忠国王,而不是地方和家族。

为了实现大一统,詹姆斯要确保只有一种语言占据主导地位:那就是他自己的苏格兰语。那位注意到国王自视甚高的西班牙使节也表示,国王实际上会说八种语言。西班牙人把其中一种称为"野蛮人的语言"。他用如此轻蔑的语言描述的是盖尔语,而詹姆斯四世是最后一个能说盖尔语的苏格兰国王。

詹姆斯对文艺复兴的热情激发他将印刷术引入苏格兰。1507年到1508年间,王国的第一个印刷厂诞生于爱丁堡的南门(现在被称为牛门),由沃尔特·切普曼和安德鲁·迈拉设立。迈拉在鲁昂学习了印刷技术,选择回到家乡发展这项事业。爱丁堡商人沃尔特·切普曼提供了资金,但更重要的是,他是国王的人。由切普曼和迈拉印刷的第一批图书现在是苏格兰国家图书馆最珍贵的馆藏品。特别是其中一部名叫《邓巴和肯尼迪对诗》的作品,让盖尔语和苏格兰语争夺最高地位的战争显得更为激烈。

威廉·邓巴是一个神父,也是詹姆斯四世皇家法院的法律书记员和诗人。因此他时不时会被要求以国王的眼光来观察这个世界,并由此写出一些能取悦他的诗句。用诗歌同邓巴对骂的沃尔特·肯尼迪来自在16世纪仍主要说盖尔语的艾尔郡。邓巴挑战肯尼迪的方式是用他从词典中能找到的最具侮辱性的词语来挑衅,他攻击的核心就是嘲笑肯尼迪的母语:

爱尔兰[即说盖尔语的]流氓诗人,穿着破布的卑鄙乞丐,
满脸长痘的胆小的肯尼迪,就像你家人一样的懦夫,
丑陋又干瘪,就像饱受折磨的丹麦强盗,
就像秃鹫在你的黄鼻子上饱餐一顿;
畸形的怪物,每到满月就要发疯,
放弃你的押韵吧,你这无赖,只会胡说八道,
你那诡诈的口音带着高地味儿,
低地人放屁都比你说话好听……

诗人邓巴参加这次对诗旨在赢得国王的认可,也希望获得金钱上的奖励。他对他的同行,即詹姆斯四世法庭上另一位诗人肯尼迪毫无恶意;他只是说出了国王喜欢听的话而已。

詹姆斯国王也制定了文化、政治和社会的议程。他希望推动低地苏格兰语成为苏格兰人民和苏格兰王国的官方语言,为此他不得不把工作做到王国最偏远的地方。在詹姆斯四世的努力下,日常、粗鄙的苏格兰语成了文学、法律的用语,因此也顺理成章地成了权力语言。与此同时,"高地重压"下的盖尔语则逐渐凋零。它也许曾是王国半数子民的母语,但在低地人看来却是叛徒和罪犯的语言。

切普曼和迈拉是印刷业的先驱,但很快就有其他人跟风和复制,出

版了各种题材的书籍和手册，其中也包括宗教文本。文字印刷的持续传播将迅速产生巨大的文化影响。

当国王及其低地同胞找到了发展文化的方式，高地和岛屿上的人却只知道互相残杀，如果没有一个有凝聚力的领主把他们团结在一起，盖尔人的社会将迟早土崩瓦解。绝望的高地人渐渐变得“野蛮、邪恶”，活生生地成了低地人自我安慰的预言：他们真的变成了几百年来萦绕在低地人脑际的野蛮人梦魇。

在蛮荒的西部世界，每个人都竭尽所能去拼抢。人们还是以杀戮来解决问题：安格斯·奥格，那个觊觎父亲王权的狂妄自大的儿子，被他追随者中一个名叫戴尔迈德·奥卡伊尔的爱尔兰竖琴演奏者勒死了。奥卡伊尔也被绑在两匹马中间扯成两半。盖尔人以《劫掠时代》一书记录了高地和岛屿陷入无法无天的混乱的这段时期。詹姆斯四世必定是以强烈的满足感看着这片一直以来都不服从他统治的土地走向自我覆灭。最终，群岛之主只能吞下自己的苦果，这是任何国王都无法强加给他的命运。

到1493年，即使国王也已经厌倦了北方的混乱和死亡。詹姆斯四世依然羽翼未丰，但他和他的顾问都精明地看出了对讨厌的北方人采取果断行动可能会达到一石二鸟的成效。首先，杀死一个国王总不是什么好事，新国王周围的空气中总有一股挥之不去的血腥味，一些贵族仍然对老国王的死心有余悸，北伐可以分散或重新集中这些人的注意力，吹散詹姆斯四世周身的血腥气；其次，出手“震慑”给国王制造麻烦的人会给苏格兰其他地方一个团结起来的理由，对詹姆斯而言这是一个一举两得的局面。

群岛之主的土地很快就被王室宣布没收，头衔也被国王据为己有。为了巩固新的统治，他决定亲自前往群岛游览。身为斯图亚特的一员，他一定倍感荣幸，因为上一次有苏格兰国王冒险乘船进入赫布里底群岛的迷宫时，他可是在逃亡。但是和近两百年前的罗伯特·布鲁斯不同，詹姆斯四世不是以逃犯的身份来到岛屿王国的，他已是岛屿的最高君主。

1494年的某个时候，芬拉根不再是行政中心了。约翰彻底失败了。几百年来，只要群岛之主还是盖尔腹地的核心人物，“赫布里底群岛王国”就是稳固的。失控之后，约翰让延续了几个世纪的传统和稳定从他的手指缝中流失。他活到1503年，但那时他已完全淡出公众视野，终日忏悔和祈祷。

从各个方面来看，1503年都是值得詹姆斯四世铭记的一年：他在这一年娶了英格兰国王亨利七世的女儿玛格丽特·都铎，多年来亨利和詹姆斯都保持了相当友好的关系，加上两国持久和平的前景，他们需要借机庆祝一下。两位国王在1502年签署了《永久和平条约》，在来年的8月8日，十三岁的玛格丽特公主嫁给了三十岁的苏格兰国王。

詹姆斯在荷里路德宫举行了长达五天的盛宴、典礼和派对，还有三天的骑士比武大赛，费用由皇室支付。据称英格兰人对此不太感兴趣。一位编年史家写道，他们“回到自己的国家之后，赞扬更多的是苏格兰人的男子气概，而不是良好风度和教养”。抛开吹毛求疵，它标志着斯图亚特王朝另一项惊人的进步，这是一场与众不同的婚姻。

参加这场被称为“苏格兰蓟与都铎玫瑰的结合”的典礼时，亨利七世已是一个老人。他是英格兰都铎王朝的第一任国王，家族对王位的掌握还不够稳固。金雀花王朝的最后一个国王理查三世于1485年死在博斯沃思的战场上。尽管莎士比亚把他描写为一个恶人，但继任的都铎王朝同样争议缠身。通过和稳定而繁荣的斯图亚特王朝联姻，对英格兰新晋王室家族而言无疑是个巨大成功。这正是亨利七世需要的好消息，能够帮他粉饰太平，让他的臣民们放心，他是正当的统治者。詹姆斯四世给都铎王朝带来了欧洲皇室也认可的合法性。这是一次非同寻常的命运逆转，斯图亚特王朝的男性成员一度曾是英格兰人的人质和政治犯，现在却成为权力的掮客。正是因为他们，南方的都铎王室才赢得了声誉。

詹姆斯是个无可救药的花花公子，这使得他在和玛格丽特结婚前就生下了不止一个私生子。他和玛丽昂·博伊德在1493年生下了亚历山大，亚历山大在被父亲任命为圣安德鲁斯大主教之前，一直是伟大的人文主义学者伊拉斯谟的学生；他和玛格丽特·肯尼迪在1499年生下了詹姆斯·斯图亚特，后被封为莫雷伯爵。他的正式婚姻生下的头三个孩子，有两个是男孩，有一个是女孩，但都死于襁褓中。1512年4月10日，又一个詹姆斯出生了，即未来的詹姆斯五世。王朝的未来总算稳固了。

当斯图亚特宫廷开枝散叶时，艾莱岛的麦克唐纳夫妇却只感到痛苦和悲伤。安格斯·奥格的一位朋友，同时也是王室诗人的乔拉·科鲁姆·麦克·安·奥莱姆写道：

> 没有麦克唐纳家族，就没有欢乐，
> 没有他们，也就没有力量，
> 世界上最优秀的家族，
> 每一个都是好人……
>
> 绿色阿尔巴的光辉支柱，
> 基督徒中最坚韧的人，
> 赢得了每场战争，

英勇的艾莱之鹰，

没有傲慢，没有不公，
除了战利品，什么也不要，
他们的贵族是有灵魂的人，
他们的平民是最坚定的人，

没有麦克唐纳家族，就没有欢乐。

诗人的哀怨是徒劳的。原文当然是以盖尔语写成，如果没有翻译，除了那几万名苏格兰人之外无人能懂。这是詹姆斯四世最大的成就。你不需要杀人就能剥夺他们的力量和权利。你只需要夺走他们的语言，让他们沉默。毕竟保持沉默的人一向被视为已经同意了。到目前为止，苏格兰语的崛起，已经使盖尔语成为除少数人以外无人可解的胡言乱语。

划分高地与低地边界的断层线贯穿苏格兰腹地，从一侧海岸延伸到另一侧海岸，它把这个国家分成截然不同的两个部分：一边是高地，还有一边是低地。这是一个整齐的划分，也许过于整齐了。人们很容易认为盖尔苏格兰人的身份差异在某种程度上是地质差异造成的，但这种分离感其实在几个世纪前才开始出现，区分苏格兰人的是历史，而不是地理。苏格兰人的分裂人格是一场家族斗争的后果，这场斗争撕裂了王国。盖尔人从苏格兰的正式成员沦落到叛乱分子和局外人。讽刺的是，他们把最后的致命一击对准了自己的脖子。苏格兰无法再继续多元化发展了。它必须成为单一的政治统一体，甚至是单一的文化统一体。

苏格兰王国的新蓝图正是出自斯图亚特王朝的手笔。在他们看来，苏格兰现在已经确立了它的独立性，在欧洲舞台上也占有一席之地，但这仅仅是他们计划实现的目标的开端。在未来的岁月中，他们的雄心壮志将真正扬帆起航。

麦克唐纳家族的式微，使得北境的统治权名义上已落入国王手中。高地和岛屿上存在着权力真空。苏格兰的詹姆斯四世现在也许是群岛之主，但这个地方的日常运作需要本地的人来管理。

在高地和低地，大多数人的生活还和以前一样，在农耕中循环往复，生活由当地领主通过男爵法庭或类似机构的法律力量支配。尽管像阿盖尔的坎贝尔家族和金泰尔的麦肯兹家族尽了最大努力（通常以皇室许可），在"蛮荒西部"打下权威的烙印，麦克唐纳家族的幽灵依然顽固地游荡于这片土地之上。不受法律束缚的幽灵不太可能被像亨特利伯爵戈登，或阿盖尔伯爵这样的皇室副官所驱散，他们更愿意为自己谋求利益，而不是建立一个公平、运转良好的社会。

对岛屿的人民来说，核心问题是国王会向何处去。罗伯特一世了解并重视西部人民；最早的斯图亚特国王罗伯特二世也是如此。但此后像第一任奥尔巴尼公爵和后来所有的斯图亚特国王只觉得高地和岛屿既古怪又麻烦。他们全部身心都投入在王国南部，岛屿人民在群岛之主倒台前就处于孤立无援的困境。

詹姆斯四世会说盖尔语，他对这门语言似乎饶有探究的兴趣。但在比语言学更严肃的北境问题上，他只是个浅薄的业余爱好者。

只要年迈的亨利七世还活着，1502年的《永久和平条约》就不会辜负它的名字。但他在1509年去世，因此迎来了更加动荡的时代。在老亨利满足而平静地度过人生最后时光的地方，年轻健壮的小儿子亨利八世迅速冲过了起跑线。

整个西欧的主要政治话题都围绕路易十二统治下法国的一再崛起。当西班牙的斐迪南和伊莎贝拉、威尼斯城、教皇尤利乌斯二世联合组成一支“神圣同盟”对抗路易，亨利八世十分乐意参与。但是，这让他的苏格兰内兄陷入为难的境地。一方面，《永久和平条约》要求詹姆斯顾及兄弟之情；但另一方面，骑士精神不得不让他考虑到苏格兰和法国之间更古老的关系。“老同盟”自约翰·巴里奥尔国王时代就开始了，当亨利八世加入神圣同盟，路易就煞费苦心地提醒詹姆斯承担他应尽的义务。

当亨利在1513年入侵法国时，詹姆斯终于不得不有所行动。路易要求苏格兰盟友支援，他的妻子将自己手上的一枚戒指摘下，附在一封信里寄给詹姆斯，乞求老同盟“看在我的面子上”，只需迈出三步就可以冲进英格兰人的领土，冲破他们的长矛。詹姆斯国王把至少一部分决策的责任交给小詹姆斯，并开始准备入侵诺森伯兰。

然而，比起他的骑士精神，更大的障碍在于他对战争过于粗浅的理解。早在1497年，堂·佩德罗·德·阿亚拉就向他的主人斐迪南和伊莎贝拉报告说，苏格兰国王“非常勇敢，甚至超过一个国王应有的勇敢。我看他经常做危险的事……他不是一个好船长，因为他还没下达命令就自个儿开始战斗了”。

路易派了经验丰富的顾问指导詹姆斯和他的军队使用当时最先进的新武器：长度超过20英尺的瑞士长矛。詹姆斯召集了有史以来最庞大的苏格兰军队，以及一支令人敬畏的昂贵炮兵部队入侵英格兰。他还派出了海军，“伟大的迈克尔号”也在其中。

到目前为止一切都令人赞叹，但它们都掩盖不了詹姆斯是个相对缺乏经验的战士的事实。当他进入诺森伯兰境内，也就离萨里伯爵托马斯·霍华德越来越近——亨利八世将王国的安全托付给了他。萨里伯爵已经七十岁了,但是个久经沙场的老将,一生经历无数战斗。亨利八世非常放心将王国的安全托付给他,而詹姆斯和他的大军正笨拙地向一个掠食者走去。

随后,在1513年9月9日,他们在弗洛登边线和布兰克斯顿山之间作战,但苏格兰国王只让我们看到了狂妄自大和战术拙劣。詹姆斯一方率先抵达,在弗洛登边线布满了大炮,却在受到敌人的嘲弄和怂恿后,冒头地让己方防御部队在布兰克斯顿山坡上与萨里方短兵相接。

苏格兰军队如果想要获胜,就必须依赖他们紧密的长矛圆阵,保持严密的队形。如果他们有时间进行适当的练习,单凭人数之多也许会有胜算。可实际发生的是,这个本该像浑身紧绷的刺猬一样的阵型,却在悲惨的混乱中分崩离析,沿着布兰克斯顿平滑的山坡稀里哗啦地滚了下去。他们连滚带爬地站起来,在松软的地面上踉踉跄跄,仿佛不过是个大型的暴徒团伙。英格兰军队采用了较短但更容易操纵的装备:为切断瑞士长矛而精心设计的大斧头。他们冲进晕头转向的苏格兰军队中大开杀戒。

詹姆斯国王按照惯例冲在阵前,被轻而易举地砍倒。同他一起阵亡的还有他的私生子圣安德鲁斯大主教亚历山大、两位主教、两位修道院院长、九个伯爵和十四个国会议员。詹姆斯是个极受欢迎的国王,那些渴望聚集在他身边的人却因为他们对国王的热爱付出了巨大的代价。甚至斯特灵城堡的首席园丁也在阵亡名单中。相较之下英格兰人的伤亡要少得多。

这是一场前所未有的军事灾难。国王本人,这位闪闪发光的文艺复兴国王,就在他的部下眼前被屠杀了。

写于18世纪的《森林中的花朵》便是献给战斗的最好的纪念

诗歌：

在朦胧的暮色中，闲人也不再漫步。
男孩们放下草堆后也不再和少女们嬉戏，
而是静默地坐着，少女们哀悼她们的挚爱——
森林里的花朵渐渐枯萎。

苏格兰王国又一次掌握在婴儿手中。1513年9月21日，詹姆斯五世在斯特灵城堡的皇家礼拜堂加冕。一年之内，他的母亲玛格丽特·都铎和第六任安格斯伯爵阿奇博尔德·道格拉斯大主教相识并结婚了。但是对习惯了逆境的苏格兰人来说，失去成年的国王，随后由孩子继承王位几乎是家常便饭。权贵和教会又开始扮演他们熟悉的角色，互相争夺对年幼国王的控制权。

在8月份，王后被迫向新任命的摄政王，第二任奥尔巴尼公爵约翰·斯图亚特交出她的儿子詹姆斯和他弟弟亚历山大。（奥尔巴尼公爵的父亲亚历山大就是那个在詹姆斯三世统治期间，向英格兰的爱德华四世许诺献出苏格兰南部的人。）10月，玛格丽特又生下了玛格丽特·道格拉斯，也就是未来的伦诺克斯伯爵夫人，总有一天，她的儿子达恩利勋爵亨利·斯图亚特将会成为苏格兰玛丽女王的第二任丈夫。

詹姆斯五世的治国之路相当艰难。他的父亲不仅魅力四射，而且是一位卓有成就的君主。弗洛登战役的壮烈牺牲更赋予他像英雄国王罗伯特·布鲁斯般的传奇地位。出于这些原因，詹姆斯五世在某种程度上活在一个他永远无法企及的偶像的阴影里。除此之外，他也是一位成功的统治者，与王国上层人物的交往十分精明，在运用权力的时候也很明智。他对平民百姓的生活和对话也很感兴趣。斯特灵的城堡附近区域一直以来被称为巴伦盖奇，而詹姆斯五世就习惯于隐姓埋名混迹于他的臣民中间，和他们一起坐在酒馆里，听他们聊天，因此得了“巴伦盖奇好人”的绰号。

在詹姆斯四世治下开始的大兴土木和建筑改造，由他的儿子继续进行，并达到了新的高度。詹姆斯四世完成了斯特灵城堡大礼堂的建造，而詹姆斯五世则建造了那座雄伟壮观的文艺复兴风格宫殿，在全不列颠都堪称独一无二。

1537年1月1日，他和法兰西国王弗朗索瓦一世的女儿瓦卢瓦的玛德琳结婚。亨利八世一直希望詹姆斯能娶他的女儿玛丽，但是詹姆斯回避了英格兰的提议，反而同南方邻居强大而势不两立的对手结盟。“苏格兰蓟和都铎玫瑰”的联姻原本给两国带来发展与和平的联盟，詹姆斯反而选择让自己和英格兰之间保持一定距离。

玛德琳在抵达苏格兰几个月后就去世了，詹姆斯立刻返回法国寻找替代者。在又一次寻妻成功以此又一次抵制英格兰之后，他接到了第二任新娘玛丽·德·吉斯-洛林。亨利八世自己也曾试图娶她为妻（还好她幸运地逃脱了），输给苏格兰国王一定让他格外恼火。玛丽和体弱多病的瓦卢瓦的玛德琳形成鲜明对比，她是一个令人敬畏的女人，一个才能出众的配偶。她来自欧洲最强大的家族之一，并且智力超群，很有政治头脑，在男人的世界里游刃有余。詹姆斯眼光很好。

像所有斯图亚特家族的男人一样，他的生育能力很强。第一次婚姻前的多位情妇就给他生下了一堆私生子，詹姆斯为他们在遍布王国各地的高级教会中安排了优越的工作，就像布谷鸟把蛋下在舒适的宿主鸟巢。明媒正娶之后，他和王后生下了两位合法的儿子：罗斯塞公爵詹姆斯和奥尔巴尼公爵罗伯特；但两位王子非但没能巩固王朝的未来，反而只给国王夫妇带来了心碎。他们都死于1451年4月，彼时的詹姆斯还不到一岁，而罗伯特接受洗礼才几天。

当教会在全欧洲宗教异见人士的质疑热潮中坐卧不安时，詹姆斯国王的足智多谋让他趁机利用了教会的弱点。他欣然接受了改革派牧师马丁·路德的学说和人文主义学者伊拉斯谟的教育。他向教会提出棘手的问题，并呼吁改革。

亨利八世早已因为床笫之间的私人事务，而非任何信仰问题，切断了他个人以及王国同教皇的关系。他对圣父拒绝废除他与第一任妻子（即西班牙公主阿拉贡的凯瑟琳）的婚姻感到愤怒，宣称自己是"英格兰教会唯一最高领袖"。此后一直对他的侄子，苏格兰国王施加压力，要他也同教会断绝关系。但詹姆斯足够精明，他从中看到了机会。教皇急于稳住苏格兰，詹姆斯以他持续的忠诚从教会获取了巨额的金钱报酬。因此，詹姆斯五世对金钱的索取加剧了神职人员的困境。

为了筹集国王需要的资金，一些大的宗教团体被迫将他们的土地"租赁"出去，并要求租户支付现金地租。对那些负担得起地租的人来说，称该款项为"押金"有一定的优势。因为这意味着只要他们能按时支付租金，这片土地就永远属于他们和他们的继承人。但对于那些无力长期交付地租的人来说，这场纷争成了巨大的争议焦点，也造成了难以忍受的困窘。当然这不是教会的主意，这根压垮骆驼的最后一根稻草，这道敦促苏格兰进行宗教改革的呼声，实际上来源于詹姆斯五世的财政政策。从宗教信仰的立场来看，詹姆斯毫无推翻现有制度的意思；然而正是他以服从罗马教廷的名义挟持教会满足他对金钱的需索无度，让教会得罪了太多信徒。

他和英格兰的关系也在1541年急转直下，儿子夭折的同年，他的母亲玛格丽特·都铎也在11月去世，切断了他和都铎王朝仅有的纽带。来年夏天，两国再次爆发了战争。在1542年11月24日的索维莫斯战役，一支入侵的苏格兰军队全军覆没，许多贵族沦为阶下囚。

继承人的死亡和英格兰人的迎面痛击都让詹姆斯大伤元气，他躺在福克兰宫里一病不起，并于12月15日驾崩，死因不是霍乱就是痢疾。就在弥留之际，他收到了消息，王后在林利斯戈宫为他诞下了第三个孩子，却是个女儿，那不是家族急需的男性继承人。

自亚历山大三世在1286年死去以来，王位第一次掌握在一个小小的女婴的手中。小玛丽·斯图亚特是苏格兰的未来，她的父亲临终前发出悲观的预言："它因女孩而到来……"他指的是斯图亚特家族是通过与罗伯特·布鲁斯的女儿玛乔里联姻才最终获得了王位，"……也会因女孩而去。"

玛丽·斯图亚特生于1542年12月8日，当她于1543年9月9日在斯特灵城堡的皇家礼堂加冕成为苏格兰女王时，还是个婴儿。加冕日期刻意选择在弗洛登战役十三周年纪念日，使得仪式充满了特别的意义。她只能坐在母亲的膝盖上戴上王冠，涂抹圣油。传闻当有人把权杖递到她旁边的时候，她突然伸出小手紧紧抓住了它。她似乎对未来的重任充满热情，这让旁观者十分欣慰。

## 第六章

# 大不列颠计划

然后那穿黑衣的小个子男人，说女人不能和男人拥有同等权利，因为基督不是女人！你的基督从哪里来？你的基督从哪里来？从上帝和一个女人那里来！这里面可没男人什么事情。

——索杰娜·特鲁斯，妇女权利大会，俄亥俄，1851

女人是反复无常、善变的动物。

——维吉尔，《埃涅阿斯记》

斯特灵城堡是我心目中苏格兰最浪漫、最令人难忘的堡垒，相比之下，爱丁堡都会相形见绌。生活在其阴影下能激起我巨大的热情，但环境才是点睛之笔，事实上，正是因为它位于全国最令人惊艳的风景中央，给建筑本身和镶嵌其中的彩色玻璃增添了宏伟气势。它的身后是奥克尔山，随着太阳和云彩的变幻莫测，山体的颜色也时刻更迭。在奥克尔山脚下那片人工般平坦的河漫滩上，风漫不经心地吹拂着犹如银色丝带的福斯河，它似乎都忘了自己该流向何处。

两座蜿蜒崎岖的巨大山脊体现了大自然鬼斧神工的天才，像远古时代的鲨鱼鳍一样插在河漫滩上。其中一座山脊上耸立着克雷格修道院，19世纪初在伦敦自我流放的苏格兰统一派在这里建立了一座华莱士纪念碑。另一座山脊上就坐落着斯特灵城堡。在19世纪初，地质学家约翰·麦克库洛奇博士曾这样说：

> 谁不认识斯特灵高贵的岩石，高耸的山峰，巍然如画的塔楼，壮丽的平原，它山上的圆形露天剧场，它美妙曲折的河流；若曾看过太阳从西边紫色山峦上灿烂炫目的火焰中落下，就永远不会忘记斯特灵的平原，这一奇景的无穷魅力、财富、壮观、多元、庄严，都存于天地之间。

此言非虚。詹姆斯四世的大礼堂，外观呈现出石灰纤维状，就像城垛中一块淡金色金块般闪耀，这是他们的"得意之作"。1999年，它终于恢复了最初的辉煌，经过多年日复一日的修复工作，阿盖尔人和萨瑟兰高地人的军营得以重生。对于每年参观城堡的成千上万游客来说，它既是一座灯塔，也是一块磁石。

至于道格拉斯花园，其上方由砖石砌成的城垛上有一处小小的细节不太为公众所知：詹姆斯二世正是在此谋杀了威廉·"黑皮"道格拉斯。在这里，海宁牧场的景色尽收眼底，斯图亚特王朝时期，这里曾举办过比武大赛。城垛齐胸高，但在膝盖左右的位置有一个小小的窥视孔，大约6英寸宽，贯穿一整块灰色城垛。它是精心打造的，并且刻意隐蔽，如果不特意指出，你甚至可能不会注意到。你也很难想象在16世纪40年代被凿出来的时候，它们的作用是让小玛丽女王从孔中俯瞰她的王国。那时的她还是一个蹒跚学步的孩子，为了防止被她的叔叔亨利

阿伯丁的伏卧石圈，约公元前 2500 年

泰湖中的小屋（现代仿制品），最早断代为公元前 800 年，其使用延续至 17 世纪

设得兰岛的圆形石要塞，约公元前 100 年

艾奥纳修道院，圣科伦巴和众僧侣编写《凯尔经》的场所

彩绘玻璃中的苏格兰护国者威廉·华莱士，斯特灵华莱士纪念碑

“苏格兰之锤”爱德华一世，通过立约翰·巴里奥尔为傀儡国王，控制了苏格兰王国，并将威廉·华莱士处决分尸

回应爱德华二世挑拨离间的《阿布罗斯宣言》，1320 年

罗伯特一世罗伯特·布鲁斯

宗教改革者约翰·诺克斯

苏格兰女王玛丽·斯图亚特

苏格兰国王詹姆斯六世，英格兰国王詹姆斯一世

1745 年的卡洛登战役结束了詹姆斯党叛乱，它也是发生在不列颠的最后一场战争

《国富论》和《道德情操论》作者，苏格兰启蒙思想家亚当·斯密

塑造苏格兰民族身份的作家沃尔特·司各特爵士

《移民》雕像，纪念因“高地清除运动”而背井离乡的苏格兰人

时隔近三百年重新组建的苏格兰议会

八世抓去当他小儿子的新娘而过着深居简出的生活。

玛丽女王是苏格兰历史上最富传奇色彩的女性，从她出生的那一刻起就是整个王朝的至宝。她一生最重要的事情不在于她的作为，而在于她的出身。她是苏格兰国王的女儿，也是亨利八世的妹妹玛格丽特·都铎的孙女，她的身体里流淌着苏格兰和英格兰两个统治王朝的血脉。因此从她在林利斯戈宫呱呱坠地的那一刻起，作为詹姆斯五世和王后玛丽·德·吉斯-洛林的女儿，她便是无价之宝。等她长到能够蹒跚学步，从斯特灵城堡的城垛上那个小小的窥视孔往外看的时候，她成了整个欧洲王室梦寐以求的新娘。

从窥视孔看出去的视野是狭窄且一成不变的。日后，玛丽会生下一个价值观和她完全不同的儿子，他的雄心壮志比他母亲所梦想的一切都更宽广，更包罗万象，更具革命精神。但这是一个很长的故事，我们现在要从头讲起，当时一位满头大汗、焦虑不安的助产士正查看她女主人刚刚生下的婴儿，发现她抱着的不是男孩和未来国王，而是一个女孩和未来的女王。

女婴出生的消息引起了詹姆斯二世的曾孙，第二任阿伦伯爵詹姆斯·汉密尔顿的兴趣。他有皇族血统，是王位的假定继承人，也就是说如果玛丽在死前没来得及生下合法后代，那么他就会继承王位。如果她活得很好，那么他也可以通过娶她为妻间接把控王位。作为支持亨利的亲英格兰派领导人，阿伦伯爵在1543年1月被任命为玛丽的总督和摄政王。虽然他的血管里流淌着王室的鲜血，但毫无骨气的他显然无法体面地穿过布满宗教改革激流的不安海面，尤其是周围还潜伏着亨利八世这样的险恶海怪。

16世纪的苏格兰尤其容易感染像宗教改革运动这样的病毒。詹姆斯四世立法规定，土地拥有者要让他们的儿子接受教育，这一举措极大地提高了全国人口的识字比例。除此之外，他鼓励引进印刷术的决定带来了重大影响，使得苏格兰成为萌发新思想的沃土。到了16世纪30年代，威廉·廷代尔的《圣经》英译本开始流传，教会曾是所有宗教知识不容置疑的源头，这样的日子已经到头了。

教会改革的一部分推力在于，穷人亲眼看见教会令人难以置信的财富，因此而心生不满。教会和王国早已在彼此的口袋里分享战利品；但身负租金重担的苏格兰人民却因被肥胖而富有的神职人员骑在头上作威作福，受尽屈辱，尤其许多神职人员似乎热衷于在教区的女性教徒中撒下野种。

然而，是人民寻求答案和理解的天生求知欲最终推动了改革的呼声。长久以来渴望接触上帝话语的人们，被神父对识字能力的垄断所阻碍。只有神职人员才能阅读拉丁文，所以普通人需要牧师来解释所有事情。以本地语言书写的书籍和小册子的出现永久改变了这一切。在这么多暗流涌动的冲击下，阿伦伯爵无法决定该走哪条路。一方面，他试图利用詹姆斯五世死后民间的宗教改革愿望，但他和他的顾问终于在突然间像雪崩般爆发的“异端”文学面前失去了勇气，发布了一项全面禁令。

但亨利八世的出现比贩卖煽动叛乱的书籍更令人不安。随着衰老和各种疾病带来的痛苦，他成了一头牙疼不已的狮子：在痛苦的驱使下捕食易得的猎物。还在襁褓中的玛丽看起来是一块美味的小点心，而阿伦伯爵根本保护不了她。

玛丽的父亲曾拒绝亨利，不愿响应他反抗罗马教廷的号召，而欧洲每一位有权势的君主似乎都联合起来对抗英格兰国王。英王的天主教敌人，无论是单独行动还是联合起来，都可以通过苏格兰这道后门对他发起攻击。亨利感到处境艰难、孤立无援，在他看来，侄孙女玛丽是把后门永远关上并闩起来的关键所在。如果他能确保玛丽嫁给自己最年幼的儿子爱德华，那么实际上苏格兰就是他的地盘了。

阿伦伯爵一直热衷于讨好英格兰国王，到1543年7月1日，他代表苏格兰签署了《格林威治条约》，将玛丽许配给爱德华。但他的缺乏勇气再一次辜负了他。在所有阿谀奉承之后，他突然注意到空气中弥漫着仇恨英格兰的气味。从最显赫到最卑微，苏格兰有太多人都嗅到了亨利这一举动散发出来的英格兰人腐朽的信念，即苏格兰无论如何都是他们的；潜伏一段时间过后，霸权的真面目就会浮现出来。爱德华一世时期发生的事，以及他在侄孙女"挪威少女"短暂的一生中耍的阴谋诡计，像一个不安的鬼魂穿过整个苏格兰。

阿伦伯爵陷入进退两难的境地，他无法在亲英阵营或亲法阵营之间左右逢源，在他找到第三个方向之前，玛丽·德·吉斯-洛林迈出了她决定性的一步。在亲法且亲天主教的圣安德鲁斯大主教大卫·比顿的支持下，王后宣称上帝赐予了她对这个国家的控制权。到1543年底，苏格兰议会废除了《格林威治条约》，苏格兰重新和老同盟法兰西站在一起。正是在这样的背景下，小玛丽加冕成为苏格兰女王。尽管阿伦伯爵只关心能否在未来的双重可能中保全自己，因而一直踌躇不决，但他仍然是"王国的第二人"，因此被允许在加冕礼上递送王冠。

苏格兰人态度的大转变，以及拒绝让玛丽与爱德华定亲，令亨利八世前所未有地震怒。外交失败后，他就转向了暴力，在1544年5月派出上万名士兵分两路入侵北方。赫特福德伯爵爱德华·西摩袭击了爱丁堡，下令进行大规模屠杀和强暴。无辜者的鲜血洒满了街道，然后赫特福德的人将这座城市付之一炬。荷里路德修道院和荷里路德宫也遭到了破坏和亵渎，只有爱丁堡城堡成功抵抗住猛烈的攻击。第二支英格兰军队在科德斯特里姆穿过边境线，摧毁了德莱堡、杰德堡、凯尔索和梅尔罗斯的大教堂。数百名平民被杀害和强暴，房屋被捣毁。沃尔特·司各特爵士甚至创造了“粗暴的求爱”这个说法，来形容亨利想要强行占有还在蹒跚学步的苏格兰女王的各种行径。然而历史并非如此，这是一个被愤怒蒙蔽双眼的精神病人事先策划的谋杀、强奸和恣意破坏。

当苏格兰人民遭受折磨，成百上千地死去时，贵族中最懦弱的人却偷偷溜到了杀人凶手那一边。詹姆斯二世的另一个孙子，伦诺克斯伯爵马修·斯图亚特，出现在亨利的宫廷，表示愿为英格兰效力。他随即被任命为英格兰北部和苏格兰南部的中尉，亨利还承诺日后会任命他为苏格兰总督。伦诺克斯一度曾被视为小玛丽的未来夫君，但现在他被赐予了玛格丽特·都铎和她的第二任丈夫安格斯伯爵生下的女儿玛格丽特·道格拉斯夫人的土地。伦诺克斯不是唯一的背叛者。亨利或以暴力威胁，或承诺未来会更加美好，赢得了数百名苏格兰人加入亲英阵营中。

腐朽和放纵的生活使得亨利八世的身体状况越来越恶化，他在1547年1月28日死于伦敦白厅。他肆无忌惮的暴行只带来了大量伤亡，让曾经的城镇和教堂成为冒烟的废墟。苏格兰的独立精神经过烈火的淬炼，反而变得更加坚固。虽然亨利曾对宗教改革感兴趣，但他的兴趣只是为了让自己在国王的位置上为所欲为，得到他想要的女人。真正的宗教改革运动在苏格兰迅速开展起来。

只有能够预知未来且赌金无数的赌徒才会在16世纪上半叶把宝押在新教这匹黑马上。人们只是希望天主教教会能够有一点进步，变得更富同情、更正直，但是毁灭它并不是大多数苏格兰人的目标。当历史走到16世纪中叶，苏格兰似乎更有可能沿袭法兰西的道路，而不是英格兰，并且坚定不移地忠于罗马教廷。但是亨利在临终前的几个月派往边境北部的入侵部队却产生了难以想象的后果。

1544年末到1546年初，一位名叫乔治·威沙特的改革派牧师一直在苏格兰各地教堂布道。1546年2月，大主教比顿将他逮捕、审判并判处他死刑。比顿表面上道貌岸然，私底下却腐败、贪婪且荒淫无度。他极其富有，拥有许多豪宅，和几十个情妇生下了不计其数的孩子。这位信仰的守护者下令在圣安德鲁斯当着其他神职人员的面将威沙特绞死并烧成灰，他们在他的衣服里包上火药以确保焚烧时产生壮观的烟花。

如果比顿认为自己成功地扼杀了某种尚在萌芽状态的东西，那么他就错了。5月28日，一群来自法夫的新教徒地主闯进比顿的宫殿，从一个情妇的怀里把他拖出来乱刀砍死，他的生殖器被割下来塞进嘴里，然后装进一只桶里扔进圣安德鲁斯城堡的地牢。在16世纪的苏格兰，宽恕和仁义并非人之常情。谋杀者躲在城垛后向英格兰寻求援助，但得不到任何响应。爱德华六世紧接着登上英格兰王位，对他而言，海峡对岸发生的事情显然远比圣安德鲁斯城堡的新教徒重要。

法兰西国王弗朗索瓦一世驾崩后，其子亨利二世在1547年7月25日登上瓦卢瓦的王位。他也是吉斯家族的一员，跟苏格兰玛丽女王算是亲戚，故而法国很快派了军队和战舰，渡过海峡去处理法夫的麻烦。城堡被攻下，叛徒被一网打尽，全数关押起来。其中有一个名为约翰·诺克斯的年轻牧师，曾是威沙特的武装保镖，现在被定性为潜在的煽动叛乱分子。他和其他人一起被判在一艘法国战舰上当划桨的奴隶。

尽管出现了像比顿和“卡斯蒂利亚”新教徒的插曲，英格兰国王“粗暴的求爱”热情依然没有丝毫减退。新晋的萨默塞特公爵爱德华·西摩是年轻的爱德华六世的首席顾问，他也是王后简的哥哥，所以也是爱德华的舅舅。他不仅参与了1544年血洗爱丁堡的军事行动，亨利死后他仿佛对杀伐又生出了新的热忱。

和亨利八世相比，萨默塞特公爵才是真正的新教徒，他还立志要为英格兰将玛丽女王搞到手。他对苏格兰女王和英格兰国王的联姻尽心尽力，并率领一支军队北上，以迫使北方王国服从他的安排。1547年9月10日，在爱丁堡东部的平基，一支由无能的阿伦伯爵指挥的苏格兰军队惨遭萨默塞特公爵蹂躏，落得一败涂地。

公爵乘胜追击，在苏格兰低地各处的基地都设立了英格兰驻军。但就像亨利八世一样，他很快发现真正的战利品依然遥不可及。玛丽的顾问终于意识到，在英格兰这样猛烈的攻势下他们可能撑不了多久，于是和法国人进行了谈判。双方于1538年7月6日签署了《哈丁顿条约》，作为对法方军事援助的回报，苏格兰王国承诺将玛丽女王许配给法国王储，即亨利二世及王后凯瑟琳·美第奇的长子弗朗索瓦。

年仅五岁的玛丽·斯图亚特一直在东躲西藏。当她母亲和她周围的其他成年人忙于从事影响她命运的政治活动时，这个小女孩正忙于从一间庇护所搬到另一间庇护所。她童年的大部分时光在斯特灵城堡里度过，那里始终弥漫着危险和不安的气氛。

这种生活从1547年7月29日开始突然终止。在邓巴顿的港口岸壁上，她登上了一艘由她未来的法国公公派来的船。她母亲留下来以确保当她有一天回来时，苏格兰王国依然属于她。五岁的小玛丽由一位家庭女教师陪伴，还有著名的“四玛丽”，即四位王室贵族女眷的女儿：玛丽·比顿，玛丽·弗莱明，玛丽·利文斯顿和玛丽·赛顿。法兰西国王才不是出于爱怜才出手干预英王“粗暴的求爱”的血腥杀戮，而仅仅是因为玛丽·斯图亚特不仅身为苏格兰女王，而且有着英格兰王室血统。

亨利八世从未成功地说服教皇宣告他和阿拉贡的凯瑟琳的婚姻无效，因此欧洲的每一位天主教国王都认为，亨利后来同安妮·博林以及简·西摩的婚姻都是无效的。除了他和凯瑟琳生下的女儿玛丽·都铎外，其他孩子都只能算作私生子。至少在天主教徒眼中，爱德华和伊丽莎白(亨利与安妮·博林的女儿)都不是王位的合法继承人。亨利本人也亲手把伊丽莎白的母亲从都铎王朝的历史中抹去,先是和她离婚,然后又砍了她的脑袋。伊丽莎白也曾被一项议会法案宣布是私生女。因此,能够阻碍玛丽·斯图亚特成为英格兰女王的只有玛丽·都铎一人而已。

如果说法王亨利一开始并不是出于爱才将玛丽放在瓦卢瓦的宫廷中无忧无虑地长大,那么爱也至少是后来他生出的情愫之一。卢瓦尔河谷宏伟壮丽的城堡是玛丽的庇护所,从他第一眼看到这个他为之出兵的小女孩时,亨利承认自己为她着了迷。"她是我见过最完美的孩子,"他说。她在他的各处城堡都受到热烈欢迎;事实上,亨利视她如己出。她和未来的丈夫弗朗索瓦住在皇家育儿室,接受了最好的文艺复兴教育,包括文学、修辞学、音乐、舞蹈、驯鹰术、骑马和体育。等到她成年时,她已精通古拉丁语、古希腊语、法语、西班牙语和意大利语。年幼的金发女孩玛丽是一颗珍贵的宝石,在熠熠生辉的瓦卢瓦宫廷里,她是最耀眼的明珠。

她的未婚夫弗朗索瓦比她小一岁,身材较同龄人瘦小。他说话结巴,且据说是个手脚笨拙的男孩。相比之下,玛丽身材高挑优雅,有着珍珠般白皙的皮肤和淡褐色的眼睛。从传闻中她对弗朗索瓦的感情,我们可以洞察她的些许个性。尽管弗朗索瓦缺点不少但玛丽很爱他,至少像爱一个弟弟一样。

我们无法想象瓦卢瓦宫的精致和与生俱来的优雅对玛丽产生了多大的影响。她的父亲詹姆斯五世一直崇尚法国风格,他对斯特灵城堡、福克兰宫和荷里路德宫的改造,无疑都是因为他想让两位法国妻子感到宾至如归。尽管如此,一个出生于苏格兰的小女孩离开斯特灵城堡,到卢瓦尔的城堡中定居,她所受的文化冲击是无可回避的。

如果说文艺复兴对苏格兰产生了一定的影响，那么它和法国在16世纪下半叶所受的文化复兴熏陶相比，只能说是小巫见大巫。玛丽在法国小镇昂布瓦兹度过了许多岁月，而这里正是应弗朗索瓦一世邀请在1517年来到此地的文艺复兴伟大先驱者列奥纳多·达·芬奇的最后一处定居地。光是这位了不起的大师选择在这里定居，就足以说明它的舒适和魅力。在法王亨利群星璀璨的宫廷中成长，玛丽所受的教育的确是独一无二的。但除了诗歌和缝纫课程外，她的命运和与生俱来的权力也像摇篮曲一样终年在她耳边低声吟唱。

在1550年，由于财政负担过重，萨默塞特丢失了对苏格兰的控制权。在法国，亨利庆祝了英格兰撤军，并借此机会向全世界说明玛丽同时拥有英格兰王位的正当权利。但爱德华六世依旧稳坐王位，他同父异母的姐姐玛丽·都铎也蓄势待发，苏格兰女王把英格兰王位也收入囊中的可能性，即使在野心勃勃的瓦卢瓦宫廷眼中也显得虚无缥缈。

到了1553年，事态发生了意想不到的转变，十五岁的爱德华经过漫长的疾病折磨而去世。玛丽·都铎随后登上王位，并嫁给了信奉天主教的西班牙国王腓力。突然间，英格兰在名义上又成了天主教国家，阴郁的玛丽下令烧死新教教徒，得到了“血腥玛丽”的称号。

与此同时，苏格兰实际上成了法国的殖民地。亨利是玛丽女王的保护人，因此法国军队也有责任保卫整个苏格兰王国。在1554年，玛丽·德·吉斯-洛林成为苏格兰摄政女王。对于信仰天主教的瓦卢瓦王室来说，上帝似乎已经开始向他们的梦想伸出了橄榄枝。1558年4月24日，十四岁的弗朗索瓦和十五岁的玛丽在巴黎的卢浮宫大礼堂举行婚礼。然而在向弗朗索瓦许下诺言之前，玛丽还把她的名字写进了一份秘密婚前协议里。根据协议条款，她同意若她死前尚未诞下子嗣，那么苏格兰的王冠将移交给她的丈夫。她等于将苏格兰送给了法国。

到了1558年末，赌注再次升级，玛丽的英格兰王位的继承权犹如战争的导火索。“血腥玛丽”死了，之后登上王位的是伊丽莎白一世。法国人一直等待但连想也不敢想的时机到来了：安妮·博林在和亨利八世结婚之前就怀上了伊丽莎白，在法兰西的瓦卢瓦王朝和所有欧洲天主教国家眼中，她作为女儿和女王都是不合法的。

在法国家人的煽动下，玛丽·斯图亚特的帝王野心膨胀到了极致。他们告诉她，上帝早已选择她成为苏格兰女王，未来有一天她也会成为法兰西王后，现在坐在英格兰王位上的是一个私生女，第三个王冠已经唾手可得。如果她能掌控这整个帝国，从北部的苏格兰途经英格兰，延伸到南部的法国，这将会成为整个西欧最举足轻重的天主教帝国。他们在玛丽耳边不停低语道：“这难道不是上帝为你安排的使命吗？这三顶王冠难道不是上帝赐予你的吗？”

一年不到，第二顶王冠就从天而降，亨利二世于1559年7月在一场骑马比武中受了致命伤，从马上摔了下来。他的死让体弱多病的弗朗索瓦成了法兰西国王。他在玛丽的辅佐下统治了不到两年，在1560年末感染了耳疾，在12月5日去世。根据各种说法，这让钟爱他的玛丽极度心碎。但她失去的不仅仅是年轻的丈夫以及法国王后的冠冕。亨利一向对凯瑟琳·美第奇（她是弗朗索瓦和他弟弟以及王位继承人查理九世的母亲）不忠，所以自弗朗索瓦死后，凯瑟琳就迫不及待地想和他的遗孀以及她那群渴望权力的亲戚划清界限。玛丽震惊地发现，她在法国家中被人冷眼相待，她的主要盟友吉斯家族也被宫廷驱逐了。

玛丽一片光明的生活和未来在她眼前发生了一百八十度逆转，就像一部以悲剧收场的童话。她和丈夫作为统治者的时间虽不长，也足以让她学到广阔世界的一些严酷教训。就像在欧洲其他地方一样，新教改革在法国掀起了一股浪潮，威胁要清洗掉诸如玛丽和弗朗索瓦这样的天主教君主。变革的洪流一直冲到昂布瓦兹城堡的大门前，一帮法国的新教徒贵族试图抓获年轻的国王。国王夫妇虽毫发无伤，但玛丽亲眼看见了对这帮宗教改革者的逮捕、审判和血腥的处决。挂在城堡露天处的血淋淋的尸体看起来怎么都像是对她的警诫和警告。

在其他地方，新教浪潮也持续高涨。1549年，约翰·诺克斯从划桨奴隶的苦役中被释放，定居在英格兰。可是爱德华于1553年去世后，“血腥玛丽”很快将英格兰变成了新教徒活动家避之不及的地方。他在1555年穿过边境，遇到了乐于被革命者领导的苏格兰教众。他在苏格兰贵族中得到了一定支持，其中包括玛丽的私生兄弟，詹姆斯·斯图亚特勋爵。

对苏格兰的普通民众来说，诺克斯的话语和承诺就像一根燃烧的火柴。许多人对教会普遍存在的腐败感到不安：王室的私生子瓜分了报酬丰厚的高级职位；肥胖而贪婪成性的修道院院长对出租的土地收取高昂的租金；教堂礼拜使用的是只有牧师才懂的拉丁文。诺克斯承诺的新世界将把所有这些东西一扫而空。在他煽动性布道的宣讲下，新教暴徒最终将矛头对准了拥有几百年历史的教堂，他们要摧毁历代的肖像画和神像。沉默的积怨和不满在诺克斯这里找到了发声通道，而且他们更喜欢以暴徒的狂热行径来表达自己的意见。但在1555年，他还要再等几年才能真正点燃导火索。

他并未完全达到他的目的，玛丽的母亲在她生命的最后几年，玩了一个聪明的政治游戏。她一生都致力于保护她女儿在苏格兰的地位，而随着16世纪50年代的发展，这需要相当可观的技巧。玛丽承诺弗朗索瓦，若她先死，他将有权统治这片土地。这件事很快随着他们结婚的消息传了开来，玛丽·德·吉斯-洛林在面临苏格兰有朝一日可能被法国吞并的险境中，依然能够牢牢掌控着方向。

直到她去世前一年，在这位王太后的压制下，支持改革的呼声依旧微弱。1558年，诺克斯被迫返回日内瓦，在志同道合的偏执派和狂热分子的簇拥下，他才有足够的安全感写下了《反对可怕的女性统治的第一声号角》，这是他对摄政女王及其女儿等女性统治者厌恶的咆哮。

直到1559年，诺克斯和一众新教贵族才成功推翻摄政女王玛丽，取而代之的是阿伦伯爵，这位权贵可以说是拥有贵族骗子的所有特点。（当萨默塞特公爵于1550年放弃“粗暴的求爱”之后，苏格兰保护人的职责转而由法国国王承担，苏格兰王室用查泰勒赫劳特公爵领地收买了阿伦伯爵，换取他支持玛丽和王储的婚事，这个头衔至今仍由他的汉密尔顿家族后裔骄傲地享有。如果说荣誉和信任是高等物种的标志，那么阿伦伯爵，这位无与伦比的特权之子，查泰勒赫劳特公爵和王族，则是不折不扣的单细胞生物。）诺克斯在英格兰短暂停留后回到了苏格兰。他躲在日内瓦的时候还有胆大呼“女人的野蛮行径”，现在却不敢在伊丽莎白一世统治下的英格兰讨伐玛丽的姐妹女王。

一场革命开始了，但除开诺克斯的厌女癔症之外，革命的真意都是关于政治和白纸黑字的文书，而并非要推翻信仰天主教的玛丽·斯图亚特。即使新教徒罢免了摄政女王，他们如此行事也是打着忠诚贵族的幌子代表“王国第二人”查泰勒赫劳特公爵，代表隔海相望的玛丽女王和弗朗索瓦国王。回到苏格兰，在相对自由的统治下，诺克斯把他的音量调到最大。他痛斥教皇主义的邪恶和大众的盲目崇拜，他的暴徒也相应配合，袭击了珀斯和圣安德鲁斯的教会建筑。

新教在那一年被英格兰立为官方宗教，苏格兰的新教贵族开始呼吁邻居提供军事支持。（感受到风向的变化，天主教徒查泰勒赫劳特公爵和他的儿子迅速见风使舵，转向新教方向。）

10月底，教众领主在爱丁堡聚集，自行决定摄政女王玛丽·德·吉斯-洛林的统治从此结束。现在他们需要英格兰的帮助支持。但是尽管支持边界以北的新教改革者显然符合逻辑，英格兰的伊丽莎白还是对挑战姐妹女王的想法本能地感到震惊。全靠了她的首席顾问威廉·塞西尔才让她下定决心支持北方的叛乱，因为塞西尔成功说服她，不这么做的话，她的个人安全和英格兰新教都会危在旦夕。

伊丽莎白只能把对干涉他国内政的天然恐惧放到一边，终于在1559年12月批准对苏格兰进行军事干预，并于次年2月27日签署了《贝里克条约》，向詹姆斯勋爵和其他贵族保证，她的目的只是为玛丽女王保护苏格兰自古以来的权利和自由。

事态发展得越来越严重，如今已然超出玛丽和她母亲的控制范围。与亨利二世的强大统治和号召力相比，玛丽和弗朗索瓦显得就像两个无能的孩子一样任由狡猾的成年人摆布。吉斯家族的权力完全取决于亨利在宫廷中的地位，软弱无能的弗朗索瓦完全无法望其项背。玛丽的苏格兰亲戚被变化产生的离心力甩出了权力中心。

1560年7月，英格兰、苏格兰和法兰西共同签署了《爱丁堡条约》。事实上，玛丽和弗朗索瓦一直被蒙在鼓里，直到此事已成定局。根据条款，他们接受伊丽莎白一世为英格兰女王，永久放弃他们对王位的继承权。玛丽拒绝批准这项条约，她丈夫也一样。事实上，在她还是法兰西王后的时候，玛丽已经开始有自己的想法了，伊丽莎白的驻法国大使尼古拉斯·斯洛克默顿在那年夏天见到了她，尽管他是一个脾气火暴的新教徒，也不得不承认自己被玛丽迷住了。

如果变故不是来得这么仓促，一切可能就会完全不同。拥有两顶王冠让她仍然充满自信地闪耀在瓦卢瓦的宫廷里，她自以为能够和伊丽莎白打成平手。但当弗朗索瓦悲惨而痛苦地死去时，玛丽发现自己乃是孤身一人，周围的世界突然变得刺骨寒冷……并且充满了真正的、实实在在的危险。

当脚下的法国地毯突然被抽走，她再也不能走得那么稳了。这个她度过镀金童年和青年岁月的地方，这个她作为王后进行统治的地方，现在不再欢迎她的出现，她只得转而注视她出生的那片大陆。苏格兰对她而言显得多么遥远，更何况《爱丁堡条约》谈判期间，她母亲也在1560年6月11日过世了，那是多么可怕的一年。这片土地无法再提供母爱的慰藉，如今更是被危及玛丽和她丈夫生命的宗教改革浪潮彻底冲刷了。

小小的抹大拉教堂位于爱丁堡的牛门，不远处就是放置切普曼和迈拉的印刷机的房子，苏格兰改革派领导人在1560年12月20日首次齐聚此地。抹大拉教堂建于1541年到1544年间，是宗教革命之前爱丁堡建造的最后一间罗马天主教教堂。也许正是作为新秩序的摇篮，它才幸免于难，它原封不动地保留了整个国家唯一幸存的、宗教改革前的彩色玻璃。

寒冬的阳光透过四面画着苏格兰军队、玛丽·德·吉斯-洛林以及其他人物的圆形玻璃，落在诺克斯和他的同伴脸上，他们正宣称自己是全方位改革的建筑师。他们从宗教事务入手，但事实上会将触手伸向和每个人生活有关的所有事情。他们就像12月的太阳，照进小小的教堂里却带来发人深省的寒意。他们说的一些话几乎直接攻击了他们缺席的君主，以及玛丽最忠诚的支持者——这些代表她统治这个国家的人将会被剥夺权力。

与此同时，诺克斯宣扬的革命方式和传说中约翰·加尔文的方式一样极端。他完全认可他所听到的关于这个激进的法国人的一切传闻。在加尔文的世界里，因此也是在诺克斯的世界里，亵渎者和女巫都要被处死。通奸的女人要被淹死，男人要被斩首。孩子若粗暴对待父母,就要被砍手。为了确保苏格兰宗教改革顺利进行,诺克斯恨不得杀掉所有做天主教弥撒的人。他宣扬任何一个天主教君主都应该被废黜,他直指的正是他自己国家的天主教君主:玛丽·斯图亚特。可现在她要回家了。

从最早的时候起,苏格兰就多少拥有些许女性的气质。比起维京、盎格鲁-撒克逊、英格兰、法兰西和西班牙等男性气概更足的国家,她总是显得弱小,而她的美丽也总是令他们垂涎;她缺乏财富却无损魅力;她镇静、冷漠,尽管困难重重却极其独立。正是因为没人能得到她,他们才更加对她如饥似渴。

一些潜在的追求者试过甜言蜜语,也试过彻头彻尾的欺骗和谎言,但最终不得不动用武力来解决想象中应该很快就被死缠烂打的追求所软化的抵抗。在玛丽身上,苏格兰那些难以捉摸的女性特质终于变得有血有肉。在外国人眼中,正是这位登上世界舞台的女王让顽强抵抗了每一次侵略的王国变得更加妩媚诱人。现在所有喜好美色的国家都想要和苏格兰联姻。玛丽女王让这个国家突然变得更加秀色可餐,也更加唾手可得。

玛丽·斯图亚特非常清楚她散发出的荷尔蒙为何如此诱人。由于她是亨利七世的后裔,事实上给了求婚者一个获得英格兰王位的机会。她也因此成为他们大多数人毕生见过的拥有最致命吸引力的女人。而且她还是天主教徒,却和新教有着如许“风流韵事”,更是给整件事增添了额外的刺激感。可怜的苏格兰成了红颜祸水。

第一个追求者唐·卡洛斯在其父亲,西班牙国王腓力二世的敦促下向玛丽展开求爱,可她丝毫不感兴趣,唐·卡洛斯只好灰溜溜地走开了。紧随其后的是新晋阿伦伯爵詹姆斯·汉密尔顿,同时也是查泰勒赫劳特公爵的儿子。但是年轻的阿伦伯爵犯了一个严重且不可原谅的错误：他先向英格兰女王伊丽莎白求婚，结果和西班牙王子一样吃了闭门羹。然后是急不可耐地赶来的费拉拉公爵、巴伐利亚公爵、瑞典国王、丹麦国王，就连神圣罗马皇帝斐迪南一世也想为他的儿子找一位儿媳妇。除此之外，还有其他的邀请，例如身为天主教徒的第四任亨特利伯爵乔治·戈登（在比顿被谋杀后，他取而代之，成为苏格兰枢机大臣）就敦促玛丽乘船前往阿伯丁会见他带领的天主教大军。他们可以一起南下，扫平他们眼前的所有新教改革者。

最终还是她同父异母的弟弟，新教教众领主詹姆斯·斯图亚特勋爵的温柔话语说服了她，也使她从此走上了一条坎坷的命运之路。他说如果她能接受苏格兰变成新教国家，她就能安全地回到家，并且私底下可以自由地践行自己的宗教信仰，詹姆斯勋爵的建议既是明智的——大多数苏格兰人即使不公开，私底下也仍然是天主教徒，并将继续保持下去——也是危险的。诺克斯这样极端的加尔文主义者，要让他接受弥撒的继续进行，就像要他们与魔鬼握手一样。尽管改革后的历史直到近期才被描绘出来，但我们知道苏格兰从天主教向新教的转变是一个缓慢的过程，而不是大马士革陷落那样一夜之间改宗的事件。到了1561年，新宗教的信众已人手一册《纪律一书》，但其中包含的信条对许多人来说都过于激进了。《爱丁堡条约》一生效，法国军队就从苏格兰撤出了，对天主教徒的任何忌惮也随之消失。

玛丽乘坐的船在1561年8月19日驶进了福斯河的河口。这支小型舰队几乎比预期提早一周到达，因此没有欢迎仪式。船上鸣响了几声礼炮，很快让爱丁堡的好市民意识到有重大事件将要发生，因此当苏格兰女王在莱斯上岸时，岸上已经聚集了一小群仰慕她的人。

对第一批围观者和沿途看着她一路向荷里路德宫前行的人而言，女王的魅力和风采都极其耀眼。但短短几天后，她就要与改革后的苏格兰现实发生第一次碰撞，这次碰撞也将设下其统治时期与王国的关系模式。

8月21日，她和诺克斯进行了第一次会晤。她问他，为何她的子民要顺从他的意志，而非女王的意志。诺克斯则当面质疑她统治苏格兰的权利：一方面她是个天主教徒，而苏格兰已不再是天主教国家；另一方面，在他看来已然冒天下之大不韪的是，她是一个女人。

尽管詹姆斯勋爵向她保证，她可以在私人教堂中接受弥撒，诺克斯及其同党却不这么认为。当玛丽正在教堂中祈祷，詹姆斯勋爵在门外持剑守卫时，这位激进的牧师带着一帮暴徒出现在他们眼前，有人冲向门口，威胁要把神父拖出去杀了。詹姆斯坚守在原地，暴徒们不得不退散。但紧接着的那个周日，诺克斯爬上了爱丁堡的圣吉尔斯讲坛，宣扬地狱之火正在苏格兰熊熊燃烧。“她一个人的弥撒，”他怒吼道，“比一万名士兵登陆这个王国更能镇压新教运动！”

尽管诺克斯的话语已达白热化，但它无法点燃民众，令他们烧成一把能够吞噬玛丽的烈火。狂热的加尔文主义信念推着他比任何人都走得更迅速。可是当他回头看时，他已经走出太远，以至于理智的人无法认真对待他。玛丽在十九岁时就开始证明，自己有能力处理少数极端分子，并与他们保持距离。

毫无疑问，她同父异母的兄弟詹姆斯指引她迈出了第一步，但不可否认的是，玛丽在权力舞台上是一位优雅的舞者。事实上，苏格兰的社会和政治基础也不可能在一夜之间被撼动，《纪律一书》要求的是彻彻底底的改革，但是当权者却不能不务实。就像所有重大变革一样，它打算在许多关键位置上用新人取代旧人，而这些位置都是维系社会网络的重要结点。它也必须解决资金问题；而享受天主教会资金的贵族自然不愿意放弃这只下金蛋的肥鹅。

玛丽花了大量时间在她的王国四处游历，体察民情，尽可能地了解这个她五岁时便离开的国度。有钱有势的地方贵族轻易地折服于她的美貌和魅力，她发扬了一个古老的苏格兰真理：无论是凭借本能还是得自别人的指使，对亲族和王冠的旧式忠诚总是比来自新式宗教的义务要根深蒂固得多。

她也有着威严可怖的一面。1562年末，她下令逮捕并处决了曾力劝她披上天主教傀儡斗篷，向复仇武士一样踏平新教徒的亨特利伯爵。负责此事的是詹姆斯勋爵，因得到了她的信任而被授予莫雷伯爵的头衔。但下达命令的不是他，而是玛丽本人。

如果你参观过玛丽的城堡和庄园，那么你就邂逅了苏格兰历史上一个盘亘至今的时刻：玛丽回到家，并且掌控住局势。但她一生都是女王，大部分时间生活在富足的法国宫廷，而不是偏僻的苏格兰宫廷。在她整个童年和少女时期，她都被灌输着成为英格兰女王的雄心壮志，先是潜移默化的想象，接着被人在一旁煽风点火。现在经历了这一切，她真的甘心过上被边缘化的生活吗？

这就是摆在苏格兰玛丽女王面前的一大难题。她真的是一个虔诚的天主教君主吗？对她而言，最重要的事情难道是追随自己的信仰，即便这意味着永远和自己的国家不合拍？又或者，从她在处死亨特利的事件中扮演的角色……是否可以窥探到一个完全不同的、更为宏大的计划，而这恰恰才是事情的真相？

有人暗示玛丽的天主教信仰并非那么虔诚，她利用该信仰的魅力和戏剧性掩盖了取代伊丽莎白登上英格兰王位的野心。她回来后不久就开始要求伊丽莎白承认她是王位的继承人，但伊丽莎白一再地推诿和闪烁其词，允诺会给她最终答复，但始终没有履行诺言。

英格兰女王伊丽莎白比玛丽年长近十岁：她还没有结婚，更没有合法的王位继承人。两件事她都是刻意为之，因为为了诞下延续都铎王朝血脉的继承人，她就要委身于丈夫，就有损她统治的完全性。为了避免这样的妥协，她将确保自己的绝对权威，同时不得不面对王朝的消亡。1588年，她对蒂尔伯里的士兵说，她“虽有一具虚弱无力的女人的躯体……但有国王的心脏和胃口”。如果在1561年玛丽回到苏格兰时，伊丽莎白正因为身为女性而感到抱歉，那么令这对姐妹反目的则又是另外一些思绪了。

玛丽没有这样的顾虑，她勇敢地开始为自己寻找合适的丈夫。（这个举动让诺克斯更加火冒三丈。伊丽莎白的行为还算可以忍受，至少她守住了自己的贞洁，而不是勾引无可救药的男人，可玛丽却准备交媾和生育。）毕竟她不只是单纯想找一个丈夫，而是一个配得上她的丈夫，甚至让她的血统变得更强大，将斯图亚特王朝的潜力发挥到极致。在考察婚姻市场的同时，她温柔而执着地要求伊丽莎白回答她关于继承权的问题。

她在法国时拒绝过的追求者都再次勇敢地向她提出求婚。苏格兰女王正在积极寻找结婚对象的消息传遍了欧洲，有机会的追求者再次出现，态度甚至比之前更热烈。

首先回到聚光灯下的是西班牙的唐·卡洛斯，而且在很长的时间里，他都以为自己要抱得美人归。然后是神圣罗马皇帝的儿子，奥地利大公查理；但就像之前愚蠢的阿伦伯爵一样，他错在不该同时向伊丽莎白求婚。法兰西的查理九世，也就是她先夫年仅十三岁的弟弟也追求她，但玛丽和她婆婆凯瑟琳·美第奇的冷淡关系使他惨遭拒绝。就连伊丽莎白女王也曾试图为她牵线搭桥，先后提议并坚持劝说玛丽嫁给罗伯特·达德利勋爵。但是就连诺克斯这样的人都知道，伊丽莎白和罗伯特曾有过一段缠绵的婚外情（彼时他的第一任妻子尚且在世），苏格兰女王自然不会考虑被伊丽莎白抛弃的情人。

玛丽最终嫁给了爱情(至少她自己这么认为),她的结婚对象让每个人都大为震惊。他才十七岁,高大英俊,据说他是个技艺高超的猎人,并且像玛丽一样是个热情而有才华的舞蹈家。他就是伦诺克斯伯爵和玛格丽特·道格拉斯夫人的儿子,达恩利勋爵亨利·斯图亚特。鉴于他母亲是玛格丽特·都铎的女儿,年轻的达恩利勋爵实际上玛丽的远亲,并且是排在她下一顺位的英格兰王位继承人。就像玛丽自己一样,他也集两个王朝的血统于一身。

最具讽刺意义的是,这一切都是伊丽莎白的失误,如果不是她,玛丽根本不会遇见达恩利。伦诺克斯家族一直被强制在英格兰定居,因此达恩利是伊丽莎白宫廷的客人。就像其他女人一样,伊丽莎白也对他产生了好感,喜欢让他为她演奏音乐。当她决定放松对伦诺克斯家族的束缚时,她问玛丽是否能为伯爵和伯爵夫人在边境北边找到一处居所,好帮她解决一件麻烦事。她似乎没料到达恩利也随父母一起去了北方。

她仍然热情游说玛丽嫁给达德利,却对亨利七世的两位后代的结合给她的王朝所构成的威胁几乎毫无知觉。达恩利名义上是苏格兰人,却出生在英格兰,这使他很可能具有英格兰子民的资格,能够参与英格兰议会选举。他也和玛丽一样是天主教徒,但态度轻率许多,大概就像他那身花花公子的外衣一样无足轻重。就算随便扫一眼达恩利的资格条件,估计也没人能相信伊丽莎白竟然没有尽力阻止他和急于寻找丈夫的玛丽相遇。事实上她甚至没能阻止达恩利访问苏格兰,他才得以第一次见到了苏格兰女王。

当达恩利在法夫逗留时,灾难性的消息传到了玛丽耳朵里,她终于得到伊丽莎白对棘手的继承问题的回答。伊丽莎白的最终决定是……

不做任何决定。只有当她自己找到丈夫并与之结合时，她才会着手解决这个问题。玛丽感到沮丧和愤怒，并随即迅速爱上了达恩利。在一段龙卷风般的浪漫恋爱之后，他们宣布即将结婚。伊丽莎白这才如梦初醒，并且勃然大怒。达恩利出生于英格兰，是她的臣民。她坚决表示她既没有得到请求，也不会批准他与苏格兰女王结婚。

事后再看，我们很难相信像伊丽莎白一世这样聪明敏锐的女王，会在玛丽和她丈夫的关系上犯如此明显的愚蠢错误。让她稍微有点释怀的是玛丽至少嫁给了本土贵族，尚且算家务事，而没有把她的王国和另一个欧洲君主的王国联合起来。她当然也明白，通过提高伦诺克斯家族的阶位（这个家族在苏格兰境内就有众多敌人），玛丽也为自己的未来埋下了很多麻烦。

无论伊丽莎白愤怒的抗议是否发自内心，但集欲望、恶作剧和纯粹的故意刁难于一身的玛丽都对其充耳不闻。玛丽很快授予达恩利各种头衔，并在爱丁堡宣布他们一旦结婚他就会成为苏格兰国王。然而，还有一个棘手的问题要解决：严格意义上来说玛丽和她的未婚夫血缘过近，理应得到教皇的特许才行。

这一切顾虑都不足以停下这辆失控的列车。1565年7月29日星期天，这对璧人在玛丽位于荷里路德宫的私人教堂里举行了天主教婚礼。然而，在仓促的婚礼之后，苏格兰女王除了开始慢慢后悔之外，几乎无事可做。（诺克斯不可思议地没有发声，也许因为他自己无暇分身。这位极端厌女者在五十岁出头的年纪和朋友的女儿，一位十六岁的少女谈起了恋爱。）

每个人都知道玛丽和达恩利的结合令人担忧。在爱丁堡的苏格兰国家博物馆里，我们在一只抽屉里找到了证据，表明玛丽很快意识到自己的错误。在1565年7月为纪念他们结婚而铸造的一枚硬币上，这对幸福的夫妻面对面注视着对方的眼睛。在铭文中达恩利的名字被刻在了玛丽之前，显然暗示了他在这段关系中处于主导地位。然而这批硬币很快就被召回了。随后替换的硬币上坚定地重申了玛丽的统治地位，让她丈夫回归自己该有的位置。玛丽终于清醒过来，可惜太晚了。

尽管她早先宣布达恩利会成为苏格兰国王，玛丽还是永久地拒绝给予他所谓的“并肩王”头衔。他或许是她的丈夫和配偶，但苏格兰不受其统治。这男孩大为光火，他本就口无遮拦，更是公开吹嘘要让苏格兰回归天主教的“真正信仰”，永远不会戴上王冠的消息深深激怒了他。即便他的所作所为令王室感到尴尬，但在关键事情上他没有令人失望，而其他事情都已经不重要了，因为他已经完成了最重要的任务，就是让他的妻子怀孕。然而在眼看到手的胜利被玛丽夺走之后，他似乎尝试过破坏自己惨淡的一生中这唯一有价值的成就。

危险的愤怒和时常醉酒使得贵族团伙轻易就说服了他，一起密谋杀害玛丽的私人秘书和亲信大卫·里齐奥。里齐奥是一个有点娘娘腔的意大利人，引起了那些在达恩利和他的家族得势后发现自己在宫中不再受重用的人的愤怒。玛丽的私生兄弟马尔伯爵詹姆斯就是其中之一，他们很快就坚信里齐奥是英格兰人派来的间谍，或者是教皇的特使。一个重掌大局、控制女王的计划随即出炉。达恩利竟然蠢到和他们同流合污，同意他们执行这项计划。

计划在1566年3月9日晚以悲喜剧的风格开场。玛丽当时身怀六甲，和里齐奥以及其他人坐在荷里路德宫她私密的卧室里。几个密谋者突然冲进门，领头的那个跌跌撞撞、盔甲叮当作响的是鲁斯文勋爵帕特里克，他年老而肥胖，汗流浃背（他当时发着烧，没过多久就因此一命呜呼），他在斗篷下面还穿着盔甲，正要崩溃的时候，他气喘吁吁地要求女王把私人秘书交给他们。

玛丽拒绝了，鲁斯文跌倒在门框上，拼命站直身体，但是密谋者已经注意到里齐奥就藏在女主人的裙子下。被揪出来后，他以颤抖的假声发出尖叫，但还是被拖到隔壁房间杀死，身上布满了无数把刀剑乱砍乱刺的伤口。

玛丽生怕自己可能会是下一个被害者，或者这一切意在让她受到惊吓而流产，她逃离了宫殿，也逃离了爱丁堡。她和一些亲信设法一路骑马到达了邓巴城堡，在那里她遇到了一个能够和她同舟共济的人。第四任博斯韦尔伯爵詹姆斯·赫本是一个特立独行的贵族。无论是出于本性还是佯装，他都一直忠于他的君主，现在更像一个穿着闪亮盔甲的骑士来到她身边。这是他们两个日后都会后悔的决定。但现在她很高兴能有一个技能和勇气都有所保证的战士（他曾在边境和整个欧洲大陆打过仗）来担任她的保镖。

度过了谋杀里齐奥的危机之后，玛丽对她丈夫的态度更加恶化。在所有方面她都与他保持一定距离，但为了避免有人认为她生下的孩子是私生子，她还是在1566年6月19日分娩的时候，命令他守在她身边。他们的孩子詹姆斯在斯特灵城堡的皇家教堂接受了天主教洗礼，随后举办了极其盛大奢华、花费惊人的庆祝派对。达恩利被晾在一边，而负责迎接客人的是博斯韦尔。

大礼堂派对持续了超过三天，玛丽下令建造一张巨大的圆桌，作为庆祝活动的中心舞台。这个设计意在表达一个重要的政治观点，苏格兰女王要为所有英格兰客人召唤出他们对亚瑟王的记忆。小詹姆斯被唤为“小亚瑟”，传达的信息再清楚不过：这将会是一个统一不列颠的男孩。苏格兰王室自称是整个不列颠的未来统治者，自然冒犯了来访的英格兰使节。这确实是一种挑衅的姿态……但也并非空中楼阁。

伊丽莎白的时间不多了。她已经三十多岁，生下孩子的希望也越来越渺茫。如果她没有亲生的继承人，那么英格兰的王位该交给谁？这个问题的答案，不管让英格兰人感到多么苦涩，都很简单：苏格兰。玛丽很有可能不会戴上英格兰王冠，但她依然持有王位的合法权利，而小詹姆斯会继承这个权利。至少有那么一刻，伊丽莎白似乎接受了不可避免的命运，即将任命詹姆斯王子为她的继任者。直到玛丽对男人糟糕的判断力再一次使事情出现了转机。

达恩利在结婚前和结婚期间都病倒过几次。人们曾暗中议论他得了某种性传播疾病，也许是梅毒。但不管是什么，在1566年到1567年的冬天，疾病再次将他击倒。在他诸多背叛行径之后，玛丽对丈夫依然怀有温情，她先是到他位于格拉斯哥的住处探望他，然后把他带回爱丁堡，在那里她可以监督护理工作。

她对达恩利的爱并没有使他的病情有任何好转，他被安置在柯克奥菲尔德城某处的一所房子里。在1567年2月10日的清晨，有人潜入了这所房屋的地下室，点燃火药炸毁了它。达恩利活了下来（事实上他也许听到了一些动静，在爆炸前几分钟爬出了窗户），但也没活多久。人们在花园里发现他衣衫不整的尸体，他身上并没有爆炸受伤的痕迹，却有被勒脖导致窒息而死的伤痕。他的一个仆人也被发现死在附近。

玛丽像平常一样在荷里路德宫里过夜，但她并没有逃脱这场杀死她丈夫的爆炸所产生的余波。没有人为此认罪，但有传言称是女王身边的贵族所为，也许是她新交的好朋友博斯韦尔在她的默许下做了这件事。无论女王以怎样的心情度过收到噩耗之后的日子，似乎没有人相信她真的感到悲伤。达恩利勋爵亨利·斯图亚特曾是苏格兰国王，尽管有名无实，他去世时却没有举行国葬，事实上几乎没有举行葬礼。据说他的尸体是趁晚上被丢进了荷里路德修道院的墙内，他被随随便便摆在其他死者中间；但是他们有墓碑，而他什么也没有。没有人可以确定他被埋在何处。

他悲惨的死亡改变了伊丽莎白的处境，对玛丽也是一样。英格兰女王宣布在玛丽被排除谋杀亲夫的嫌疑之前，不会再讨论斯图亚特家族的继承权问题。但是玛丽脱不了干系。爱丁堡的每一家酒馆都传说博斯韦尔是杀人犯，一个月之后，达恩利的父亲被允许对他提起诉讼。最终的审判是一场闹剧，法庭里挤满了博斯韦尔的支持者。当所有人通过了动议之后，他立即被大声宣布无罪。

玛丽的惊慌失措是可以理解的。如果她真的是无辜的，那么唯一合理的结论就是这宗谋杀是她底下的贵族所策划。这些人正是她手底下听她管理的人——当她知道房间里有一个杀手时，她还如何管得住这些人呢？然而，就在困惑和不确定性中，玛丽做了一件令人无法理解也无法谅解的事情。谣言像秃鹫一样在她头顶盘旋，还有伊丽莎白审视着她的一举一动寻找内疚的迹象，这时她却选择嫁给了几乎人人喊打的杀人犯：博斯韦尔伯爵詹姆斯·赫本。

有些人说他绑架并强暴了女王，她为了保全自己仅存的名誉，不得不嫁给他。无论这一切的真相是什么，不管他们是否彼此吸引，1567年5月15日，玛丽在荷里路德宫的大礼堂以新教仪式成了博斯韦尔的妻子。也许那时她真心认为，即使不是真心信任，他也是她唯一能依靠的贵族。

消息爆出的几天里，苏格兰就已然在内战的边缘摇摇欲坠。马尔伯爵詹姆斯率领一批以“领主同盟”为名聚集在一起的贵族，发誓将他们的女王从博斯韦尔的魔爪中救出。这不过是宫廷政变的掩饰罢了。

6月15日，在穆塞尔堡附近的卡伯里山上，玛丽和博斯韦尔夫妇并肩率领一支军队与对手会面。战斗没有发生，因为玛丽已经失去勇气，向敌人乞求和平，条件是让博斯韦尔离开战场。他和玛丽道别之后得以安全离开，前往邓巴。他们再也没有见到对方，在经历了众多冒险和阴谋之后，他于1578年4月死在丹麦的监狱里。

如果玛丽以为当她回到爱丁堡时会有无数温暖的笑脸相迎，她就大错特错了。相反，她的臣民们聚集在街道上，从窗户里挂出标语，骂她是个妓女，希望她死。

那些叛乱的新教贵族对杀死她并不感兴趣。弑君罪带来的麻烦不值得他们冒这个险，只要她能离开他们的视线就足够了。玛丽在绝望中度过了以泪洗面的最后一夜，匆匆逃离了这座城市。她最后一次见到她十个月大的儿子是在4月份，也许她曾希冀能够与他重逢，却未能如愿。她被带往珀斯郡的洛克伦城堡囚禁起来。她再也没能见到詹姆斯。玛丽曾透过斯特灵城堡的城垛上专为她凿出的窥视孔来注视她的王国。现在她只能通过牢房的窗户往外看。在她到达的几周之内，她经历了一次流产；她失去的这对双胞胎十有八九是博斯韦尔的孩子。

卡伯里山让她失去了太多，一年多之后，年轻的鲁斯文勋爵和帕特里克·林赛勋爵率领一批强硬的贵族乘船来到洛克伦城堡所在的岛上。他们计划从她身上夺走更多东西，并不惜以死亡的威胁来达到目的。

“领主同盟”现在想要的无非是让她退位，并让她尚在襁褓中的儿子即位，他们已经完全掌控了他。各方面受到的重创让她元气大伤，但她依然尽量顶住了压力。她在1567年7月24日签署了文件放弃一切，但仍然坚持说明她是不得已而为之。“若上帝让我重获自由，我将不再容忍这些事，因为它们违背了我的意愿。”她对他们说道。

仅仅五天之后，小詹姆斯就加冕成为国王，这样的匆忙实在不得体。这是苏格兰有史以来参加人数最少的加冕典礼，教众在斯特灵的圣鲁德大教堂合唱了第110篇赞美诗，在这篇诗章中耶和华赐予国王统治权：“在你右边的主，当他发怒时必打伤列王。”火暴牧师诺克斯终于摆脱了他最鄙视的玛丽女王，他这样布道：“他领国王的儿子出来，把王冠戴在他头上，为他见证；他们立他为王，给他涂上了圣油。”尽管诺克斯口若悬河，尽管《列王纪下》第二章中就记载了关于君主被正当处死的故事，而且让婴儿加冕为国王对斯图亚特家族而言也是司空见惯的事情。但1567年7月29日这一天发生的事情仍然意义重大，构成了苏格兰历史上的一个转折点：这是苏格兰国王首次以新教仪式加冕。

玛丽在1568年5月设法逃出了监牢，并很快召集了一支大军。她听闻了爱丁堡暴徒的愤怒，并短时间内被吓住了，但事实是大多数贵族仍然宁可站在女王这一边，也不愿意和“领主同盟”沆瀣一气。苏格兰人天然倾向于维持现状，也再一次像铁屑被磁铁吸引一样，被现状拉拢回去。玛丽同父异母的兄弟莫雷伯爵被选为摄政王，5月14日，他带领军队在格拉斯哥郊外的一个村庄朗塞德同玛丽的大军对峙。支持他的贵族并不多，但站在他身边的是伦诺克斯和虔信新教的第四任默顿伯爵詹姆斯·道格拉斯。莫雷还召集了几千名士兵，但人数明显少于玛丽的大军。玛丽的指挥官是第五任阿盖尔伯爵阿奇博尔德·坎贝尔，由于他和其他部下的无能，久经沙场的老将莫雷在双方交锋中取得了绝对胜利。如果玛丽留在苏格兰，她很有可能在支持者众多的基础上再尝试一次，特别是趁莫雷尚未掌控局势的时候。但她似乎受够了，她不仅逃离了战场，也逃离了她的王国。她经由索尔韦峡湾进入英格兰，把自己交给了伊丽莎白女王，听凭她摆布，就这样开始了她后半段长达十九年的监禁生涯。

新教改革运动的最后一个障碍终于消失了，强硬派也可以自由地采取更原始激进的方式治理教会。长老会随之兴起，每个地方教会都由自己的元老或长老管理。诺克斯从加尔文那里学会了“选民”一词，也就是说在一切开始的时候，上帝就选择了所有即将得救的人。这些命中注定的、预先得救的人自然会以教众的身份聚在一起，而长老们也就成了他们天然的领导者。这个说法倒是很方便，在金字塔顶端指挥的是长老会的总会（General Assembly），在这里各长老会或元老团的代表可以做出影响教会整体运作的决定。

这对诺克斯这样的教士来说无疑是方便有效的，但它使教会直接与王权相冲突。国王和教会之间早已有了约定俗成的共生关系，君主通过任命亲信担任教会高级职务来对教职人员行使一定程度的控制权。诺克斯这样的长老会教徒不想和主教以及大主教有任何关系，但是摆脱他们，也就切断了教会和王权之间的联系。这个举动永远不会受到国王的欢迎，尤其是斯图亚特家族的国王。

诺克斯没有退缩，他联合那些与他观点相同的贵族，划清了王权与教会之间的界限。国王被莫雷和“领主同盟”掌控，他们的首要任务是帮助国王做好万全的准备，迎接对这个新教国家的统治。他受洗时是天主教徒，但新教加冕礼则在过去和未来之间划下了一道分隔线。考虑到詹姆斯有朝一日也有可能统治一个新教的英格兰，任何事情都不能出差池。因此小詹姆斯接受的教育来自苏格兰最顶尖的学者。自玛丽在1561年回到苏格兰以来，乔治·布坎南一直是她的良师益友，但她后来的倒行逆施让他成玛丽最强烈的反对者。现在他的工作和使命就是让她的儿子与她背道而驰。

我们无法不同情这个小男孩。他从未见过自己的父母，在地方长官和其他成年人的关心下度过整个童年，而他们只关心他的血统，并不关心他在想什么。他的舅舅莫雷被任命为摄政王，但控制他日常生活的是布坎南——他可能是优秀的学者，但他对孩子的管教方式极其严苛。马尔伯爵夫人也是国王的看护人，有一天，在目睹布坎南野蛮地殴打詹姆斯之后，她出手干预，指责他做得太过分。“我反正要打他的屁股,”他反驳道,“如果你愿意,你也可以亲吻它。”小詹姆斯从未被亲吻过。相反他得整日忍受布坎南的洗脑。这位导师的目标不光是教给小男孩文学和数学,还要让他知道,在新教徒和长老会眼中,皇室权力的界限在哪里。

在1579年,他出版了《苏格兰的王权》,并且把这本书送给了詹姆斯作为国王备忘录。“我送给你这本书,可以引导你穿过阿谀奉承的暗礁,”他写道,“它也许不仅能劝诫你,而且能让你稳稳地走在你起步时踏上的道路,如果你偏离了这条路,这本书也会批评你,再把你拉回到原路上。”

这些话也许听起来语重心长,但你可不要被布坎南骗了,他就想继续控制年轻的国王。事实上他想要的是让他成为一个傀儡国王。

在这本书的正文中,布坎南重申了源于《神职人员宣言》和14世纪的《阿布罗斯宣言》的观点。他写道,如果一个国王的行为使人民鄙视或不信任他,例如,如果他像一个独裁者那样统治,那么人民有理由罢黜他。而在16世纪的苏格兰,“人民”开始越来越多地指代新教教会及其贵族支持者。

在准备成为国王期间,他的守护者继续和他母亲的支持者较劲。玛丽被软禁了,随着时间推移,伊丽莎白会释放她的可能性越来越小;但是那些忠于她的人却不顾一切地继续为她战斗。

莫雷在1570年被暗杀。在他之后担任摄政王的是达恩利的父亲,詹姆斯的祖父伦诺克斯伯爵,他也在第二年被杀。最终是绝望让“玛丽党”的努力化为乌有。爱丁堡城堡是这个国家最后一处以女王名义坚守的堡垒,而它也在1573年屈从于不可避免的潮流。内战结束了。

从1572年起,默顿伯爵詹姆斯·道格拉斯一直担任摄政王,他也是在朗塞德和玛丽对峙的敌方将领之一。在摄政的前六年,他为饱受连年战火的王国带来了一定程度的稳定，但他最终死于少年国王的初恋。

它始于1580年，一个名叫埃斯梅·斯图亚特（Stuart，由于当时的法语字母里没有“w”，法国人以自己的方式拼写出玛丽的姓氏）的法国人来到了苏格兰，他来自奥比尼，是詹姆斯父亲的一位远亲，因此也是年轻的国王唯一能接触到的“家人”，小男孩很快就被这位优雅时髦、风度翩翩、年方三十好几的亲戚给迷住了。埃斯梅也报以同样的感情（甚至有人说这是一段彻头彻尾的恋情），很快就得到了大把头衔和特权。

在1581年埃斯梅利用他的职位指控默顿参与了达恩利的谋杀，摄政王被迅速地审判、定罪和处决了。对埃斯梅毋庸置疑的爱让詹姆斯看不到其他贵族的存在，这给埃斯梅带来了很大麻烦，那帮眼红的贵族很快失去了耐心。在1582年8月，他们绑架了国王，把他关在珀斯郡阿索尔附近的鲁斯文城堡里。高里伯爵威廉·鲁斯文就是后来的“鲁斯文突袭者”的头目。贵族们希望国王能听取他们的意见，但如果埃斯梅在旁边他就什么都听不见了。默顿的死掐灭了贵族的最后一丝希望，就连伊丽莎白女王也越来越担心一个天主教徒对苏格兰国王施加的影响之大。因此在她的支持下，詹姆斯在一座座城堡中被连续囚禁达一年之久。由于失去了国王的保护，埃斯梅很快就明智地返回了法国。

詹姆斯六世长大之后再也不相信任何人，而只相信自己，可这有什么可奇怪的呢？他没有见过亲生父母，又被监护人虐待，被那些利欲熏心的贵族当作棋子，最终他和母亲一样成了阶下囚，周复一周、月复一月，在每扇紧闭的门后，他能够听到的也只有自己的声音。

布坎南原本下定决心，要让詹姆斯懂得服从他人的意志，尤其是新教教会和贵族教众的意志。但讽刺的是，他亲手培养出来的正是他最害怕的，一个学会照顾自己，懂得把自己放在第一位的国王，因为没有其他人会替他这么做。布坎南和他的同僚把一个无助的小男孩变成了一个专制的国王。

在1583年6月，詹姆斯设法逃出了“鲁斯文突袭者”的囚禁。当他集结了拥趸，骑马前往爱丁堡夺回他的独立和王国时，鲁斯文和他的党羽正乘船前往法国。在掌握了主宰权之后，他一个不留地收拾了他们，新教教会也开始因对待他的方式而尝到苦头。诺克斯死于1572年。两年后，安德鲁·梅尔维尔接替他成为改革派领导者。历史学家认为他才是苏格兰长老会真正的大脑，但他无法和詹姆斯相提并论。他不仅是诺克斯的继任者，也是布坎南的密友，因此最终他和国王不可避免地会发生冲突。

詹姆斯就像所有先王，深信他拥有的统治权是上帝给予的，他早就明白改革的用意是让教会独立于君主的控制，于是迅速采取了行动。布坎南出版的所有作品（包括那本教国王苟安一隅的手册）都被取缔了。他明确重申了天主教会的主教权威，声明国王位于金字塔的最顶端。梅尔维尔和他的支持者因此逃离了苏格兰。

王位一旦稳固，他就把目光投向了更远的地方。就像他母亲所为的那样，他开始给伊丽莎白施压，想要自己继承英格兰王位。但是她宁可任由自己的王朝在不育的葡萄藤上枯萎凋零，也拒绝伸出友谊之手。

对这段友谊（苏格兰国王获得英格兰王位的希望取决于此）的考验在1586年到来，有人密谋杀害伊丽莎白，并让玛丽取代她成为英格兰女王。安东尼·巴宾顿爵士（他表面上是新教徒，私底下是天主教徒，换言之是英格兰现行制度的反抗者）精心策划了这起阴谋，玛丽将被释放，一支天主教军队将在英格兰南部海岸登陆，然后向北横扫伦敦并取得胜利。这简直是一场圣战计划，巴宾顿设法将一封概括了大致细节的信偷偷送到了玛丽手中。

读者不妨想象一下，玛丽在花了十九年时间练习刺绣之后，收到这封信时，会是怎样的心情。曾有人向她许诺，她会戴上三顶王冠，主宰一个拥有无上荣誉和头衔的天主教帝国。一切如过眼云烟，两次丧偶，甚至连膝下的儿子都被人夺走。她寄给詹姆斯的所有信件和礼物都被看守退了回来。她只能从别人那里了解到他是如何被曾经的良师益友布坎南毒害了思想，与她分道扬镳。除了生命之外，她已经一无所有，即便获得了自由，又能如何？

她拿起纸笔给巴宾顿写信，建议他在尝试救出她之前最好寻求境外的帮助。她告诉他，至于是不是要谋杀伊丽莎白，则要摸摸他的良心。他没有收到这封信，它被伊丽莎白的间谍首脑弗朗西斯·沃尔辛厄姆拦截下来并送到了女王手中。

古巴比伦时代有一个传奇故事，故事中狮子和独角兽始终憎恨对方。独角兽代表春天，狮子代表夏天，所以它们无休止地争斗。有一首英格兰童谣唱的则不仅是春天和夏天之间的缠斗，还象征着以独角兽为盾徽图案的苏格兰和以狮子为盾徽图案的英格兰之间的宿怨：

狮子和独角兽
为王冠而争斗；
狮子打败了独角兽
打得落花流水。

古巴比伦传说还提到，野生独角兽只能被处女驯服，而英格兰的童贞女王伊丽莎白恰好就符合描述。伊丽莎白宣告玛丽犯下叛国罪，并判处她死刑，她终于驯服了北方的这头独角兽。

这一切使苏格兰国王陷入了进退两难：他到底是该采取强硬措施，保护他从未谋面的母亲，因此冒着惹恼伊丽莎白，被剥夺继承权的风险？还是应该温顺地接受她的意愿，冒着苏格兰人民有可能揭竿起义的风险？他最后想出的解决方案甚至会让他最两面三刀的祖先刮目相看。他派遣特使带着明确指示来到伦敦："一方面要向女王及其顾问求情，保下我们至高无上的母亲的性命；另一方面要确保我们对王位的继承权不受影响。"他还写信给伊丽莎白暗示如果她执意杀害玛丽，他将同英格兰断绝关系，但他语气十分心平气和，听不出一丝威胁的意味。言下之意是母亲被处死最多只会让他感到失望。他甚至说，也许流放玛丽会让伊丽莎白满意。

1587年2月8日，苏格兰玛丽女王在北安普敦郡法瑟林盖城堡的大礼堂中被斩首。她身着黑色长裙，下半身的衬裙是血红色，意在表明她以一个天主教殉道者的身份走完了一生。很多年以前，她在一把椅子上绣下了一句名言："En ma fin est mon commencement"——"我死即我生"。这把椅子和这份情感陪伴她直到最后，就像冥冥之中的某种预兆。斧头砍了两下才把她的脑袋彻底砍下来，之后每一点处决的痕迹都被清理得一干二净，她的衣服和其他纪念品都被烧掉了。她的尸体经过防腐处理，被放在一个铅质棺椁中，最终在一个夜晚以新教徒仪式安葬于彼得伯勒大教堂。

爱德华一世曾把苏格兰爱国者威廉·华莱士的尸体分成很多块，散落在英格兰和苏格兰的不同地方，企图以此来消灭他的思想以及人们对他的怀念。但这么做只创造出了他最不想要的华莱士传奇和他的殉道者形象。对玛丽而言也是一样。她生前迷人，有诱惑力，又命运坎坷，死亡反而让她变得无限强大而有力量。英格兰人试图让她消失的努力却让她更加令人难忘。(二十五年后，詹姆斯掘出母亲的棺椁，迁葬到威斯敏斯特大教堂。他为她建造的坟墓远比保存伊丽莎白遗骨的坟墓更为宏伟，更为奢华。）

不管处决玛丽是否合法，伊丽莎白终于明白过来，这已是她人生的污点。为了洗脱污点，她写信给詹姆斯称他母亲的死是个错误，甚至是意外。詹姆斯的回答再清楚不过，他关心自己的未来甚于母亲的死亡。她的死即他的生。“我至今不敢指摘您，因为你此前的行为没有任何不当之处，”他写道，“因此，从另一方面来说，我希望您今后的行为能使全世界依旧相信这一点。至于我，我想您在这种时刻会给予我全方位的满足，您的馈赠将使这个岛屿更加团结、更加强大。”

在公开场合，詹姆斯表现出悲恸，私底下他却在继续玛丽未竟的事业，逼迫伊丽莎白指定他为继承人。她不愿这么做。他决心不像母亲那样失去对苏格兰的控制，于是把注意力转向内政。他是一个聪明的国王，知道祖国也同样需要他。这是一个经历了几十年动荡变化的王国：先是宗教改革，接着是玛丽不着调的统治，最后是他突出少数贵族的权力斗争重围。二十二岁的他将统治权紧紧抓在自己手中。他选择新教国家丹麦的安妮公主作为他的妻子，苏格兰全国上下对此欣喜若狂，尤其因为他们的结合带来了硕果累累。不出几年，年轻健康的安妮就为詹姆斯生下了七个孩子，其中三个活到成年。最受宠的是长子亨利，其次是伊丽莎白公主，以及后备继承人，小儿子查理。

像祖父和曾祖父一样，詹姆斯为自家打造了一个优雅的宫廷氛围。童年教育留下的记忆还历历在目，于是他转向同时代的自助书籍，寻求更高明的智慧。他得到了尼科洛·马基雅维利《君主论》的苏格兰语译本，这部近乎传奇的书讲的是治国方略，以及获取、掌控和行使权力的方法。如果他之前不擅此道，那么他也会从《君主论》中学到，国王必须具备狐狸和狮子的禀赋。他自学成才，而且与母亲形成鲜明对比的是，他治国用的是脑子，而不是激情。1598年，他自己写了一本治国专著:《王室礼物》。收到这份礼物的人是他的长子罗斯塞公爵亨利，当时只有四岁的他已是父亲的心肝宝贝。

詹姆斯唯一和他母亲相像的地方是他的野心。尽管伊丽莎白坚持拒绝指定他继承王位，但这也变得越来越无关紧要。他唯一要做的就是比她活得更久。这一点就算伊丽莎白不答应，她的顾问也都默许了。令人沮丧的是，伊丽莎白比她之前的任何一个英格兰君主都长寿。但至少她的韧劲给了詹姆斯思考和谋划的时间；最后他想出的计划远比接手都铎王朝的王位更加激进和具有革命性。这是一个愿景，詹姆斯相信实现它的时代已经到来。

英明女王伊丽莎白死于1603年3月24日，享年六十九岁。她统治英格兰超过四十四年，在她同父异母的哥哥和同父异母的姐姐的短暂统治之后，她的长治久安给英格兰带来了稳定和国家认同感。但女王去世了……吾王万岁！她的手指尚有温度，戒指就被取下来，托付给一个信使，三天后就送到了詹姆斯手中。戒指带来了伦敦和王权的召唤。想扶植他成为国王的人希望他能尽快到来，但詹姆斯不想过于匆忙，他想慢慢品味这一刻，带着胜利的喜悦游览了这片应许之地。这些时刻属于苏格兰有史以来最有成就的国王，他热爱和平胜过战争，热爱知识胜过愚昧，热爱包容胜过迫害。

当他抵达伦敦时，他登上一艘接驳船，沿着泰晤士河航行了最后一段，最终来到威斯敏斯特大教堂。苏格兰历史上可有哪一刻能与之媲美？詹姆斯走向了祖国最古老的敌人的权力中心。英格兰人自古以来就是他的敌人，多少代人，多少个世纪以来，他们屠杀、强暴和焚烧他的臣民。三百多年来，英格兰的君主一直试图占领和统治他的国家，而现在他们向他双手呈上他们的一切：王位和王冠。

苏格兰国王詹姆斯六世在1603年7月25日成为英格兰国王詹姆斯一世，加冕仪式在威斯敏斯特大教堂举行。他坐在爱德华一世在1301年特别定制的圣爱德华椅上，里面放着从苏格兰偷来的命运之石。这是继1292年倒霉的约翰·巴里奥尔之后，苏格兰国王第一次坐在这块石头上。

面对这个极其重大的场合，詹姆斯也产生了一个与之相匹配的想法。他提议两国应当不仅将王室统一起来，他的愿景是将两国联合在一起，成为一个大不列颠，他的臣民因此也将拥有共同的公民权、宗教和法律。他作为帝王将在最顶端统治两个平等国家的联盟。

“平等”这个词是他的宏伟计划中率先出状况的问题：英格兰人问，苏格兰凭什么和英格兰平起平坐？南方的王国更辽阔，更富有，更先进，更强大，各方面都远超苏格兰。他们问，与贫穷落后的苏格兰平起平坐，于英格兰有何益处？

王国里不只有英格兰人反对他。当詹姆斯离开苏格兰去接受他的新王冠时，他向他的人民致以亲切的告别，并保证每三年会回来一次。然而，他只在1617年回来过一次，而苏格兰人很早之前就嗅到不对劲了。他们最恐惧的事情就是失去他们的身份和独立。如果苏格兰人在三百多年的斗争中没有学到其他的教训，他们起码也能明白一点，那就是他们的独立是神圣不可侵犯的。不计其数的苏格兰人曾为赢得、保卫独立而英勇战斗、牺牲生命，可现在他们的国王却提议让死对头来吞并他们的王国。在很多苏格兰人看来，这就是背叛。

似乎全国上下只有詹姆斯国王一人支持大不列颠计划。这个提议最终出现在1607年的英格兰议会中，但立即遭到了否决。

随着国王在伦敦安顿下来，他的一大帮同胞开始昂首挺胸南下与他会合。很久以来，一直都有零星苏格兰人出现在伦敦，可现在他们几乎是无处不在。詹姆斯被他的苏格兰顾问包围，为了更高效地商议事务，他们甚至挤满了他的卧室。英格兰廷臣在他们自己的宫廷里感觉就像异族。他们私底下窃窃私语，谈论新来的人是如何争名逐利。随着批评声越来越大，苏格兰人变本加厉，以国王为核心更紧密地团结在一起。

英格兰的天主教徒也对事态的发展愤愤不平：詹姆斯让他们感到失望。这位曾受天主教洗礼的国王，这位殉道的天主教女王的儿子，他在自己的祖国对天主教徒表现出宽容，并暗示这一状况也会延续到英格兰。但他一谈及此事就遭到狂风暴雨般的激烈反对，于是不管是出于情愿还是勉强，他都默默地和他们切断了联系。

1605年，天主教徒在国会大厦地下埋下火药时，他们袭击的目标不是这栋大厦本身，而是身处其中的国王。盖伊·福克斯在欧洲服兵役时已经成为使用火药的专家，他被当场抓获，一开始拒绝向逮捕他的人交代任何事情。在严刑拷打之后，他吐露了全部实情，包括计划的初衷是把苏格兰国王一路炸回老家。密谋者还掌握了伦敦每一个有头有脸的苏格兰人的姓名住址。他们想要对整个城市进行一次种族清洗。

不仅受到可怕的暴力威胁，而且提议也被议会否决，詹姆斯的美梦算是破灭了，于是他转而诉诸标志和符号。抵达伦敦后不久，他就设计了一批旗帜，试图把苏格兰的X形圣安德鲁十字图案与英格兰的圣乔治十字图案结合起来。他涂鸦的最终产物就是米字旗，但在他有生之年，这面旗帜所代表的联合王国仅仅是一种可能性罢了。

几百年来，英格兰的国王一直沉湎于亚瑟王的预言，总有一天他将再次降临，统一整个不列颠。他们这个预言一次次证明英格兰人有担当最高君主，统治苏格兰人的权利。但历史便是如此讽刺，最后竟是苏格兰自己的“小亚瑟”詹姆斯六世实现了这个预言。他的成就固然非凡，但也为新的麻烦埋下了种子。

到了1603年，苏格兰人民早已有了强烈的身份认同，他们自以为是个古老而独立的民族。他们反抗侵略者，和华莱士及布鲁斯并肩作战，终于赢得了自由，组建起独特的王室，且在欧洲占有一席之地。但两国王室的合并偏离了苏格兰原有的道路。这是苏格兰历史上决定性的转折点。

詹姆斯国王在历史和传说中都被称为“基督教世界最聪明的傻瓜”。据说他从来没有说过蠢话，也没有做过一件聪明事。长期以来，历史学家对历史上第一位同时统治苏格兰和英格兰的詹姆斯都没什么好话，而他晚年似乎也屈服于一种又一种疾病的淫威之下。

詹姆斯之前的先王多在年轻美丽的时候死去，我们在怀念他们时也往往更具温情：

……聪明的小伙子会及时下台，
荣耀从不在战场停留……

相反，可怜的詹姆斯没逃过所有衰老带来的不可避免的病痛和羞辱，从关节炎到痔疮，最后牙齿全部掉光；正是身体上的衰败，强化了他作为一个失败的国王的形象。但他实际上是一个极其聪明的人，有着一种异乎寻常的自我保护的智慧。而且正是因为他如此重视国王的角色，把它当作上帝赐予他的礼物，他才会将统治推向理想化的境地，最后无疑在很多地方变得不受欢迎。

现在看来似乎不可思议，苏格兰人在和死对头战斗多年后，终有一人登上英格兰王位，而这样的成就却只在苏格兰得到了极其短暂的欢庆。詹姆斯六世终于得到了他古老的奖赏,对他来说当然是好事一桩,但对大多数苏格兰人和英格兰人而言,蜜月期之后的现实是令人扫兴的。首都的苏格兰人担心,詹姆斯的宫廷搬去伦敦后会让充满迷人魅力和挥霍无度的爱丁堡黯然失色。其他地方的苏格兰人也对未来会是什么样子感到隐隐的担忧。苏格兰的詹姆斯坐上英格兰王位固然是好事,毕竟他一辈子都在苏格兰度过,非常了解这个国家及其人民,以及他们的喜恶,可是一旦他过世,统治者换成一个对苏格兰一无所知的人,将会发生什么事情呢?

无论如何,苏格兰是一个已经习惯君主缺席的王国。三百多年来,这已经形成某种规律,也早已发展出一套应对机制。詹姆斯虽然在伦敦,但也是他们的国王。对两个国家共享一个国王的短暂的新奇感很快就从大多数人脑海中消失了。

詹姆斯曾有一个著名的观点,即他可用手中的笔杆子来统治苏格兰,但他的一些想法不可避免地导致了武力冲突。他在1609年颁布了《艾奥纳法令》,试图给依然荒蛮的西部群岛带来"和平"。詹姆斯从16世纪90年代起就一直在干涉盖尔地盘的据点,这是斯图亚特家族的古老爱好。他曾试图通过将该岛租给低地人的方式,在1597年、1605年和1607年把他眼中"文明"的事物带给整个刘易斯岛。每一次,这个计划都在当地人愤怒的反击下失败了。根据《法令》,他试图强迫酋长们带领他们的人民背离古老传统,走向詹姆斯认为更适合其臣民的生活方式。其中最关键的就是他决心用英语取代盖尔语,尽管新法规没能成功地将低地的生活方式强加在岛民头上,但对旧语言造成的伤害已然无法撤销。

也是在1609年,詹姆斯邀请新教贵族在爱尔兰建立"种植园"。很快就有成千上万的新教徒来到阿尔斯特,从此他们就在爱尔兰北部定居下来，其影响一直延续至今。

早在1598年，詹姆斯就为长子亨利写下了《王室礼物》一书。这是他对治国理政的全部理解，让人不禁好奇，这位长子会如何运用父亲毋庸置疑的聪明才智。但亨利王子于1612年去世，国王为此心碎不已。詹姆斯自己于1625年3月27日去世，次子查理代替他登上了苏格兰和英格兰的王位。

查理一世不像哥哥那么英俊强壮，他身高仅五英尺，为人勤学虔诚，身体不太好，性格也有些内向。他出生在邓弗姆林，是个病恹恹的小男孩，以至于当他父亲1603年第一次南下接受王位时，他不得不被留在家中。他对人总是小心谨慎，以至于显得冷漠且有距离感。在很多人眼中，哪怕是他最亲近的人，他也常常显得既无趣又唐突。他说话结巴，并且有轻微的跛脚。

《王室礼物》由亨利传给了查理，无疑他将严肃对待这个角色和他的命运。他在很多方面像他的父亲，尽管远远没有父亲有才华，也不如他英俊。但查理确实采纳了父亲著作的核心论点：他是高坐王位之上的“人间上帝”，统治着底下每一个人。

# 第七章

# 耶稣王

他们都疯了。除了你和我,所有人都疯了。有时候我会怀疑你是不是也疯了。

——马丁,《德古拉》,1931

一艘船正驶向澳大利亚,船上有一位苏格兰长老会成员,正憧憬新大陆的新生活,结果船撞上了一块未知的暗礁,沉没了。所有乘客和船员中,只有他一个人从沉船事故中幸存下来,游到了一个荒无人烟的小岛上。二十年后,另一艘邮轮被一场风暴吹离航道,撞上了同一块暗礁。这一次,有不少幸存者登上了救生艇,划到了苏格兰人的岛上。

他热情地欢迎了他们,带他们四处参观。他们很快意识到,他凭借自己的努力在小岛上创造出舒适的文明生活。

"这是我的家,配备活水。"他说着并带他们走过一座建造精良的油棕榈叶屋顶的木结构建筑。

"这是我的花园和我的菜地,"他笑容满面地说道,"我也可以种水果,随便什么东西都能种出来,这里的气候实在太好了。"

“在那里的两棵棕榈树中间，挂着的是我的吊床，我喜欢每天傍晚躺在里面看落日。”

一位后来的幸存者花了点时间环顾四周，然后指向附近山丘上的一座石头建筑。

“那又是什么？”他问。

“哦，那是我去的教堂。”苏格兰人答道。

另一位幸存者指着旁边一座几乎一模一样的建筑。

“那一座呢？”他问。

“那个？”苏格兰人说，“哦……那是我不去的教堂。”

你要先成为苏格兰人，才能听懂这个笑话。它的幽默之处体现在苏格兰人对宗教的偏执，这种偏执仍然像伤口感染一样肆虐全国。事实上，这是一道古老的伤口。

在17世纪的苏格兰，每个人都是宗教偏执狂。圣公会教徒不信任长老会教徒，长老会教徒反过来对圣公会教徒也很鄙视。不过至少他们都遵奉加尔文的理念。两方加尔文主义者都憎恶天主教徒，而天主教徒则保持低调，因为他们坚信所有的新教徒都会直接下地狱。边界以南的英格兰信奉英格兰国教会，对那些经历宗教改革的苏格兰教会信徒来说，这些不幸的英格兰人组成了“撒旦的犹太会堂”。

即使在宗教派系内部，成员们也往往不信任彼此。教会向信徒宣扬，每个人都对确保教众按照上帝的意愿行事负责。邻居们也必须受到监视，确保他们没有陷入迷途。每个人，每件事，时时刻刻都受到严格审查。这已经为居民提供了一根用来殴打自己和邻居的新棍子，但这还不是最糟糕的，对信仰的迷恋及其正确之道的执迷，也为粗暴、危险地干涉其他类别的行为提供了通行证。

在17世纪的苏格兰，人们为了寻找不道德和不法行为的迹象（无论是真实或出于想象),前所未有地侵犯着旁人的私人生活。詹姆斯国王本人对女巫和巫术十分着迷,甚至研读了相关出版物;成千上万的男人和女人因涉嫌参与黑魔法而被烧死或淹死。迫害者不只有新教徒,在16世纪中叶的特伦托会议引发了令人们惊慌失措的清洗运动之后,天主教会也进入了全面的反宗教改革模式,而天主教国家也开始进入烧死女巫的时代。

对同性恋者的新一轮迫害也重新开始。詹姆斯六世自己和男人的私密关系常常是街头巷尾的谈资,他却在《王室礼物》中写道,鸡奸是"有良心的人永远不能原谅"的罪行。像饮酒、音乐和戏剧这样的世俗堕落越来越受到人们的反对。最后他们甚至禁止庆祝圣诞节和复活节,称之为"迷信的庆祝活动和放荡的渎神行为"。

苏格兰教会的改革始于16世纪60年代,在查理一世于1625年接替父亲登上王位时,许多苏格兰人相信他们已然创造了世界上最完美的改革教会。苏格兰所有阶级的男女都从他们与上帝的亲密接触中发现了极致的狂喜。他们发现,仅靠做礼拜就可以让他们与造物主面对面交流。因此他们也格外看重他们实践新教信仰的特定方式,容不得半点偏差。失去与上帝连接的风险是人们不敢想象的。

人们普遍相信(甚至笃定)天启即将到来,更是令这种狂热的宗教氛围愈演愈烈。耶稣很快就会回到人间来审判活人与死人,并创造新的天堂和新的人间。因此没有时间再寻找其他得救的途径。每一个苏格兰的新教徒,长老会也好圣公会也好,都有理由相信他们是被选中的人。在生命开始的时候,他们就注定要上天堂,因此上帝会保佑那些直到此时都精益求精、臻于完美的凡人与国王。人世间的审判(嘲讽、辱骂、折磨或死亡)和惹怒上帝相比,根本算不上什么。舞台上的好戏已经准备好要上演。

上一章提到詹姆斯国王是“基督教世界最聪明的傻瓜，他没有说过一句蠢话，也没有做过一件聪明的事”，但这并不属实。他的儿子查理因为玩弄信仰而点燃战争导火索，这主要就是因为他缺乏詹姆斯在神学方面的出众才华。詹姆斯国王治下编写的英王钦定版《圣经》对英语和世界产生的影响堪比任何作品，甚至比莎士比亚作品的影响都大。它也为即将吞噬查理的内战提供了语境。它的散文塑造并滋养了如美国独立战争和民权运动一样深刻的政治运动语言。这本书达到了空前绝后、接近完美的文学成就。英王钦定版《圣经》是五十多位学者历经七年完成的工作成果，他们受命于君主，根据原始著作和当时流通的各种翻译版本制作出这个全新的译本。

从统治英格兰的第一天开始，詹姆斯就被那些决心维护甚至拉拢国教和罗马天主教关系的人所困扰。像苏格兰的长老会教徒一样，英格兰的清教徒不希望主教干涉教会事务；他们要求新国王能够出面禁止主教协调上帝与信徒之间的关系。

詹姆斯的童年经受了宗教洗脑，这永久地改变了他。王室的私人教师乔治·布坎南把新教信仰强行灌输给年轻的国王，初衷是为了确保他服从改革后的苏格兰教会，并确保他终其一生厌恶信仰天主教的母亲。讽刺的是，它创造了一个计划外的国王，他坚信自己在天地万物中占有独一无二的地位：他被上帝施以涂油礼，因此凌驾于其他人之上。当他在1603年到达伦敦时，他对自己有统治的权利深信不疑。他还决心统治一个统一的王国，在这个王国中，他的臣民将共享一套法律、一种语言、一种文化，以及一种宗教。

多亏伊丽莎白一世的统治，在英格兰，国王的地位举足轻重，他的权力不会受到挑战。爱尔兰则是天主教国家，因此那里的臣民直接听命于教皇。但在詹姆斯看来，苏格兰只是比爱尔兰稍微好一点。当他在1603年向这个古老的国家亲切告别，并承诺很快就回来的时候，他正在背弃由长老会主宰的苏格兰，苏格兰教会的长老们都急于教育他，说他无权干涉教会事务。与之相比，也难怪服帖的英格兰和英格兰国教会让詹姆斯松了口气。这并不是说他在边界以南就摆脱了宗教折磨；那里的改革派尽管不敢殴打国王的脑袋，但也同样直言不讳。只是在英格兰，对君主角色的尊重给了詹姆斯更多回旋余地。

由于同时受到清教徒和主教的骚扰，他于1604年召开了一次会议，以便对很多方面的问题进行公开辩论。尽管他起初倾向于清教徒的观点，但在以他自己为基石的统一王国的设想上，他并不打算让步。他相当狡猾地把举证责任交给了清教徒。国王说，能否在《圣经》的书页中找到支持他们论点的证据，就取决于他们自己了。如果他们能证明上帝本人反对主教的存在，那么他就会采取适当的行动。清教徒自然无法证明，而詹姆斯则将人称“汉普顿法院会议”的调查报告总结为一个简洁的口号：“没有主教，就没有国王。”詹姆斯认为自己处于等级制度的顶端，他凌驾于教会的权威使得主教有权代表他。因此，任何对主教权威的攻击都是对国王本人的攻击。

詹姆斯随后强迫苏格兰教会总会通过《珀斯五章》，以试图让他祖国的教会更像英格兰人的教会。苏格兰教会将与英格兰教会接轨，“尽可能地接近”。事实上，此时的詹姆斯已然认为，自己首先是英格兰及其教会的领袖，其次才是苏格兰国王。他的儿子，一个不那么有才能的建设者，将遵循这个模式。

然而汉普顿法院会议还产生了一个意外结果：英王钦定版《圣经》。从14世纪晚期的约翰·威克里夫开始，就有人试图把“上帝的话语”译成英语。16世纪，这支火把传给了威廉·廷代尔，他最终因擅自翻译《圣经》并且用其进行布道而被勒死。正是他深邃而优雅的作品构成了1611年首版的英王钦定版《圣经》的基础。

今天，英语是互联网的语言，因此也是现代世界占据主导地位的语言。它的基础就是《圣经》，而奠定这个基础的正是英格兰的第一位苏格兰国王。因此，这项工作无疑是这位经常遭到诽谤中伤的君主所做的一件极为明智的事情：基督教信仰的教义被稳固地置于公共领域，得到国王的批准，由此而产生的辩论在适当的时候创造了民主。说英王钦定版《圣经》为一个终将改变世界的信念打下了基础一点也不为过：很多人都确信上帝是英格兰人。

对不列颠，以及詹姆斯国王本人而言不幸的是，查理一世完全没有继承他父亲源源不断的智慧。他拖着跛腿笨拙地走上王位。虽然他的父亲无疑对英格兰事务干预过多，但他也是个老练的政治家。查理只读过《王室礼物》，却希望所有人都能尊重其中的教诲：他天真地以为，他不需要得到任何人的同意，只管按照自己的想法进行统治就可以了。

对于注定要统治一个新教国家的国王而言，他选择的王后也不太可能让他受到臣民的拥戴。在1625年5月1日，查理和法兰西国王亨利四世年仅十五岁的女儿，信仰天主教的公主亨丽埃塔·玛丽亚结婚。对他本人而言，他们是天造地设的一对，他们的婚姻很美满，王后也为他生下了很多继承人，但它也为那些揣测他心在罗马的批评者提供了太多炮弹。

查理从蹒跚学步起就在英格兰长大，所以长大后的他也成了一个具有英格兰风格的国王。他热爱英格兰国教，并将其视为一种智慧的中庸之道，是介于天主教和苏格兰各地狂热分子都拥护的各种版本的加尔文主义这两种极端之间的常识路线。直到1633年，为了参加他作为苏格兰国王的加冕礼，他才姗姗来迟地第一次访问他的祖国。他可能根本不想回到家乡，但尽管他一再要求，他的同胞还是拒绝把苏格兰的王室珍宝，或称御宝送到伦敦。所以他只能有点勉强地来到了爱丁堡。

他也不喜欢斯昆，这一苏格兰国王的传统加冕地举行典礼的想法。他觉得那里的教堂对他的宏伟设想来说实在太寒碜了，于是选择了首都。仪式在爱丁堡荷里路德宫的老修道院教堂举行。从一开始，查理在对待同胞时就表现出缺乏远见和敏锐。仪式过程中，由他任命的坎特伯雷大主教威廉·劳德在一旁陪同，英格兰国教会在加冕礼上的光辉是显而易见的。查理甚至宣称，圣吉尔斯大教堂从此将作为英格兰国教会的教堂，长老会显然对此深恶痛绝。

仿佛光是激怒家乡的神职人员还不够，他继而开始得罪另一个成功统治所必须依赖的群体：贵族。在出席议会时，他特别注意观察谁投票赞成了什么，并在一本小黑书上记下名字。议会是神圣的、独立的；一个对谁同意他，谁不同意他如此感兴趣的国王，又有谁敢不同意呢？他还安排主教在苏格兰枢密院任职，进一步从贵族手中夺走权力并转移到其他地方。

查理在1636年签发了《教规准则》，这套法律的构思很像他父亲的《珀斯五章》，旨在使苏格兰教会与英格兰国教会保持一致。他对议会机制感到厌倦，因为议会中有很多贵族有时其实并不同意他的做法，所以他选择在教士沉默的协助下把两个国家强行捆绑在一起。他在苏格兰枢密院里安插了大量主教，那些认为自己被剥夺了本应属于他们的权力和职位的贵族，对他感到更加恼火。

但若这一切已经让人怒不可遏，他们的负面情绪将在来年被推向沸点。1637年，他将下令用一本新修订的英语祈祷书取代苏格兰教会的苏格兰语祈祷书。新版苏格兰《公祷书》是一部经过仔细斟酌的文学作品。查理和劳德都参与了写作，他们还邀请了苏格兰的主教，来确保书中尽可能多地体现出苏格兰人的做法。但让苏格人如鲠在喉的是，它被强行投放在苏格兰教堂，没有经过任何苏格兰议会或教会总会的讨论或投票。这是一个笨拙、专制的国王做出的笨拙、专制的行为。（劳德在1645年被砍头，他的命运对查理自己而言是一个冷酷的预兆。）

1637年7月23日星期天，第一次在讲坛上打开新版《公祷书》的任务落在了圣吉尔斯主任牧师詹姆斯·汉奈的头上。《圣经》中明确写道，只有没有罪的人才有资格扔第一块石头，史书没记载是谁把第一条板凳扔到汉奈身上，但传说她名叫珍妮·赫德斯，是教区一位受人尊敬的小贩。这很有可能是一场精心策划的针对英王宗教政策的反叛行动，据说这位虽年迈但活力充沛的女士刚听了这本英语书的第一句话，就对倒霉的主任牧师进行了别开生面的谩骂，接着把她的板凳向他扔了过去。更多的教众加入进来，板凳漫天飞舞，直到最后教会不得不召集军队来驱散珍妮和她的暴徒同伙，结果他们继续在外面的街道上闹事反对。

在全国各地的教堂里，同样的事件层出不穷。查理通过一个简简单单的举动，在多年来囤积而成的易燃物仓库里点燃了一根火柴。抗议者很快就形成了组织，进一步证明暴乱是经过精心策划的。来自全国各地的请愿书迅速涌进爱丁堡，要求撤回这部《公祷书》。为了不直接攻击国王，寻找除他以外的替罪羊，抗议者称之为“劳德的祷告书”。

一个叛乱者的议会由此形成，贵族代表、地主代表、士绅代表和牧师代表分别坐在四张桌子周围，坐在第五张桌子旁的是其他四个团体的代表，并充当执行委员会的角色。“会议桌”向查理正式发声，要求他收回祈祷书以及其他有关国家和苏格兰教会的统治政策，但是查理对他们的呼吁置若罔闻。

在王室的冷落之下，“会议桌”命其成员着手撰写一份非常特殊的文件。它将会成为上帝、国王和每一个信教的苏格兰人之间的合同。因为它让人们不自觉地想起上帝和大洪水幸存者之间达成的协议，它也被称为《国民盟约》。这是一项捍卫苏格兰权利的誓约，明确宣告苏格兰人在有关教会和国家事务上可以容忍什么，不可以容忍什么。成千上万的人签署了自己的名字。其主要作者是苏格兰最聪明也最极端的两个人：法夫的教士亚历山大·亨德森和二十五岁的爱丁堡律师，沃利斯顿的阿奇博尔德·詹斯顿。这两位创作力非凡的人写出来的东西却像裹脚布一样又臭又长，堆砌着章程和条款，缺乏任何形式的节奏或优美辞藻。也许他们是希望查理最好被这份文件催眠吧。

这份文件由三个部分组成：第一部分是对天主教的批判；第二部分重申了自诺克斯时代以来所有来来去去的为长老会提供保护的法律；第三部分对自由议会提出了一系列要求（即要求国王不得干涉），以及苏格兰教会回归长老会的管辖。“我们承诺，以我们的神，耶和华的大名起誓，我们将继续从事上述宗教，并服从它：我们要按照我们的使命，在我们一生的所有日子里，依照我们的圣召，依照神赐予我们的大能，捍卫这一切，抵抗一切逆反的恶事和败坏。”

这样的文件当然既枯燥又沉闷。它刻意预设查理一世明白他的任务是保护长老会的信仰。借这一手把戏，《国民盟约》企图从后门潜入掀起叛乱。

重要的是，时至今日，它都能引发苏格兰人民像钟声一样清晰的共鸣。1638年2月28日，《国民盟约》的第一份副本（也称为“贵族盟约”）摆放在爱丁堡的格莱菲教堂供人签署。第一个拿起笔的人，其名字将成为国王和盟约派之战的同义词，他就是第五任蒙罗斯伯爵詹姆斯·格雷厄姆；在他之后还有数百人签上了自己的名字。

如果说第一场大洪水带来了上帝与凡人的第一部盟约，那么第二部盟约则带来了一场大洪水。这一次的洪流是人民组成的，文件的副本传遍全国各地征集签名，到最后人们甚至用自己的鲜血签下名字。既然这位苏格兰国王把英格兰及其教会放在首位，那么他就要为此付出代价。苏格兰人不再从国王身上寻找独特身份的象征，他们转而投向自己的教会。

对于像沃利斯顿的阿奇博尔德·詹斯顿这样充满激情的年轻人来说，人民的反应是完全正当的。他相信改革后的苏格兰教会将和地球上天然存在的任何事物一样趋近完美。他怀着欣喜若狂的心情看着无数人在《国民盟约》上写下名字。他称之为“王国与上帝荣耀的结婚日”。沃利斯顿是长老会教徒，尽管他表面对事业的正确性深信不疑，但在内心深处，他是一个压抑的人，饱受自我怀疑的折磨。他的妻子是家人为他选择的，第一次见面时他愉快地注意到疾病令她面容全毁；这样就没有人会认为他结婚是为了满足好色的欲念。在他忧虑不安的心中，他知道只有“耶稣王”是完美的，从完美中产生了恩典，而这种恩典是每个卑微的罪人都努力想得到的。根据沃利斯顿的观点，每个人都应该内观，寻找自身中不完美的部分，并予以纠正。

为了纠正自己的不完美，沃利斯顿写了一本日记，在日记中记录了自己每天在通往救赎之路上的努力。尽管丢失了数年的记录，但保存下来的作品也多达数千页，里面写了他如何一天要听三次以上的布道；他如何不断和自己的灵魂交谈和提问；他如何生活在达不到那个目标的恐惧中。尽管沃利斯顿的日记无疑是与众不同的，甚至是异常杰出的，但他笔尖流露出来的自我约束却是当时的普遍心态。它所揭示的关键在于，长老会已经准备好迎接耶稣王的到来。查理国王只是另一个有可能被罚入地狱的灵魂，没有一个明智的长老会教徒会冒被他拖进深渊的风险。每个人的灵魂都有一部分是任何国王都无法触及的。

沃利斯顿在1637年5月参加了讨论新公祷书的会议。当他回到家时，他在日记里写下“这就是野兽的形象”。当它最终在命运攸关的7月23日投入使用时，其结局早已注定。那一天，布列钦主教顺利地用这本书完成了布道，但那是因为他采取了预防措施：在进入讲坛之后，他在新公祷书的两边重重地各摆了一把上了膛的手枪。

对沃利斯顿和他的同僚而言，借由《国民盟约》发起的反叛行动是他们唯一的出路。第一部盟约是神和他所选的子民之间的契约，而在《旧约》中被选中的是犹太人。但基督徒相信，耶稣基督的到来改变了盟约的条款。现在上帝选择了基督徒，但那会是什么样的基督徒呢？新教改革否决了教皇的普世权力，所以肯定不会是天主教徒。“撒旦的犹太会堂”里的英格兰国教会教徒也好不到哪里去。每个有道德的人都能清楚地看到上帝所选择的人不是别人，正是苏格兰长老会的虔诚信徒。

1638年3月18日星期日，沃利斯顿和他的家人在爱丁堡北边的柯里教区参加了那一天里的第二次教堂礼拜。那次礼拜是为了让教区居民签署盟约而举行的，牧师适时地解释该文件的基础来自《圣经》本身。然后他吩咐教众起身，与他一起和上帝立下盟约。沃利斯顿后来在他的日记里写道：

> ……当他们站起来，眨眼间就举起手时，上帝的灵降临在他们所有人身上，融化了他们冰冻的心，湿润了他们干枯的脸颊，甚至改变了他们的面容：牧师几乎被自己的眼泪窒息了，然后全部人跪下哀悼和祈祷……主啊，让我永远不要忘记我是你剧中的一个演员。以色列和这座教堂几乎是平行的，因为我们是唯一向耶和华起过誓的两个民族。

超过一千本《国民盟约》留存至今。这是一份极为重要的文件，象征着苏格兰人受到鼓舞，将自己的祖国视为一个民族国家，而不是一个王国的时刻。在这个国家，男人和女人都是公民，而不是臣民。因此不管国王有何说辞，他们遵循自己的宗教信仰的权利（人权），有做任何必要的事情来拯救自己的灵魂的权利。每一页上都有各个阶级的苏格兰人的签名，有些是受过良好教育的绅士们熟练流畅的笔迹，有些是拿惯工具的手写下的不工整的笔迹。贵族和夫人，耕作者和农民，无论是高贵还是卑微，无论是男人还是女人，都不重要了。在上帝眼中，每个灵魂的重量都是一样的。

这是一个奇迹，有史以来第一次，普通的男人和女人，我们这些大众短暂地浮现在历史中。历史往往是关于国王和王后，以及受到他们青睐的精英阶层的，而成千上万曾活过的普通人却往往被历史遗忘。在《国民盟约》的羊皮纸上潦草地签下的名字，是我们存在的第一个书面证据。

当然，有些人是被迫签下名字的。在那些狂热的年头，邻居监视邻居，充斥着阴暗的猜疑和流言蜚语，无论个人信仰如何，人们都很难抗拒主流意志。拒绝签名需要冒太大的风险，可能会被认为是有罪的，甚至被诬为是教皇的人。在苏格兰东北部，主教控制着为查理国王所喜的国家型教会。但盟约特派员也在这时来到北方，在高压下确保人们签名。一旦公民签下了自己的名字，就是不可能撤销的。你如何终止与上帝之间的合约？它营造了一种几乎无法忍受的压迫气氛，对任何一个试图在这种气氛中生存的国家来说都是可怕的负担。在这样一个世界里，极端主义和激进教派很容易生根发芽，而从激进到疯狂仅有一步之遥。

查理对所谓盟约派的荒唐行为了如指掌。他发出了威胁，也许认为他的臣民应该就此屈服于他的意志。他甚至发布了自己版本的盟约谴责了教皇主义,但其他重要的问题都没有提及。苏格兰教会不假思索地把它驳回了。国王从未签署他们的盟约,他们也不会签署他的盟约:盟约派宣称他们已经准备好,就算赴死也不会违背他们的誓言。汉密尔顿侯爵詹姆斯·汉密尔顿被派往北方解决此事。查理告诉他:“我允许你尽可能地奉承他们,给予他们希望。”

汉密尔顿在1638年11月21日抵达格拉斯哥大教堂,及时赶上了苏格兰教会代表大会。如果他和国王一直误以为《国民盟约》就是纸上谈兵的话,那么这位大人和他的主人就要大吃一惊了。盟约派的人全副武装,一副随时准备参战的打扮;主教们也许认为谨慎要好过勇敢,他们的缺席也很引人注目。汉密尔顿一坐下,大教堂的门就在他身后锁上了。不管他愿不愿意,他都得听完整个会议流程。盟约合著者亚历山大·亨德森当选为大会主席,沃利斯顿为大会秘书。

即使在这样的会议上,演讲者还没有到向皈依者布道的地步。一直有不同的声音质疑盟约所主张的正当性。沃利斯顿凭借精心策划、旨在平息所有反对意见的发言,将改革后的苏格兰教会精神追溯到极为遥远的年代。那些早已被遗忘的证据帮助这位暴脾气的律师证明,主教向来与真正的长老会教徒的灵魂格格不入。

在犹如熔炉的教众面前熬过漫长而艰难的一天之后,汉密尔顿获准离开。除了第八任阿盖尔伯爵阿奇博尔德·坎贝尔之外,国王枢密院的每一位成员都跟着他离开了。就像蒙罗斯一样,阿盖尔的名字很快就会深深地铭刻在盟约的故事中。

在接下来的日子里,查理对苏格兰教会的干预被尽数抹掉了。《教规准则》连同新版《公祷书》一起被扔了出去。现任主教被免职,主教的职位也被废除了。查理原本对教堂建筑和圣衣的改造都有自己的想法：现在这两个想法都被拒绝了，就好像它们从未被提出过一样。耶稣王无处不在，查理国王则无影无踪。沃利斯顿在他的日记里坦承："我们将把上帝之子耶稣王的特权扩展到其他所有人之上，也许他的王国将扩展到世界的所有边界。我们苏格兰人的教会在实现重新发现的完美之后，会因其教义和礼拜的纯洁，以及管理上帝之家和教会的方式，成为其他国家的楷模。"

在沃利斯顿这样狂妄的言论背后，无形中流动着确凿无误的宣战的电荷。苏格兰正在反抗它的国王，查理很快明白他需要派遣一支军队来重新控制北方王国。讽刺的是，身为一个苏格兰国王，他却不得不派一支英格兰军队来镇压他的同胞。这就是1639年的第一次主教战争，它对查理来说是一场灾难。苏格兰叛军组建了自己的军队，由一名多年来在欧洲大陆领导战斗，立下赫赫战功的雇佣军军官亚历山大·莱斯利率领。被召回家乡后，他带上一些身经百战的军官，构成了苏格兰军队的中坚力量，和查理麾下的英格兰人作战，并迫使他们在经历仅仅几周的小规模冲突后就选择放弃战斗，诉诸和平。

苏格兰议会于1640年6月举行会议，进一步违背国王的意愿，并确认了1638年11月在格拉斯哥大教堂做出的决定。在查理看来，这个世界已经完全颠覆了。他召集英格兰议会，试图为进一步的军事行动募集资金，但也遭到了违抗。许多英格兰人对国王怀有与苏格兰人相似的怨恨，查理在仅仅三周后就愤怒地解散了议会，它在历史上被称为"短期议会"。

尽管资金短缺，查理还是派了第二支军队北上，这就是被人们铭记的"第二次主教战争"，它就像第一次一样让国王感到沮丧。控制了苏格兰的主要城堡后，莱斯利和蒙罗斯领导盟约军越过边界进入英格兰境内。到了10月，查理到了走投无路的境地，他不得不宣布停战，甚至屈辱地向苏格兰人支付了他们占领英格兰领土所花费的开支，大约为三十三万英镑。

尽管取得了胜利，但苏格兰的盟约派实际上是一支分裂的力量。阿盖尔是一个爱挑衅的人。他掌握了长老会运动的控制权，到1641年，他竟要求彻底废黜查理国王。他认为国家政府应该全权负起责任。率先签署《国民盟约》的蒙罗斯虽然表面平静，内心却感到震惊。他的思想属于长老会，但他的心站在国王这一边，他和一小部分不谋而合的贵族骨干一起试图把阿盖尔赶下台。然而他们温和的政变失败了，蒙罗斯被投进监狱。两人之间对立态势趋向明朗。

1641年秋天，查理前往爱丁堡向议会发表演说。他试图表现出一个慈眉善目的和事佬的形象，但失败了。等他返回伦敦时，苏格兰更加完全掌握在阿盖尔的叛军政府手中。当阿盖尔被封为侯爵，莱斯利被封为贵族时，蒙罗斯和其他对查理流露出同情的贵族在监狱里苦苦煎熬。更令查理的麻烦雪上加霜的是，爱尔兰很快发生了一场天主教叛乱，查理不得不借助苏格兰的新教徒军队才将局势控制住。

无论是从表面上还是实际上，查理都变得越来越羸弱，越来越四面楚歌。他的联合王国正在分崩离析，他所做的每一个举动似乎都是错的。在短期内，他必须拿出钱来支付刚刚撤离的盟约军的账单，因此再次召集英格兰议会。国王的焦头烂额让他们更加大胆和挑衅。他们总共坐镇十三年，赢得了“长期议会”的绰号。他们不仅没有缓解查理的麻烦，反而通过了一项《大抗议书》，一方面指责“教皇派”主教中充斥着王室后裔，另一方面又试图限制国王对其的掌控力。

查理依旧专横地试图逮捕折磨他的人：主要是两个清教徒下院议员约翰·皮姆和约翰·哈姆登。可惜他行动得太晚，也太慢了，两个人都逃脱了抓捕，让查理显得愚蠢又无能。他终于意识到自己岌岌可危的地位，逃离了伦敦，并于1642年8月22日在诺丁汉升起皇家旗帜，召集支持者。英格兰的内战（实际上始于苏格兰，并在那里持续了更长时间）开始了。

每个人都知道英格兰内战的结局：克伦威尔和他冷酷无情的议会军击败了气势汹汹的王军，砍下了国王的脑袋。但在边境以南发生冲突的头几个月里，结果还很难确定。事实上直到1643年，查理及其王军似乎都能轻而易举地取胜。他们当中最厉害的是查理风度翩翩的侄子，莱茵王子鲁伯特。鲁伯特的母亲是查理的妹妹，伊丽莎白·斯图亚特，她死去的丈夫腓特烈曾任普法尔茨选帝侯，还短暂地当过波希米亚国王。他们的统治仅仅持续了几个月，伊丽莎白从此就被人们亲切地称为"冬天女王"，这个头衔的浪漫情调也影响了她长发、英俊的儿子。在他的领导下，查理麾下的骑兵队成功地实现了教科书里关于骑士的所有理想。

经过近一年胶着的战斗，无论是国王一方还是英格兰议会一方都曾向苏格兰人请求帮助。对北方的宗教狂热分子而言，这看上去是个天赐良机，而且的确如此；但从一开始，盟约派内部就未能就行动方案达成一致。直接和国王对立一直是个敏感问题，盟约军军官中很多人不愿真的攻击他们受过涂油礼的君主。反对力量很容易被误导，国王会被说成是受了奸臣的摆布，所以如果忠于王室就应该帮助国王铲除奸党。

最终，长老会内部强硬的反保王派人士取得了胜利。他们派出了一支庞大的苏格兰军队代表英格兰议会作战。但协议中有一条很长的条款：作为对军事支持的回报，英格兰必须接受一份被苏格兰人称为《宗教改革；捍卫宗教、国王的荣誉与幸福；苏格兰、英格兰和爱尔兰三国和平与安全的神圣盟约》的文件及其条款。虽然这个标题绝对是朗朗上口，但英格兰人签署的这份文件通常被简称为《神圣盟约》，并承诺将英格兰国教教堂改造成和苏格兰圣公会教堂一模一样的复制品。这等于是让苏格兰长老会接管了整个不列颠。“凡我天父未栽种的，必被拔出。”

苏格兰人言出必行。自从在1640年第二次主教战争中狠狠地羞辱了查理，随后又对爱尔兰天主教徒进行了镇压，他们两万兵马的军队就一直随时准备战斗。到1644年，他们向南进军，在马斯顿荒原战役中发挥了决定性的作用，他们已被看作一支专业部队。

然而回到苏格兰，情况就不一样了。查理在1641年底对苏格兰议会进行了不愉快的访问之后不久，蒙罗斯就恢复了自由。出于对阿盖尔以及强硬派的个人反对，他现在是个彻头彻尾的保王派，决心要恢复查理在金字塔塔尖的合法位置。

当长老会军队和议会军沐浴在马斯顿荒原战役的关键性胜利的荣光中（随后还将有诸多胜利），一个传奇也正在苏格兰北部丘陵和峡谷地带下笔书写。蒙罗斯和他的支持者在1644年3月展开了一轮保王派的反击，但收效甚微。然而同年8月，阿拉斯泰尔·麦克科拉·麦克唐纳加入了他们的行列，他是一位二十一岁的高大威猛的年轻人，有着与他的身材相称的战斗名声。他们叫他科尔基托，那是盖尔语中“左撇子”的变体。他从位于安特里姆的家乡带领2 000名战士和对坎贝尔的嗜血渴望来到了苏格兰。

科尔基托和他的部下都是天主教徒，既然他是麦克唐纳家族的人，那么阿盖尔的坎贝尔家族就是他天生的敌人。他一抵达苏格兰西部，就有上千名高地人加入，并立刻在坎贝尔的领地上掀起了腥风血雨，无人能幸免。当他在布莱尔阿索尔与蒙罗斯会合时，他的名字已是可怕暴行的代名词，作为复仇者，联军开始着手对付阿盖尔的盟约派狂热分子。

他们首先在9月份击败了珀斯附近一支规模更大的盟约军，然后肆无忌惮地洗劫了该镇。他们的下一个目标是阿伯丁。虽然此地的拦路虎人数远胜他们，但对手也再一次被碾压和扫除。爱尔兰天主教徒和高地人将这里夷为平地。当战争涉及宗教时，总会发生这样的事，胜利者能轻易抛开人性中无关紧要的东西，肆意地强奸、谋杀和焚烧。蒙罗斯和科尔基托主导了一场针对无辜平民的暴力狂欢，并亲手断送了他们自我主张的正义口号。

他们在军事上的成功倚赖一种战术，这种战术完全出自科尔基托这位爱尔兰巨人的残酷想象力。在未来的几十年里，仅仅提到"高地冲锋"就足以让对手不寒而栗。一旦进入射程内，高地人会迅速打出一发子弹，然后放下他们的火枪，拿起他们的阔剑，纷纷冲进任何倒霉地站在他们对面的队伍里，并且他们习惯扯掉方格花呢披肩，这样跑起来更轻松。有谁敢站在原地不动，用颤抖的双手重新装填一把火枪，去迎接一个半裸的，为了死亡或荣誉发出号叫，怒目圆睁地咆哮而来的部落？1644年到1645年间的盟约军肯定抵挡不住，这一点已经很清楚了。

当科尔基托及其同胞们刀刃上的血迹像铁锈一样干涸，他在阿伯丁和蒙罗斯分道扬镳，往西行进寻找增援。蒙罗斯只能独自面对他们迄今为止烧杀抢掠的后果。为坎贝尔兄弟遭到屠杀而震怒，阿盖尔亲自前来，他自信可以解决掉保王党军队。但是聪明、果敢的蒙罗斯带领小股部队隐入山林，无迹可寻。

凛冬时分，科尔基托带着成千上万的麦克唐纳族人回来了，当气候最恶劣的时候，他们也最残暴。在他继续前进的过程中，蒙罗斯改写了军事战术规则手册，带领他的部队进行了超出人类承受能力的强行军。当阿盖尔及其军队还在为预热的战斗做计划时，"伟大的侯爵"找到了包抄和随意击败他们的方法，并发动了愤怒的突袭，很快更多盟约军在山丘和峡谷中尸横遍野。在1645年2月，他仿佛又不知道从什么地方冒出来，在因弗洛奇屠杀了一支人数占优势的坎贝尔部队。5月份，一支盟约军试图在奈恩附近的奥尔德恩村外趁蒙罗斯和科尔基托不备袭击他们，这次突击几乎快要奏效，但保王党人以近乎疯狂的勇气和猛冲，突破了盟约军的攻击，摧毁了他们的军队。7月，他们在阿伯丁附近的阿尔福德取得了又一次令人惊叹的胜利，8月15日，他们在基尔塞斯血腥屠杀了大约3 000名盟约军士兵。

蒙罗斯的一连串胜利让他看起来不可战胜，至少盟约军军官都开始叫他“不败侯爵”。但事实上，这些都是形式上的胜利，而非实质性的胜利。侯爵既便能将这一小股部队塑造成英雄，他也是孤军奋战。他虽然有军事天才，但他面对的是不会被勇士单枪匹马推翻的一整套意识形态、宗教和政治的运动。

科尔基托现在已经走了，不管他一直以来为什么而奋斗，他心怀的从来都不是同伴的新教事业。如果他胸怀梦想，那也是麦克唐纳家族重拾对群岛的统治。他对坎贝尔家族的嗜血渴望永远不会消退，他甚至移师西部，只为杀死更多坎贝尔的人。他再也没有见到蒙罗斯，而是回到爱尔兰，于1647年死在那里，血淋淋的剑依然紧紧地握在他的左手上。

在英格兰，战局早已向议会军扭转。1645年6月14日，保王党人终于在纳塞比战场上被彻底击溃。莱斯利卸下了重担，可以带领长老会教徒回家了。1645年9月13日，在塞尔柯克附近的菲利普霍赫，莱斯利与蒙罗斯迎来了决战。最终，受宗教鼓舞的盟约军非蒙罗斯力所能及。尽管一年中取得了五次辉煌的胜利，但只需要一次失败就暴露了他并非真正强大。他除了必胜的意志之外，别无他物。莱斯利驾驭着一台所向披靡的战争机器，赶走了“伟大的侯爵”。在追随者的裹挟下，侯爵逃离了战场，也逃离了苏格兰。

在1646年5月，查理又一次走投无路，但他还有最后一张牌要打。在纽瓦克，他把自己交给苏格兰人，质问他们是否敢当面背叛他们的国王。如果他认为亲自出马可以让苏格兰人懂得自己已经误入歧途，他会大失所望。他们不但没有被他吓倒，反而把他带到纽卡斯尔，并试图强迫他签署盟约。盟约要求国王的统治受到法律制约，他要同意在三个王国建立统一的长老会教堂，并要他像其他人一样信仰长老会。简而言之，他们既要求他放弃自我意识，还要求他放弃自己的灵魂。

无论他还有其他什么品质，查理内心深处仍有一种执拗的无畏精神。最重要的是，他相信可以通过自身的榜样让臣民认清他们错误的行为，并引导他们回到正路上，而这是他作为基督徒的责任。他拒绝了苏格兰人的盟约、乞求和威胁。1647年1月，苏格兰同胞在厌恶中放弃了国王，他们口袋里揣着英格兰议会的20万英镑，永远地背弃了他，启程回家。

查理名义上受到一支温和派长老会军队的保护和守卫，可一旦苏格兰大军离开，就没有什么可以阻挡奥利弗·克伦威尔带领的新模范军了。他们大步走进纽卡斯尔，口中喊着“万军之耶和华”的口号，将国王牢牢地抓在手中。事实上，这就是不列颠局势中最关键的一步。苏格兰人的眼睛里充满了欣喜若狂的泪水和宗教联盟的幻象，他们认为苏格兰、英格兰及爱尔兰将联合组成一个新的以色列。所以，他们对现实视而不见，英格兰清教徒则不同，他们已经准备好接受任何能给他们带来军事力量以确保最终胜利的东西，甚至签署《神圣盟约》也可以。可一旦他们把国王将死，他们就赢得了这盘棋，所有打赌就此告终。

在国王被俘后，盟约军再度一分为二。面对政治现实，英格兰人意识到,无论在精神上还是经济上,他们都没有义务满足昔日同袍。他们已经没有理由团结一致了。有许多人继续寻找着同查理合作的方法,但这些所谓的“实践派”只会激怒强硬派。1648年8月17日至19日,克伦威尔的激进分子彻底摧毁了一支入侵的苏格兰温和派军队,不仅把他们从战场上赶走,也彻底将他们从政治领域驱逐出境。

刚刚取得胜利的克伦威尔在10月和阿盖尔一起进入了苏格兰,扫平了最后一点“实践派”力量。在克伦威尔自己心目中,第二次战争的罪魁祸首就是查理,正是因为他顽固地拒绝屈服于人民的意志才导致了战争。

在苏格兰,“人民”的地位日渐攀升。“实践派”被贵族统治,但他们强硬的对手“反对派”,却源自普罗大众。他们从苏格兰西南部的精神腹地崛起,向首都进军。爱丁堡和苏格兰教会很快就落入他们手中。阿盖尔和沃利斯顿都投身这场运动。现在“人民”将视自己为上帝的儿女,任何倒退或持反对意见的人都不能被容忍。

“苏格兰正在绽放,”一位“反对派”领导人说,“总会将探寻每个人的罪恶,没有一个家族能够置身事外。牧师和会众之间紧密的联系将使任何可耻的人都无法生存,任何丑闻都无法被掩盖。亵渎的人唯一的抱怨是:他们没有了犯罪的自由。”他们称其为“圣徒统治”,然而在这个世界里,孩子会因为不尊重父母而被起诉和监禁;处决是每天都发生的事情;男人、女人和孩子会被鞭打,耳朵会被钉在柱子上,舌头会被刺穿。在之后的几年里,盟约派却把这段时期视作黄金时代。

现在,克伦威尔面前已没有拦路虎,再加上苏格兰的激进分子深陷本国的水深火热之中,这位国王的坚决反对者迈出了最后一步。克伦威尔大权在握,他说服周围人相信查理犯了叛国罪。他截获了国王写给妻子的一封信,在信中他概述了对贵族“实践派”动机的认可。克伦威尔从那时起就知道国王不会屈服。

在1648年12月的一个早晨，托马斯·普莱德上校率领军团占据了伦敦议会大厦的台阶，每当一个公开同情国王的人到来，他就会被逮捕并排除在外。这就是历史上的“普莱德清洗”。在此之前，英格兰议会有489名议员；到最后只剩下不到200名议员，他们都不会为国王发声。“长期议会”结束了，剩下的被称为“残缺议会”。

1649年1月4日，“残缺议会”通过了一项法案，宣称国王将以叛国罪受审。审判从20日开始，查理从一开始就拒绝为自己辩护，他甚至拒绝承认法庭的权限或这项指控本身。但他顽固的自尊心改变不了什么。1649年1月30日，受过涂油礼的国王在白厅外被斩首。不久之后，“残缺议会”将废除整个君主制，他们的弑君罪也随之不了了之。

在伦敦，随着国王的鲜血从覆盖黑布的脚手架上喷涌而出，一股冰水也迎面泼在苏格兰脸上。这个国家终于从宗教的昏迷中苏醒过来，苏格兰人的眼睛看到了一个再明显不过的事实：通过杀死英格兰国王，英格兰人也杀死了苏格兰国王。这是突破底线的行为。他们终于受够了自己的激进主义，即使是最严苛的狂热分子也本能地感到克伦威尔走得太远了。毕竟，人们灵魂的救赎会因此岌岌可危。上帝对冷血谋杀国王的人民会做何感想？虽然英格兰人已经决定他们不需要君主，但盟约派坚信他们的完美国家取决于国王，一个盟约派国王的存在。

现在看来，当时的局势犹如大众集体患上了歇斯底里症，整个民族一起癫狂。然而在处决查理一世的五天后，苏格兰人民就宣布他的儿子成为他们的新国王。如果他们仅仅止步于让他当上苏格兰国王，他们也许能和南方和平共处。相反，他们坚持认为他也是英格兰和爱尔兰的国王。如果查理二世仅在苏格兰称王，克伦威尔很可能会满足于划界分治，自己统治分裂后独立的英格兰共和国。因此，当苏格兰人宣称他死敌的儿子为三国之王时，他感到自己理想的纯洁性遭遇了危险的挑战。

国王被处决的消息也传到了蒙罗斯侯爵的耳朵里。随着查理二世被立为王位继承人，“伟大的侯爵”再次受到鼓舞，准备开始行动。事实上，查理二世即位之后的第一个举措就是任命蒙罗斯为苏格兰副将军，并在荣归英格兰之前将打入这个国家的任务交给了他。

蒙罗斯在欧洲大陆度过了四年，在1650年他从瑞典启航来到奥克尼。事实证明他本不该插手这件事。他努力培养了一支忠心耿耿但未经训练的军队，大多数成员都是毫无头绪的奥克尼人，并在4月份横渡到苏格兰大陆。1650年4月27日，他们在卡比斯代尔被一支盟约军拦截，他已不复从前的英明，被彻底打败。年轻的国王立即和他断绝关系，任他自生自灭。不久之后他被出卖并俘虏，被带到爱丁堡，于5月21日以叛徒身份被处决。

当围观人群在那天早上看到侯爵时，他们惊讶得倒抽一口气。据说到了那个时候，他的衣着都堪称完美无瑕，黑色的长发卷曲得恰到好处，黑色礼服、猩红色斗篷和系着丝带的鞋，就像新郎一样。在被砍下头颅之前，他背诵了前一天晚上自己写的一首诗：

> 敞开我的血管，我的救世主，
> 我可以在那深红的湖里游向你。

为什么被征服者总是如此格调高雅、才思敏捷、潇洒自如和魅力非凡？而灰头土脸的卑微凡人只能靠不断鞭策自己，从事暗无天日的苦差才能走向成功？

更多这些卑微凡人陪同查理踏上了返乡之路，在他耳边喋喋不休地诉说世界的邪恶。想象一下，对查理二世而言，在欧洲大陆流放结束之后，1650年6月的这次旅行该多么无趣。苏格兰人依然想要（事实上，他们仍然坚持要）一个盟约派国王。于是一路上查理都在被霸凌、叱责、训诫，被告知其父亲和之前每一位国王的恶行。他们信誓旦旦地说他是个有罪之人，在他配得上他们心目中的王位之前，他还有很长的路要走。

查理被说得心烦意乱，然后顺从地签署了盟约。他仍然在船上，停靠在斯佩河口，特派员拿着纸笔上船给他签字。似乎在端正态度之前，他甚至不被允许踏足苏格兰大陆。随着查理的签名在纸上洇干，他被送往南方的福克兰宫，在那里他花了几周的时间，听取他作为盟约派国王需要承担的责任和义务。他们逼他写了一首忏悔诗，有传言说他在诗中写道他为自己的出生感到抱歉。

克伦威尔带领一支11 000人的军队来到北方，他给苏格兰人写信说："你们所说的一切和上帝的话语相吻合吗？我从基督内心最深处恳求你们考虑一下，你们可能错了。这也许是和死亡及地狱签下的盟约。"

如果苏格兰人充分利用他们久经沙场的军队，他们也许能把克伦威尔赶回英格兰。他很快一路杀到了海边的邓巴，转过身来看到勇武强悍的亚历山大・莱斯利带着黑压压的20 000多人大军逼近眼前，护国公克伦威尔也许暗自祈祷能偷偷溜走，回到边境以南东山再起。但正在这时，沃利斯顿的阿奇博尔德・詹斯顿决定盟约军必须进行净化，清除自身所有渎神的元素。莱斯利表示抗议，但沃利斯顿宣称"上帝可以用少数人做多数事"。总而言之，渎神元素指的就是在盟约军中作用举足轻重的雇佣兵。当净化完成时，盟约军的人数虽然仍接近英格兰人的两倍，却是一帮乌合之众。

克伦威尔无法相信自己的幸运，他于1651年9月3日在邓巴突出重围，杀死了4 000名盟约军，俘虏了10 000名士兵。幸存者一路逃命回到了爱丁堡。当他们带来一败涂地的消息，市政会和教会的人一哄而散。英格兰军队很快追来，开始洗劫这座城市。

圣徒的统治结束了，盟约运动再一次分崩离析，而这一次，分裂双方分别是破釜沉舟的“反对派”和总想再次找到方法和斯图亚特家族合作的“解决派”。1651年1月1日，正是这些“解决派”在斯昆为查理二世举行了加冕仪式。阿盖尔把王冠戴在年轻国王的头上，然后坐下来聆听布道，而布道告诉他们：“国王没有权力随心所欲地行事。”

温和派也好强硬派也罢，克伦威尔并不在乎自己要面对哪一派长老会。邓巴大捷之后，他一病好几个月，让他们度过了一段和谐时期。英格兰不乏有人自告奋勇为新国王效力，当查理越过边界进入南方，试图夺回他的王国时，他的保王党军队已经声势浩大。

然而，国王只是在自欺欺人。克伦威尔才是主宰命运的人，当双方军队终于在1651年9月3日于伍斯特交锋时，连莱斯利的军事才能都不足以左右结局。查理像一条被鞭打的狗一样，不得不躲藏起来以免被克伦威尔的手下找到。几个星期之后，他在10月份登上了一艘开往法国的船。他将一去九年，而克伦威尔将在不列颠一手遮天。

三个王国组成的联盟如同地狱。克伦威尔顶着“护国公”的头衔行主宰之事，人们当面称他为“殿下”，但在背后称他为暴君和篡位者。在克伦威尔看来，苏格兰有幸被英军占领，为此他每月向苏格兰征收10 000英镑。在灵魂中搜肠刮肚之后，沃利斯顿决定站在新政权这一边，并获得了苏格兰政府档案主事官、首席书记官的称号。他也为此付出了地狱般的代价。沃利斯顿的儿子，小阿奇博尔德发疯了。一开始他似乎只是动摇了信仰，但渐渐地在他父亲眼中，他的理智像毛线一样散开了。他不再穿衣服，在炉火的灰烬中翻滚，编造出各式古怪的仪式，还吃掉自己的排泄物。

克伦威尔死于1658年9月3日，那一天也正好是他在邓巴和伍斯特取得胜利的周年纪念日。他希望儿子理查能取代他，把治理不列颠变成家族事业，但理查不像他父亲那样自信。权力的缰绳从他手中滑落，随后也他踏上了前往欧洲大陆的流亡之路。

1660年5月，查理二世重回苏格兰和英格兰国王的位置上，快到好像克伦威尔和他的联邦政府从未存在过一样。放荡的庆祝活动在爱丁堡举行，人们喝得酩酊大醉，多次鸣枪致敬。新国王和他父亲完全相反，这是人之常情。他身高超过六英尺，英俊而自在，却是个浪荡迷人的半吊子。他喜欢奢侈舒适的生活，尤其喜欢女人。1662年，他和信仰天主教的葡萄牙公主，布拉甘萨的凯瑟琳结婚。虽然她没有为他诞下子嗣，但他可没闲着。他的情妇多到不计其数，其中有传奇人物内尔·格温。在他父亲严肃、虔诚的宗教信仰和英联邦的苦难之后，查理二世的复辟王朝如一阵清风席卷了不列颠大部分地区。

对于一个曾两度被迫流亡才得以活下来的人而言，查理二世也有心结要解开。他命人将克伦威尔腐烂的尸体从威斯敏斯特大教堂的坟墓中挖出来，拖到伦敦的街道上，然后砍下他的脑袋插在一根尖钉上，尸体的其余部分扔进地窖任其腐烂。在查理一世的死刑令上签名的人也大多被处决了。

就连在斯昆为查理二世戴上王冠的阿盖尔也被送上“娘子”（一种类似断头台的杀人刑具）上处死。他像蒙罗斯一样至死不曾悔改，他对人群也同样慷慨陈词：“上帝在苏格兰立下约定：我们一生与宗教和改革相依：未出世的人都与他有约，我们因洗礼而与他有约，他通过天下所有地方长官的权力，赦免一个向上帝发誓的人。”不管他是对是错，无论洒脱或虔诚，他的脑袋也同样应声落地。

促使查理下令挖出蒙罗斯尸骨的无疑是内疚。在爱丁堡的盛大国葬吸引所有人的目光之后，蒙罗斯的遗体被安葬于圣吉尔斯大教堂的一座大理石坟墓之下。

对查理的众多批评者而言，可以抱怨的实在有太多了。最令人担忧的是他的宗教信仰。他漫不经心地对待它，但它散发出高教会派，甚至是罗马天主教的气息。有人说他是个不服从国教者，私底下是天主教徒。至于他的弟弟詹姆斯，都不用听信谣言，他就是一个公开的天主教徒。

对于一个因多年内战和病态的自我鞭挞，而伤痕累累、扭曲变形的国家来说，君主信仰什么宗教并不是大多数人最关心的问题。他们渴望的是正常生活，回到恐怖时期之前的生活；而且似乎甚至连长老会都有必要为本身严重过激的行为寻求宽恕。苏格兰议会积极参与，开始制定法律，禁止特定的宗教行为。他们最先决定禁止的是户外祈祷会，因为这些所谓的“宗教集会”正如雨后春笋般在这片安宁的土地上大量出现。

随着政府试图恢复“常态”，圣公会教义和其他旧习俗在某种程度上得到了恢复。令人难以置信的是，在这样一个为了摆脱控制欲极强的主教而四分五裂的国家里，主教们竟被允许从冷宫里回归原位。对于那些仍然致力于长老会的人（特别是西南部的顽固分子），他们别无选择，只能离开教堂，把他们的信仰带到那些尚未被染指的山上，不管怎样，那里更接近天堂里的上帝。

每个人都依然偏执；这片土地上依然存在着疯狂，只不过披着不同的外衣。英格兰议会宣布《神圣盟约》是非法的。公职人员被要求宣誓拒绝接受这一信仰，幸存下来的盟约副本被收集起来一并焚毁。将书面文件处以极刑，真是疯了。

苏格兰教会现在被“解决派”控制，他们想知道他们和新国王处于什么样的关系。被选中代表他们觐见查理的人是克雷尔的牧师詹姆斯·夏普。他也并非意外之选：他来自班夫郡，那里的教会形式一度颇得查理一世的欢心，现在也依然很受欢迎。就连克伦威尔也曾怀疑过夏普，一度将他投入监狱。“解决派”认为他是精明且善于运作的人。到了1661年，他们想要的是保证他们温和的长老会的解决方案是安全的。但事实证明，当他们把自己的命运托付给夏普时，他们做了一个错误的选择。他在他们不知情的情况下悄悄改头换面，摇身一变成了呼吁主教回归的拥护者。当他从伦敦回来之后，他就成了圣安德鲁斯的新任大主教了。

在西南部的“反对派”看来，夏普本人已经和恶魔结盟。他是他们事业的叛徒，他已经声名狼藉。对于苏格兰教会的温和派来说，他更多的只是让他们失望而已。因为他们眼睁睁看着查理二世决定把时间调回1633年。他任命了更多的主教，并命令所有牧师必须宣誓效忠主教和他本人。在大约1 000名神职人员中有262人拒绝服从。

其中一人是加洛韦新卢斯教区的牧师亚历山大·佩登。在盟约派的感召下，他锻炼出一身富有号召力的传道本领，听到查理的效忠宣誓命令时，他立马就予以反对。他没有签字，而是走上小讲坛，从清晨一直布道到午夜。当他终于说不出话来时，他蹒跚着走下过道，带着他的教众离开了教堂。门在他身后重重关上，他说这扇门再也不会打开，只有一个真正的长老会教徒才能重新打开它。

“宗教集会”现在如日中天。佩登很快就成了该运动最负盛名的领导者之一。效忠宣誓让其他261位牧师不得不隐匿于山林之中，随着时间的推移，最大的户外集会已经能吸引多达10 000名会众。随着这种集会被取缔，群众开始武装自己以抵御政府派来瓦解他们的军队。特别是佩登，他似乎拥有一种不可思议的能力，可以预测军队什么时候会来。这种独一无二的能力为他赢得了“先知佩登”的绰号。

很快他就成了众矢之的，那些希望宗教安分地待在国王准许的围墙和大门背后的人视他为眼中钉。但佩登没有屈服，他睡在野外，或者从一个藏身处躲到另一个藏身处。他按照自己的脸做了一个面具，可以让同伴在他逃跑时戴上。他学会了热爱大自然，热爱无边无垠的天空。苏格兰的岩石成了他布道的讲坛，正义的怒火让他得以取暖。

在佩登逃进加洛韦群山的一年之后，爱丁堡又出现了一张众人熟悉的面孔，尽管其归来并非心甘情愿。逃亡的沃利斯顿被追查到下落并被带回家乡接受应得的惩罚。他已经老了，大部分时候都神志不清，但查理不会就此放过他。1663年6月22日，他被绞死。在赴死之前，他努力让自己维持清醒，告诉围观群众他对祖国从来没有恶意。刽子手从尚有余温的躯体上砍下脑袋，插在城门旁边的一根尖刺上。

然而，西南部的“反对派”仍然拒绝服从查理。1666年11月，大约3 000名在加洛韦参与“宗教集会”的信徒站出来抗议政府军对待同胞的残忍方式。他们向爱丁堡进发，计划提交一份概述他们不满意见的请愿书。但他们在城郊被拦住，遭到了士兵的野蛮攻击。许多人当场死亡，数十人被监禁、拷打和处决。

就连国王也能看出，政府军在“彭特兰起义”一事的处理上完全失当。之后，他开始对西南部发出宽容之声。祈祷集会只要是在室内举行，想持续多长时间都可以。正是由于采取了宽松的措施，国王才得以让越来越多离群的羊羔回到羊圈里。他的臣民越来越多地选择回到由主教管理的教堂中，因此也终于归顺于国王。

当然，这一切背后的真相是查理越来越倾向于天主教。根据1670年的《多佛条约》，他承诺帮助法国路易十四抗击信奉新教的荷兰共和国。作为回报，路易将帮助查理带领英格兰回到教皇的怀抱。这是一桩耸人听闻的事件；甚至有确凿的传言说，查理即将公开他皈依旧宗教的消息。但查理二世一直保持头脑清醒。他的臣民非常清楚地记得上一次国王失去理智时发生的事情；从某种程度上来说，是被刺国王的幽灵在他们中间游荡，责备他们，控制着他们最糟糕的欲念。

随着苏格兰西南部“反对派”的集会规模越来越大，他们看起来更像是召集军队而不是举行祈祷会，叛乱的余烬也由此一直未曾熄灭。国王不能也不会宽恕这些人，他一再派遣士兵去侵扰、驱散他们，并俘获他们的头目。“先知佩登”于1673年在艾尔郡落网，然后被扔进福斯湾巴斯岩一座新监狱阴暗潮湿的地牢里。他和其他同胞在那里待了五年。1678年，他和大约60名盟约派成员一起被判流放，并登上了一艘开往美洲的船。但他们在伦敦停靠了一两天，船长听说他们被囚禁的原因之后，将他们释放。佩登再次逃脱，一路回到家乡。

他返回的西南部依然是叛乱者的家乡，但他们的人数在不断减少，因为越来越多的人选择了平静的生活。虽然数量减少，但剩下的人的诉求依然像以往一样咄咄逼人。1670年5月3日，一群盟约派成员埋伏在圣安德鲁斯附近的一条路边上等待。他们的目标是法夫的警长，一个欺压集会派的恶人；但一个更重要的人也和警长一起落入了他们手中。

大主教夏普（被斥为“犹大”夏普）正和女儿放松地坐在颠簸的马车里，沿着车辙向家的方向前进。盟约派突然发动袭击，当他们意识到眼前被抓住的人是谁的时候，他们扑过去杀死了他，他的女儿在一旁惊恐万状地目睹了这一切。凶手们声称他们只不过杀了一个撒旦的仆人，但查理随即派出了军队。

在150名受命惩戒凶手的重骑兵中，领头的是一名三十一岁的职业军人，克拉弗豪斯的约翰·格雷厄姆。克拉弗豪斯胆识过人，其威名早在他为荷兰共和国的王子,欧洲新教信仰的拥护者,查理之妹玛丽的儿子奥兰治的威廉效命期间便已远播。这位年轻的军官如此迫不及待要惩罚苏格兰西南部的盟约派,也为他获得了“血腥克拉弗”的绰号。

然而双方的第一次交锋,他完全是侥幸才活着逃脱。1679年6月1日,在南拉纳克郡的德拉姆克罗格,他发现自己面对的是成千上万的男人、女人和孩子,当中许多人都是全副武装。在盟约派英勇的行军过程中,克拉弗豪斯的马因受伤而失控,驮着背上的骑手逃离了战场。领导者的突然离开让重骑兵惊慌失措,四下逃散开来。

这场从天而降的胜利大大鼓舞了士气,更多成千上万的盟约派联合起来,聚集在汉密尔顿附近的博斯韦尔布里格。在克拉弗豪斯舔舐伤口的时候,一支新的政府军在查理数不清的私生子中最年长的蒙茅斯公爵詹姆斯·斯科特的带领下准备投入战斗。叛军忙于讨论神学和分裂派系,蒙茅斯公爵的袭击令他们猝不及防。盟约派刚刚在德拉姆克罗格获胜,反倒令博斯韦尔布里格的战败显得更加难以接受,但他们的确是一败涂地。数百人在战场上被屠杀,1 200多人被俘虏并带到爱丁堡等待审判。大约400人被关在格莱菲教堂墓地的一个笼子里。

据说“先知佩登”曾预言过博斯韦尔布里格的屠杀,还从遥远的加洛韦看到了被囚在格莱菲教堂的俘虏的命运。他说,他们试图拯救自己,但海浪将会成为他们的裹尸布。然而事实上,大多数被监禁的盟约派成员都签署了一份专门为他们准备的“黑色契约”,声明他们只是有所不满,以后不会再重蹈覆辙。作为回报,他们得以保全性命。其余的人就像佩登之前一样,被判流放到美洲的殖民地。然而他们没有先知那么幸运,他们的船只“奥克尼王冠号”因为恶劣的天气在奥克尼群岛的海岸附近沉没,幸存下来的不到50人。

到了1679年底,苏格兰又出现了一个斯图亚特,他是查理的弟弟,约克公爵詹姆斯。如果说他的家族姓氏唤起了一些人的美好回忆，那么他的天主教信仰则引发了恐惧和不信任。詹姆斯如国王所愿，持续地骚扰和处决盟约派。具有讽刺意味的是，他的动力主要并非来自他的天主教信仰，而是他说服温和的长老会接受主教统治的决心。也正是因为这个立场而非宗教本身，驱使盟约派选择继续战斗，因此也继续死亡。

正是在越来越压抑的气氛中，詹姆斯·伦威克开始发出自己的声音，开始追随殉道者的献身精神。伦威克是莫尼埃夫一个织布工的儿子，从小被长老会的信仰所吸引。1681年，他在爱丁堡目睹几个盟约派教徒集体受刑，这让他成了一个激进分子。

大家都已然料到，约克公爵詹姆斯将会继承王位，然而他是如此热衷于宗教镇压，这令他继位的前景在伦威克等人看来变成了不祥的征兆。1681年，未来的国王强迫苏格兰议会通过一项《宣誓法案》，要求所有公职人员宣誓效忠国王。苏格兰很快陷入了“杀戮时代”的悲哀的恐怖当中。

“反对派”陷入了沉默的呐喊中。那些为了信仰躲进山林，领导教众发动叛乱的牧师，不是被恐吓胁迫就是被砍下脑袋，挂在爱丁堡的内特堡城门边的尖刺上。后来，他们当中的一群人聚集在莱斯马黑戈，组成了名叫“联合社会”的替选政府时，伦威克是他们当中最显眼也最愿意发声的人。现在，他们要求回归完美的“圣徒统治”的呼声又一次出现了。先知佩登想加入他们，他临时中断在爱尔兰的自我放逐，回到苏格兰用布道支持他们。但是时代不同了，那些致力于这一事业的人变得更加激进。伦威克嘲笑佩登把自己的命看得太重要，因为在需要殉道者出现的时候，他却苟活着。

为了准备圣战，伦威克离开苏格兰前往荷兰，在那里他被授以牧师神职。他在1683年回到苏格兰开始传教。他还创作了《谢罪宣言》,但那与其说是谢罪,不如说是对所有忠于国王的官员、法官、士兵和牧师的宣战檄文。此外他宣布任何泄漏"联合社会"活动情报的人都将被处死。王室则以"誓绝"的方法予以回击。任何男人或女人只要在路上被拦下来,只要不想死的话,就必须说出"上帝拯救国王"。这句话很简单,说了就可以保住性命,但它在盟约派口中犹如毒药。谁也无法一面说出这句话,一面信守他们和上帝的约定。

这就是"杀戮时代"。在不到一年的时间里,大约有80个灵魂因为没有请求上帝拯救君主,而被送回造物主身边。在当时的背景下,这个数字其实不大;但人们铭记在心的是杀戮的随心所欲。没有审讯,没有陪审团。男人和女人在路上被拦下来接受拷问,如果说不出那六个字,脑袋上就会挨一颗子弹,或者接受更可怕的刑罚。

1685年5月11日,两名威格顿妇女脱颖而出。玛格丽特·麦克劳克伦已经六十多岁,玛格丽特·威尔逊才十八岁。前者因直言不讳地反对国王而被拘押,后者则是经常去监狱看望她的探视者。两人都被扭转双臂押送到镇附近的海滩上,绑在涨潮线之下的木桩上。当海水涨到下巴附近,她们挣扎着呼吸的时候,士兵们涉水走来,再次要求她们通过拯救国王来拯救自己。她们拒绝了,这些人把她们的头按在水下,直到她们不再挣扎。

查理二世死于中风,他的弟弟继位成为苏格兰的詹姆斯七世和英格兰的詹姆斯二世国王。时间又回到了过去的好日子(或坏日子,这取决于你的立场),新国王对王权的态度和之前的国王如出一辙:他被上帝施以涂油礼,居于所有人之上。

两名威格顿妇女被溺死的同月,三艘小船载着82名男子,1 500支火枪和几支轻机枪驶向英格兰南部海岸。船上还载着蒙茅斯公爵詹姆斯·斯科特，以及他废黜叔叔，自己取而代之的全部野心。

早在1681年，就有人试图阻止约克公爵成为王位继承人。查理巧妙地耍了手腕，靠解散议会暂时消除了这一威胁。但是1683年，企图同时暗杀查理和詹姆斯的“黑麦屋阴谋”则更加凶险。身为新教徒的蒙茅斯公爵在那时选择流亡荷兰，他父亲在位期间，他乐于等待时机。他终究相信他的母亲露西·沃尔特才是他父亲的妻子，因此他才是合法继承人。直到查理去世，詹姆斯登上王位，蒙茅斯才决定为了王位孤注一掷。在苏格兰，被查理处决的阿盖尔伯爵之子也同意揭竿而起。蒙茅斯召集了他的新教支持者，在莱姆雷吉斯登陆，进而发起叛乱。然而惨败之后，悲剧紧随而至。

首先，阿盖尔伯爵的叛乱被扼杀在萌芽状态。他在前往格拉斯哥的路上被捕并被处以叛国罪，也被斩首于“娘子”之上，可谓有其父必有其子。蒙茅斯设法组建了一支足够强大的军队，却只能率领他们于1685年7月6日在塞奇摩尔的战场上遭遇灾难。蒙茅斯被逮捕并处决，他的战士要么被吊死，要么被运往美洲。

到底，上帝还是有意拯救国王。在法国，路易十四废除了保护法国新教徒免遭起诉的法律。也许当年由查理二世和路易共同设想的对抗新信仰的战争终将实现。也许时间和潮流会一路回到过去，回到苏格兰、英格兰乃至整个欧洲都是天主教国家的时代。

不管上帝对詹姆斯有什么样的安排，当英格兰国王和法国国王联手加入了天主教徒的联盟时，欧洲大陆上至少有一个新教徒不愿袖手旁观。奥兰治的威廉不仅是詹姆斯的侄子，还娶了他的女儿玛丽。这使他成了斯图亚特家族的人，或者至少是除长子之外的下一任国王的最佳人选。因此，他的双重身份在于，他不仅是新教徒，还有权继承詹姆斯的王位。不管大海另一边的新教徒有什么意图，詹姆斯的王位还是安然无恙。他把天主教徒召唤到身边，尽可能把他们提拔到大权在握的位置。很快他们就占据了苏格兰枢密院的大部分席位，同时管理苏格兰的自治区。与此同时，他仍在全力围捕敌人。

“联合社会”的发起者，詹姆斯·伦威克在1688年2月17日迎来了他期盼已久的殉道者之死。他年仅二十六岁，却被悬赏缉拿，心中的使命感依然完美无瑕。他蔑视自己面临的危险，来到爱丁堡和政府军交火，然后被捕。他早已准备赴死，但在离开之前，他有话要说。

他平静地爬上了绞刑架，然后终于开了口。他说，苏格兰应该由它的教会统治。只要回归圣徒的统治就可以了；詹姆斯是篡位者。他大量引用了万书之书《圣经》中的话语，从《诗篇》103中引用了：“耶和华施行公义，为一切受屈的人申冤……至于世人，他的年日如草一样，他发狂如野地的花……就是那些遵守他的约，记念他的训词而遵行的人……耶和华在天上立定宝座，他的国统管万有。”从《启示录》19中引用了：“你们聚集来赴神的大筵席，可以吃君王的肉。”他最后说：“耶和华，我因信你不会离开苏格兰而死，但你要让你见证人的血为你的教会播种，再回到我们的土地上得到荣耀。现在，主啊，我准备好了。”他们绞死了他，随着他身躯在空中摇摆，生命像最后一次祈祷一样离开了他，他化身为钟摆，标志着国王统治的最后时分。

出乎所有人意料，詹姆斯四十多岁的妻子，即摩德纳的玛丽，在1688年6月10日诞下了一个男孩。对奥兰治的威廉以及英格兰和苏格兰的新教徒子民而言，这太过分了。随着小詹姆斯·弗朗西斯·爱德华·斯图亚特的降临，天主教徒的王位继承权得到了保证。几个月来，威廉一直在考虑采取行动，现在他干脆公开宣扬入侵不列颠的愿望。

詹姆斯在新教的岩石地面上种下了一棵天主教的树。它长得太高、太快，现在开始刮起了欧洲大陆吹来的风。那棵树因为根基太浅而摇晃不止。威廉准备好了他的入侵部队：总共70 000人的大军。他不得不为了有利的风向等待一段时间。在1688年11月5日，他踏上陆地，开始了“光荣革命”的征程。王后和继承人在12月9日逃离了王国，詹姆斯二世也明白大势所趋，紧随其后在23日离开。

它是“光荣”的，而且没有流血事件发生。到1689年2月，英格兰议会通过了《王位继承法》，规定天主教徒不能坐上英格兰王位。威廉和玛丽接受了条件，并于当月13日正式宣布他们为英格兰和爱尔兰的国王和王后。1689年4月11日，他们也被宣布为苏格兰的君主。

这是史无前例的大事件。威廉三世和玛丽王后代表了首批新一代的君主。君主立宪制来临了，君主再也不能，也永远不能随心所欲了。相反，他要对议会履行义务。对一些人来说，变化发生得太快了。在苏格兰，克拉弗豪斯的约翰·格雷厄姆发动了战争。1688年10月，他率领13 000人的军队南下，试图支持他的斯图亚特国王。詹姆斯私下是他的朋友，曾为了奖励他镇压盟约派有功，封他为邓迪子爵，所以他发誓要为詹姆斯国王而战。

可是詹姆斯国王转身逃离了王国，不愿直面推翻他的人时，邓迪子爵只好收兵回家。他参加了1689年3月在爱丁堡召开的王国地产会议，以决定苏格兰到底该支持威廉和玛丽，还是詹姆斯·斯图亚特。邓迪发现自己是孤家寡人，是唯一支持詹姆斯的人。4月的第二个星期，他突然出其不意地把国王的旗帜插在邓迪山丘上。这是他的战争宣言。7月27日，他带领第一批詹姆斯党人在靠近布莱尔阿索尔的基里克拉基的陡坡上取得了一场著名的胜利，但他自己付出了生命的代价。他冲在最前面，被火枪打到，在自己最光辉的胜利时刻倒地死去。爱丁堡城堡和巴斯岩的驻军也响应了他的事业，但几个月之内，这场起义就结束了。

苏格兰长老会的线头被重新编织起来，虽然衣衫褴褛但仍然骄傲地穿着。尽管威廉国王提出抗议，他们还是拒绝了主教的统治，废除了使国王成为教会领袖的《至尊法案》。他们废除了平信徒授予神职的制度，重新确立长老会为苏格兰教会。他们再也不能回到圣徒的统治下了，那甚至连白日梦都算不上了。相反，他们做了一个现代到连我们都能够理解的安排：教会依然服从议会。国王和议会的力量确保了这一点。他们给宗教盖上了盖子。

可是在盖子下面，宗教力量即将爆发。在1690年11月，苏格兰教会召开了自1653年以来的第一次总会。参加会议的人称之为总会，但没参加的人（比如盟约派成员）则拒绝该称呼。不到200名牧师和长老出席了会议，他们所有人都来自泰河以南。所以，这实际上是南部苏格兰教会的大会。在北方，对由上帝涂油的国王（即斯图亚特王朝）和由主教执掌的教堂的古老忠诚依然奏效。苏格兰教会的分裂即王国的分裂，它是一道未曾愈合的溃烂伤口。当然，斯图亚特家族还活得好好的，只是流亡法国。他们并非盖棺定论的问题，只是暂时被搁置一旁。

在19世纪，南部苏格兰各地都为牺牲的盟约派竖立了纪念碑。维多利亚时代的人认为，盟约派是为保卫苏格兰和英格兰联盟而牺牲的殉道者。这是胡说八道。盟约派为苏格兰教会盟约派力量而死。今天，对于某些人而言，盟约派代表的则是截然不同的一种东西。在盟约派眼里，每个灵魂都是平等的，他们呼吁自由的议会，希望与国王签订新的合约，追求信仰自己的宗教的权利，所以我们很容易将他们要求的东西等同于我们现在所珍视的东西：平等、公民自由、信仰自由，以及国家干预公民的权力有其限度。他们的贡献当然不可低估，但这还不到真相的一半。为了理解盟约派，我们必须将他们作为整体接受下来。

真相就是我们从他们身上借用了平等、言论自由和信仰自由等理念，却丢掉了他们所代表的其他一切东西。盟约派对仁慈知之甚少，对适度一无所知。他们只认同盟约派国王和长老会的统治。一个上帝之下，为荣耀而奋斗的国度。他们在每个星期天布道两次。他们所寻求的自由仅仅是盟约派长老会的自由，和其他任何人无关；任何有其他信仰的人都会直接下地狱。

支持詹姆斯国王的詹姆斯党叛乱以一声抽泣，而非一声巨响结束。邓迪子爵是这场叛乱唯一的荣光，但他死了。最后，他们靠金钱而不是流血解决了事端，他们贿赂了西部高地的酋长，如洛希尔的卡梅隆长老，以换取与苏格兰政府和解。

在苏格兰人看来，新国王的问题在于他一点不在乎这个地方或其人民。威廉的王国在英格兰，他一直以来最关心也最全神贯注的事情，是他和天主教法国正在进行的战争。苏格兰只是其军队的兵源地，税收也是军费来源。他唯一在意的是确保苏格兰人行事规矩，但他不愿增加苏格兰驻军的兵力，因为他们可以在佛兰德斯派上更大的用场。

威廉在苏格兰的国务大臣，斯泰尔伯爵约翰·达尔林普深信，高地的詹姆斯党人会在国王意志力的威慑下乖乖就范，并且相信这个完美的机会就在眼前。国王已经准备用金钱换取服从，但作为回报他坚持要求酋长在1692年1月1日前向他宣誓效忠。达尔林普确信他们中的一些人会违抗命令，并悄悄制订了严酷的惩罚性计划。

酋长们大胆地向流亡的詹姆斯发出请求，希望能以他的名义停止战斗，然后等待他的回复。1691年12月下旬，国王从海的另一边传来的答复是他们应该收兵归顺，时间刚刚足够让所有人及时在文件上签名，斯泰尔大师的计划落空了。只有一位酋长错过了最后期限，但那只是不巧的意外，而非故意为之。格伦科峡谷麦克唐纳家族的伊恩阿布拉齐族的酋长阿拉斯泰尔·麦克唐纳，因为天气和时间的双重原因没能赶上签字。他的部族分散在阿赫特洛赫坦和因弗科之间的险峻地带，北部以奥纳赫伊加赫高达千米的悬崖为界，南部以被称为埃迪夫的大小牧羊人群山为界。

像所有的氏族一样，格伦科的麦克唐纳家族世世代代都是偷牛贼，他们会在星期天双膝跪下向上帝祈祷，其余几天则都在洗劫邻近的部落。就在12月底，麦克唐纳出现在威廉堡进行宣誓。该要塞由最近才从爱尔兰召回的约翰·希尔上校指挥，他明白地告诉酋长，自己没有权力管这件事。完成宣誓需要皇家治安官的见证，而附近唯一有此资格的阿德金拉斯的科林·坎贝尔爵士此时位于因弗勒里。

麦克唐纳突然感到了绝望，他意识到自己处境的严重性，不顾即将来临的暴风雪立即上路，希望能及时赶到因弗勒里。他在超过最后期限一天的1692年1月2日抵达，得知科林爵士离开了堡垒去参加苏格兰特有的除夕活动。他要三天之后才返回，尽管他允许麦克唐纳进行宣誓，但他们都知道这是无效的。

极度厌恶高地人和詹姆斯党的斯泰尔伯爵终于等到了猎物。阿盖尔军团受命执行这项“秘密及突然”的惩罚任务，而领头的军官则是格伦里昂的罗伯特·坎贝尔（他的领地和族人在1689年的叛乱中遭到格伦科的麦克唐纳家族的猛烈攻击）。

军团在2月初抵达了麦克唐纳的老家，受到了高地人的传统款待。他们住了几天，直到2月12日，坎贝尔接到了命令，威廉国王亲自批准他屠杀这里的每一个男人、女人和孩子。他试图在第二天执行这项血腥的任务，但恶劣的天气和指挥上的愚蠢让麦克唐纳的两个儿子提高了警惕,并及时把大部分族人带到了士兵们找不到的地方。

然而逃离的族人当中还是有些被找到了,坎贝尔的手下用火枪和刺刀屠杀了麦克唐纳和他的37名族人,包括老妪和幼童。无论如何,这场杀戮丑陋至极,当可怕的消息传到城市时,就连那些原本担心詹姆斯党叛乱的人也谴责了这一罪行。这位不思悔改的斯泰尔伯爵还对屠杀“盗贼氏族”引起如此大惊小怪的反响感到不解,但他最终还是被革了职。除此之外,无人因为格伦科的残忍屠杀而受到惩罚。

屠杀固然丑陋,但对下达此命令的威廉国王来说,这一切更是战术上的灾难。他们的初衷是震慑持不同意见的宗族,使他们屈服,但这只引起了愤怒和新一轮的反抗。洛希尔的卡梅隆,一位强大而有影响力的权贵,呼吁每一位政府士兵离开领地以示抗议。甚至这场暴行的幸存者,格伦科的麦克唐纳家族,也在邻近部族提供的临时庇护所中武装起来。

新国王已经显露了他的本来面目:他像任何一个暴君一样,随时准备冷血杀害自己的臣民。苏格兰以及更遥远地方的詹姆斯党抱着阴暗、机会主义的喜悦之情,对这事态摩拳擦掌。

尽管格伦科大屠杀激发了人民对詹姆斯党的支持和对威廉国王的憎恨,但同样重要的是我们要记住近一百年前,另一位斯图亚特国王是如何对待另一个氏族。

在1603年,詹姆斯六世和麦克格雷格家族发生了冲突,他采取了极其严酷的措施,完全剥夺了这个家族和它的名字。任何自称麦克格雷格的人都将被处死,他们的土地被凶手没收。这是种族灭绝的行为,在接下来的一个半世纪内吞噬了无数生命。它还进一步提升了坎贝尔家族的地位,他们将麦克格雷格的领地据为己有。除此之外,在另一个斯图亚特国王的授意下,他们从麦克唐纳家族的衰落中也受益颇丰。

威廉的行为令我们回想起一首熟悉的歌曲中的另一个段落：苏格兰国王为了镇压他们无法理解也不愿理解的高地文明，走向了残酷、错误的行径。因此，尽管1692年对格伦科的麦克唐纳家族的屠杀让奥兰治的威廉双手沾满鲜血，但他并没有比他的斯图亚特先辈更恶劣。

苏格兰人有一种不幸的倾向，总是表现得像挨过鞭子的狗，不管挨打挨得多狠，或拿棍子的人出于多么明目张胆的利己主义，他们都随时准备回到所谓的主人脚边。直到今天，有些人的行为也是如此。

# 第八章

# 詹姆斯党

幸福的家庭一样幸福：不幸的家庭各有不幸。

——列夫·托尔斯泰,《安娜·卡列尼娜》

太阳在我身后。
自我启航以来,一切不曾改变。
我的眼睛容不下任何变化。
我要让一切就这样保持下去。

——泰德·休斯,《鹰之栖息》

爱德华一世、亨利八世以及奥利弗·克伦威尔等广受憎恨的传奇人物,他们给苏格兰人带来的苦难和不幸都有据可查,并且深深地铭刻在许多幸存者的心中。但事实上对于广大人民来说,没有比17世纪90年代末的饥荒更可怕的时代了。

尽管那场灾难并不为我们所熟悉,在史册上也没有留下太多笔墨,但它依然相当可怕和骇人听闻。从1695年起,恶劣的气候导致收成一年不如一年。“灾年”的饥荒和营养不良造成的死亡人数也许永远不得而知，但估计可高达数万（而苏格兰总人口仅有100万）。也许那些可怕的时刻之所以从集体记忆中消失了，就是因为我们没法把这一切归咎于特定的个体。

与此同时，尽管面临死亡和苦难，苏格兰大众却在另一个领域迎来了新的丰收。1696年，苏格兰议会通过了“设立学校法案”。这一创举是在约翰·诺克斯于1560年出版的《纪律一书》奠定的基础上自然发展而来的，这本书里写道所有人都应该学会阅读，这样他们就可以自己接受“上帝话语”的启迪。不管怎样，到了18世纪末，苏格兰将是全欧洲识字率最高的国家。到处都有图书馆，而借阅记录显示各种各样的书被各行各业、各个阶层的男女借出阅读。

这一切，从残酷而艰难的生活，到通过阅读所进入的更广阔的世界，构成了一个不稳定的混合体。从最顶层到最底层，所有苏格兰人都在无意识间准备离弃一个困难重重、限制诸多的过去，展望无限的未来。在17世纪末，他们是地球上最饥饿的民族之一：既渴求食物，也渴求个人进步。

因此，苏格兰民众在狡猾商人威廉·帕特森所鼓吹的伟大计划面前就尤其无力招架。威廉·帕特森出生于邓弗里斯郡，早年在伦敦闯荡出了一番事业和声誉。他在1695年参与建立了第一家英格兰银行，次年又建立了第一家苏格兰银行。许多人认为他是真正有远见卓识的人，无论他走到哪里，人们对他的每一句话都甘之如饴，希望能从中找到一条通往财富和地位的道路。

他的同胞们已经认清了现实，他们由一个住在英格兰的国王统治，而他永远把英格兰的需要放在首位。苏格兰商人只能用嫉妒的眼神看着财富被边界以南的对手大量攫取。英格兰在美洲有殖民地，与非洲、印度和远东都有密切的贸易往来。英格兰海军沿途保护英格兰商船，而苏格兰人和其他所有人一样被排除在外。

在统一前的半个世纪里，有创业和冒险精神的苏格兰人一直在向外迁徙。成千上万的苏格兰移民在爱尔兰的阿尔斯特，或者在大西洋对面北美东海岸的殖民地，开始了新的生活，站稳了脚跟。但这些仍然是少数群体，苏格兰要到几十年后才会对新世界产生传奇般的影响。

因此在17世纪末最后的几年里，帕特森对“苏格兰达连公司”的设想并不像我们想象的那么离奇。苏格兰人决心享受国际贸易带来的利润，并把自己的全部家当拿出来赌在帕特森的计划上。他和东洛锡安的地主，索尔顿的安德鲁·弗莱彻一道，鼓励成千上万的苏格兰人出资购买一家公司的股份。这是一种大胆的新型商业模式，荷兰人和英格兰人已经从中尝到了甜头。它标志着一种全新的投资模式：为了未来的利益而在当下投入资金。尽管在21世纪初，这一模式直接导致全球经济崩溃，但在17世纪一切都才刚刚开始。从贵族到中产阶级，苏格兰人都开始争先恐后地加入，生怕无法在未来的苏格兰贸易帝国中抢占到先机。

然而，当苏格兰达连公司（全称“苏格兰对非洲及印度贸易公司”）成立并开始运营时，英格兰商人做出了暴跳如雷的反应。尽管威廉勉强批准了苏格兰人要求的法律，但对英格兰商人和贵族的保护主义策略意味着新公司仍然无法和英格兰控制下的世界各地建立贸易。

帕特森伤痕累累，但没有气馁，他带领苏格兰一路奋勇向前。他们决定不参加英格兰贸易帝国，而是独自行动。很长时间以来，他一直认为巴拿马的达连地峡具有巨大发展潜力，这是一条将太平洋与大西洋分隔开来的狭长地带。他逢人就说这块地方乃是“宇宙的钥匙”；他说，任何控制了达连地峡的人，都能够垄断整个地球东西两半球之间的所有贸易。

结果,达连公司筹集了几十万英镑,大约占苏格兰全国流动资金的四分之一到一半。苏格兰人发现自己被卷入一股激情的洪流。一种自贪婪而生,由爱国主义推动的激情,他们决心直面英格兰人的阻挠,恢复苏格兰的荣耀,因此又饮下一杯致命的毒酒。在1698年到1700年之间,达连公司试图建立自己的殖民地。这是整个苏格兰最奋不顾身,最孤注一掷的冒险。

大多数股份持有者有所不知的是,达连地峡位于巴拿马中部,此地已被强大的西班牙占领,是一片苍蝇泛滥、热病肆虐的沼泽地。第一批殖民者带了许多商品打算同当地人交换,其中令人忍俊不禁地包含了扑粉的假发、羊毛紧身裤和格子花呢。

最初两年的故事充斥着疾病,西班牙人的迫害,当地人的心怀怨恨,以及热带暴雨,苏格兰人受尽种种煎熬,但我们最好长话短说。威廉国王本人更希望和西班牙人保持良好关系,而不是保护他的苏格兰臣民生存下去(更别说取得发展了),他任由他们自生自灭。发烧和热带气候夺去了大部分人的生命。在热带暴雨永无休止的侵蚀下,殖民者身上的衣服和鞋子都腐烂了,他们的补给也腐烂了,他们的庄稼也腐烂了,数以百计的人死亡。帕特森因高烧而奄奄一息,他的妻子因此丧命。

最终西班牙人如愿以偿,大约300个幸存者(原本大约1 200人)爬上船,灰头土脸地回到了苏格兰。投资的每一分钱都打了水漂,整个国家都濒临破产,而经年饥荒已经让许多人苟延残喘。

威廉国王死于1702年,王位传给了已故的玛丽王后的妹妹安妮。新教徒安妮至少是一个货真价实的斯图亚特族人,但像威廉一样,她只注重英格兰的未来。一个因经济崩溃而受到重创,把自己的不幸归咎于英格兰的苏格兰，很容易就被英格兰的敌人利用，比如法国。对于安妮及其政府来说，首要任务是找到一举解决苏格兰问题的方法。

这两个表面联合的国家之间，互相憎恨的情绪反倒占据了主导地位。英格兰议会在1704年通过的《外国人法》，开篇就声明禁止苏格兰人将他们位于英格兰的土地传给继承人，并禁止英格兰进口苏格兰贸易商品；但这些措施也旨在强迫北方王国接受联合议会的提议。也许只有让自己更完全地融入英格兰，苏格兰才能摆脱当前和未来的种种桎梏。

这个遭人憎恨的法案在两年后被废除了，但到那时它已经完成了任务。有影响力的苏格兰人承认只要苏格兰与英格兰分立，就会继续贫弱下去。他们中的许多人想象的是某种联邦，两个独立国家联合起来分享共同的收成。但安妮只想吞下整个苏格兰。用时髦术语来说叫作“合并联盟”，在这样的联姻里，苏格兰妻子必须完全服从英格兰丈夫。

苏格兰人应该早在达连的梦想即将破灭的时候就感觉到了风向的变化。1700年，安妮公主十八个孩子当中的最后一个，年幼、不幸的格洛斯特公爵也去世了，年仅十一岁。王位的直系继承人就此死绝。英格兰议会面临一个两难境地：安妮如果不继续生育，死后王位将传给下一位继承人：詹姆斯二世的儿子天主教徒詹姆斯·弗朗西斯·爱德华·斯图亚特。要不然就趁她还活着的时候找一个新教替代者。

因此在1701年，英格兰议会在没有知会苏格兰人的情况下通过了新的《王位继承法》。在其条款下，他们将英格兰、苏格兰和爱尔兰的王位传给了斯图亚特家族中一个弱小、遥远的分支。詹姆斯二世最小的女儿是伊丽莎白，即波希米亚的“冬天女王”，她仅存的后代也是她最小的女儿，汉诺威选帝侯夫人索菲亚。索菲亚已经七十多岁了，但她是一位新教徒，更重要的是，她有一个四十多岁的新教徒儿子，名叫乔治。安妮根本受不了她的波希米亚亲戚，在她活着的时候从来不允许他们踏足她的王国半步，但是对方高兴地接受了这份许诺美好未来的邀请。

不出所料，苏格兰人气得大发雷霆。所有这一切没和他们打一声招呼就发生了，有一段时间人们甚至在暗中讨论要完全打破联合王冠，为苏格兰另立国王。事实上除了英格兰人即将生效的法案之外，他们没有其他现实的选择。如果他们真的要选一个苏格兰国王，他们早就会选信仰天主教的詹姆斯及其继承人。然而大多数苏格兰人实在不想再打开那罐散发陈腐气息的宗教蛆虫了。

当时的情况便是如此：英格兰人找到了实现更大繁荣的钥匙，已经决定了王位的未来。苏格兰人要想配一把钥匙，并且维持王国统一的现状，他们需要付出的代价就是和宿敌越走越近。

1705年，苏格兰议会成员同意起草联盟计划。对于我们来说，重要的是时刻牢记，虽然被称为议会，但它和民主没有任何关系。它的成员都是官吏，被他们在伦敦的主人训练得服服帖帖，听从指令躺下或翻身；他们除了自己不代表任何人，广大苏格兰民众也完全不关心他们。自从詹姆斯一世越过边界往南方去，苏格兰就一直由伦敦统治，每个人都知道这一点。对许多人而言，选项早就明确：要么继续由伦敦统治，却进不了英格兰市场；要么也还是由伦敦统治，从联合中获得日渐丰厚的利益。

1707年，苏格兰和英格兰联合委员会拟订了一份《联盟条约》的草案。该委员会的苏格兰成员是王室钦定的(之所以当选是因为他们都支持安妮女王合并联盟的愿望)。而他们现在打算提交给苏格兰议会的文件几乎就是一份只待签字自杀遗书。

按其条款，苏格兰议会将不再存在。极少数苏格兰人会成为英格兰(接下来将成为不列颠)下议院和上议院的成员。苏格兰枢密院将失去它的效力,每个有关两个王国的重要决定都将由伦敦做出。里面没有写明苏格兰教会会怎么样,对其将来也没有任何明确声明,这让每一位长老会成员都感到不安。

苏格兰只有司法和教育系统仍保持独立,与南方并行存在,但这似乎只是一点点甜头而已。主要的回报则以金钱的形式出现,或至少是为苏格兰人开放了能够赚钱的地方。根据条款,苏格兰人将被允许进入英格兰的外国市场。苏格兰贵族也得到了金钱补偿,其中一部分据说是为了补偿那些因达连公司而蒙受重大损失的人;但这实际上就是打着其他名号的贿赂而已。

1707年1月16日,经过几个月的激烈争论,苏格兰议会投票决定自行退出历史舞台。议会中也出现了激烈而绝望的反对声音,比如早期和帕特森一起创办苏格兰达连公司的辉格党人索尔顿的安德鲁·弗莱彻。他和许多苏格兰人一样都想改变和南方邻居的关系。他抱怨自己被最大限度地征税,来支付英格兰在欧洲打仗的军费,而与之作战的又是苏格兰人潜在的贸易对象,比如法国。说到底,英格兰在欧洲的暴力冒险正是苏格兰人不得不将注意力从东方转向西方的一大原因,并最终导致了达连公司这样的灾难。但最终,弗莱彻和其他人的意见都被英镑的馈赠或承诺平息了。就连苏格兰教会也支持这项条约,因为他们担心苏格兰会孤立无援,再次为天主教君主所掌控。

条约主要的障碍在于第二十二条,独立的苏格兰议会将被废除。它由一个人执着的决心推动:格伦科大屠杀的罪魁祸首约翰·达尔林普。他抛开所有情感不谈,主张国家和人一样,依靠金钱来生存和发展。他提出苏格兰人应该接受联盟,接受新议会中苏格兰只占少数席位的耻辱,以便享受与英格兰结盟的经济好处。这个理由虽然简单直接,但最终说服了所有人。

4月28日，苏格兰枢密院正式宣布解散苏格兰议会，第一任西菲尔德伯爵，议长詹姆斯·奥格尔维据说拿着苏格兰皇家权杖，触碰了一下新的《联盟条约》。“现在，这首老歌唱完了。”他说。

然而，许多苏格兰人发现他们仍在聆听同一首老歌。尽管对一些人来说财富的前景可期，但这个提议中的联盟计划遭到了普遍的反对：全国各地城市和城镇的街道上都发生了暴动。格拉斯哥反响尤其大，抗议者担心联盟会压制其独立的政治声音。苏格兰大众从几百年以来的历史中得出的教训就是：和英格兰人合作是危险的。独立和自我防御已经成为这个民族的特点，多少年的联合王位并没有冲淡这一点。不管怎样，苏格兰在历史上也得到过经济利益的承诺，这些利益肯定不会在一夜之间兑现，甚至在很长一段时间内都难以兑现。

事实上，在条约签署后，只有詹姆斯党露出了笑容。在巴黎郊外圣日尔曼恩莱宫殿阴暗的巢穴中，十九岁的詹姆斯·弗朗西斯·爱德华·斯图亚特第一次闻到了长老会和辉格党人的血腥味。他也是一个在远离家乡的地方长大成人的斯图亚特族人，然而与先辈不同的是，有一段时间有人声称他甚至不是国王的儿子，而是从某个倒霉的家伙那里买来的“假太子”，装在锅里偷运到玛丽女王在圣詹姆斯宫的房间里。但随着他渐渐长大，他的长相让人们无法不承认他就是其父亲的孩子。

詹姆斯二世于1701年9月16日去世，现在詹姆斯·弗朗西斯·爱德华成了老王位的“觊觎者”。路易十四很快宣布他为苏格兰、英格兰和爱尔兰的詹姆斯三世，他就像个无忧无虑的男孩一样，对有一天能坐上王位充满信心。

《联盟条约》墨迹未干，詹姆斯党特使就从苏格兰出发前往法国宫廷，带来一张留有诸多身份显赫的苏格兰人签名的文件。他们说，是时候让詹姆斯穿过海峡，继承他与生俱来的权利。成千上万的苏格兰詹姆斯党人显然已经准备好为他而战，只要詹姆斯踏上他祖国的土地，那么苏格兰的王位就是他的。

对于法国国王而言，这是一个诱人的提议。他已经在西班牙王位继承战中深陷多年，极度需要筹码迫使敌人后退。还有一个问题是，维持流亡的斯图亚特家族奢侈的生活也需要巨额费用，榨干了本该得到更有效利用的战争基金。考虑到这一切，他立即抓住了这个一石二鸟的机会，并为他的客人提供了由法国军舰和私掠船组成的舰队，以及一支法国军队。

这位自以为将成为国王的少年于1708年3月抵达敦刻尔克港口，并很快因为麻疹发作而病倒。等他康复的时候，至少法国人心中的火焰已经灭得差不多了。舰队的法国指挥官确信他们一定会失败，据悉约翰·宾格将军已经在敦刻尔克西南部的加维林部署了不列颠船只，准备拦截他们。

没有人谈论詹姆斯在1708年的远征，它完全消失在1715年和1745年两次起义投下的阴影中，并被某些人描述为一场惨败。但我认为它可能是18世纪詹姆斯党的所有叛乱中最具危险性的一次。

1708年的叛乱是在趁热打铁的情况下发起的。到目前为止，还没有人从由汉诺威推动的联盟中获益，苏格兰人更是损失惨重。他们的民族自豪感受到了严重伤害，甚至需要复仇才能平息，而格伦科大屠杀的记忆依然历历在目。和苏格兰一样，英格兰也有沉睡的詹姆斯党情绪。总而言之，多种因素加在一起，这是“觊觎者”采取行动的最佳时机。

该计划相当谦逊，并且出于现实考虑而控制在局部范围内：正如与路易接触过的詹姆斯党特使所说，他们的任务只专注于苏格兰王位。詹姆斯将在东海岸登陆，并尽快赶到斯特灵。一旦苏格兰重获独立，他们会派遣一支部队前往英格兰东北部，接管泰恩-提斯煤田。依据他们的设想，由于燃料匮乏，安妮政府可能不得不与法国求和。

就像生活中的许多事情一样，到最后起决定性作用的是运气。而詹姆斯·弗朗西斯·爱德华·斯图亚特连一点运气都没有。当他脸上的麻疹终于消退时，海峡和北海的天气变得更糟了。舰队刚出发就遭遇了暴风雨的侵袭，詹姆斯和大多数士兵一路都在晕船。更糟的是法国海军指挥官克劳德·德·福尔宾和军事指挥官德盖斯伯爵一直尽可能地对这项任务保持望而生畏的态度。尽管脸色发灰，但这些准入侵者还是进入了福斯湾，在波恩蒂斯兰附近下了锚。詹姆斯党的部队已经在岸上集结，准备向斯特灵发起进攻。斯特灵指挥官后来则报告说他既没有人手，也没有装备来阻止他们。

随着成功在望，福尔宾意识到宾格将军会在福斯湾和他短兵相接。他不愿面对此次会战的后果，还没等詹姆斯踏上苏格兰大陆，就改道驶向别处。他们向北行进，"觊觎者"绝望地恳求在沿途任何地方让自己上岸，哪怕就他一个人都行。福尔宾拒绝了他，并且为了逃命而绕过整个不列颠群岛直接回到法国。

英格兰政府实在是幸运。从此往后，詹姆斯党的问题虽然还远远没有结束，但这种威胁再也不会这么千载难逢，这么危险，这么充满了未经发掘的潜力。

同样在1708年，苏格兰枢密院也被废除，这给作为一支独立政治力量的苏格兰钉上了棺材板上的最后一根钉子。1709年，控制伦敦议会的辉格党将英格兰国教引入了爱丁堡。这只是冰山一角，随后在1712年，《宽容法案》赋予了苏格兰圣公会教徒平等的权利。苏格兰教会避免了天主教君主的回归，但第二糟糕的事情却降临了：撒旦的犹太会堂。

无论是在苏格兰还是在英格兰，人们对联盟性质的不满与日俱增。虽然新教的辉格党一直在推动对宗教更大的宽容，但他们当中相当一部分高教会派保守党反对者的态度却变得强硬起来，他们的立场似乎更像是詹姆斯党。除此之外，詹姆斯党贵族依旧怀念着刚刚逝去的世界，在这个世界里，位居他们之下的是有自知之明的人。就像休斯诗中的鹰一样，他们相信自己位于自然等级的顶端，上帝便是如此创世：将国王立为神使，统治其他人。对于那些失去权力的贵族，看到权力被自命不凡的新贵掌握在手中，对专横高压的天主教君主的记忆油然而生。这些君主需要强大的当地贵族来执行他们的命令；也许过去的世界是一个可以被重新夺回并再次统治的世界。正如休斯在诗中所说："我可以肆意杀戮，因为这一切都是我的。"

在1711年后的一段时间里，保守党在议会中占了上风，他们甚至向詹姆斯暗示只要他皈依新教，他就会受到欢迎，以大不列颠国王的身份回归。但是他做不到，也不愿意这么做，机会再一次像陌生人一样同他擦肩而过。（如果他接受提议，他将被诅咒，但错失机会，他当然也将遭到命运的诅咒：通过忠实于自己的信仰，他成了振奋苏格兰天主教徒的傀儡。以信徒的立场去看，这是一个他无法破解的死局。）

在1713年，一项法案被提交给议会，要求终止联盟。这是苏格兰贵族的成果，包括第六任马尔伯爵约翰·厄斯金，第一任西菲尔德伯爵詹姆斯·奥格尔维和第二任阿盖尔伯爵约翰·坎贝尔——他们也正是对分裂最尽心尽力的三个人。从它历史性的签署到现在仅仅六年，但这场运动的脉搏已经微弱到几乎无法察觉，只有一张支持票让它苟延残喘下去。

安妮女王，悲剧而不惹人疼爱的安妮女王，在1714年去世之前，她所有的孩子们都已先一步入土。根据1701年《王位继承法》的安排，她的去世为汉诺威王朝的乔治打开了一扇大门。他几乎不会说英语，如果他知道世界上还存在一个苏格兰，那就是他对这个地方了解的极限了。对那些依靠国王来获得金钱和地位的苏格兰贵族来说，"老歌"的结束标志着有史以来最艰难的一轮"抢座位游戏"的开始。当安妮死后，每个人都必须再一次起身，紧张地围绕乔治转圈，直到乔治请他们坐下。

马尔伯爵（他们称他为"跳跳约翰"，因为他上一秒支持联盟，下一秒又强烈反对）现在神色严峻地观望着。他曾希望自己能因为一度全力公开支持辉格党和汉诺威王朝而得到回报，但他很快就失望了。他曾是苏格兰的国务大臣，现在他什么也不是了，只能在乔治周围转悠，希望能在余下的权力席位中得到一份赏赐。最后一根稻草在1715年夏天压在了他的背上。马尔伯爵来到一场王室活动上，向国王走去，乔治却转过身，以最公开和最羞辱的方式怠慢了他。

在伦敦，他看清了自己在汉诺威宫廷的未来，那是一片完全的空白。他立刻回到苏格兰的"家"，他在低地和高地都拥有大片土地和庄园，并很快前往布雷玛，在1715年9月6日举起詹姆斯的皇家旗帜。他召集了其他不满或犹豫不决的贵族（他把这一天伪装成狩猎聚会），他们手里举着饯别酒，向海对岸的国王致敬，然后发起了决定性的军事行动。

当我们在苏格兰的历史背景下研究詹姆斯党，我们很容易产生错觉，认为詹姆斯党本身是一种苏格兰现象。这与事实相差甚远。可是自从詹姆斯二世带领一支包含法国人的军队，在威廉的革命后抵达爱尔兰开始，这就成了一种国际化的，至少是泛欧大陆的现象，并将持续如此。

1690年在博因河战役中战败后，詹姆斯二世开始流亡于天主教法国。但在奥地利、意大利和西班牙也有很多人支持他。詹姆斯党也不举天主教的大旗，根据他们的活动地点，为了寻求和获得支持，他们的特使有时也会声称他们的事业和宗教无关。既有新教的詹姆斯党人，也有站在汉诺威政府这一边的天主教徒和圣公会教徒，但宗教一直是其中强有力的因素。（事实上在苏格兰，詹姆斯和他的儿子查理在圣公会教徒，特别是东北部圣公会教徒的行列中吸引到他们最铁杆的支持者。）

在苏格兰的历史上，詹姆斯党的故事有时候似乎是最复杂和最混乱的。从某些方面来说它的确如此。但如果我们能记住它最深的根源在于一些非常简单的事情，我们就能更好地理解他们。从威廉和玛丽第一次登上王位的那一刻起，那些声明支持新政权的贵族和地主就该为自己的虚伪感到如葡萄酒般脸红。他们这些人能有地位，完全有赖于长子继承权。他们从父辈那里得到土地和头衔，不为别的原因，仅仅是出于自古以来的法律规定。

威廉和玛丽，以及玛丽的妹妹安妮都是斯图亚特家族一支次要的分支，因此他们都是篡位者，坐在本应属于比他们更年长、更优先的天主教亲戚的合法王位上。这个简单的错误成了威廉宫殿里的大象，然后又出现在汉诺威王朝的房间里；正是由于王室难堪的境地才滋生出詹姆斯·弗朗西斯·爱德华是调包婴儿的荒唐说法。因此，17世纪和18世纪的詹姆斯党叛乱从很多方面来说都是一个不幸家庭的内部纠纷。但随着一个接一个的欧洲党派发现利用詹姆斯党的梦想可以获得一些好处，这一简单的事实很快就消失在竞争优先权的旋涡中，但它确实就是这么开始的。最精彩的戏码往往在苏格兰王国和英格兰王国间上演，也是出于以上直截了当的原因。

到目前为止，英格兰是斯图亚特家族名下最富饶的领土，也是其中唯一一个强大到足以用新教道统违抗长子继承权的国家。而苏格兰自然是斯图亚特家族及其名字的诞生地。首先是罗伯特二世，他从自己的母亲，罗伯特·布鲁斯的女儿玛乔里那里继承了王位，从那以后，苏格兰国王的宝座不是坐着这个斯图亚特就是那个斯图亚特。话虽如此，苏格兰和苏格兰人总是由英格兰或欧洲君主宰割，被施以各种用途：借苏格兰打开一扇通过英格兰的大门或永远关上它；给新教信仰制造麻烦；阻挠不列颠干涉欧洲计划并强迫他们陷入内斗。

对于任何一次詹姆斯党冒险的成败，最举足轻重的因素就是法国的态度。只有法国有足够的影响力、金钱和意愿可以冒险将一位信仰天主教的斯图亚特传人送回不列颠的王位。

詹姆斯试图在1708年夺回王位时，英格兰和法国正深陷西班牙王位继承战争，整个欧洲都打得不可开交。西班牙哈布斯堡王朝的卡洛斯二世身体和精神都极其虚弱（几乎可以肯定是近亲结婚的家族传统导致的），他死后没有留下子嗣。1700年，他的去世对任何人来说都不奇怪。事实上，欧洲各国在这一天真正到来之前已经做了多年准备：他留下的哈布斯堡西班牙帝国幅员辽阔，在欧洲和美洲都有广大的势力范围。

如果这整个王朝的继承权落入欧洲任何一个统治者手中，它将成为谁也无法制衡的强力帝国，破坏整个欧洲大陆的平衡。英格兰人、法国人、西班牙人、荷兰人以及哈布斯堡神圣罗马皇帝的利奥波德一世一直都在进行谈判并签署分割条约，目的就是将整个哈布斯堡西班牙帝国分解成小块。

大多数人都担心法国的波旁王朝会继承帝国，这一可能性是由一系列联姻造成的，但同时也给了利奥波德皇帝有效的继承权。路易十四最初放弃了自己的权利，但当卡洛斯二世死后，他的遗嘱显示他把一切都留给了路易的孙子，即日后的西班牙国王腓力五世。这简直是其他欧洲国家的噩梦，战争是不可避免的。

利奥波德、荷兰人和英格兰人联合起来组成了反法大联盟。贪婪的法国人抵挡不了这支盟军。英国人的一连串光辉胜利（如1704年，在马尔伯罗公爵约翰·丘吉尔的指挥下，英格兰人取得了布伦海姆之战的辉煌胜利），使得路易的意志和财力被逐渐耗尽。到了1713年，他已经受够了，以《乌得勒支和约》结束了战争。根据其条款，他必须承认英格兰的新教继承权，并将斯图亚特家族的"觊觎者"驱逐出他的王国。他满足了这些条件，詹姆斯不得不搬离圣日尔曼恩莱的豪宅，住进了洛林公国简朴的住宅。

然而在谈判的重压之下，路易在公共场合承诺的是一回事，他私底下所想的往往是另一回事。在他一生中，他始终看重流亡的斯图亚特国王这枚棋子，他的支持对詹姆斯党的希望也意义重大。虽然《乌得勒支和约》给他造成了不便，但他还是把詹姆斯党的指挥棒交给了他的孙子，西班牙国王腓力五世，后者依他所愿答应支持詹姆斯。但在1715年9月15日，路易十四去世了，詹姆斯党的世界立刻改天换地。

欧洲西北部已经因为近来的事态发展，从根本上发生了变化。根据《乌得勒支和约》，阿尔卑斯山以北的主要强国接受了互相之间在某种程度上取决于"权力平衡"的和平。这是18世纪的一项创举，与另一个重要史实联系在一起：伟大王朝的时代即将落幕。即便它们不是真的消失，也至少是过气了，在制定国家政策方面起不到什么作用。斯图亚特和他们的詹姆斯党传人已是旧世界的一部分；和伟大的家族、伟大的名字相比，国家更为重要。同样值得注意的是，1713年欧洲西北部的版图与今天相比区别不大。除了意大利尚未统一，比利时还没诞生之外，地图大体上和后来三百年大多数时候都是一样的。

詹姆斯党并不关心新世界的形态和风格。讽刺的是，当国家政治成为欧洲大陆部分地区的国际语言时，詹姆斯党的运动却在整个不列颠，特别是在苏格兰达到了一个新的高度。

每个人都知道马尔伯爵“跳跳约翰”是个见风使舵的政客，但他对时机的把握却堪称完美。1715年，当他举起詹姆斯的旗帜时，其他意志更加坚定的人也会发现，在世俗的辉格党人及其变革观念的推动下，自己已经渐渐被逼上绝路。这一次，各路人马都蜂拥而至，和邓迪子爵在1689年的惨淡遭遇形成了鲜明对比。

名门望族及其战士从四面八方应召而来：洛希尔的卡梅隆家族、布雷多尔本和格伦里昂的坎贝尔家族、弗雷泽家族、戈登家族、克拉纳尔的麦克唐纳家族、麦肯兹家族、麦克林家族和麦克劳德家族。因弗内斯城也站起来支持“觊觎者”。不过也有许多长老会宗族，如甘恩、麦凯、蒙罗、罗斯，都置身事外，西北部的起义也无论如何都不是一呼百应。圣公会主导的东北部最热烈地响应了马尔伯爵的号召：阿伯丁和泰河以北的所有自治区宣布一起加入詹姆斯党。在布雷钦，第四任潘穆尔伯爵詹姆斯·莫勒召集民众支持詹姆斯三世。第五任索塞克斯伯爵詹姆斯·卡内基、即将成为埃里伯爵的詹姆斯·奥格尔维、第五任斯特拉斯与金霍恩伯爵约翰·里昂，以及第十任苏格兰马里斯切尔伯爵乔治·基思都纷纷揭竿而起。

在内战的特殊情况下，许多家庭也被詹姆斯党的利刃切开。第一任阿索尔伯爵约翰·默里是默里家族的族长，骨子里是汉诺威王朝的人，但是他的三个儿子，查理、乔治和威廉却宣布支持詹姆斯，并召集了一支阿索尔军团，准备和马尔伯爵并肩而战。（乔治·默里勋爵将在1745年至1746年间担任“小觊觎者”查理三世的詹姆斯党军队的指挥官。）

不过，除开家庭忠诚（或缺乏忠诚）的因素，很多家族也为难以预料的战争结果做了准备：老谋深算的族长对这两匹马各押下的赌注并不高，在某些情况下，儿子被命令和父亲对立作战。通过这种策略，无论哪方获胜，都有人接收家族财产。

当所有这些骄傲的苏格兰名字在耳边回响，我们很容易天真地以为他们唯一的动力就是爱国主义。事实上，驱动这些族长的乃是赤裸裸的利己主义。洛希尔的卡梅隆家族，像麦克劳德和格伦科的麦克唐纳家族一样，从1688年起就一直心怀不满。他们在詹姆斯二世的统治下繁荣昌盛，尔后经历了不止一代人的冷遇。权力离他们越来越远，集中在遥远的伦敦。国王的回归意味着有机会夺回过去的荣耀和影响力。

抵挡这股詹姆斯党洪流的重担落在了第二任阿盖尔公爵，苏格兰总司令约翰·坎贝尔的肩上。他在军事方面是一个务实的人，当他意识到马尔伯爵率领一万大军时，他明白自己在目前仅有的时间内绝无可能召集到这么多人。这一次的叛乱让汉诺威政府也大吃一惊，在很大程度上是因为苏格兰枢密院的解散使他们失去了边境以北的眼睛和耳朵。

不过对阿盖尔来说幸运的是，马尔伯爵作为一名将领正如他作为政客一样容易动摇。尽管他带领的军队比三十年后查理王子的叛军大得多，尽管圣公会的牧师一直占据长老会的讲坛，宣扬叛乱，尽管英格兰北部的詹姆斯党教徒也在为他欢呼，但他还是把事情搞得一团糟。

阿盖尔早在为马尔伯罗公爵出征西班牙王位继承战期间便崭露头角。既凭训练也凭直觉，他本能地知道自己需要做什么。斯特灵向来是一个重要的据点，任何大部队都必须通过它才能抵达苏格兰的北部或南部。华莱士在1297年就利用了这一点，布鲁斯在1314年也故技重施。阿盖尔对此无疑也很清楚，当马尔伯爵还在珀斯犹豫不决时，他就带领部队在邓布兰附近，离斯特灵也不远的谢里夫缪尔就位。

1715年11月13日，就在政府军于普雷斯顿清扫完英格兰叛乱残余分子的前一天，马尔终于和他的敌人对峙了。阿盖尔的人数至少比他少一半，但一方是富有经验的战士，另一方则是外行。到最后，这场战斗本身并无输赢之说，但阿盖尔守住了阵地，马尔则逃回珀斯。

也许马尔最初的犹豫不决源于他不知道法国人是否会为了支持他而采取行动。自路易十四去世以来，法国一直由摄政王，年幼的路易十五的伯父，奥尔良公爵腓力统治。由于他暗地里将自己立为侄子的王位继承人，支持"觊觎者"的行动对他而言就变得得不偿失了。最终他没有派任何人力物力去支持马尔。

12月下旬，詹姆斯本人为了表示对叛军的支持，迟迟地从敦刻尔克前往彼得黑德港，同时西班牙的腓力在一艘开往苏格兰的船上也为他准备了一大批黄金。詹姆斯的旅行永远伴随着运气不佳，这艘船在圣安德鲁斯失事，上面珍贵的货物很快被欢呼雀跃的汉诺威士兵从海里一网打尽。

詹姆斯于12月22日登陆，但那时一切已成定局。他在斯昆张罗了一个宫廷，执政了几个星期，到了2月他不得不低声下气地写信给奥尔良，乞求那只到最后也没有伸出的援手。到了2月26日，他和马尔一起在蒙罗斯登船，再次流亡海外。

事后看来，这场失败似乎令人震惊。如果马尔在打仗方面哪怕有一点点的才能，他也很有可能突破阿盖尔，与英格兰北部的詹姆斯党和天主教徒会师。由此产生的势头很有可能将汉诺威王朝扫地出门，准备迎接詹姆斯的胜利回归。相反，政府又一次交了好运，詹姆斯党错过了最后一次获胜的机会。

从21世纪的角度来看，这固然是历史的走向，但事实上，1715年叛乱造成的后果让英格兰当权者都十分紧张。他们知道自己的政权接近被推翻的边缘，知道运气在其中扮演了多重要的角色。当他们担心詹姆斯党的下一轮行动会何时到来时，却有其他力量（除了最有远见卓识的人之外，其他人几乎不可能察觉的，甚至无法辨认的力量）开始从根基上破坏詹姆斯党的事业。这些力量便是知识的探索以及自由市场经济的种子。

就在谢里夫缪尔大溃败的四年之后，詹姆斯又一次企图在父亲的领土上煽动叛乱。这一次，“觊觎者”、苏格兰和詹姆斯党不过是一盘更大的棋局中的棋子，而真正下这盘棋的国家有西班牙、瑞典、奥地利、俄国、奥斯曼和意大利。

这些大国对苏格兰的利用，既损人利己又敷衍了事。西班牙想夺回在继承战中失去的意大利部分地区的控制权，但发现自己遭到了奥地利和不列颠的反对。西班牙人想得很复杂，又要与俄国人和土耳其人寻求共谋，又要得到在雄才大略的查理十二世国王的领导下极为精锐的瑞典军队的支援。

正是苏格兰与瑞典隔北海相望的地理位置引起了西班牙人的注意。瑞典船只在海面上巡逻，对汉诺威王朝的船只虎视眈眈。不列颠政府已经够焦头烂额的了，詹姆斯党的叛乱更会雪上加霜，于是一个机会主义的计划由此制订。事情的高潮发生在詹姆斯抵达西班牙的时候，但他希望领导的叛乱已像堂吉诃德的远征一样虚无缥缈。

事实证明，西班牙已是他的极限。一支以他名义组成的西班牙—詹姆斯党联合军队稍微闹了点动静。西班牙人短暂地占领艾琳多南城堡并驻扎在此，后来被不列颠海军的炮火轰成了废墟。詹姆斯党曾在西班牙掀起数万人的大规模叛乱，但这是一场愤世嫉俗的空谈。正如预期的那样，这次叛乱在1719年6月10日，在格伦谢尔两边山势陡峭的峡谷里，随着一场战败而一败涂地，走到了尽头。

聚集在一起的高地人唯一的优势就是勇敢善战，能像任何正规军一样顶住炮兵火力，向训练有素的汉诺威火枪阵发起冲锋。但只有这些远远不够。到最后，詹姆斯党的梦想只能随高地的微风飘散而去。詹姆斯再也没有露面，他一直待在西班牙，直到东道主告诉他不再欢迎他在此滞留为止。

他在1719年所做的唯一称得上成功的事情，便是和一个愿意为他生下继承人的女人结婚。玛丽亚·克莱门蒂娜·索别斯基是波兰国王约翰·索别斯基三世的孙女，年仅十七岁。她不仅能够为斯图亚特家族带来更多男孩，延续家族血统，她还能带来一笔丰厚的嫁妆，包括数百万法郎和一套家族传承下来的珠宝，著名的索别斯基红宝石。对于一个流亡王室而言，无论是为了钱还是血脉的延续，她都非常重要。

虽然詹姆斯是个不忠的丈夫，这段婚姻也很不幸福，但它确实带来了一个继承人。在1720年12月31日，克莱门蒂娜生下了查理·爱德华·路易斯·约翰·卡西米尔·西尔维斯特·塞维诺·玛丽亚，在1725年3月11日，她生下了亨利·本尼迪克特。不管他经历了什么失败，不管他的运气多么背，詹姆斯至少坚守了斯图亚特家族的男性最令人瞩目的传统，那就是为家族的人丁兴旺贡献一份力量。尽管詹姆斯党的冒险至此还远远没有结束，但是詹姆斯·弗朗西斯·爱德华却再也不会考虑踏足苏格兰大陆了。这对夫妇从教皇那里得到了罗马的一座宫殿作为结婚礼物，他们住在那里，孩子也出生在那里，斯图亚特王室的苍白阴影也在那里扎下细弱的根，这株王朝的风滚草需要寻找水分。

然而比詹姆斯继续战斗的胃口更重要的是，苏格兰的好日子来了。苏格兰人在远离詹姆斯开历史倒车的影响后，终于开始看到和英格兰结盟的好处了。

虽然确实像有些人说的那样，在1707年之后的头十几年里，联盟承诺的经济奇迹并未兑现。保护性关税原本使啤酒、亚麻、纸张和羊毛等传统苏格兰产品有利可图，现在却根据条约的规定被一笔勾销。对许多人而言，日子反而变得更加艰难了。

征税也大幅增加，1725年，威斯敏斯特议会犯下了不可饶恕的罪行，狠狠地打在了苏格兰人的痛处上。他们对生产啤酒和威士忌至关重要的麦芽征收一种新的重税，引发了苏格兰人的强烈反弹。当地人意识到酒价显著上涨时，在格拉斯哥和所有自治区都爆发了大规模骚乱。然而从长远来看，这只不过是分娩的阵痛，边境以北即将诞下一种新的认识。

1776年1月，在一本名为《常识》的小册子中，托马斯·潘恩将在美国人心中激起革命的斗志。在这本不太厚的书中，有许多令人难忘的句子，其中包括“管得最少的政府是最好的政府”。在苏格兰人看来，这是一个不言而喻的事实，而这是由苏格兰和位于威斯敏斯特的立法者之间的物理距离导致的。

许多苏格兰人逐渐意识到，他们离以伦敦为中心的政府太远，无法吸引到更多的注意力。这带来了喜忧参半的结果。尽管受到一些詹姆斯党人的煽动，18世纪20年代后期的苏格兰还是开始享受那种在强大国家的庇护下才能感受到的和平与安定。与此同时，苏格兰人尽量被那个国家遗忘了，他们反倒可以自由地塑造自己的独立身份。

随着农业的恢复，粮食短缺渐渐转为过剩，17世纪90年代末的大饥荒造成的绝望困苦开始从人们的记忆中退却。国际市场也对苏格兰商人开放，格拉斯哥的码头上弥漫的进口烟草的味道很快变得熟悉起来。市面上也开始出现棉花、糖蜜、白糖、茶叶等奢侈的外国产品，阿伯丁、艾尔、爱丁堡、格林诺克和佩斯利也开始尝到甜头。

最初，生活水准提高最显著的是拥有土地的贵族，但随着18世纪第二个十年接近尾声，所有苏格兰人都开始通过接触到更广阔的世界而或多或少地富裕起来。无论是多数派还是少数派，生活都开始越来越好。

许多贵族都要做出艰难的调整。自1707年以来，只有少数苏格兰人在议会中拥有席位，而对于那些现在大部分时间待在伦敦的苏格兰上层人士来说，他们有很多事情都需要适应。首先他们需要钱，才能在首都维持体面的生活，这将从根本上改变他们对自己家乡的庄园及居住在那里的人们的看法。在伦敦有事业和住所的苏格兰贵族开始把家乡的族人看作佃户和收入来源，而不是他们承担监护责任的对象。对于那些被伦敦所忽视的名门望族而言，他们也有一些决定要做：到底是最好信任现在的政权，还是回过头看向海对岸从前的政权。

由于师资队伍在法律、数学和医学等新兴学科为学生打开了眼界，苏格兰分别位于格拉斯哥和爱丁堡的两所大学也开始走向现代化。很长时间以来，神学教学一直是鞭打苏格兰人的棍棒的源头所在，如今它的地位变得越来越不稳，也受到越来越多的质疑，但这门学科的教义本身也在变得更加乐观。随着更现代、更自由的思想向北传播，神学思想开始从加尔文派教义的炼狱之苦中解放出来，拥抱更为自由、多元的宗教思想，其中宽容是一个重要的美德。这一进展也顺带让这些城市出现了更多支持与汉诺威联盟的声音。（位于圣公会腹地的阿伯丁大学仍然是詹姆斯党的温床。）

这个崭新的苏格兰很大程度上归功于后联盟时期的政治家艾莱勋爵，即后来的第三任阿盖尔公爵和强大的坎贝尔家族的领袖阿奇博尔德·坎贝尔。他的祖父曾在苏格兰领导1685年失败的蒙茅斯叛乱，他的父亲便是在谢里夫缪尔击退马尔伯爵的阿盖尔公爵。而如今这位年轻的阿盖尔是政治家而不是战士。

1722年，在罗伯特·沃波尔就任首相的一年后，艾莱勋爵进入了威斯敏斯特的政治舞台。在接下来的四十年里，他将对自己的祖国施加强有力的积极影响。从某些人的观点来看，除了名义上，他就是苏格兰的国王。他提倡改进亚麻工业，这也为他自己带来了巨大的财富；同时他试图推动整个苏格兰迈向更为勤勉、利润更为可观的未来。当格拉斯哥在1725年因麦芽税而发生暴动时，正是时任首席大法官的艾莱勋爵被派往北方安抚这座城市和整个国家。

艾莱勋爵也非常清楚地知道，大学是国家发展的关键所在，他利用自己庞大的影响力把他认可的人安排在爱丁堡大学和格拉斯哥大学的重要位置上。他最著名的成就是招募到弗朗西斯·哈奇森。艾莱勋爵确保哈奇森被授予格拉斯哥大学道德哲学系的主任，在那里他成了苏格兰启蒙运动之父。

哈奇森本人是一个牧师，亦是牧师的儿子，他相信所有人天生就懂得分别对与错，无须被告知。他还倡导个人自由，教导每个人都有权“根据自己的判断和倾向，并以这些为目的，在一切工业、劳动或娱乐活动中行使自己的权力，只要不伤及他人或物品”。以上观点都来自这位格拉斯哥大学的道德哲学系主任，而所有这一切实际上都发生在人们对“杀戮时代”仍记忆犹新的时候，这足以衡量时代发生了多么大的进步。

哈奇森是一个真正的自由主义者，他相信所有人都值得过上幸福生活，人们应该主动追求幸福，而幸福又是帮助他人和促进社会进步的回报。随着18世纪的进展，苏格兰人民对自由、富有创造和幸福的生活的渴望也在向前推进。

在此期间，詹姆斯党的幽灵一直在背景中隐现，而汉诺威政府正尽力彻底将它驱散。具有讽刺意味但也不可避免的是,寻求增加和保护个人权利的哲学进步也同样保护了詹姆斯党的相应权利。

政府试图扣押在1715年和1719年参加叛乱者的地产和资产,却往往遭到法庭的阻挠。没收叛乱贵族的财产是欧洲各国政府的一贯措施,然而在苏格兰却遭到了坚定而明智的反对。律师和法官本身就是土地拥有者,甚至是地主,他们几乎不可能和政治家勾结,剥夺任何其他人的土地财产,哪怕是詹姆斯党。土地拥有者通常天性保守,对于那些从事法律业的人来说,仅仅是建议给予政府如此庞大的权力,都足以让他们犹豫不前,因为这种权力很有可能某一天被用来反对他们自己和他们的家族。一次又一次的尝试没收都受到了阻挠。

1716年的《解除武装法案》也没有成功。它的逻辑足够简单:要求人们交出所有的剑、盾牌、火枪、长匕首和手枪,叛军将没有武器可用。但实际上只有忠于政府的辉格党家族才真正放弃了他们的武器,那些有詹姆斯党倾向的家族只上交了前人破破烂烂的遗物,其中还有许多是为了糊弄政府工作人员而特意从欧洲大陆进口的廉价货。

洛瓦特的西蒙·弗雷泽曾于1715年叛乱期间帮助政府从叛军手中夺回因弗内斯,他提出建议,如果有更好的道路和桥梁可以让政府军通过,高地也许会变得容易管理一些。在1725年,苏格兰总司令乔治·韦德将军被正式派去建造道路和桥梁,以及一系列堡垒、兵营和要塞。

在接下来的十五年里,他和一支劳工队伍以惊人的意志开始建设总长达250英里的道路网,并取得了令人敬佩的成就。他最了不起的单程公路长达80英里,连接因弗内斯和敦克尔德,今天苏格兰所有人都知道正是韦德将军铺设了第一批贯通南北的全天候道路。但具有讽刺意味的是,在战争时期唯一使用过这些路的却是1745年为最后一次詹姆斯党叛乱揭竿而起的叛军部队。

早在查理·爱德华·斯图亚特考虑领导叛乱之前，詹姆斯党运动就已成为某种传奇和幻想，而不是现实世界中会实际发生的事情。那些认为自己是詹姆斯党，并为此激动不已的人依然存在于苏格兰以及不列颠其他地方。但对他们大多数人来说，这是鲁莽的装模作样，是喝了太多酒之后在朋友之间吹嘘的话题。在18世纪30年代和40年代，苏格兰的詹姆斯党人没有拿起武器，举起旗帜，而只是收集刻有反叛口号的酒杯，在敬酒时浮夸地用它们向“海对岸的国王”致意。当时甚至有一个习俗，把一碗水放在桌上，詹姆斯党就可以通过无声地端起酒杯，为国王的健康而干杯，而在公开场合表达“觊觎者”的合法继承权。

这其中多少包含着亚瑟王传说的影子。詹姆斯党人希望他们的合法国王能够回归，因为人们需要他，因为他的时代已经到来，但他们自己不必为实现这一点而冒险。毕竟斯图亚特家族在1660年曾回来过一次；希望他们再次这么做有什么不对吗？但事实是，查理二世被允许回来继承父亲的王位，只是因为家族后继无其他人。现在，伦敦建立了一个新的统治王朝，就算面对再合法的继承人，他们都不会退缩。1727年，乔治二世取代他父亲登上了王位，汉诺威王朝的继承权（就在三十年前，这脚远射得分的可能性还很低），开始看起来很有把握了。

斯图亚特家族的最后一搏，起因是另一场泛欧战争。正如西班牙继承战争为1708年的詹姆斯党闹剧提供了背景一样，奥地利继承战争也在1745年惊起了从前的鬼魂。

从不列颠的角度来看，这一切都是从一只封存的耳朵开始的。理查德·詹金斯在格拉斯哥拥有一艘名叫“丽贝卡号”的双桅船，一直在加勒比海和西班牙殖民地进行贸易。自从1713年签署《乌得勒支和约》以来，不列颠船只就有权在西班牙殖民地从事一定数量的生意。但是西班牙已经越来越厌倦新来的人，关于他们蛮横打压合法船只及船员的指控也层出不穷。

1739年，詹金斯出现在伦敦一个议会委员会面前，声称西班牙海岸警卫队在1731年登上他的船。他还说西班牙船长用刀袭击了他，割掉了他的耳朵。随后他向委员会成员展示了他残缺不全的脑袋，还有那只被保存在一罐盐水中的耳朵。

其他的记载说得轻的称他是私掠船头头，说得重的则直接说他是罪犯。西班牙人显然认为他们在和罪犯打交道。在伦敦看来这两者则没什么区别。事情一下引起了骚动，1739年10月19日，首相罗伯特·沃波尔向西班牙宣战。不列颠海军早前曾取得过一些成功，但都不是决定性的重大胜利。因此，当普鲁士腓特烈大帝对由《乌得勒支和约》规定的玛丽亚·特蕾莎女皇的继承权持有异议，而于次年入侵奥地利和匈牙利时，西班牙和法国加入了他的阵营。不列颠则支持奥地利及其女皇，从詹金斯的耳朵开始的冲突变得越来越声势浩大。

法国和西班牙是苏格兰詹姆斯党人的两大后盾，它们准备投入与汉诺威不列颠的战争对他们来说当然是值得庆祝的事情。严格来说，法国和不列颠并没有真正互相宣战。它们的军队将出现在战场上，一方有支持奥地利的汉诺威军队，另一方则有支持西班牙的法国军队，但双方都坚持它们只是作为辅助力量参战。

这是一场闹剧。在1743年6月27日德国西南部的德廷根战役中，乔治二世率领不列颠、汉诺威和奥地利联合军队战胜了法国军队之后，路易十五清楚地意识到，他必须找出一个替罪羊，来转移不列颠的视线。18世纪的法国国王一贯如此，当他们为了某个目标需要喘息的空间时，路易立刻找到了詹姆斯·弗朗西斯·爱德华·斯图亚特。

年迈的詹姆斯早已厌倦这些无聊、肮脏的事情，他不想直接参与其中。在1743年12月23日，他把这个责任推给了他的长子，摄政王查理·爱德华。这位二十三岁英俊潇洒的年轻人从未去过苏格兰，也从未带兵打过仗，但现在已是整个运动名义上的领导者。像所有其他詹姆斯党叛乱一样，查理发起战争是为了让他的父亲登上王位，但当一切结束时，他的名字是最为人们所铭记的。

法国提供了数千名士兵，以及运送他们的舰船。关于全面入侵的激动言论声音大到足以传到海的对岸，当船队在1744年2月离开敦刻尔克时，查理本人也在其中一艘船上，不列颠海军已经在航线上严阵以待，然而还没交战，一场风暴就助不列颠海军一臂之力。法国船队损失了许多船只和兵力，包括查理所乘的那艘船在内的幸存船只别无选择，只能垂头丧气地返回法国。

一切本该就此结束。如果查理能多倾听少说话的话，很多人本可以幸免于难。但他是个刚愎自用的人。尽管路易坚持法国不会再入侵，但那些在横渡海峡途中幸存下来的人现在已决心投身詹姆斯党的事业，要与乔治的军队在陆地上作战，查理开始靠自己组织入侵战争。

到1745年初，“小觊觎者”已经通过四处恳求从法国借到了足够的资金来武装两艘军舰：一艘18门炮的横帆双桅船“泰耶号”，还有一艘大得多的64门炮护卫舰“伊丽莎白号”。他的大部分战争资金是通过典当传说中的索别斯基红宝石筹集来的。他用其中一部分资金买了火枪、宽剑以及一些火炮，雇用了几百名士兵。他还向苏格兰的詹姆斯党传话，计划带领他们一起叛变（所有得知这个危险消息的人都不敢相信），然后登上了“泰耶号”。

船只一离开“美丽岛”，警钟马上就开始敲响，查理却充耳不闻。一艘不列颠战舰，英国皇家海军舰艇“莱昂号”几乎立刻盯上了他们，炮火让“伊丽莎白号”遭受了重创，不得不返航。查理一下就失去了几乎所有战斗人员和大部分武器。他却不为所动，命令“泰耶号”继续前进，终于在1745年7月23日到达了位于苏格兰西部南尤伊斯特岛和巴拉岛之间的厄里斯凯岛。

传说他第一次踏足祖先的土地时，就从口袋里掏出了一条棉质手帕，里面包着一种花的种子，叫作粉红海旋花。他将种子撒入沙滩和草丛中，那个地方今天被称为“王子海滨”。这种花和查理一样来自岛外，它的花朵将继续在岛上开放，但王子不会长存。

查理第一个见到的是博伊斯代尔的亚历山大·麦克唐纳，他建议查理回家，并引出了后者著名的回答：“我已经回家了。”博伊斯代尔伸了伸下巴，不愿再多搭理这项疯狂的事业。他还告诉他，天空岛的两位大族长，麦克劳德的诺曼·麦克劳德和斯利特的亚历山大·麦克唐纳爵士，也会跟他说同样的话。查理只是回到了“泰耶号”上，然后在位于阿里赛格和莫伊达特之间的南乌阿赫海湾登上苏格兰大陆。传说还提到，当地人从他们的田野中抬头看到船上的王子和七名支持者。这些人高兴得立刻开始跳舞，这种舞蹈后来被称为“莫伊达特七人舞”。

查理留在船上，当地名流接连划船前来拜见他，并为他的计划出谋划策。格伦科的麦克唐纳和科波奇的麦克唐奈尔等族长强硬好战，但人手不够，缺乏查理所需要的人数；更重要的是，他们也缺乏国王想要的庄严。一切落在了洛希尔家族的唐纳德·卡梅隆身上，他被称为“温柔的洛希尔”，王子梦想的成败取决于他，只有他有能力让奇迹发生。

他们究竟说了什么，查理事先准备了怎样的长篇大论，又收到了什么样的答复，这些都无人知道，但我们很想猜一猜。他肯定会提醒所有人，汉诺威议院最近对苏格兰的防务关注甚少。虽有韦德将军修建的条条大路，以及在奥古斯都、伯内拉、威廉修筑的堡垒和在鲁斯文建造的兵营，乔治国王却从未增加这些地方的兵力。国王更关心在法国的战斗，高地的堡垒几乎无人把守，军队都被他运到了英吉利海峡对面。查理说，只要他们虚张声势，不显得外强中干，就有可能拿下这个王国。

他也可能知道，温文尔雅的洛希尔尽管表面光鲜，但其实生活拮据。在18世纪40年代的高地，饥荒和贫困的恐惧依然挥之不去，17世纪90年代格伦科大屠杀的冤魂依然徘徊在这片土地上。1745年的收成也不太好，尽管避开了坠入深渊的命运，但人们还是在温饱线上挣扎求生。由于租户交不起租金，也没有人有钱买牛（这是高地经济的支柱产业），因此洛希尔和其他许多贵族的金库一样变得空空如也。

在我看来，苏格兰与充斥阴谋诡计的欧洲不同，这里叛乱的驱动力其实很简单，归根到底，1745年叛乱是为了什么，以及1708年之后每一次詹姆斯党叛乱又是为了什么，其实就是在人群中挑选出那些失去了一切的人，向他们保证不管失去的是什么，都可以失而复得。

早在1745年之前，苏格兰就已经分裂成两个社会。一些人成了“北方英格兰人”，他们品尝并享受联盟的果实。在格拉斯哥反对麦芽税的暴乱中，肖菲尔德的丹尼尔·坎贝尔的家被暴动分子夷为平地。他是格拉斯哥商人中的第一批传奇人物，靠从弗吉尼亚进口烟草积累了令人难以置信的财富，被称为“烟草大王”。在格拉斯哥、爱丁堡、艾尔和阿伯丁这样的城市和城镇，有更多像坎贝尔一样的人，他们几乎不可能支持任何破坏现状，危及他们财产的叛乱活动。他们不一定都像“烟草大王”一样富可敌国，但他们正在靠英格兰的贸易纽带过上好日子，绝不想回到糟糕的过去。

另一方面，那些被时代落下的人很容易成为詹姆斯党说客的猎物。还有那些自己和族人曾享受过专制国王的宫廷中渗透下来的权力和威望的人。他们手上依然紧攥租户的命运和生计，可以用驱逐或死亡相要挟，驱使顺从的租户做哪怕任何事情。1715年和1745年叛乱的核心原则就是恢复后的斯图亚特君主制将彻底废除联盟；事实上，“消灭联盟”成了他们的战斗口号。詹姆斯党和汉诺威联盟的拥护者和成果的较量是一场过去世界和未来世界的战争。

1745年8月19日，詹姆斯党的旗帜终于在位于希尔湖源头的格伦芬南升起，洛希尔和他的人马来到了这里。莫拉尔的麦克唐纳、克拉纳德、科波奇的麦克唐奈尔等一批老詹姆斯党也前来助阵，但人数还远远不够，也永远不会足够。当查理开始向南进发的时候，他身边的高地人不超过2 500名。以前的叛乱教训告诉他们不能拖延，留在高地等待法国人支援是行不通的。于是他们开始行军。1745年叛乱的真正奇迹就在于以如此少的人数弄出了那么大的动静。

加入他麾下的人都受到了欺骗。到达高地之前，查理曾承诺会带领数千名法国士兵，以及相应的船只和金钱。现在，即使最热泪盈眶的詹姆斯党族长也清楚地看到什么都没有兑现。但是查理仍然确信一旦他证明了起义的成功潜力，法国人就会赶来帮助他，而他也似乎把这种妄想兜售给那些现在发誓要为他战斗和牺牲的人。

尽管困难重重，查理还是取得了一些惊人的成功。不到一个月，他的杂牌军就占领了爱丁堡，查理得以抽空去荷里路德宫观摩挂在墙上的祖先肖像。在詹姆斯党到达之前，政府驻军就已经放弃了这座城堡，因为它就像高地人一样过时，只有淘汰废弃的大炮，根本无法用于保卫首都。

政府负责应对这次麻烦的倒霉蛋指挥官是约翰·科普将军，但他手下只有不到4 000人可以和他一起捍卫整个国家。1745年9月21日，在普雷斯顿潘斯战役中，号叫的高地人发动了一次突然袭击，科普的部队彻底崩溃，士兵四散逃命。

这是高地冲锋的胜利，是勇气的胜利，也是乔治·默里勋爵的军事才能的胜利，他是查理手下最英明勇敢的指挥官。但对政府来说，这只是一场由地方官员的不作为和心不在焉而导致的失败。哪怕乔治和大臣们把他们的注意力从法国转移回来一小会儿，整个事件可能从一开始就不会发生，也永远不会蔓延到爱丁堡。但所有这些分析都是事后的见解，现在查理控制了苏格兰王国。这个小圈子里的智囊提出了巩固成就的明智建议。他们建议在爱丁堡一边韬光养晦，一边呼吁法国人把金钱和兵力输送到这个他们曾经想吞并的地方。

不过这位“小觊觎者”却在终极大奖面前等不及了，他将进军伦敦，取得圆满的胜利。他以一己之力说服大家通过这个决定。手下步兵和骑兵的联合部队刚刚超过5 000人，查理就越过了边境。高地人一踏上英格兰领土，就齐齐转身向他们的祖国致敬，不需要任何命令。对他们当中的很多人来说，这是他们最后一次注视这个地方，而当时的他们心中仍充满希望。

大家都知道詹姆斯党杀到达德比后就再也无法前进半步。他们离伦敦只有不到一百英里，但他们原本可能在一千英里以外就被阻击了。现在，回过神来并且感到愤怒的汉诺威政府在过去的几周里从欧洲大陆召回了数千名铁血战士。强大的力量很快压制住叛乱，残酷的现实突然间打断了詹姆斯党的美梦。

查理怒火中烧，甚至流下了失望而沮丧的泪水。但年长的族长们成功说服了他，向苏格兰大规模撤退。返程对所有人来说都是一场悲惨的噩梦。士兵们一直在使用暴力抢夺途中所需的食物和其他物资，就在几周前这些地方才被詹姆斯党洗劫过，因此人们对现在这些从他们门口路过的沮丧队伍没有丝毫同情。在格拉斯哥，人们组建了一支民兵队伍来对付“小觊觎者”；随后他们将与亲政府的力量联合在一起，很快为汉诺威王室再次夺回爱丁堡。

1746年1月17日，查理及部下一路赶到了福尔柯克，亨利·霍利中将率领的一支政府军一直在他们身后紧咬不放，迫使他们不得不转身战斗。他们的确爆发了战斗。以纪律冷酷严苛著称的“绞刑亨利”被彻底击败。他本来很可能全军覆没，但一场突然降临的大雾让幸存者得以逃跑。

在福尔柯克的胜利是詹姆斯党在1745年最后的欢呼，查理随后一路撤到了詹姆斯党的据点因弗内斯，这里是必须不惜一切代价保卫的堡垒，查理做好准备应对即将到来的一切。由乔治二世最小的儿子坎伯兰公爵威廉带领的9 000多名骑兵和步兵浩浩荡荡按时抵达。

如果你想为18世纪中叶由高地人加强的詹姆斯党军队制造一场灾难，你都想不出一个比卡洛登的德拉莫西沼泽地更好的舞台。

4月15日晚，詹姆斯党试图对位于奈恩附近的坎伯兰营地发动突然袭击。这是一场奇袭，但查理的部下也同样筋疲力尽。4月16日早晨，查理不顾乔治·默里勋爵和其他富有经验的老将的力劝，贸然命令他已经疲惫不堪的军队（个个都睡眼惺忪，刚被从梦中叫醒）列队穿过一片平坦的沼泽地。

从一个世纪前的科尔基托和蒙罗斯时代开始，人们就知道传说中杀伤力极大的高地冲锋凭借的是靠突袭或相对的高坡优势，或者二者兼而有之。然而他们什么都没有，而且还身处泥泞潮湿、坑坑洼洼的原野一端，眼睁睁看着一台现代化的军事机器向他们逼近，每一个动作伴随着相应的鼓点。当被问及对即将发生的事情的前景有何看法时，乔治·默里勋爵说道：“我们正在结束一件糟糕的事情。”

在政府的精良枪炮轰击下，战斗开始进行。直到今天专家都在争论詹姆斯党人在炮弹和子弹面前到底撑了多久，但无论是几分钟后还是一小时之后，他们冲向了敌人。其中一些人冲进了敌阵，怀着仇恨用宽剑和长匕首砍杀敌人，但已无济于事。

政府军士兵还学会了一种应对高地人冲锋的新技巧，即每个人都攻击右边的敌人，而不是正对面的敌人。如果全员保持这个纪律，在敌人高举宽剑，侧边毫无防备时把刺刀刺进他的身体，那么冲锋就会溃不成军。事实证明的确如此。

坎伯兰的胜利有多彻底，他在事后对叛军的报复就有多冷酷无情。不管失败有多么惨烈和彻底，仍有幸存的詹姆斯党人拒绝放弃，他们在鲁斯文兵营重新集结，甚至准备反击，直到王子本人传话让他们回家保住自己的性命。

坎伯兰在高地上安置了一支军队，在接下来的几个月里焚烧、掠夺和屠杀。很显然高地部落是叛乱的主力军，必须被摧毁和破坏，铲除斯图亚特复辟的任何一线希望。《解除武装法案》和惩罚性措施得到了更新，如禁止格子花呢，甚至盖尔语本身也遭禁。无论手段多么实际，目的都是最终毁灭盖尔文化。高地一直是“与众不同”的，这种差异被认为是詹姆斯党的起源。因此任何有可能使其再生的东西都不允许保留。

经过数月的逃亡，“小觊觎者”于1746年9月登上了一艘开往法国的船。他再也不会见到苏格兰，也不愿多想。他过着放荡不羁、漫无目的的生活，大部分时间既不取悦自己，也不取悦家人。在1788年1月30日，他死于罗马他出生的那座宫殿里。

其实早在坎伯兰及其同僚开始残杀部落之前，时代和进步已经抛弃了詹姆斯党这头远古时代的恐龙了。在低地，穿过中部地带，往南向英格兰方向，对詹姆斯党的支持越来越少；英格兰的詹姆斯党在发起叛乱之前还虚张声势，但当枪弹开始飞舞时，他们却完全无法做到言行一致。

韦德在1725年开始的工作现在终于完成了。到1767年，已经有1 000多英里的道路在高地上纵横交错。坎伯兰在满足了大开杀戒的欲望之后回到了南边，踏上了另一段宏大的军旅生涯。“血腥屠夫”的绰号渐渐离他远去，当他到达伦敦时，这个昵称已经被“甜心威廉”取代了。代替他镇守地方的是他的私交第二任阿尔伯马尔伯爵威廉·安妮。几年后，阿尔伯马尔仍会哀叹当地詹姆斯党的苗头仍旧野火烧不尽，并且毫无意义地在这片昔日腹地中蔓延，甚至延伸到高地的中部和南部。然而从实际意义上讲，詹姆斯党气数已尽，每个人都知道这一点。

除了彻头彻尾的残暴，王室还没收了叛乱分子的土地和财产，在这方面他们比1715年之后更彻底，但无论如何，他们在很大程度上已经从詹姆斯党贵族的胸膛里掏出了心脏。

新教牧师也发出越来越多声音，成功地压制住圣公会煽动者的言论。全国各地长老会牧师都在妖魔化查理，说他是来自教皇罗马老家的意大利人，他的支持者都是恶魔的信徒，国家支持的宗教都无法实现的事情，难道凭借诚实劳动所取得的物质收获就必然能实现吗？

在格拉斯哥以及整个南部城镇和自治区，新生的商人阶级对詹姆斯党并不感兴趣。只有那些没什么可失去的人，才会聚集在一起高举斯图亚特王旗，因为社会变革之风对于他们打满补丁的斗篷和长筒袜来说实在太猛烈，也太刺骨了。

高地也不全然都是恐怖和惩罚。在18世纪50年代，政府出台了与民众协议过的举措来刺激该地区的经济。“改善”成了土地所有者的格言，且不局限于高地线以北。在这个大部分人口的就业和生计都依赖农业的国度，全国各地都兴起了农耕技术的改进和现代化浪潮。有些地方生效了，有些地方则没有。因为在高地，向小农场耕作推进的举措并不总是受到欢迎,也意味着对传统习俗的入侵和破坏。

政府在驾驭和改变高地人的武士心态方面取得了更为全面的成功。在卡洛登战役之后,汉诺威家族一度恐惧和憎恨的战士反而成了他们最有效的武器。现在为政府而战的高地军团将成为传奇,他们的名字将永远铭刻在不列颠帝国的故事中。

未来已经降临苏格兰,这将是一个由联盟和贸易以及英镑、先令和便士组成的未来。对残存的詹姆斯党以及更广大的苏格兰人民而言,生活中最重要的仍旧是账本。

# 第九章

# 钱！

人就是赚得全世界，赔上自己的灵魂，有什么益处呢？

——《马可福音》

自伊丽莎白一世以来，英格兰人一直在试图殖民美洲的新世界。女王要求沃尔特·雷利负责这一宏图大业，1587年，就有100多名英格兰人在位于现今北卡罗来纳州阿尔伯马尔湾以南的罗阿诺克建立了定居点。他们在新家居住的时间不长，此外他们也只是许多人当中的第一批。

1607年，英格兰人在现今弗吉尼亚州的地方建立了詹姆斯敦。三年后，波帕姆殖民地开始在缅因州生根发芽。一些早期的落脚点变成永久性城镇；另一些则因移民适应不了当地艰难困苦的环境或疾病，或因与当地土著有关的缘由而消失了。重点在于，当1620年“五月花号”抵达新英格兰普利茅斯时，新世界对英格兰人来说已经不是什么新鲜事了。

1630年到1640年间，大批英格兰新移民因为宗教迫害而不得不背井离乡。大约有10万清教徒分散在新英格兰和加勒比的殖民地。一些人在尼加拉瓜的莫斯基托海岸定居（虽然就长远而言并未真正定居）。但大多数早期移民前往了巴巴多斯等地。对早期移民而言，很显然最重要的是自由，他们冒险穿越美洲，正是为了自由地生活和按照自己意愿信仰宗教。在17世纪中叶以前，某些自由的拥护者通过买卖和剥削非洲黑人致富。受虐者摇身就成了施虐者。

在早期的美洲殖民地，所有的仆人（黑人、白人、棕色人种）通常被视为奴隶。那些由富有的殖民者支付路费远渡重洋而来的人被称为"契约"（indentured）仆人，之所以这么叫是因为他们的合同可以对折，在中间留下一道"凹痕"（indented），然后沿着这条线撕成两半。主人保留一半，仆人保留另一半。最初，同样的规则也被用于希望完成固定期限的体力劳动之后最终能获得自由的非洲人。但渐渐地，他们太有用，太取之不竭，主人无法放手。奴隶贸易由此而生，据说敬畏上帝、热爱自由的清教徒很快就积极地参与其中。

在17世纪，其他欧洲国家的人口向着德国、法国和低地国家的方向流动，但到18世纪初，大量健全有用的男人和女人源源不断地向殖民地流失，开始让英国议会担心并出手阻止他们。对殖民地来说幸运的是，新鲜血液的短缺将由来自苏格兰和爱尔兰北部的人口补上。

1700年的苏格兰人对新世界也并不陌生。早在1621年，在詹姆斯一世统治期间，苏格兰人就在加拿大的纽芬兰建立了"新苏格兰"殖民地。然而这一努力失败了，不到十年，法国就吞并了这个地区及其中的苏格兰人。到了17世纪80年代，低地苏格兰人开始大量拥入北美殖民地，他们带来了长老会和圣公会的信仰，并在这个新兴社会占据了显赫的地位。有几个人甚至成了殖民地的总督。

当低地苏格兰人和来自阿尔斯特的苏裔爱尔兰人开始大片横扫殖

民地时，时间正值18世纪中叶。饥荒或者潜在的饥荒，促使第一批阿尔斯特新教徒远渡重洋而来。从18世纪20年代起，他们汇成了一股名副其实的人类洪流。

大约有25万苏裔爱尔兰人渡过了艰难险阻，深入新大陆的西部和南部：宾夕法尼亚州、北卡罗来纳州和南卡罗来纳州以及更远的地方。那时迫使他们横渡大西洋的并不是饥荒，而是土地的购买和争夺，以及致富的许诺。他们也很凶悍，至少对他们的新邻居而言如此。随着半个世纪过去，苏裔爱尔兰人在努力工作、酗酒、坚贞不屈的宗教信仰以及用拳头、刀刃和枪支解决任何争端的决心方面发展出并保持了良好的声誉。他们狂热的长老会信仰在阿尔斯特完好无损地维持了一个世纪之久，就好像17世纪初从约翰·诺克斯个人信仰树上取下的一根树枝，被运过了爱尔兰海，在随后空洞乏力的自由主义的庇护下，长成了某种坚硬顽强的生物。

他们将它连根带枝带到了美洲，并以"炼狱之苦"户外祈祷会扬名。这些都是宗教集会的精神产物，在盟约派和杀戮时代的岁月中，它们在当时造成了如此多的麻烦。而如今他们播下了兼收并蓄、倡导传统的种子，这与今天美国南部各州的新教信仰实践是如此相近。这些苏裔爱尔兰人敢于挑战任何自信满满的正统说辞；他们让邻居知道了挑战权威不仅是可能，而且是应做的，而这样一来他们也为美国独立战争奠定了部分基础。

最后离开并穿越大西洋的苏格兰人是高地人，也就是那些在1746年后世界终被摧毁的幸存者。正如苏裔爱尔兰人带来了老式的新教，高地人也带来了另一件遗物。以麦克唐纳家族、麦克道格家族、麦克格雷格家族、麦克劳德家族、麦克雷家族以及其他成千上万盖尔语使用者为例，这些人在18世纪下半叶定居在卡罗来纳及更远的地方，他们带来了古老的斯图亚特苏格兰的记忆。

早年乘船前往美洲的人当中,有一个名叫约翰·韦德博恩的少年。他的父亲也叫约翰,是珀斯郡的一位男爵,父子俩都加入过由查理·爱德华·斯图亚特发起的詹姆斯党叛乱。老约翰是一名上校,在卡洛登战役中被政府军俘虏,并送到伦敦接受囚禁和审判。小约翰从那场血腥的战役中幸存下来,并在逃离首都之前,秘密目睹了父亲因叛国罪而接受的血腥处决:绞死、掏出内脏和大卸八块。也许当父亲像钟摆一样倒数着自己和旧世界所剩不多的时日时,他也曾瞥见了儿子。如果他真的看到了,那么在看到儿子的双眼后,父亲的眼睛也会永远地闭上,因为那双眼睛属于一段不再受到老一辈欺压的未来。

和已然污名化的家族切断关系后,少年约翰在苏格兰看不到未来,他前往苏格兰西海岸的格林诺克港口,经过几周的东躲西藏和风餐露宿,他躲过了政府军的抓捕,找到一位船主并同他达成了协议,他将在船上工作,以换取前往加勒比海的路费。就在卡洛登战役一个月之后,十八岁的约翰·韦德博恩成了不久就将大批出走的宗族的第一批人。

当"屠夫"坎伯兰正在解决病恹恹的老苏格兰野兽时,一个新的苏格兰已经经历了成长的阵痛。其中一位助产士,牧师兼讲师弗朗西斯·哈奇森在1729年接替他的导师格肖姆·卡迈克尔担任格拉斯哥大学道德哲学系主任。产房里同样重要的是后来将成为卡姆斯勋爵的辩护人和法官亨利·霍姆,他既是一位开拓性的哲学家、历史学家,也是一位定居爱丁堡的农学家。通过他们的著作和教学,哈奇森和卡姆斯造就了下一代苏格兰启蒙运动人物,如哲学家大卫·休谟,历史学家威廉·罗伯逊和现代政治经济学之父亚当·斯密,他的代表作《国富论》至今仍是研究该领域的核心著作。

知识革命的拥护者相信,他们不仅在自觉、主动地开始推进人类对艺术、文学、生物、化学、地理、数学、医学及其他学科的掌握，他们还致力于设计和建设一个更好、更高效、更公平的社会。它无非是为了最终了解这个世界，准确地描述这个世界，然后为了人类的福祉而改进这个世界。

这在一定程度上是苏格兰所有阶层的高识字率的产物（而高识字率本身是诺克斯的宗教改革和他坚持所有人要学会阅读“上帝的话语”的结果）。在18世纪，苏格兰的城市里启蒙火焰燃烧的光比世界上任何一个地方都要明亮，也许在之前或之后的时代都不曾有过。这道鲜明、毫不留情的光，揭示了旧苏格兰的种种局限。启蒙的火焰首先在格拉斯哥大学和爱丁堡大学点燃，最终蔓延到苏格兰人生活的每个角落。苏格兰的大学（尤其是格拉斯哥大学）不仅吸引和欢迎贵族和上流社会的儿子，也欢迎商人的儿子。那些到18世纪中叶仍被牛津大学和剑桥大学排除在外的人，在格拉斯哥大学如饥似渴地聆听哈奇森等人的授课，然后开始在世界上留下自己的印记。

诺克斯的宗教改革虽然教会了每个人识字，但它也给苏格兰人的生活加上了自己的严格桎梏。如今这些桎梏也开始被苏格兰启蒙运动的教诲打破，思想家开始重视他们同胞（虽然在当时仅包括白人，尤其是白人男性）的自由和权利，并认为它们是我们不可或缺的根本的善。宗教信仰仍然存在，但上帝不再被视为复仇的专制主义者；他也不再是一切的中心。对他所创造的自然世界的探索和询问开始取代对宗教教条的盲从。当然，并不是每个人都喜欢这样一步步地远离上帝。

哈奇森是苏裔爱尔兰人，他的父亲是一位长老会牧师。但自从他来到格拉斯哥教书的那一刻起，他就一直坚持认为每个人都应被当作有价值的人来对待，都应该受到鼓励，从帮助周围的人当中找到快乐。

在国家东侧的爱丁堡,辩护人和法官卡姆斯勋爵对人性提出了更现实也更实际的观点。他非常同意哈奇森关于人天性知道对错的观点,以及关于做好事与做一个“好人”所带来的满足感。但他也认为人类聚在一起形成社会是出于保护自己财产的愿望。男人、女人和孩子都天生渴望拥有越来越多的东西,他说,除非他们的财产和财物不会遭盗窃或损坏,否则没人能高枕无忧。出于这个原因,卡姆斯说,人类已经准备制定并服从法律,并把他们某些方面的自由上交给一个统领全局的社会,以换取对他们的家园和物品有所保障的安全感。

卡姆斯也是第一个确定了人类社会发展经历了四个阶段的人。狩猎采集者是最初阶段,其次是放牧和饲养家畜的游牧群体,卡姆斯认为在这些原始群体中不需要法治,只需要通过父亲对各自家庭的纪律约束来维持秩序。因此,需要制定和服从法律体系的是更复杂的第三种社会形态:农业社会。

卡姆斯认为农业社会不仅享有食物的过剩,还享有时间的过剩。业余时间使得专业的手工匠人开始出现,能把所有时间都投入制造社会其他人都想要拥有的共同财产。更重要的是,耕种依赖于人和人之间合作,并以越来越复杂的方式互相联系。这些关系需要被定义,随着整个系统变得越来越精密,群体成员需要授权某些个体代表众人做出决定,这就是法律制度和政府,也即“社会”本身的种子。

在第四个也是最后一个阶段,卡姆斯认为,社会已经超越了耕地经济,形成了在工业、贸易和商业方面互联互通的村庄、城镇和城市。这才是真正的文明可以从中生长的环境,它的出现也丰富了人民的生活。

这些由哈奇森、卡姆斯及其同时代的先驱发展起来的人生哲学,在格拉斯哥、爱丁堡和阿伯丁扎下了根。很快它们就扩散到很远的地方,成为新苏格兰思想的基础。来自爱丁堡的詹姆斯·赫顿是地质学研究的先驱，他是世界上最早思考苏格兰岩石（这一真正支撑苏格兰的物质本身）的年龄的人。在地球诞生45亿年后，是苏格兰人率先趋近对这颗行星出生日期的估算。

在格拉斯哥大学，化学家约瑟夫·布莱克等启蒙运动人物为发现自然界的化学元素奠定了基础。他的弟子将会发现，氯气除了拥有许多其他的基本属性外，其漂白特性将彻底变革苏格兰的亚麻工业。出生于格林诺克的詹姆斯·瓦特是一个数学仪器制造学徒，他不可抗拒地被格拉斯哥的智性光芒所吸引。他在那里得到了约瑟夫·布莱克，以及约翰·安德森和约翰·罗比森的协助，最后因为对蒸汽机的贡献而获得了不朽的成就。许多苏格兰人相信是他发明了蒸汽机，而事实上他的成就在于，通过给托马斯·纽克曼的“大气热机”增加独立的冷凝室，使蒸汽的热量和能量得到更有效的利用，从而对其做出了至关重要的改进。每一个苏格兰人都知道，蒸汽机最终推动了工业革命；但很少有人记得，直到和英国制造商及工程师马修·博尔顿合作，瓦特的杰作才有了足够的物料和资金基础。

正是因为苏格兰启蒙运动的产物得到了如此实际的应用，他的倡导者及追随者才能牢牢地扎根于现实世界。

卡姆斯在自家土地上实践和完善的农业技术则是苏格兰农业革命的根源。通过他和同侪的努力，苏格兰人的耕作方式彻底地改变了。诸如耕地围垦和循环种植等革新方法一改自给自足的古代生产方式，开始产生盈余，利润也日益提高。

诸如瓦特对蒸汽机的改进等贡献，使得工厂如雨后春笋在整个苏格兰中部地带建立起来，工业革命如无法扑灭的火焰开始燃烧起来。在过去，绝大多数苏格兰人一生都在乡村生活和工作，例如在18世纪上半叶，大约每八个人当中只有一个住在人口超过4 000人的城镇上。以格拉斯哥和爱丁堡为轴线的工业扩张将使苏格兰迅速成为欧洲城镇人口占比最高的地方。到19世纪中叶，已有三分之一的苏格兰人是城镇居民。

苏格兰启蒙运动的明星人物为复杂的现代社会提供了智力架构，在这个社会里，从事商业、贸易以及工业的人士都可以追逐一己私利。亚当·斯密等先知则认为通过允许商业人士最大化他们的利润，整个社会都会变得更加富有。

当约翰·韦德博恩等高地人选择乘船前往殖民地时，他们留在身后的便是这样一个苏格兰。而他们移植到新世界的则是旧苏格兰。尽管经过"启蒙"的苏格兰人比任何英国人都更积极拥护联邦，并开始自称"英国北方人"，但那些穿越大西洋的苏格兰人却仍然致力于维护民族独立、家族忠诚以及在自身社会阶层中安分守己等"旧传统"。

也许正是这些特点，以及天性中对强大领袖心甘情愿的服从，才能够解释为何如此多的高地人融入了从前的宿敌，即不列颠军队的军旅生活。早在1724年，韦德将军就开始收编高地苏格兰人的军事力量，并将其转化为国王军队的优势部队。

为了安抚高地民众，他把数百名高地人编成一支部队，用来"守望"他们天生反叛的邻居。这支部队最初被称为第42步兵团，身着深绿色和黑格子呢苏格兰裙，很快得到了更广为人知的绰号"皇家高地兵团（黑卫士兵团）"。具有讽刺意味的是，1745年，黑卫士兵团第一次参战不是对抗詹姆斯党，而是在今天的比利时，在当时佛兰德斯的丰特努瓦战役中对抗法国人。他们下辖于由坎伯兰公爵领导的不列颠、荷兰和奥地利联合军队，在奥地利王位继承战争中被用来对付法国人。

这场战斗对坎伯兰及其"国事遗诏军"而言是一场失败，但是黑卫士兵团极其勇敢，不仅赢得了指挥官对他们的钦佩，也赢得了法国军队的尊重。一名法国军官形容丰特努瓦的黑卫士兵团为"高地旋风"，他们以“比暴风雨肆虐的大海”更狂暴的方式冲向他和他的部下。这是高地兵团第一次把一支外国军队吓得灵魂出窍，但肯定不会是最后一次。

早在1745年查理·爱德华·斯图亚特举着火把穿越高地时，苏格兰启蒙运动的火焰就已熊熊燃烧。那时的哈奇森和卡姆斯等人已经奋斗多年，所以当詹姆斯党到达格拉斯哥和爱丁堡时，他们发现自己落后的生活方式已经不再适合城市，也不再被城市所需要。

1746年，当约翰·韦德博恩离开他生长的故土时，另一个年轻的苏格兰人正在回家的路上。亚当·斯密于1723年出生于科尔卡迪，于1729年至1737年间在语法学校接受了良好的教育。十四岁时，他成了格拉斯哥大学的一名学生，并聆听了弗朗西斯·哈奇森的道德哲学课和法律与政治哲学课。他很快就被灌输了自由是不可剥夺的人权的基本信念。

1740年，他离开格拉斯哥前往牛津大学的巴里奥尔学院学习，但他发现那里的氛围并不能提高他在苏格兰受到的教育水平或增进他对这个世界的了解。他在牛津感受到的不快让他甚至没有完成学术研究，就在1746年离开了这个地方。他表现出神经衰弱的一些早期症状，性格上的反常更让他很快被认定是个怪人。他一开始先回到了法夫的母亲家，但到1748年，他开始在爱丁堡大学教书，在那里卡姆斯勋爵成了他的赞助人。哈奇森于1746年去世，在1748年，斯密接替他的前导师，担任格拉斯哥大学道德哲学系主任。

斯密的思想受到启蒙运动中最明亮的三道光的影响，并且也在一定程度上被它们所塑造。但他通过运用自己独一无二的天才对哈奇森、卡姆斯以及大卫·休谟的作品进行综合和过滤，创造了一种完全属于自己的哲学。当然，我们大多数人认为亚当·斯密作为《国富论》的著作者,应当是一位经济学家,但是这部著作直到1776年才被出版。从个人性格来看,他是一位道德哲学家,也是一位人文主义者。

虽然哈奇森曾说过,所有人天生就有一部道德指南针,能够引导他们走上正义的道路,卡姆斯和休谟则认为社会是人们创造的,也为人们所接受,目的是保护他们个人财产的安全,而人性中最坏的一面也应受到制约。斯密形成的思想与之同步但又独立于这些观点,他认为文明社会教育其成员以可接受的方式行事。个人不一定是好的或坏的;他们通过学习榜样,通过模仿他人成功的方式,让自己在生活中可以更好地融入人群。社会是一面镜子,它向一个人展示了他是什么样的人,他与其他人的不同之处,以及他怎样做才能更接近同伴中最优秀和最成功的人。

随着韦德博恩等高地人开始北美的新生活,也随着卡姆斯、休谟和斯密这样的天才在格拉斯哥和爱丁堡渐渐占有一席之地,苏格兰终于在经济上享受到了联合早在1707年承诺的好处。

由于地理上的得天独厚,格拉斯哥在经济发展上处于领先地位。在历史上的大部分时间里,苏格兰都在东方寻找贸易伙伴。早在詹姆斯党或"高地大清洗"很久之前,就有很多苏格兰人漂泊在外,早在14世纪就在波兰、瑞典和北欧其他国家寻求财富和军事冒险。在这段时期里,苏格兰东海岸的城镇从对外贸易中获益最多。

在17世纪末到18世纪期间,英国的战争贩子严重破坏了他们与欧洲大陆邻国的关系,具有创业精神的苏格兰人也学会了向西看。苏格兰人从达连计划的灾难中吸取了在西方开辟道路的严重教训,但这并不是他们第一次踏足新世界,也不曾吓退他们的野心。位于西海岸的格拉斯哥在任何跨越大西洋的航行中都能够先发制人。这座城市本身没有直通大西洋的港口,但是通过克莱德河,格拉斯哥港可以很容易地同格林诺克的港口相连。成功地疏浚和加深这条河流使这条通道得到更好的利用，正如他们所说："格拉斯哥成就了克莱德河，克莱德河也成就了格拉斯哥。"

由于对航道的控制，英格兰在北美早就占领了优势，但从16世纪探索性的尝试开始，苏格兰商人也逐渐在北美站稳了脚跟。在联合后的几年里，就开始有苏格兰业务员前往弗吉尼亚州的切萨皮克、北卡罗来纳州和南卡罗来纳州寻找烟草供应商。当1715年詹姆斯党叛乱尘埃落定后，第一批满载珍贵货物的船只也抵达了格拉斯哥。

烟草成了三方贸易体系的关键要素。在三角航程的第一段，船只离开苏格兰前往非洲港口搭载奴隶。在第二段航程里，奴隶挤在地狱般的船舱里穿过大西洋。（美国海军日后的奠基人，苏格兰人约翰·保罗·琼斯就是在众所周知的奴隶船"黑鸟号"上服役时学到了一些航海技术。无助的奴隶被铁链拴在自己的污秽物之中，据说这些船散发出奇臭无比的气味，以至于别的船在看到它们之前就能闻到熏天的臭气。）奴隶们被卸在北美殖民地西印度群岛的种植园中，船员则为返程装上烟草、糖或棉花。商人大发横财，但这利润是从人类同胞赤裸的背上一片片刮下来的。一个在14世纪如此抒情地歌颂自由的民族，却在18世纪通过买卖其他母亲生养的儿女而暴富，这是苏格兰人永远的耻辱。

正是罪恶的奴隶贸易，使得威廉·坎宁安从小商贩一跃成为烟草贸易巨头。其他烟草大亨如安德鲁·布坎南、詹姆斯·邓洛普、阿奇博尔德·英格拉姆和了不起的约翰·格拉斯福德，都在格拉斯哥城内的街道上留下了他们的名字。而安提瓜街、牙买加街、多巴哥街和弗吉尼亚街则铭记了当年大片海外资产坐落的地带。

坎宁安出生于1715年，致富后的他将会花费10 000英镑（在当时是一笔巨款）建造苏格兰最奢华、最壮观的私人住宅。那块地在他买下时布满了泥泞小道，被称为牛巷。最终它会被重新命名为皇后街，而用烟草贸易带来的利润建造的大宅如今成了格拉斯哥现代艺术画廊，而为现在的格拉斯哥居民所熟悉。在高街和布坎南街之间，统一的街道网格和建筑被称为“商业城”，这是一座新造出来的城镇，也是殖民贸易的遗产。曼哈顿之所以建造了著名的网格街道和街区，就是因为该规划已经在格拉斯哥取得了成功。

然而，对登陆牙买加不列颠殖民地的约翰·韦德博恩来说，自卡洛登战役的惨败后，祖国的未来就像他现在所处的异国他乡一样陌生。除了异域的炎热、气味、植物和动物以外，他肯定也注意到，似乎有大批黑人男女和儿童在种植甘蔗和烟草的田地里没日没夜地劳动。这一切当然都很异国情调，但对于韦德博恩这样一个年轻人来说——他已经决定放下过去，开创光明未来——这似乎也是个机会。

如果小韦德博恩考虑以全新面貌示人，他并不是唯一一个想这么做的人。1745年，黑卫士兵团在佛兰德斯一战成名后，其他高地兵团才得以组建。正是在被称为“七年战争”的冲突期间，他们勇敢的传奇才开始真正被书写。

1748年的《第二亚琛和约》结束了奥地利王位继承战争。然而事实上，没有人满意其中的条款，它实际上做到的只是给了奥地利的玛丽亚·特蕾莎皇后足够的时间来重组她的军队，并煽动了更多的麻烦。由于对割让西里西亚给普鲁士皇帝腓特烈二世感到不满，她最终与法国、俄国、西班牙和瑞典联合起来，对抗不列颠、汉诺威和普鲁士。在有些人看来，他们在1756年到1763年的七年里打的这场仗才是“第一次世界大战”。

从1757年就职到1761年辞职为止，英国首相老威廉·皮特在这场战争中展现出高超的军事才能。高地兵团在席卷欧洲、印度继而蔓延到北美的一场又一场战斗中崭露头角。当奥地利和普鲁士在中欧争夺霸主地位的同时,法国和英国也在美洲和印度争夺控制权。

据说在卡洛登战役的血腥余波中,坎伯兰发现了一名受伤的詹姆斯党中校。公爵说,那个垂死的人正用“傲慢无礼”的眼神瞪着他。他转向一名军官,命令他射杀那个“无赖”。军官立即提出辞职,拒绝杀害一个倒在血泊中的人。他说:“我不愿做刽子手。”这位正直可敬的军官是詹姆斯·沃尔夫少校。1759年,在他传奇般的魁北克远征中,在决定性的亚伯拉罕平原战役中,他和第78菲莎高地步兵团并肩作战,直到他在最伟大的胜利时刻死去。

1759年是不列颠大获全胜的一年。不仅沃尔夫占领了魁北克,布伦瑞克的斐迪南公爵在明登战役中击败了法国人,爱德华·霍克爵士也率领23艘皇家海军舰艇在法国海岸附近,靠近圣纳扎伊尔的奎博伦湾击败了法国海军。1757年,印度的罗伯特·克莱夫在普拉西战役中击败了孟加拉国的纳瓦布和他的法国盟友,由此确保了东印度公司在下个世纪的大部分时间里都控制了这片大陆。1760年,加拿大最后一个由法国控制的城市蒙特利尔也向不列颠人投降。“七年战争”终于以1763年2月的《巴黎条约》结束,不列颠和俄国是瓜分战利品的胜利者。

这场大规模的全球冲突为高地人提供了舞台,他们令人敬畏的名声因此显得更加光芒万丈。高地人在1746年还是等同于斯图亚特家族的叛逆野蛮人;当皮特第一次支持将他们编入不列颠军队时曾说:“就算全军覆没也无伤大雅。”然而到1763年以后,他们就成了大英帝国纪律严明、令人恐惧的突击部队。这是一个惊人的转变,现在,曾经鄙视高地人,将他们视作异族野蛮人的民族,反而对他们大加赞赏和高度钦佩。

对不列颠来说，“七年战争”是为了占领殖民地，确保不列颠在全球贸易路线的安全，以及获取利润最高的商品。死灰复燃的詹姆斯党一次又一次在战争的前景中若隐若现。当其余参战国将军事野心局限在欧洲时，不列颠和法国却利用这个机会争夺“西方帝国”的控制权。在詹姆斯党叛乱期间，法国曾出手干涉不列颠事务，现在不列颠政府抓住这个机会重重地给予反击。“七年战争”造成了150万人的死亡，但不列颠赢得了胜利，并借此打开了从加拿大到加勒比海地区的贸易关系。如今执掌着崛起中的帝国，不列颠已经准备好成为世界上最富有的国家。

然而，我们需要局外人的视角，才能看出来不是所有的不列颠人都随之发达，反正肯定不是所有的苏格兰人。博闻强志的外交官本杰明·富兰克林在1757年前往英格兰，走访威斯敏斯特，目的是为不列颠海外殖民地居民争取更多的代表权和更公平的税收。他的父亲出生在英格兰，小富兰克林在大西洋两岸都曾生活过。

在大获全胜的那段时光里，他在1759年访问了爱丁堡，并与大卫·休谟、卡姆斯勋爵、亚当·斯密以及其他启蒙运动的代表人物会面。卡隆钢铁厂也在1759年成立，富兰克林无疑会了解到，连接苏格兰两大城市的中部地带有多少工业正在层出不穷地涌现。在格拉斯哥的西部和南部，像艾尔、吉尔马诺克和佩斯利这样的城镇，庞大的纺织工业将在那里打下坚实的根基。格拉斯哥成功的另一个秘诀是：虽然这座城市的西海岸幸运地位于美洲贸易的起点，但该市的长期经济增长则应更多地归功于它作为苏格兰西部广大地区的工业（尤其是亚麻工业）中心的地位。

18世纪下半叶，人们先是挖掘了福斯-克莱德运河，接着蒙克兰运河也随后开通，使原材料和成品得以高效地进出格拉斯哥。1822年，连接苏格兰东西部的联合运河竣工，进一步催生出日新月异的变化。卡隆钢铁厂以及后来的新拉纳克纺织企业都位于煤矿或原材料地(或两者兼有),但最关键的是,它们都被以格拉斯哥为心脏的庞大工业综合体整合在一起。

富兰克林致信卡姆斯勋爵,说他在苏格兰首都度过了多么愉快的时光,那些他拜访过的人给他留下了多么深刻的印象:

> 总的来说,我必须得说我们在那里度过的六个星期是我一生中最为密集的幸福时光,而我们在那里所见的如此令人愉快且富有教育意义的丰富社会,给我留下了如此美好的印象,以至于其他地方对我都没有足够强的吸引力了。我相信苏格兰将会是我选择度过余生的地方。

富兰克林是一个超越时代的奇迹。他才华横溢,日后将成为一名作家、公民活动家、发明家、音乐家、政治理论家、政治家、出版人、讽刺作家和科学家,以及开国元老和外交家,在每一行都出类拔萃。尽管他很享受和爱丁堡的天才们共度的时光,这也并没有让他忽略苏格兰社会远非完美的事实。后来他写信给一位朋友,为他所看到的一些事情表示惋惜:

> 我最近去了一趟爱尔兰和苏格兰,在这两个国家中,地主、大贵族和绅士只占社会一小部分,他们极其富有,过着最奢华、最令人叹为观止的生活;大多数人却极度贫困,住在泥巴和稻草糊成的简陋棚屋里,衣衫褴褛,过着最肮脏污秽的悲惨生活……
>
> 如果我从未到过美国殖民地,只根据我近日目睹的情况对文明社会形成判断,我绝不建议任何野蛮人的国家接纳文明,因为我

向你保证，与这些人相比，每一个印第安人都是绅士，拥有和享受生活中的各种舒适；而这种文明社会的作用似乎只不过是让沮丧的大多数人生活在野蛮状态下，只让少数人脱颖而出。

富兰克林走访不列颠的部分原因，是为了决定他的殖民地同胞是否能从与故国的全面联合中获益。尽管他承认苏格兰和英格兰的联合为建立一个超级庞大的帝国奠定了基础，他还是痛感联合也造成了社会内部的分化和衰弱。法国哲学家伏尔泰曾说："在苏格兰，我们能找到我们所有关于文明的思想。"但富兰克林认为，这个国家未能摆脱其古老的等级制度、政治上的互惠互利和阶级枷锁。他对这个国家富人越来越富，穷人越来越穷的状况感到失望，于是他回到了家，坚信美国可以做得更好。

在富兰克林对苏格兰和整个不列颠的观点慢慢成形的时候，亚当·斯密也密切地关注着美国殖民地的发展，以及更切近国内的情况。总的来说，蓬勃增长的烟草贸易极大地惠及格拉斯哥，尤其是自诩为烟草大王的新兴寡头，更是引起了他极大的兴趣。他当然喜欢这股能量和活力，享受他在克莱德河岸边繁荣发展的商业世界的喧闹中度过的每一分钟。"布鲁米劳"这条大街的名字原本是为了纪念沿着水边繁茂生长的金雀花灌木丛，但到了斯密的时代，它已经被生意兴隆的咔嗒声和嗡嗡声所主宰。

由于船队一出海就要数月，格拉斯哥的烟草商有大把空闲时间。他们大部分时间待在格拉斯哥十字新建的托廷酒店，小口啜着咖啡或当时流行的朗姆酒，时常穿着他们标志性的紫色斗篷，手里拿着金色手杖在河边漫步。他们是当时的名人，喜欢受人注目、被人谈论。斯密喜欢大西洋彼岸不断进化的新社会的活力和乐观精神，但他也很容易看出，格拉斯哥的烟草贸易还有很多值得研究的地方，而其中有很多微妙之处并非那么显而易见。

毕竟，他已经在成长过程中知道，有些人为了追求财富会多么不择手段。他父亲是法夫的海关关员，在儿子出生前六个月就因为和当地走私者不断斗智斗勇却不断失败，造成压力过大而早逝。这种认知：即使是严苛的法律也不足以阻止非法贸易和追求私利，使得斯密相信人们赚钱的欲望应该得到驾驭，而非劝阻。

在18世纪50年代，格拉斯哥对美洲烟草贸易的控制越抓越紧。在1740年以前，格拉斯哥商人进口的烟草不超过整个不列颠的10%，但到18世纪50年代末期，他们经手的烟草超过所有英格兰港口的总和。在当时，大部分贸易都由少数格拉斯哥人及其家族控制。威廉·坎宁安、约翰·格拉斯福德和亚历山大·斯皮尔斯是三大巨头，他们在有生之年就已然成为传奇。

在1775年美国独立战争爆发前的几年里，即使最底层的苏格兰烟草商也变得富裕起来。其中翘楚者的财富规模几乎让人难以置信。简·奥斯丁在《傲慢与偏见》中塑造的男主人公达西先生年收入10 000英镑，已经富到普通人想都不敢想的境地了；而真实生活在奥斯丁小说中所写时代的格拉斯福德，年收入高达50万英镑。

在新成立的政治经济俱乐部中，烟草业巨头是当仁不让的首批成员，商人们在那里见面商讨他们的贸易技巧。斯密经过一番努力进入他们当中，得以建立起关系，了解商业和贸易。他和格拉斯福德成了朋友，因此能够把对烟草贸易的研究建立在第一手资料的基础上。他看到这位朋友及其同仁通过大胆、残酷的商业行为牢牢地垄断了市场：英格兰的烟草贸易商只是中间商，代表种植商向欧洲市场销售烟草，从中抽取一定的佣金；但格拉斯哥的烟草大王以预先谈好的价格从产地直接购买这种作物。当他们在欧洲大陆销售商品的时候，就能从中获得巨额利润。

他们雇人在美洲开设商店，允许烟草种植商全年在店中购买奢侈品和其他商品。大多数（如果不是全部）购物都可以赊销，这样格拉斯哥商人会在烟草丰收时获得优先购买权。这是个绝妙的方案，但也要求烟草大王能够获得境内大量资金。这是通过建立家族资助者的关系网来实现的，亲戚也因此成为公司股东。

背靠家族资金意味着这些苏格兰公司资本十分充足，无须寻求外部资金；但这也让他们在作物歉收或船舶及货物发生意外损失时面临巨大的风险。苏格兰式成功秘诀的另一个要素是，商人拥有并经营自己的船队，而不像英格兰商人那样租船。这一创新让苏格兰人能够在争分夺秒的贸易系统中快速周转。船只抵达殖民地的港口，在尽可能短的时间里重新装载返程的烟草、糖或棉花。除了加快往返7 000英里的航行速度以外，船只在殖民地港口停留的时间也降到了最短，因为这些港口寄生虫泛滥，会对木质船身造成无法估量的损害。

每一年，威廉·坎宁安引以为豪的“坎宁安号”会两次来到弗吉尼亚州的切萨皮克湾。在殖民地为父亲工作的小威廉·坎宁安会在那里迎接它。在他身旁的码头上有近期以最低价格购入的成堆烟草，正准备返程回家。然而在搬上船之前，小威廉必须监督“坎宁安号”卸货，包括皮椅、银茶具、成套的瓷器餐具以及其他运往公司商店的奢侈品。

对于一个像小威廉这样的学徒来说，蚊子、闷热以及达到父亲严格标准的压力都是苏格兰人培养下一代万物主宰者的既定方式。那些想在新世界留下印记的人必须通过艰苦奋斗，从最卑微的行业开始系统地学习商业。父辈也期望他们能成为交易行家，而且是无情的交易行家。一年一度，种植商在乡村法庭举行种植商大会，确定烟草价格，最终价格将是这份绅士协定的核心条款，但烟草大王可不是靠绅士风度才主宰这个行业的。

大多数种植者通常都是移民至此好几代，从事小规模经营的苏格兰后裔。他们的生活和工作都很艰辛，每年只有当作物被卖出时才有收入。这些人无力抵御格拉斯哥商人的阴险诱惑：商店里琳琅满目的商品对他们完全开放，所有奢侈品都可以赊账。

小威廉正迅速成为熟练的交易行家，他们开发的赊销系统成了种植者的陷阱。当一个季度结束时，他们可能欠商店及店主一大笔债，商家这时出任何价格购买烟草他们都不得不接受。众所周知，坎宁安的出价比约定的市场价格要低20%左右，债务人也只能接受。这本是一个简单的把戏，但由于格拉斯哥所有的商人都这么干，它也变得越来越复杂了。老坎宁安的来信中提到了各种各样的卑鄙伎俩：要和种植者成为朋友，请他们喝酒，赢得他们的信任，以便日后加以利用。到了18世纪后期，苏格兰人因肆无忌惮的无耻狡诈而臭名昭著。

所有这些勇敢的创业创造了巨大回报的可能性，但也带来了血本无归的风险。博基家族只是格拉斯哥烟草大家族中的一员，他们曾一度显赫却因未能偿还债务而坠入谷底。其他几个家族也有类似经历。格拉斯哥的烟草贸易肯定不适合胆小鬼。

尽管亚当·斯密很钦佩朋友格拉斯福德的十足干劲和敬业精神，他也警醒人们，类似以前贵族的保守独裁阶层再度出现，巨大的权力再一次被掌握在极少数人手中。他重视自由市场，但认为文明社会的一大责任就是确保极少数人不会忘乎所以，为了获得令人目眩的财富和地位而牺牲其他人的利益。斯密是一位经济学家，但他也一直都是哲学家和人文主义者。

他还担心启蒙运动的白热化最终将点燃一切，而且他并非唯一有此担忧的人。约翰·威瑟斯彭在1723年生于东洛锡安,后在爱丁堡大学接受神学教育。他遵循哈奇森等人的教诲,虽然接受他们的一部分智慧,但也批评他所理解的另一个精英阶层的诞生。他认为像哈奇森、卡姆斯和休谟这样的人的确聪明,但他们也面临着与苏格兰广大群众的需要、诉求和权利越来越脱节的危险。毕竟,他们的赞助人是艾莱勋爵这样的人,也即苏格兰的统治阶层。

威瑟斯彭博士真正地属于人民大众,他是一个顾家的男人,和妻子伊丽莎白育有十个孩子,其中只有五个活到了成年,他的人生经历教会他珍视所有人。在1753年他写下了讽刺作品《教会的特性》,他在这本书中探讨了哈奇森等人教学中黑暗、精英主义的一面。他写道,某些人由于害怕所谓有学问的人(即神的仆人)的下场,就刻意疏远了同胞和民众。对他们来说,宗教只有在"当我们赶走所有平民……并使士绅的心彻底为孤独的殿堂所倾倒"时,才是完美的。

自1578年起,他就在佩斯利担任牧师,也是在他周围发展起来的"人民党"(一帮宣扬反对"贵族统治"的长老会信徒)的代表人物。他天生具有领导气质,是一位充满激情的传教士,他的会众由佩斯利的普通劳动者组成。他是启蒙运动的产物,但不管你是否承认,每个周日都去教堂的工人、佃农和商人也是启蒙运动的产物。威瑟斯彭永远脚踏实地地过着普通人的生活,有着普通人的情感,他也迟早会吸引大西洋彼岸的那些人,那些想改变世界的人的注意力。

当威瑟斯彭在佩斯利发出警示,而斯密也开始意识到启蒙运动的利弊时,流亡的苏格兰人约翰·韦德博恩已经在牙买加西部蒙特哥湾附近的新家定居十多年了。在摆脱卡洛登和父亲被残忍杀害的阴影后,这个少年逃亡者已经在远离家乡的地方长大成人。他曾尝试过几种职业,甚至当过几年医生。虽然没有任何训练或资质,但由于他是白人且自信满满，他竟然也取得了成功；事实上，他成功地为未来的投资存下了一笔积蓄。他是个天生精明的商人，对糖的贸易产生了兴趣。随后，韦德博恩靠经营糖料种植园发了大财，因此他也必然是个奴隶主。

想要在殖民地种植烟草、棉花和糖料等作物并获得巨大利润，就必须依赖廉价劳动力。既然在市场上可以买断自由劳动力的一辈子，何必还要花钱给人发工资呢？几代人以来，船只在新世界的港口川流不息，吞吐出成千上万从非洲故乡被掳走的男人、女人和孩子。抵达之后，每一批新的人类货物都成为"抢购"的热点，潜在买家蜂拥而至，希望抢先买到最结实的脊背，最好的品种。据计算，从种植到收获，一个农场工每年都要俯身50 000次。为什么冒险让白人辛勤劳作，而放着大量便宜的黑奴劳动力不用？

韦德博恩认为自己是基督徒，但在第二故乡追求财富和地位的过程中，他学会了抛弃对邻居的爱。这是一个受过启蒙的苏格兰人的行为吗？当他像驱赶牲口一样驱赶、买卖黑奴时，难道他不是犯了威瑟斯彭所警告的"赶走所有平民"的不可饶恕的罪吗？

1762年春天，韦德博恩参加了一场抢购，在那里他突然发现了一名十二三岁的黑人男孩。这孩子在人群中的举止有点像他刚踏上异国他乡，在背井离乡数千英里的邪恶发源地开始新生活时的样子，这其中显然有什么特别的东西吸引了主人的目光。韦德博恩向他打听，得知他的名字以及其他一切属于他的东西都被剥夺了，只能以载他横渡大西洋的船长的名字称呼他。我们不知道他是否经过一番讨价还价，但无论如何，他买下了约瑟夫·奈特，并把他带回了自己的种植园。随后，约瑟夫·奈特被偷走的人生又过去七年，直到1769年，韦德博恩决定衣锦还乡，向唾弃他的苏格兰展现他在别处获得的成就。他带上了约瑟夫。

韦德博恩认定这个男孩有某种特质打动了他，他从来没有让约瑟夫去地里干活。奈特没有像主人家其他奴隶一样承受艰苦繁重的劳动和不可避免的殴打。相反他把约瑟夫变成了家童，让他在室内工作，远离烈日暴晒，学会了用英语说话、阅读和写字。后来韦德博恩甚至让他接受了洗礼。

也许约瑟夫是他良心不安的解药。也许把一个奴隶当作人（尽管是被另一个人拥有的人）来看待，可以让韦德博恩对其他奴隶的遭遇更加视而不见。不管真相如何，当韦德博恩登上驶往故国的船时，英俊、受过良好教育的基督徒约瑟夫就在他身后亦步亦趋。他们当中谁也不会知道自己正走向各自命运的重大时刻。

在主仆二人开始旅行的两年前，另一位旅行者也穿过大西洋来到他父辈生活的土地。本杰明・拉什在1745年圣诞节前夜出生于费城附近的英格兰人家，在开始学习医学之前，他在新泽西州普林斯顿学院获得了文学学士学位。学业让他最终来到了爱丁堡，这里举世闻名的医学院是想成为医生的人的最佳求学地点之一。

拉什、威瑟斯彭和富兰克林都终将成为《美国独立宣言》的签署人。1767年，当拉什决定前往苏格兰接受教育的时候，他正向伟大命运迈出第一步。

到达利物浦后，他看到一批奴隶正被装载进港口一艘黑色的船上。拉什感到出奇愤怒，此后将持续发出强有力的声音，直到这种做法被最终废除。在1773年，他写了《就蓄奴致美国的不列颠定居点居民》，在文中他抨击了当时盛行的观点，即黑人天生比欧洲白种人低劣。他写道："奴隶制在人的心灵中的陌生感，降低了人们的道德力和理解力，并因此变得迟钝。"这些话中回响起人文主义的教义，如哈奇森和威瑟斯彭的思想。但在1767年,当拉什在前往爱丁堡的途中抵达英格兰时,他温和而质疑的头脑中还未形成这种观点。

他本来也不只是为学习而来。他的母校普林斯顿学院需要一位新校长,而本杰明·富兰克林亲自为拉什推荐了一名候选人。似乎无所不知的富兰克林已经注意到"人民党"、威瑟斯彭博士以及他对新教的现实看法,建议他去一趟佩斯利,向威瑟斯彭提供这个工作机会。

乍看起来,威瑟斯彭不太可能会移居美国:他已经人到中年,家人都在身边,他也为教众所熟知和喜爱。为什么要将自己连根拔起,还要带着对航海极度恐惧的妻子横穿大西洋,到3 500英里之外的地方开始新生活呢?然而,拉什知道他该采取什么样的策略。他告诉威瑟斯彭,在他以及其他许多殖民地的伙伴看来,苏格兰在宗教上变得弱势了。他听说休谟和斯密等思想家撼动了新教纲领的基础,导致教会对人们生活的影响日益减弱。拉什说,苏格兰是一个即将被手推车推下地狱的国家。

威瑟斯彭最终被说服了,他和妻子伊丽莎白于1768年8月6日抵达费城。他告别了他所熟悉的一切,忍受了艰苦的路途,决心不辜负这趟旅程。因此,他着手把普林斯顿学院当作从母校爱丁堡大学这棵古老的橡树上截取的一段幼枝来悉心栽培。虽然他不同意哈奇森等人的许多观点,但他还是把这位伟人的一些想法移植到了他开辟的新果园里。

哈奇森曾教导学生,个人的幸福是在他人的幸福中找到的。威瑟斯彭本人也敦促普林斯顿的教职人员,在推动学生接受进一步教育方面,要时刻把学生的快乐放在心上。当他在布道和授课的时候,他不是对听众照本宣科,而是发自内心地和他们对话。这本身对东道主美国人就是一道启示,学习过程开始更多地变成对话,而非独白。在他的管理下，普林斯顿成为一个思想上民主开明的地方，每个人都被鼓励自由地表达观点。

教学上也没有任何禁忌。尽管威瑟斯彭认为哈奇森和其他宗教温和派的作品中暗含的裙带关系和互惠互利很显然是精英主义，虽然他对此持有异议，但他坚持对所有著作一视同仁，让学生自主地学习接受它们。书籍和语言对威瑟斯彭来说一直都很珍贵。(他从苏格兰带来的大约300本书为普林斯顿学院拿骚楼图书馆奠定了基础。)他支持美国在各个方面都从不列颠独立出来，只有语言除外。在他生命的尽头，他苦口婆心地劝导所有美国人不要使用他所说的“美国语言”，并且永远只用标准英语说话和写作。但是，在威瑟斯彭带到美国的所有东西中，最有力和最强大的是他(具有苏格兰长老会特点的)对自由的理解。

在1760年末期，不列颠政府正在寻找途径加强对北美殖民地的控制。特别是伦敦表现出一种通过直接向殖民地居民征税来筹集资金的强烈欲望。1767年，英国财政大臣查尔斯·汤森制定了一系列国会法案来实现这一目标。反对所谓《汤森法案》的呼吁在马萨诸塞州尤其强烈。1768年，不列颠派军队前往波士顿以平息进一步的骚乱。

1770年3月5日的事件后来被传奇画家保罗·列维尔绘成不朽的版画作品《1770年3月5日，国王街的血腥屠杀》，人们通称其为“波士顿大屠杀”。尽管被形容得惨无人道，引起了巨大争议，事实是大约二十名不列颠士兵的反应(以当时的军事标准来衡量)是相对克制的，几百个喝醉的、大喊大叫的暴徒对他们推推搡搡，并向他们投掷石块。士兵们忍无可忍，开枪打死了五名殖民地居民。这当然非常不幸，但是列维尔想要纪念的“大屠杀”并不完全准确，它引发的叛乱最终升级为美国独立战争。

即便如此，到了1771年，威瑟斯彭发表了他的《对美国自由的思考》(那时他已经把他所有的思想和精神财富都传授给第二故乡居民)。这篇文章是最早出版的支持殖民地居民反抗不列颠征税手段的文章之一;他那具有苏格兰长老会特点的观念,回响在最早呼吁人们团结起来组成一个国家的呼声中。像大多数批评不列颠对殖民地征税的人一样,他一开始很不希望美国从不列颠中独立出来;但是,就像几千年人类历史上每一个反抗暴政的人那样,他不能也不会坐视不公正的事情发生。美利坚合众国的成立至少有一小部分要归功于这位来自佩斯利的长老会牧师,普林斯顿学院的第六任校长。

在殖民地寻求从不列颠独立出来之前,还有一个人将为了重获更为根本的自由而发起一项历史性的探索。

1769年,约翰·韦德博恩在家童约瑟夫·奈特的陪伴下回到苏格兰,决心夺回家族在卡洛登战役之前拥有的所有权利和地位。他去了珀斯郡,拿回了"布莱克内斯男爵"的头衔。三年多以来,奈特一直为主人服务,但渐渐地,他似乎开始受到开明的苏格兰社会的影响。令矛盾更显激烈的是,他遇到了一个来自邓迪的女佣,名叫安妮·汤普森。韦德博恩同意他们两人结婚,但对奈特来说,这还不够。正如地位对这位自诩的男爵来说很重要一样,它对于奴隶也很重要;他梦寐以求的地位就是做一个自由人。

他来到主人跟前,要求给他一笔钱,作为多年无薪服务的报酬。韦德博恩拒绝了。最后一根稻草在1772年出现,安妮·汤普森怀上了奈特的孩子,韦德博恩决定解雇她,除此之外他还坚持要她离开这所房子,奈特决定和她一起离开。他在收拾行李时被捕,并立刻被投入了监狱。

人们认为,奈特有可能在苏格兰报纸上读到过曼斯菲尔德勋爵做出的一项具有里程碑意义的判决,曼斯菲尔德勋爵是在英格兰担任首席大法官的苏格兰人。在裁定一桩奴隶拒绝与苏格兰主人一起返回殖民地的案件时，他判决主人无权强行将此人带离英国。不管奈特是否清楚相似困境的先例，他成功地说服珀斯治安法庭的代理警长约翰·斯文顿相信，他有权获得自由。

韦德博恩声称他从未把奈特当作奴隶，而是将他当作自己的儿子，只要求他提供"终生服务"。他对珀斯法庭的裁决提出上诉，并最终在1778年一直上诉到爱丁堡最高民事法院。那时，这桩案件已经名声在外，一个由十二名法官组成的陪审团（包括卡姆斯勋爵在内）聚集在一起听取证据，而且许多名头响亮的人物都对奈特的困境表示关心，如一位公开坚决反对奴隶制的作家塞缪尔·约翰逊博士，以及他的朋友兼作家同行，苏格兰人詹姆斯·博斯韦尔。

博斯韦尔甚至帮助奈特的辩护律师准备他的案子，法官们也被适时地说服了，以八比四的多数表决让他成了一个自由人。卡姆斯勋爵告诉法庭："我们坐在这里是为了执行正确之事，而不是为了执行错误之事。"代理警长斯文顿的裁决也因此得到了肯定："奴隶制不被本王国的法律所承认，并且也与本王国秉持的原则不一致，经调查表明牙买加关于奴隶的规章制度并没有延伸到本王国，因此驳回主人对拥有永久服务的要求。"这对奈特和苏格兰来说都是一个极为重大的决定。苏格兰最高民事法院通过拒绝接受一个人可以拥有另一个人，从而为废除奴隶制指明了道路。其中一位法官是博斯韦尔的父亲，奥钦列克勋爵亚历山大·博斯韦尔，他表示奴隶制不符合基督教和共同人性的需要。

对于两位当事人而言，最后的裁决意味着不可避免的分道扬镳。奈特余下作为自由人的故事已经湮没在历史中。奴隶制夺走了他的一切，也反过来给了他自由，而这份自由为这位最自由的人打开了一扇门，通往平静而默默无闻的生活。人们认为他婚后在邓迪度过了余生，也许是一个矿工。如果是这样，他为自己找到了一个所有劳动者的皮肤都是黑色的世界。

韦德博恩则完全陷入了另 种黑暗。他对这一切感到沮丧和痛苦，由此摆脱了从前对奴隶制怀有的矛盾心理。在余下的岁月里，他坚决主张人们有权将他人的生命作为个人财产而持有，因此引人侧目。他还为恢复父亲的头衔而四处奔走。约翰·韦德博恩就这样结束了他作为第六任布莱克内斯男爵的人生。

无论最高法院的法官们是否意识到这一点，他们支持一个非裔男子作为人的权利的决定，都直接触及了不列颠政府与北美殖民地关系的核心：不列颠是否也把殖民地居民视为财产？他们企图直接施加暴力，是否意味着这也是一种类似奴隶制的暴政？

即使在我们这部苏格兰历史中，在独立战争爆发时，大多数美国殖民地居民对不列颠的态度也值得铭记。在1775年4月19日，当"全世界都能听到的枪声"在列克星敦和康科德战役[1]上响起时，他们已经比当时苏格兰的大多数人都要自由得多。当苏格兰每250人只有一人能投票选择下院议员时，美国殖民地的每一个男性殖民者都有权登记自己选择的本地代表。在当时臭名昭著的税收，其实大部分筹集来的资金都用来支付殖民地居民在险恶世界中自我防御的费用——你可能会觉得这不算过分。而且，平均每个殖民地居民缴纳的税款仅相当于每个不列颠人纳税额的五十分之一。

绝大多数殖民地居民对君主制的概念没有异议，甚至在战争打得如火如荼之际，华盛顿和他的大陆军军官还会为大不列颠君主的健康

---

1 列克星敦和康科德战役是英国陆军和北美民兵之间的一场武装冲突，被美国社会普遍视为独立战争的第一战。

干杯。如果他们当中真的有人在纠结，那也是乔治三世；而且是乔治三世本人，而不是乔治三世国王。美国和美国人已经自由了；他们要争取的是延续和扩大这种自由。

战斗伊始，威瑟斯彭为了捍卫“自由”发出了更响亮的声音。在1776年一次鼓舞人心的布道中，他呼吁“我所有的见证人”倾听他人生中第一次将政治带入讲坛：

> 然而在此季节，这不仅是合法的，而且是必要的，我愿意抓住这个机会毫不犹豫地宣告我的观点，让美国现在处于武装状态的事业是正义、自由和人性的事业。
>
> 我心满意足地看到，迄今为止我们的殖民地联邦不是骄傲、怨恨或煽动催生的结果，而体现出我们对公民和宗教自由有着深刻而普遍的信念，因此在很大程度上我们和子孙后代世俗和永恒的幸福都取决于这项事业。
>
> 自这个世界的伊始，上帝的知识和他的真理就主要分布在虽不完全局限于地球上具有某种程度的自由和政治公正的地方，为了从人类社会的不完美和僭越权威的不公正中解放出来，他们要克服的困难是巨大的。
>
> 历史上没有哪个国度，当公民自由不再，宗教自由还尚能完整保存。因此，如果我们放弃我们的世俗财产，与此同时我们也束缚了我们的良知。

苏格兰人的忠诚受到战争本身的严重考验，大多数人决定为国王战斗。这听起来令人难以置信，但即使是卡洛登战役曾经的俘虏和1745年叛乱的遗子也发现他们对传统和君主制的信仰让他们别无选择，只能站在旧国家和执政的汉诺威王室这一边。如果说“七年战争”开启了高地兵团在英国军队里的光荣历史，那么美国殖民地战争则确立了他们的传奇地位。

两个多世纪过后，詹姆斯党决定和仇人之子并肩作战，这在我们看起来是极其反常的。然而同时它也确实说明了苏格兰人的心理，特别是高地苏格兰人的心理；无论他们在新世界拿起武器时是否考虑过胜算，对他们而言忠诚永远比胜利更重要。

威瑟斯彭的思绪中丝毫没有这样的困扰。到1776年为止，他已经在海外居住了八年，早已入乡随俗。当负责管理反叛殖民地的第二届大陆议会要求从不列颠完全独立出来时，他是参会代表。当随后在7月份签署《独立宣言》时，威瑟斯彭是拿起笔签上自己名字的二十位苏格兰人之一（也是唯一的神职人员）。在整个讨论过程中，他一直在辩论、劝导和鼓励周围的人。最后，当一些代表对殖民地与不列颠的战争机器抗衡是否明智表示不确定的时候，他说了一番话号召人们团结起来：“在一切的人类事务中，有一股潮流，有一个瞬间，现在就在我们眼前。犹豫不决就是屈服于我们对自身的奴役。”（他将莎剧《裘利斯·凯撒》中勃鲁托斯的话挪为己用，但威瑟斯彭主张从正面而非背后，刺向国王。）

约瑟夫·奈特拒绝为奴。而部分归功于约翰·威瑟斯彭的意志，新兴的州联邦（未来将成就美利坚合众国的特洛伊木马）也成功地摆脱了同样的束缚。次年，不列颠军队冲进普林斯顿学院，把拿骚楼和威瑟斯彭珍贵的藏书付之一炬。这种破坏不过是给叛乱者火上浇油。威瑟斯彭的儿子则在战争结束前葬身火海。

在苏格兰，商人们要顾虑他们自己的贸易帝国，因此普遍支持国王。不可避免的是，战争打断并暂停了不列颠和北美之间的跨大西洋贸易，许多围绕烟草、糖、棉花或三者皆有而建立的公司开始受到冲击，其中几家彻底破产。

坎宁安通过行动证明了他对形势的精准把握。他一鼓作气以每磅6便士的价格买下了竞争对手所有的烟草库存。在战争期间,烟草价格涨到了每磅3先令6便士,坎宁安又把这一大堆囤货全部卖回给他们,获得的利润即使是最高贵的人也会眼红。他用这笔交易中赚取的一部分钱,建造了位于皇后街的宏伟住宅。

苏格兰启蒙运动的哲学家则没有着眼于短期利益,而是关注未来的远景。休谟预言说,如果政府坚持先恫吓威逼,然后打击殖民者使其屈服,那么只会给双方造成军事、道德和经济上的毁灭。亚当·斯密则戴上了经济学家的帽子,认为如果政府事先看到试图从他们身上榨取税收的行为是多么愚蠢,那么整场可悲的叛乱本可以避免。他很可能是对的。此外,他认为自由贸易是一种不可抵挡、无法抗拒的力量,企图镇压叛乱会让政府冒着走向最终灾难的风险。当《国富论》在1776年出版时,战争刚刚打响,他在书中认为只有两条合乎情理的行动方针:要么给殖民地定居者他们在威斯敏斯特想要的代表权,要么就让他们自己管理自己的事务。他的呼吁被置若罔闻。

随着1783年9月3日《巴黎条约》的签订,贸易一如既往地迅速恢复了正常,敌对行动也正式结束。战争来来去去,但生意就是生意,市场是不可战胜的。

烟草曾是18世纪推动苏格兰经济快速增长的招牌商品。亚麻虽然名头没那么响亮,但对当时大多数苏格兰人来说,则是更重要的经济来源,为全国上下的男人、女人和儿童提供了数以万计的工作岗位。棉花也是巨大的产业,随着18世纪和19世纪生产过程工业化的加速,这两种纺织品的重要性达到了巅峰。

不列颠在18世纪早期对欧洲国家发动的战争破坏和限制了与欧

洲大陆之间的贸易，这些国家几个世纪以来都一直是苏格兰商品的出口市场，失去它们对边境以北的人民尤其损失惨重。正是格拉斯哥商人对美国烟草市场的垄断使整个北海的贸易重新活跃起来，因为法国、德国和低地国家的烟草消费占了烟草大王货物中的最大份额。

事实上，在苏格兰与北美及广大世界长达一个世纪的强大而持续增长的贸易往来中，和美国殖民地打的八年战争不过是一段小小插曲。1775年以前，北美是苏格兰纺织品的主要市场，但当战争开始时，甚至在战争结束之后，苏格兰商人也拓宽了他们的视野。很快在远东、南美甚至远至澳大利亚，都出现了亚麻及其他苏格兰出口商品的新兴市场。

苏格兰在18世纪发展成一个全球性的贸易大国，其规模和影响力比她本身的面积和地理位置辐射范围的极限都要大得多。苏格兰人口也在增长，但到19世纪初，仍只有150多万人。不管以什么标准，苏格兰人的成就都远远超出他们的体量。1707年的联合毫无疑问创造了一个免税贸易的新世界，让极少数人变得极其富有，并让相当比例的人将自己定位成“中产阶级”。农业和工业的实践也掀起了革命，同样造就了普遍富裕和极少数人的暴富。

此外也还有一些事情发生，也许从某些方面来说是更为根本和重要的事情。苏格兰近期对自己在国际舞台上的重要性充满了信心和骄傲，除了经济发展之外，还有一些苏格兰人发现了新智慧。苏格兰启蒙运动的杰出人物是当之无愧的人中英杰，他们理解世界运行方式的实践道路正在被其他地方的人观察和复制。苏格兰和她的儿女开始改变世界。

但任何事总有代价要付。不列颠在美国殖民地的失败使大多数忠君的苏格兰人除了逃亡之外别无选择。在他们的脑海中，关于卡洛登战役的一手或二手记忆仍然栩栩如生，他们再次被从炉火边，被从自己的家里驱逐出去。这一次，他们被迫放弃新成立的美利坚合众国，要么在加拿大重新开始，要么返回苏格兰。

那些反方向第二次横渡大西洋的人会发现，这块大陆起了奇怪的变化。他们的父辈曾为他们心中的自由而战。而许多高地人曾为一位国王抛头颅洒热血，希望他能从篡位者手中把他们解救出来。而许多长老会新教徒也在为了争取以他们自己的方式信仰上帝的自由而战。无论胜利或失败，他们都曾为了一项事业，为了苏格兰而战。

南北两边的不列颠人在殖民地和睦相处了一段时间，看着美国独立的梦想成为现实；这又是另一种自由，另一项事业。那些现在回到故国的人也许注意到，当他们不在的时候，苏格兰已经停止了战争。现在除了个人的前途，苏格兰人似乎什么也不重视。贫穷也好，被压迫也罢，大多数人都像他们一直以来那样，为了生存、工作、养活自己而奋斗，为了活下去而奋斗。

为了赶上西方的新世界和南方的老邻居英格兰，苏格兰是否已经忘记自己是什么？苏格兰人是否已经忘记，身为苏格兰人到底意味着什么？

# 第十章

# 我们是谁？身份的疑问

无论你身在何处，它都在你身旁
当你动身的时候，它永远都会追随你左右
当你独坐思念着家乡
它就会过来站在你椅子近旁。

——加里森·凯勒

苏格兰历史的前九章，以描述大陆最初如何成形开始。在抵达当下的旅程中，我们太容易被岩石上生活的人们分散注意力，以至于忘记了岩石本身。这是个错误，无论我们是否注意到，苏格兰的地质在这个故事中一直扮演着至关重要的角色；并且，假如岩石的生成在数百万乃至数十亿年前有丝毫分别，我们的历史都将走上一条完全不同的道路。

在爱尔兰西北海岸靠近斯莱戈郡的巴利康奈尔，有个地方一直被当地人称为"蛇岩"。沿着一片粗糙的灰黑色沙滩步行几分钟后，你会看到一排巨大的石灰岩板。它们看上去几乎是刻意摆放成这样的，边缘重叠，就像平缓倾斜的屋顶上的石板瓦，或是一手倒扣在沙滩上的巨大纸牌。

当你从一条倾斜的跑道上踱步到下一条跑道上，漫不经心地瞥一眼从右边滚滚扑来的大西洋海浪时，你会情不自禁地注意到你脚下正踩着的无数化石。石灰石像海滩上的沙子一样是灰黑色的，但其中包含的物质颜色要浅得多，几乎是白色的，有时会带有类似金粉的星星点点。每块的形状或多或少都一样，呈现出牛角面包般的曲线，但长度从几英寸到几英尺不等。有些人说这些奇怪的东西很像卷心菜茎（的确很像，或者是公羊角，取决于你从哪个角度看）。几个世纪以来，大多数人认为这些石头是由古代的蛇类或海蛇的骸骨形成，他们也以此为该地命名。

爱尔兰的蛇骨……可是爱尔兰根本就没有蛇啊？早在苏格兰启蒙运动的传人詹姆斯·赫顿奠定现代地质学基础以前很久，巴利康奈尔附近就有了关于海边蛇化石的神话。在那个时候，人们仍然相信这个星球只有4 000多年的历史，所以他们不得不杜撰出这样那样的理由，来解释常常在岩石上发现的奇怪痕迹。有人说是上帝亲自把它们放在那里的，又说也许是魔鬼为了迷惑人们的头脑。只有像赫顿和后来的查尔斯·达尔文（以及莱姆里吉斯的化石猎人玛丽·安宁）这样思路清晰的人，才能打破关于地球诞生日期的古老迷思。

赫顿的探索始于他位于东洛锡安的家中，他研究周围的风景与地貌是如何形成的，是什么不可阻挡的力量和难以想象的漫长时间参与塑造了它。赫顿等人的研究工作使我们得以从现代人的角度理解“蛇岩”石灰石等在古人看来神秘难解的自然形态。

它们确实是动物形成的化石，但不是蛇，而是生活在3.4亿年前的一种珊瑚。很多年以前，后来变成苏格兰和爱尔兰的岩石在赤道附近构成一片温暖的浅海海床。海床上生活着后来进化成现代海葵的某种动物。它们的新陈代谢会慢慢地排出钙质。随着时间的推移，沉淀下来的矿物质形成了一座塔，把生活在其上的动物抬高到超过周围生长的任何其他生命形式，就像扣在薄脆饼圆筒上的一勺冰淇淋。它们仅在浅海的温水中繁衍生息，因为只有海水足够浅，它们赖以生存的其他生物才能获得阳光。

无尽岁月流逝的过程中，其他地方的变化影响了这片海水的温度和深度，海水中形成了沉积物，窒息并掩埋了珊瑚。后来又发生了更多变化，使海水再次变浅，红树林和其他植物开始在淤泥中生长。然而随着几十年、几百年、几千年过去，变化无穷无尽，直到红树林沼泽的植物也消亡了，并在2.8亿年前的某个时候被更多的沉积物淹没。

地质力量的缓慢魔法让长埋于地下的珊瑚中的钙质逐渐被更硬的二氧化硅所取代，近旁可能也有铁黄矿石，使一些化石到今天还能反射出金色的光泽。在它们上面的沉积层中，巨大的压力和漫长的时间结合在一起，对曾经的红树林沼泽和其他植物也产生了影响。当这些岩石在海底越陷越深又进一步被新的岩石和沉积物所覆盖，在漫长的时间里它们开始慢慢转化为煤。

在2.8亿年前和当下之间的一段时间里，爱尔兰、苏格兰和其他不列颠群岛的地块向北漂移到了现在的位置。爱尔兰的岩石在那期间经历了一些变化，它被冲刷掉了几乎所有的含煤层，以及可能与之相连的所有砂岩和铁矿石。包括地质学家在内，没有人能对这件事是如何发生的，以及为什么会发生做出明确的解释。也许煤和砂岩从一开始就不存在，尽管有一小部分贫瘠的煤层，但质量差到基本毫无用处；似乎更有可能的是，地质力量一度创造了它们，然后又将它们几乎完全去除。

不管造成这种特殊情况的力量是什么，它们似乎没有触及苏格兰或者以另外的方式改变了她。在苏格兰南部、英格兰北部和威尔士南部的地表深处，依然富含大量煤炭的资源宝库，这预示着未来的繁荣。

今天我们站在“蛇岩”上，沿着灰黑色的海滩往回看，大西洋的波浪撞击着另一处同样由石灰石构成的岬角。那些像油腻的蛋糕一样的石板，是一层厚厚的冰川沉积物，是不到15 000年前冰川消退时期留下的泥、沙砾和巨石。这是一幅有力量的画面，简化和象征了有关爱尔兰一个重要的地质事实，后来则转变成经济事实：当苏格兰、英格兰和威尔士被赋予工业革命的燃料时，爱尔兰却没有得到这种祝福（或诅咒）。

爱尔兰的农业革命无疑是圆满的。在18世纪彻底改变其他不列颠岛屿耕作方式的“改良派”，也努力改变了整个爱尔兰的古代生活方式。但那里从来没有，也不可能会有任何工业革命。没有铁矿石可以炼铁，没有煤炭为必要的熔炉和蒸汽机提供燃料，爱尔兰的命运和不列颠群岛其他地方完全不同。直到今天，那里的人和土地都存在一种乡村特色，标志着爱尔兰的与众不同。爱尔兰的基因里似乎永远且不可挽回地缺少了关于工业革命的序列。这意味着在18世纪、19世纪和20世纪，爱尔兰人对世界的体验（尤其是爱尔兰穷人的体验）将与众不同。

然而，苏格兰人则跟随着完全不同的鼓点前行。苏格兰的煤炭至少在中世纪就被发现了，之后的开采一直持续到20世纪80年代，直到煤炭行业的最终消亡。

对于那些从出生就注定要挖煤，一辈子在地下拼命挖掘的苦命人来说，他们的生活和行尸走肉相差无几。在法夫煤矿开采的最初几个世纪里，矿工都只被当作奴隶对待。矿主全方位控制着工人的生存，甚至可以禁止他们换其他工作或回绝他们搬去另一座矿的请求。直到19世纪初，这个行业依然没有改变，男人、女人甚至孩子，为了地面上的人能活得富足而滋润，都默默忍受着地下的耻辱和痛苦。直到工业革命的胃口需要大量劳动力来满足人们贪婪的欲求时，矿主们才不得不放松束缚，提供体面的工资。即使到了那时，不管是自由工还是契约工，矿工的工作条件仍然和以前一样悲惨。

正如要铭记苏格兰的岩石以及它决定人民命运的力量，我们也不能忘记大多数普通人的困境，而矿区只是其中一部分。对于这个国家的绝大多数人口来说，18世纪和19世纪初的生活仍然是极其艰苦且乏善可陈的。

在献给“身份”的这一章中，我们要停下来关注那些不具名的灵魂，这也许很合理，也可能很讽刺，但正是他们沉默地见证了苏格兰的全部历史。他们没有名字，已被遗忘，个人的身份未能在历史上留下痕迹。除了一些例外，比如17世纪在《国民盟约》上歪歪扭扭签上自己名字的人，苏格兰大部分人民的生活就像风暴中的雨点一样稍纵即逝。

苏格兰启蒙运动虽然在18世纪如火如荼；贸易、农业和工业方面的创新填满了少数寡头的腰包，改善了许多创业者的生活。但大量苏格兰人还是过着暗无天日的农村生活，艰难劳作只为自己和家人种植足够果腹的食物。在18世纪中叶，当农村开始发生变化时，很多人的生活却没有得到改善。

这山雨欲来的问题的根源在于，拥有土地的贵族看待土地本身的方式发生了根本性的变化。自远古以来，这片土地就被视为一种自然资源，是上帝赐予的礼物，为所有生活在这片土地上的人提供食物、衣服和住所，无论富贵或者贫穷。没有人费心从“财产”的角度去想到底是谁“拥有”这片土地。如果它被“拥有”，那么一定是集体拥有。随着18世纪的进展，情况已经不再是这样。苏格兰的土地拥有者越来越多地和相同阶层的英格兰贵族打交道，也变得越来越认同南方人的观点，即土地的存在是为了给那些能证明其所有权的人带来利益。从第一个苏格兰土地拥有者的脑海中首次出现这种想法的那一刻起，这个国家的贫困乡村人口的命运就成了定局。

“改良派”土地拥有者忽然开始重新审视他们的土地，特别是居住在土地上的人——他们不喜欢自己所看到的。他们想，为什么自己以前从来没有注意到远近农田的规划有多么混乱？垄沟栽培和弯道钻机在近处的农田里星罗棋布，瘦骨嶙峋的牛群在远处的农田上随意地到处游荡。这些现代化的土地拥有者不想再看见到处都是东倒西歪的低矮房屋和杂乱无章的牧羊小屋，他们现在向往的是成排的石头小屋，整齐的方形田野，以笔直的石墙为界。更令人担忧的是，他们重新审视了从前的佃农，他们是最穷的穷人，每日做着大量日常烦琐的工作。他们可以被更好地利用吗？他们的努力维生有可能被转换为盈利的方式吗？

在英格兰，古老的土地租赁合同至少给予个体农民些许保护，防止土地拥有者一意孤行的改革。他们对家族世代耕种的土地享有的权利从方式到形式都受到法律保护，对任何突然萌生的新点子都会加以遏制。尤其是冗长的租约意味着未来的改革者必须花费大量时间。

然而在苏格兰却是另外一种情况。这里的习俗是租期短至一年。此外，牧场公共开放是一项传统而非合法权利。以前从没有人质疑过这一点，所以也没人费心让它变得“合法”。当土地拥有者决定重新整顿，厘清在当下的他们看来懒惰、不具经济效益、没有条理的做法时，基本上只需要耐心等待一年左右，直到所有租约都到期，这个问题就解决了。新的规矩出台，新的租金设定，结果那些没有钱或没有能力应付快速发展所带来的挑战的人，突然发现自己被赶出了家门。成千上万平凡、普通的人，因为无法适应新形势，无法满足现代“改良”农业的要求，突然成了多余之人，并且对此无能为力。

现在，人们用“高地清除运动”来称呼这一波变革，它对苏格兰西北部的古老社会造成了严重破坏。但同样的力量也席卷了整个苏格兰，包括低地地区。事实上，它在南部开始的时间更早，持续的时间更长，最终流离失所的人也更多；但由于南方的变革比北方更为渐进、缓和，“低地清除运动”给民众留下的记忆也就不那么沉重。

1759年1月25日，罗伯特·彭斯出生在艾尔郡的阿洛韦，他深知苏格兰南部佃农的生活是多么艰难。他一生中大部分时间都在务农，却始终让他没办法活出什么名堂，这让他对周围遭遇同样困境的人非常敏感。他的大部分思考以及诗作，都是在看到如此多的邻居被醉心改良的土地所有者驱赶有感而发。在《致田鼠》中，彭斯表面上因为耕田时不小心把它从窝里犁出而致歉，但事实上，这是对自己与反复无常的命运做斗争的类比：

你看见荒芜、沉寂的田野，
可怕的冬天即将来临，
狂风之下的这里很安逸，
你想在此停留，
直到哗啦一声！残酷的犁铧，
穿过你的房间。

你辛辛苦苦地，
才把这些茎叶叼来，
现在所有工夫，都白费了。
只能忍受冬天的风霜和雨雪！

苏格兰的地质状况决定了包含彭斯在内的低地人实际上占据了更

肥沃的农田，能够养活更多的人口。当后来吹过高地的改良风先吹过这里时，诗人流离失所的邻居所在的地区其实能够提供务农以外的其他生活选择。附近有规模颇大的城镇，启蒙思想和运动带来的更广泛的变化意味着那些离开或被赶离土地的人不至于走投无路。

读者需要记住的是，土地所有者为了将北部和西部内陆山谷中处于温饱边缘的农民替换成更具经济价值的羊群，而有计划地将人群向别处迁移时，此举本不是为了把他们全部打发走。相反，土地所有者打算将他们重新安置在沿海地带。在那里，他们将从事新的工作，如捕鱼、收集海藻做肥料，而地主的口袋则会越来越鼓。只有当1815年拿破仑战争接近尾声，海带市场触底时，这些草率建立的社区才开始崩溃，人们才发觉除了登船前往新世界之外，他们别无选择。

然而毫无疑问的是，许多开明的土地所有者在改造土地的同时，也致力于改造佃户。当他们在沿海村庄分配“小农场”时，他们小心地确保每一块土地都小到不足以种植足够的作物或饲养足够的牲畜来养活一个家庭。这是一种被称为“吝啬”的做法，地主借此迫使农民多开炉灶，尤其是更加努力地劳作。他们认为满足于温饱的农民花太多时间坐在泥炭火炉边讲故事，喝威士忌。开明的土地所有者认为几代人的经验已经让佃户学会以最小的努力获得充足的食物，并决心迫使他们变得勤奋。当温饱的焦虑充斥他们的工作和生活，肯定会让他们改进自己的不足。这种“吝啬”的方法是高地独一无二的，让小农场耕作成了一个令人憎恨的系统。

不可否认的是，一些土地所有者（特别是萨瑟兰伯爵夫人及其丈夫斯塔福德勋爵）在清除运动的过程中表现得很残酷。许多佃户在收到驱逐通知后，长时间都在担惊受怕中煎熬，生怕狂热的地主或其代理人会一把火把他们的房子烧了。在19世纪伊始的十五年里，光萨瑟兰就有多达10 000人被清理出去。

“高地清除运动”实际上到18世纪末才开始真正发挥效力，在此之前，亚麻工业的兴起已经极大地改变了人们的生活，让一小部分人变得极其富有，从根本上改变了苏格兰土地和人民之间的关系。甚至在工业化改变纺织品生产之前，亚麻工业就雇用了成千上万的苏格兰人，可能占到全国总人口的10%。起初，这是一类家庭手工业，大部分由男人和女人在自己家里完成。尽管如此，由于亚麻原料几乎都是从国外进口，也就部分上造成了苏格兰人与土地的逐渐脱离。

最早也要到19世纪30年代，才有大量的人被吸引到城镇的新工厂去工作；但在18世纪末的几十年里，亚麻工人已经变得不再依赖周围的田地，而是依赖能够制造布料并确保销售的城镇。人和土地的连接断开了，人们变得更容易漂泊，或被从土地上掳走。

由亚麻开始的这个过程很快就由棉花完成了。棉花被公认为上好的纺织产品，立刻取代了粗糙的亚麻，并且实现了更加工业化的生产过程。虽然今不复昔，但曾经有一段时间，苏格兰的每一个小学生都能流利地说出理查德·阿克莱特的水力纺织机、塞缪尔·康普顿的走锭纺织机和詹姆斯·哈格里弗斯的多轴纺织机的细节差异。这些都是英格兰人的发明，使棉织物的大量生产发生了革命性的变化，并加快了速度。等詹姆斯·瓦特对蒸汽机的改进一加入，工业革命就顺利从一挡起步，并真正踩下油门。迫不及待的苏格兰创业者引进了所有新发明，他们决心成为这巨大变革的一部分。

这些都是旧苏格兰经历的翻天覆地的变化。1707年的联合使这个国家成为大英帝国不折不扣的正式成员，通往财富的大门由此打开了，最机会主义的苏格兰人等不及地冲进了新世界。

所以即便有詹姆斯党叛乱这样的波折，苏格兰人还是放下了他们对南方邻居的敌意，开始埋头赚钱。同美国殖民地的烟草、糖和棉花贸易让少数商人脱颖而出，成为商业领袖。巨额财富为苏格兰社会结构的变革提供了必要资金。到18世纪40年代，烟草大王成了新贵的化身。他们需要基础设施来处理和容纳他们的货物，由此最终建造了拥有巨大仓库的格拉斯哥商业城；而他们展示财富的强烈欲望又促使他们建造了前所未有的宏伟住宅。他们位于布鲁米劳大道的豪宅让人们知道了他们是谁，其奢华程度又表明他们已经永远改变了这个世界。他们在18世纪期间为格拉斯哥打造的面貌直到今天都是这个城市的核心架构。

虽然划定爱丁堡古城边界的弗洛登城墙早在14世纪便已建成，但苏格兰对现代新社会的初体验就恰恰发生在爱丁堡这片狭小且散发着恶臭的区域内。无数盆炭火升腾出的烟雾缭绕，加上无数人丢弃的垃圾堆积产生的臭味，让爱丁堡得了一个“老烟城”的诨名。（当你走在人行道上，听见从头顶上方的廉价公寓窗户里传出“泼水啦！”的喊声时，如果真泼出来的是水，那就谢天谢地了。）然而这地方尽管臭气熏天，却也充斥着伟大和美好，它同时拥有富人和穷人、糟糕和丑陋，但是你能从中听出另外一种蜂鸣声，这种蜂鸣声便是全体人民都确凿无疑地明白他们在正确的时代生活在正确的地方才会有的群体激动的感受。

诺克斯的伟大遗产让他们不得不学会了识字，城镇和城市在商业和勤奋的沃土中如蘑菇般蓬勃发展，迫使他们群聚在一起共同生活，开明思想家的鞭挞让他们对自己是谁，具备何等能力感到一股兴奋的战栗。他们不仅了解（或自以为了解）现在这个世界如何运作，并且他们也在努力奋斗，填补造物主留下的空白，整理疏漏部分，让世界变得比上帝和大自然想要打造成的样子更美好。

哈奇森、卡姆斯、休谟、罗伯逊、布莱克、斯密、雷博恩、拉姆齐、弗格森,可以补充的名字还有很多,每个人都为群星闪耀增添了一份光芒。到1766年,爱丁堡的城市先驱感觉良好到认为足以奖励自己一座全新的城市,或者至少一片全新的城区。老城区的建筑过于拥挤,更不用说那些难以启齿的肮脏环境和由此导致的、时刻存在的疾病威胁。这些都激发他们互相竞争,看谁能设计出更符合正在成形的苏格兰人形象的地方。

在北湖(后来湖水被排干,重生为王子街花园)的另一侧,有数百英亩的优良建筑用地俯瞰福斯湾。开发这片土地的竞标由一个当年名不见经传但野心勃勃的二十一岁青年詹姆斯·克雷格赢得。他的设计很简单:优雅的广场由网格街道从东到西、从北到南连接。除了纯粹的简洁之外,真正赢得评委青睐的是其顾全大局的爱国主义,克雷格提议的广场名称带有汉诺威王朝的风格:圣安德鲁斯广场和圣乔治广场;而街道的名称则有汉诺威街、乔治街、苏格兰蓟街、玫瑰街、女王街和王子街。

想要生活在新城区的开明苏格兰人早就自认为是“不列颠北方人”,并且自觉而刻意地模仿相应阶层的英格兰人的行为举止和习惯。而为坐落着优雅、宽敞的城镇房屋的街道取上英格兰的名字,由此强调他们对联邦和帝国的忠诚,也正符合他们的心意。

新城区的建设耗费数十年,直到1820年才真正竣工,整个宏伟设计画龙点睛的一笔是最西端的夏洛特广场。这是苏格兰最著名的建筑师罗伯特·亚当的杰作,然而他在1792年便过世,广场要到他死后三十年才完工。爱丁堡发生了根本性的变化:有钱人都离开了到处是窄道、小巷和胡同的臭烘烘的内城。他们把家搬到了绿树成荫的宽街道上的精致住宅里,四周的新城区到处是修剪整齐的公园,而高高耸立在旧大街上乱七八糟的廉价公寓里现在只住着贫困的苦工。

当然,爱丁堡一直以来都有社会阶层的划分。从前,最有钱的人住在中间的楼层，既可以避开散发出臭气的大街，又不用爬得太高，其余人住在低楼层和高楼层。在老爱丁堡，大家生活在同一片区域，所以各种各样的人都混杂在一起，形成了一锅大杂烩。律师和工匠、法官和学徒工、地主和流浪汉都行走在鹅卵石铺就的街道上。无论它有什么样的缺点，这座古老的城市都弥漫着一种独特的氛围，其中改变世界的创造力和生产力就像冰凉的地下泉水一样源源不断地涌出。

随着新城区的建成，贫富阶层之间出现了一条极为明显的断层线。北桥于1772年通行，将新城和老城连接在一起；但是到那时，这座城市不可逆转地分成了两个不同的部分，这种分裂也象征着苏格兰统治阶级直到19世纪初之前对这个国家的过去的看法：那是一段充斥着令他们感到陌生的人物，横行着各种令人尴尬的暴行和冲突的时期。过去是一处他们只想敬而远之的地方。

搬入新城的举动也揭示了他们是如何看待那些接受他们统治的人：虽然是日常生活必不可少的物种，但如果可能的话尽量与其保持一定距离。而这也正是苏格兰灵魂的黑暗边缘，她的统治阶级有能力过着幸福、干净和舒适的生活。而其他人，那些用赤裸的脊背撑起这种舒适生活的人，则过着完全不同的生活。考虑到平民百姓所忍受的那种悲惨境况，这种见不得人的事情最好在人们看不到的地方进行。

苏格兰一向都有穷人。他们是巨大而未经洗涤的群体，从主人给予他们的稀薄土壤中搜刮出生存的养分。在煤矿中像奴隶一样劳动的农奴，身体中的人性被碾压得荡然无存，不是因为他们背负的石块太沉重，而是他们被迫在不人道的条件下工作。

乡村依然存在穷人。土地拥有者让他们去哪他们就得去哪，靠饲养黑牛或种植庄稼勉强度日。这些年来，纺织工和纺纱工的数量明显增加，他们虽然与土地分离但依然生活在土地上。名义上自由，却最贫穷也最容易受到财富动荡或“市场”的影响的，则是耕作着小农场，饲养着骨瘦如柴的牛群的高地人，他们近来试图以卖海藻谋生，却又时运不济。

直到16世纪末，这些“最后的自由人”至少还同大峡谷南部及东部的人有些共同点，即便这共同点只是同样的艰难与困苦。但到了17世纪末，在后者眼中，高地人说好听了是异族人，说难听了就是妖怪，既不被喜爱也不受欢迎。苏格兰人的大离散早已经开始了，成千上万的高地人和低地人，冒着生命危险穿越大西洋，到美国西部寻找机会。但是18世纪苏格兰形形色色的普罗大众即便选择离开祖国，在美洲和加勒比寻求新生活，与同一时期从非洲的几内亚海岸被掳走的数十万人相比，也算不上什么。

许多历史书籍，特别是十年前或更早写就的，通常认为苏格兰商人并没有直接从奴隶制中获益。然而人们也普遍认为，苏格兰人从烟草、糖和棉花商品中获得的巨大财富离不开非洲奴隶的劳动。如果没有免费劳动力实现的利润空间，利润率永远不会具有那么大的吸引力和刺激性。那些书籍试图得出的结论是，这种不道德的贸易是由英格兰人或欧洲人，而不是苏格兰人进行的，苏格兰人至少和贸易本身保持了一定距离，虽然获利，但也比自己从事奴隶买卖要高尚一些。

所有这些说法都是错误的。虽然我们可以说像格林诺克港和格拉斯哥港这样的苏格兰港口从未目睹奴隶的装卸，但19世纪的苏格兰商业大家族一直在从事奴隶贸易。坎宁安家族和博格家族，休斯敦家族和奥格尔维家族，麦克道尔家族和米利肯家族，还有出生于莱斯的英国首相威廉·格莱斯顿的父亲约翰·格莱斯顿，以及格拉斯哥大墓园的持有人，斯特拉斯列文的詹姆斯·尤因，所有这些人，以及其他许多人都从奴隶劳动中直接获利。

埃里克·J.格雷厄姆等苏格兰历史学家最近的研究表明，在18世纪上半叶，一些格拉斯哥商人曾试图和非洲酋长直接做交易，这些酋长热衷于把相邻部落的族人，甚至是自己的族人卖为奴隶。但同他们做生意既麻烦也敏感，需要苏格兰商人对对方需要的特定类型贸易商品有所了解，比如固定长度的铜棒，特定材质、颜色和形状的珠子，某种样式的剑。在经历几次失败的尝试后，苏格兰商人决定还是利用中间商代表他们进行奴隶交易，然后大发横财。18世纪每个有分量的苏格兰人都清楚奴隶贸易的存在，我们唯一能为苏格兰民族声誉辩解的是，鲜少有人知道最高贵的苏格兰家族也从中致富。

彭斯在1786年差点移民到牙买加。他的朋友帕特里克·道格拉斯医生拥有一座种植园，并为他提供了一份簿记员的工作，他本打算前往新世界，这样就可以摆脱贫困和怀孕的女友简·阿玛尔。他没打算一个人前往，他已经和另一个女人“高地玛丽”坎贝尔在一起，并承诺带她一起走。“高地玛丽”在登船前就死于高烧，彭斯意外了解到简·阿玛尔生下了一对双胞胎。对有抱负的诗人来说更重要的是，他当时刚出版的苏格兰方言诗集一夜之间受到了爱丁堡上流社会的欢迎。移民奴隶大陆的想法被抛到脑后，他留了下来，成了一个传奇。

他是天才？毫无疑问。他值得敬爱？确实如此。他是否天真？绝对是的。这位在1786年差点就去种植园帮忙的人在1795年写下《不管怎样人都要有尊严》。

那么，让我们祈祷那一天早日到来
（不管怎样，那一天必然会到来），
尊严和价值，无论天涯海角，
必定赢得胜利，

不管这样,不管那样,
这一天都必定到来,
普天之下,人人皆兄弟,
不管怎样。

在18世纪的苏格兰人中,彭斯并不是唯一一个不明白,或者说不知道是什么为祖国带来了源源不断的金钱。但他们在大西洋另一边的同胞则知道可耻的全部真相,却一点也不在乎。像约翰·韦德博恩这样的苏格兰移民在种植园里蓄奴干活,甚至为了光耀门楣还带着奴隶回到家乡。但一直到现在,苏格兰人都在装模作样,以为自己没有做过奴隶主。

在"七年战争"中,一个个加勒比海岛落入大不列颠手中,投机的苏格兰人像提包客一样蜂拥而至,开始从事赚钱的生意。牙买加是其中最丰厚的奖赏,它为赚取巨大财富的糖、咖啡、朗姆酒和香料提供了原材料。尽管这个小岛长不到150英里,宽不到50英里,但在19世纪初,遍布小岛的大约20 000名不列颠冒险家中,有一半是苏格兰人。而忍受恶劣、残酷和减寿的条件为他们干活的则有三十多万非洲人。

苏格兰人与加勒比奴隶贸易之间的联系在祖国是如此不为人知,但那些奴隶和奴隶主留给后代的苏格兰姓氏却令人痛苦地显而易见:坎贝尔、道格拉斯、法夸尔森、弗格森、弗雷泽、格兰特、戈登、格雷厄姆、刘易斯、麦克唐纳、麦克法兰、麦肯齐、莫里森、里德、罗宾逊、罗素、斯科特、辛普森……我们还能举出很多很多。同样泄露天机的还有曾经是种植园的地名:阿盖尔、邓巴顿、邓迪、威廉堡、格拉斯哥、艾莱峡谷、汉普顿、赫米蒂奇、蒙罗斯、斯图亚特山、老蒙克兰、圣安德鲁斯。

尽管我们大致也能料到,倾向于从生意中榨取每一分利润的精明商人，很有可能会做出这种残忍和贪婪的行为，但更令人惊讶的是，苏格兰启蒙运动中最智慧的思想家已经准备为人口贩卖打下坚实的理论基础。同一位哲学家可以一面认为“人类的行为在所有民族和时代都有高度一致性”，一面在考虑到奴隶制，以及其牺牲者作为人类的价值时得出自相矛盾的观点。这个人就是大卫·休谟，他在1753年的《论民族性格》一文中总结道：

> 我倾向于怀疑黑人……天生比白人低劣。无论在实际中还是在猜想中，除了白皮肤的人之外，从来没有哪种人建立过文明的国家，甚至也没有出过杰出的个人。他们中没有天才的创造，没有艺术，没有科学。
>
> 另一方面，最粗鲁和最野蛮的白人，如古代日耳曼人，现在的鞑靼人，仍然有一些非凡的特点，如他们的勇气、政府形式，或其他方面。
>
> 如果不是大自然在这些人类种族之间植入了原初的区别，这种普遍存在于不同国家和时代的、一致和持续的差异是不可能发生的。

休谟深知非洲奴隶遍布各个殖民地，并且为奴役和虐待他们开脱：“欧洲各地都有黑奴，没有人发现其中任何人表现出聪明才智……在牙买加，人们确实提到过一个多才多艺和善于学习的黑人；但很有可能他只是因为一点点微薄的才艺而被过分赞扬，就像鹦鹉一样，其实只会说几句简单的话。”他没有提及，一个美洲殖民地的奴隶，只要注视主人或女主人的眼睛超过几秒钟，就很有可能被认为傲慢而受到严厉的惩罚，然而这位在苏格兰哲学家中最受尊敬的哲人还是觉得有必要把黑人的缺乏“成就”归咎于所谓整个种族的自然缺陷。

1777年,约瑟夫·奈特重获自由,在此之前还发生了另一桩关于非洲奴隶的里程碑事件。1772年,在另一位苏格兰人王座法院首席大法官曼斯菲尔德勋爵威廉·默里的判决下,萨默塞特在英格兰获得了自由。在两桩案件中,奴隶主雇用的辩护律师都谈及,如果“财产”的基本原则不再受到尊重和保护,将给文明社会带来怎样的破坏?毕竟,财产,以及获得它的自然愿望和保护它的社会责任,撑起了始于卡姆斯勋爵的启蒙运动哲学家的思想基础。它是乔治王朝的基石,当然也是亚当·斯密的执念。但不知怎的,进步的灼眼亮光使他们当中最优秀的人对启蒙运动的苏格兰先驱弗朗西斯·哈奇森的观点视而不见。他曾写道:“能为大多数人带来最大幸福的行为是最好的;同样地,为大多数人带来痛苦的行为是最糟糕的。”

哈奇森告诉我们,所有人生来就懂得什么是对,什么是错;他还告诉我们,通往幸福的最可靠的途径在于寻求他人的幸福并且为之而努力。当大卫·休谟写下黑皮肤的非洲人“天生比白人低劣”,甚至比关在笼子里的学舌鹦鹉聪明不了多少,他实际上为一个直到今天都在歪曲世界的滥用模式奠定了架构。如果哈奇森关于所有人都有一个内在的道德指南针的观点是正确的,那么休谟和其他人应该本能地知道,买卖人类同胞至少在道德上是值得怀疑的。强迫他们在殖民地劳动,致使他们平均活不过五年,这从经济角度来看也许划算,然而对于一个人道主义者而言,这绝非正义之举。

曼斯菲尔德勋爵和卡姆斯勋爵通过解放萨默塞特和约瑟夫·奈特引起了轰动,他们的呼声反映出一种高尚的、道德上的愤慨;但到那时奴隶制已经完成了对苏格兰的贡献。1833年,威廉·威伯福斯颁布《废奴法案》,敲响了整个大英帝国多数地区奴隶制的丧钟,然而在此半个世纪之前，黑人男女和儿童的痛苦、汗水和短寿已经为苏格兰未来的繁荣奠定了基础。只要依赖奴隶制的是海外的苏格兰人，它似乎就不成问题，只要奴隶贸易的现实没有玷污苏格兰的土地就可以。当奴隶开始要求人权的时候，韦德博恩通过把约瑟夫·奈特带入苏格兰，意外地迫使文明社会考虑这一更大的道德图景，由此播下了变革的种子。我们虽有奈特一案，但顽固而有效地阻碍大英帝国废除奴隶贸易的却也同样是一个苏格兰人。亨利·邓达斯因其对苏格兰政治事务的巨大影响力而被讥为"苏格兰无冕之王哈利九世"。

邓达斯是律师、政治家以及苏格兰政局只手遮天的人，也是首相小威廉·皮特的密友。在担任皮特政府的内政大臣期间，邓达斯利用他对许多下院苏格兰议员的影响力阻止他们投票反对奴隶贸易。在1807年，下议院通过威廉·威伯福斯的《废奴法案》之前，邓达斯成功地强迫他在"废除"之前加上了"逐渐"两字。这一措辞的变更确保大英帝国的奴隶制又持续了四分之一世纪。

苏格兰人很喜欢谈论民族身份，也喜欢说他们明白自己是谁。历史学家汤姆·德威恩一直严厉地抨击那些被他斥为"咱们是什么人？"的苏格兰历史学派。他说，苏格兰人对自己的看法从来都是"被英格兰人欺负的可怜人"，"顽固的闹独立分子"，"高贵、英勇的武士阶层后代"以及"一个经历高地清除运动和悲伤大离散，事业和理想总是遭到挫败的民族"，而这些都是受了沃尔特·司各特爵士和J. M.巴里这样的作家，以及罗伯特·彭斯这样的诗人的扭曲。如果德威恩没错，如果我们要正视苏格兰人的民族身份，我们就必须面对这样一个事实：在18世纪，苏格兰倚赖过奴隶伤痕累累的脊背，才跻身世界强国的前列。

美国独立战争短暂地中断了跨大西洋贸易，苏格兰商人不得不寻求多元化发展，变得更加精明狡猾，也在某些意想不到的方面塑造了苏格兰的命运。战争爆发前，所有从大西洋运送奴隶、棉花、烟草和糖的苏格兰船只都在北美建造，用的是北美的木材。这是当时最经济的选择，因为这片大陆的原始森林一直生长到海岸边缘。待到战争爆发，进而殖民地居民最终获得胜利和独立，烟草大王和其他商人只能被迫另寻出路。当时造船业全部搬迁到格拉斯哥的克莱德河畔。从波罗的海沿岸进口的木材前所未有地抢手，让整个北海的贸易又重新活跃起来。这是国际战争第一次给克莱德河带来影响，但肯定不会是最后一次。

当18世纪接近尾声，欧洲大陆局势的发展开始让不列颠人，由此也让苏格兰人心神不宁。1789年7月14日，大约1 000名暴徒袭击了巴黎的巴士底狱，法国大革命就此爆发。

讽刺的是，路易十六国王曾在美国独立战争期间支持过殖民地居民；但当时正值饥荒和疾病肆虐法国，这么做大大加重了本国和本国人民的财政困难。他用自己的项上人头为这次疏忽大意付出了代价。美国人赢得了独立，并宣布他们的社会将“追求幸福”等诸多崇高理想。在1789年的头几个星期和头几个月里，法国人似乎也走上了相似的道路。在苏格兰的开明城市中，似乎也有许多人认为同样的道路也在他们面前展开。

就其人民选举议员的权利而言，苏格兰只是一个“有名无实的大选区”。每120人中充其量只有一人有投票权。有权有势的贵族和富有的土地拥有者控制了这项活动，通过操纵选票让自己坐在议会的席位上，或者把亲朋好友推到他们想要的肥差上。故而，苏格兰人认为选举是毫无疑义的，也不怎么搞选举。

随着东方和西方国家赋予他们“公民”以权利，一些人似乎不可避免地认为苏格兰也可以并应该这么做。但随着时间的流逝，从法国飘来的气氛迅速从乐观变为恐惧。这场运动一开始决心以激进的方式将法国政府从绝对的君主制转变为一个基于自由、平等和博爱的制度，现在却以可怕的速度迅速演变成另一种暴政。这个用人民主权（无论种族、阶级、财富或宗教，所有公民都享有平等权利）来取代王权的梦想变成了一场噩梦。

极端的"雅各宾派"政治集团控制了这个国家，在1793年9月到1794年7月之间发生了血腥的杀戮，成了人们记忆中的"恐怖统治"。在那几个月里，数万名"革命的敌人"在断头台上被处死。此后，事态不断发展，直到拿破仑·波拿巴的出现，他于1799年自命第一执政，五年后成为法兰西皇帝。

这就是"民主"在欧洲的诞生，它几乎在分娩中要了母亲的命。尽管有种种暴行发生，尽管所有对发生的事情表示怀疑的人都被杀害，但在苏格兰，那些受压迫的人依然从英吉利海峡对岸的事态中受到了启发。

自17世纪以来，苏格兰就一直存在政党。1648年8月，强硬的长老会盟约派在爱丁堡举行游行，要求驱逐那些决定与查理一世合作的温和"实践派"，他们认为自己是"柯克党"，然而在他们的对手眼里，他们是骑在马背上的反保王狂热分子，于是给他们起了"Whig-gamores"的绰号，大概是盖尔语中"马夫"的变体。后来这个名字被简化为"Whigs"，也就是"辉格党"，虽然最初带有一丝侮辱的意味，但柯克党最终还是采用了这个名字。

到18世纪初，所有支持汉诺威王室和君主专制立宪制的人都称自己为"辉格党"。然而随着时间的推移，情况变得更加复杂。辉格党主要还是投身于长老会信仰，是反对国教会势力的"异见分子"。但他们也越来越多地从新兴商人和实业家阶层中获得支持，而他们的对手主要捍卫拥有土地的贵族的权利。这一反对党就是"托利党"，来自另一个绰号"Toraidhe"，爱尔兰语中"歹徒"的意思。下议院的大多数辉格党人都支持长老会信仰，他们的托利党同行则支持英格兰国教会。托利党一般比辉格党更支持王权。

18世纪的最后几年，美国独立和法国大革命的余波弥漫在苏格兰和不列颠其他国土的上空中。对于激进分子和未来的改革派（其中很多是自由派辉格党人），民主像是一个纠正历史上的不平等的机会；对于保守的托利党和其他拥有土地的苏格兰权力集团而言，民主则似乎是经空气传播的疾病，他们所珍视的一切都可能受到致命的感染，尤其是他们对这个国家大部分地区的所有权。

出生于爱尔兰的哲学家和政治家埃德蒙·柏克是一个自封的辉格党人。尽管他的许多同仁都对海峡对岸发生的事情感到兴奋，但这位都柏林移民从一开始就感到大为惊骇。柏克被公认为是现代保守主义的先驱，当他不仅成功预言革命之后会有恐怖，而且成功预言会有帝国主义独裁者（即拿破仑）在革命之后崛起时，他仿佛化身为一位开了天眼的巫师。当然柏克被证明是对的，而且幸运的是，雅各宾派的倒行逆施足以扼杀苏格兰改革运动的火焰。法国只是走得太远了；梦想一个基于自由、平等和保护法治的社会并且为之奋斗依然是正确的。

正是在这样一个充满不确定性或机遇（取决于你怎么看）的狂热氛围中，那些有余裕思考问题的人开始琢磨："苏格兰人民的民族身份的本质到底是什么？"

随着拿破仑对欧洲大陆的每一个国家发动战争，甚至威胁要入侵不列颠，哲学观点开始两极分化。小威廉·皮特于1783年成为英国首相，年仅二十四岁，尽管他自称"独立辉格党人"，但通常被描述为一个托利党人，尤其在他对法国大革命的观点方面。托利党几乎从一开始就反对大革命和它的衍生物。当英国在1793年与法国开战时，辉格党（或至少柏克眼中的"新辉格党"）曾强烈反对战争。托利党将之变成一道对于爱国主义的考验。

在苏格兰，爱国者的号召激起了那些向来自称“不列颠北方人”的苏格兰人的斗志。对联合和自由的忠诚成了反对法国大革命，甚至是反对民主本身的同义词。走在保卫北不列颠现状的队伍前列的是一位名叫沃尔特·司各特的年轻的爱丁堡律师。司各特出生于1771年，是一位律师的儿子，他一开始对职业并没有太多热情，只是追随父亲的脚步。在他一岁半的时候，他右腿的脊髓灰质炎发作，使他终生略带跛足，无法从事那种能激发他写作灵感的戎马事业；但他的胸口始终跳动着一个战士的心。

到他出生的时候，苏格兰启蒙运动的部分先驱依然用他们的智慧照耀着天空，还有一部分则在渐渐凋零。但如果有一人继承了他们全部的天才，那就是沃尔特·司各特。作为一名爱丁堡律师的儿子，他在优渥的条件下成长，受到了良好教育：先是就读于爱丁堡皇家中学，然后进入爱丁堡大学。正是这段时期，大约在1787年，十五岁的小司各特与苏格兰上流社会的新宠儿罗伯特·彭斯相遇了。彭斯也是不久前才来到这座城市，加勒比海新生活的梦想已在他身后渐渐淡去。

两人是否交换过带有理想主义色彩的关于人类普遍权利的概念？似乎不大可能。但不可否认的是，司各特早年和青年时期的生活使他尝到了知识和财富的果实。因此在1793年对法战争爆发时，改革派的言论无疑会让他感到十分可怕。无论在过去或将来，无论是在倾向上还是行动上，他都是一个捍卫个人财产、支持王室的托利党人。

1797年，法国军队入侵的威胁促使不列颠政府允许苏格兰建立民兵组织。这大大提升了苏格兰人的尊严，也大大增加了苏格兰人对自己在联合王国中作为平等伙伴的自信。毕竟1757年的《民兵法案》只允许英格兰和威尔士建立武装平民组织，以保护国土不受侵犯。当时的苏格兰没有得到这样的许可，这让苏格兰人觉得政府不敢把武器交给他们。1797年，苏格兰人终于摆脱了这项耻辱的禁令，为了响应号召，成千上万的苏格兰人加入民兵组织。几周之内他们的人数就占到大不列颠自卫队的三分之一以上。

司各特亲眼看见他未竟的从军梦想突然近在眼前，他很快加入了皇家爱丁堡志愿轻龙骑兵。法国从头到尾都没有入侵，但从那时起，司各特将努力捍卫他对祖国独特而理想化的看法。

也许从长远来看，比法国的威胁更让司各特不安的是国内的骚乱。在18世纪90年代，苏格兰和英格兰发生了几起要求变革的激进分子和革命者的暴动，司各特非常高兴地看到政府军无情地镇压了他们。黑卫士兵团自"七年战争"以来一直是英雄军团，也是苏格兰对联合王国的忠诚图腾，在镇压边界以北的叛乱分子时起到了重要作用。

司各特在1797年和一位法国姑娘夏洛特·沙彭蒂耶结婚，两年之后他接受了塞尔柯克郡副警长的职位。回到他父亲度过最重要的前半生时光的田野和山丘中，似乎点燃了司各特内心的火焰。他和夏洛特生了五个孩子，其中两儿两女活到了成年。内心的满足感让他生出回顾童年时代的渴望，回忆起从父亲那里听到的边境民谣和传说。也许是为自家孩子保存这些诗歌和故事的愿望，促使司各特写下了工作和生活在他周围的苏格兰人的民间故事和诗歌。1802年，他的首部作品《苏格兰边区民谣》出版。然后在1805年到1810年间，他自己创作了三首长诗:《最后一位吟游诗人之歌》、《马米翁》和《湖上夫人》。

司各特揭开了遗忘之境的沉重帷幕，过去的世界呈现在我们眼前，那里仍然居住着活灵活现的男英雄、女英雄和反派人物，他们曾经在苏格兰的大地上纵横驰骋，征战沙场，伤人真心。对他的读者来说，这是真相的一个版本，他们自己的历史得以重现天日，被当作宝贝，被当作在现代商业世界的光怪陆离中丢失的东西而备受珍视。

光是诗歌就为作家赢得了巨大的声誉，以及足以在特韦德河附近的梅尔罗斯建造一幢巨大家宅的收入。这栋房子被司各特命名为“阿伯茨福德”，其苏格兰男爵式宅邸的设计透露出毫不掩饰的怀旧和理想化的幻想。他收集了苏格兰历史上不计其数的纪念品、珠宝和手工艺品，包括罗布·罗伊的长筒火枪等古董武器，放在各个房间里，和整栋房子融为一体。

正是在阿伯茨福德，他从诗歌转向长文，创作了“韦弗利”系列长篇小说共27部，以及许多其他长篇小说、短篇小说，以及更多的诗歌和历史作品。司各特天才井喷式的创造力，苏格兰从未见过，也不会再见到。仿佛他的高产还不够令人印象深刻，他还开创了一种全新的文学流派。这便是历史小说，包括《韦弗利》(1814)、《盖伊·曼纳林》(1815)、《修墓老人》(1816)、《罗布·罗伊》(1824)、《中洛锡安之心》(1818)、《艾凡赫》(1819)和《雷德冈托利特》(1824)，司各特由此开启了一项伟大的任务，将塑造他的生活和命运，以及他的文学遗产。

《韦弗利》的同名男主人公是一名不列颠军队的英格兰军官，在“漂亮王子”查理到来之前被派往北方。他被高地人迷住了，成了詹姆斯党人，并和自己的同胞及与生俱来的责任感做斗争。司各特一次次地重温类似题材：男人和女人在理智和情感中挣扎，在他们自己的文化和环境迫使他们面对的文化之间被不断撕扯。

除了取悦读者之外，他还试图保护一种在他眼里岌岌可危的东西，即苏格兰作为一个独特而古老的国家的自我意识。虽然在爱丁堡，许多人都乐意把自己视为“不列颠北方人”，司各特却担心这样头都不回地冲向未来的后果。“苏格兰之所以为苏格兰的东西在飞快消逝。”他写道。他感受到了来自过去的某种东西的牵引，那是一个锚，或一个

“真正的北方”。他相信现代世界也能从感知这种连接中受益。这使他与许多当代的启蒙思想产生了分歧。启蒙运动的先锋在他们国家的历史中找不到值得骄傲的理由，当他们回首往事时，只看到令人汗颜的野蛮文明直到1707年才结束。当司各特透过阿伯茨福德的窗户向外凝视时，他的天才让他越过这座房子不断扩张的地界，越过森林和田野，看到更广阔的世界。

在英格兰，持续不断的骚乱引发了令人担忧的阴谋和事件，如1819年的“彼得卢屠杀”和1820年的“卡托街阴谋”。像往常一样，士兵从战争中解甲归田，却发现故国的世界已如此匮乏。战后的经济衰退很快接踵而至，让已经在忍受低薪、恶劣条件和工厂主轻蔑的冷漠待遇的城市居民在经济上更加雪上加霜。这场骚乱蔓延到边境以北，在格拉斯哥被剥夺财产和同样没有投票权的人当中得到了热烈响应。无法在议会中发声，他们知道自己什么也改变不了，他们想要的是工人的权利，选举制度的改革，如果这些白日梦不能实现，他们将掀起大规模的革命。

这就是1820年所谓的“激进战争”，或称“苏格兰暴动”。从工人们在愚人节号召开展罢工行动开始，它很快升级为一小部分抗议者向福尔柯克的卡隆钢铁厂发起游行示威，企图夺取武器。他们在福尔柯克城外靠近邦妮大桥的伯尼米尔遭遇了一支轻骑兵的袭击，被迫停下。三名男子在冲突中丧生，三名抗议者——詹姆斯·威尔逊、约翰·贝尔德和安德鲁·哈迪随后受到审判，被判叛国罪并处决，另有大约二十人被判流放。

1820年的格拉斯哥暴动虽然名为“战争”，但规模很小，除了抗议者本身，任何人的安全都不曾受到实际威胁。尽管如此，司各特认为存在着一种隐隐令人衰弱、令人倦怠的疾病，可能会导致现代苏格兰的崩溃，而在他看来，强健的苏格兰应当和英格兰维护幸福且有利可图的同盟关系。

司各特思想的核心存在明显的冲突，尽管他试图让苏格兰过去史诗般的斗争永垂不朽并铭记于人们心中，他却完全忠于她作为一个和平国家的现状。尽管他的《韦弗利》和《雷德冈托利特》从詹姆斯党人和他们失败的浪漫事业中汲取了很多创作的灵感，他却再也不想看到苏格兰被任何反对汉诺威家族的人撼动，更别说统治了。对司各特而言，苏格兰的历史似乎是某种集体记忆，可以回想、享受和赞美。即使批评他的人（他们人数众多且态度激昂）也得承认，他以一种前无古人，也许后无来者的方式激励出苏格兰同胞对自身历史的兴趣。

出人意料的是，他的作品也点燃了南北不列颠人之间的爱，以及公众对苏格兰风景的热情。早在华兹华斯和其他湖畔派诗人把湖区变成旅游景点之前，司各特就吸引了成千上万的游客去参观卡特琳湖和《湖上夫人》的取景地特洛萨赫湖等地。曾经被文明社会视为阴郁峡谷和险峻山脉的贫瘠风光，如今被重新包装成触发灵感、抚慰心灵的清静场所。

卡姆斯勋爵描述了人类社会的四个发展阶段：狩猎采集、游牧、农业，最后是商人和立法者的商业社会。不管是有意识还是无意识，司各特通过将人性注入早期人类，完善了这一人类天性的临床分析。司各特让游牧民族和农民成了有爱、有困惑、有欲望、有需求，因而真实、可信的人，他借此提醒现在的人们，真正分隔他们与他们的祖先的只有时间而已。

尽管司各特赞美这个国家的过去，但他并不希望把从前的人带回眼下的生活。詹姆斯党发誓要推翻汉诺威家族，而司各特的心中没有此类梦想。此外，他认为苏格兰的地主乡绅、贵族和上流社会是连接过去与未来之间的人。既然19世纪叛乱分子想把他们驱赶出去，司各特就一直坚决反对他们，反对他们变革的需求，反对他们改变他舒适优雅的世界。

记忆是珍贵的，也是脆弱的。重温或触摸它的尝试都将破坏它，就像手指的轻触会点破池塘中的倒影。

表面上看来讽刺的是，在司各特为保存苏格兰历史而不断奋斗的过程中，他在所有文明中最为推崇的高地文化的遗产，正在被他决心保护的那个贵族阶级永久地扫荡干净。当然，在“高地清除运动”发生时，他是知道的，并且也随时都愿意承认如果将高地人民从峡谷里完全清空，将带来巨大的悲伤。但他也是亚当·斯密所定义的世界，即利润和市场的世界的产物。他也承认虽然一种生活方式的终结令他不安，但这是经济力量的作用结果，他和其他人都无法阻止。事实上，他担心即便用权宜之计干预发生在萨瑟兰和群岛上的人类灾难，也只能让不可避免的结果推迟一点到来。（到19世纪40年代，在高地的一些地方，人们对土豆的依赖让每平方英尺肥沃的土壤都被土豆植株所覆盖。由于土豆的产量是其他作物的四倍，小农场主在日益绝望中不得不大量种植它。当父亲把土地传给儿子们时，本就捉襟见肘的小地块被进一步细分。1846年暴发的土豆枯萎病给当地带来了一场浩劫，与爱尔兰此前遭受的灭顶之灾相当。）

司各特喜欢回顾过往，思考过去的英雄和恶棍在现今将如何引导人们的行为，但他不曾幻想时间旅行。过去对他产生吸引正是因为它永远遥不可及。但是，他想要达成的目标却几乎不可能实现：一种过去和现在和谐共存、互惠互利的平衡。而将这种诉求化为实际就更加强人所难了，那是一种依赖自身痛苦而存在的东西：他要求人们接受的是僵局，而非平衡。司各特相信，他享受生活在其中的这个现代苏格兰倘若不尊重其历史，将坠至吃水线以下。然而对他来说，过去的价值和传统与当下的冲突是一种必要的存在状态：正是两者之间的张力维系着整体的存在，失去一个就会全都失去；切断拉索，帐篷必将塌陷。

因此，司各特没有被前进的步伐吓退，而是热切地跟上了鼓点的节奏。1815年，他见到了未来的国王乔治四世，并请求乔治允许他进行探索。这一次，他想去寻找苏格兰的御宝，"苏格兰的荣耀"。人们最后一次见到这些珠宝是在1707年苏格兰议会解散的那一天，随后它们就被封存在爱丁堡城堡闲置的皇冠室内。摄政王子同意了这个请求，在1818年2月4日，司各特率领一队宝藏猎人，让一个多世纪以来被遗忘在黑暗中的王冠、权杖和宝剑重见天日。

由于发起寻宝的功劳，司各特被新加冕的国王授予了从男爵爵位。他成了国王最为重视和欣赏的贵族之一。寻找"苏格兰的荣耀"开启了两人之间的友谊，促使这位心怀感激的国王成为《韦弗利》系列小说的忠实粉丝，并促成了自1650年查理二世以来首次对苏格兰进行的王室访问。从1822年8月14日乘坐皇家游艇抵达莱斯港的那一刻起，国王乔治四世在北境首都的日子就沐浴在辉煌的胜利中，这份胜利也属于从头到尾安排了整个活动的沃尔特·司各特爵士。

司各特登上小船，向皇家游艇划去，当乔治国王听说作家就在附近时，他大声喊道："沃尔特·司各特爵士！我最想见到的苏格兰人！让他上来！"两人举起白兰地酒为这一场合干杯。一直在搜寻重要时刻纪念品，以便在阿伯茨福德展示出来的司各特，悄悄将他的空酒杯塞进了衣服口袋。那天晚上他带着疲惫的满足感回到家，忘了酒杯还在口袋里，和衣坐下，将这绝无仅有的小玩意儿压得粉碎。但除此之外，他的成功是完美无瑕的。

国王对司各特笔下的苏格兰着迷，他想亲自体验《韦弗利》等小说中引人遐想的高地风光。他自己也从头到脚穿上了完整的高地服饰：

这位身材高大的男人穿上了一套满身格呢，而每个想给国王留下好印象的人也都穿成这样。爱丁堡等地的方格呢裙制造商的生意空前火爆。

在苏格兰首都爱丁堡有一个欣欣向荣的方格呢裙制造商社区，几乎是靠两个波兰骗子赤手空拳发展起来的。在19世纪初，这一高地民族的传统服饰（breacan an feileadh，12码的格子花呢折成皱褶缠绕全身，以腰带固定）在过去的半个世纪都在羞辱中度过。在卡洛登战役之后，满身格呢（一个被称为feileadh beag的简化版本，意思是“小格呢裙”，即我们今天所熟悉的苏格兰短裙，是黑卫士兵团等高地军团的着装）被禁止，一直处在卑微地位，直到查理·爱德华·斯图亚特和约翰·索别斯基·施托尔贝格·斯图亚特两兄弟出现在爱丁堡，声称自己是“漂亮王子”本人的孙子。

无论他们的身份到底是真是假，他们激动地亮出一份名为《苏格兰部族服饰》的文件，对方格花纹的部族归属做了分门别类。然而高地上并没有这样的传统。同一个部族的人们活着或死亡的时候都是凭喜好挑选格纹织物。当人们与敌对部族开战，需要辨别敌友时，同一边的人会在圆帽上别一支颜色鲜艳的植物。不管是真是假（兄弟俩只制作了一本，后来拒绝让任何人看），这本书的构思都是天才之作。在兄弟俩的诱骗之下，爱丁堡的达官显贵都迫不及待地委托他们打造与自己的身份相称的服饰。对于方格呢裙制造商和神秘的波兰人来说，这是一张印钞许可证。

当时的许多观察家都出言讥讽乔治四世的王室访问；自那之后，许多历史学家也持负面评价。对他们来说，这是从头到尾的造假，某种由歇斯底里导致的集体失忆症。现代苏格兰如此来之不易却在这几天被暂时中止，而他们忠诚的支持者穿上小丑的杂色衣服，假装自己一直以来热爱詹姆斯党。然而不可否认的是，这次访问自有它成功的一面，即使对一些人来说，它显得滑稽、夸张，充满了虚伪。成千上万的苏格兰民众大声喊出他们对苏格兰的认同，而他们身材魁梧臃肿的国王穿着定制的高地服装，高兴地向他们回以微笑。那一刻值得铭记。

高地传统的复兴是全方位的，其特质，无论真实或想象，甚至是服装都成为当下流行的元素。但是连司各特都没想到的反讽在于，尽管高地文化在低地首都发展得最成熟繁荣，但真正的高地生活却连最后一点痕迹都从这片土地上被一扫而空。

沃尔特·司各特爵士为苏格兰人民重塑了苏格兰的历史，但最终他被纷乱的现实所打败。作为他那个时代最成功和最受欢迎的作家，他通过投资他的出版商及其母公司实现了收益最大化，从公司利润中分一杯羹。他为了建造阿伯茨福德向他们借了很多钱。当1825年伦敦股市崩溃时，不仅他的个人财富在一夜之间蒸发，而且他还欠下了一屁股债。司各特没有选择破产，而是同债权人达成了一项协议，他可以继续在阿伯茨福德生活和写作，但所有新增收入都归债权人所有。从那一刻起，他所剩的全副精力和创造力都被用来为他们工作。

然而，金融灾难还不是最糟糕的。社会改革，特别是选举改革的呼声越来越高，在司各特的职业生涯后期从未停歇过。他用尽全力，用尽手头的文学武器和他们战斗。但他的努力是徒劳的。作为一个终身的托利党，司各特在1831年5月的大选中投票反对选举改革。他两年前得过一次中风，那时五十九岁的他看起来一点都不显年轻。最无情的打击来自他的许多边境友邻，那些辛勤劳作的佃农、犁田汉、猎人都被他视为朋友，却在他人生最后的几个星期和几个月里站出来反对他。虽然他对他们有很深的感情，但他希望他们不要揭竿而起，因此他们谴责他反对改革的立场，说他如此这般是为了一己私利。

威灵顿“铁”公爵亚瑟·韦尔斯利带领托利党在1830年的大选中

获胜。他坚决反对改革，并在下议院的一次演说中公开声明。这立马演变成一场个人以及政治的灾难。议会很快发起了不信任动议，在他被迫辞去职务后，一位改革派辉格党人查尔斯·格雷伯爵被任命为首相。在1831年的大选上，辉格党以多数票当选执政党，次年6月，改革法案获得通过。

在苏格兰，这意味着现在投票权范围扩大到了每八人中就有一人，并且自治区的代表席位也增加了，使得佩斯利这样的新工业中心首次得到认可。显然，苏格兰将抛下历史捍卫者司各特，毅然走向未来。1832年9月22日，就在他一直担心的改革法案得到王室批准六个月后，他在阿伯茨福德的家中去世。他还清了将近一半的债务，而他作为苏格兰最伟大作家的不朽地位已然稳固。

司各特理想中的苏格兰足够现代，却又不过分现代，然而这样的理想是不可能维系下去的。他只实现了其一：树立苏格兰的历史观，让曾经被遗忘的灵魂成为鼓舞人心的英雄。但他希望将过去用作船锚，以此来控制现在和未来，却是一个不可能的妄想。

贸易、商业和市场正以无人能抵抗的力量向前发展。尽管在19世纪初，大多数苏格兰人仍生活在乡村，但很快平衡就永远地移转了。城镇成为大多数人生活和工作的地方。市中心的居民以苏格兰人的方式很快把自己分为中产阶级和工人阶级。人数的绝对分量营造出一种氛围，使得人们共同关心的事情可以找到足够多志同道合的人。

大量的苏格兰人持续向新世界移民，但也有移民取代他们。格拉斯哥和邓迪等工业中心急需人力的消息吸引来其他地方的工人，爱尔兰移民大量拥入这两座城市，到1825年末，他们在苏格兰西部占据了劳动力的近五分之一。

随着受过教育、敢于发声的工人阶级和中产阶级的兴起，对公民权利做进一步改革的要求随之而来。1832年的改革法案不足以让多数人闭嘴，对一些人来说，他们只好加入受1838年《人民宪章》启发的宪章运动，以及历史上首轮大规模劳工运动。要求所有21岁以上男性都有投票权的呼声一开始虽小，但它拒绝沉默。

宪章运动在19世纪中叶渐渐默默无闻，但改革的火炬传到了其他人手上。在自由派辉格党的推动下，不满的冰川逐渐融化，选举权的进一步扩大势在必行。1868年和1884年的两项改革法案最终将投票权扩大到约50万苏格兰人，政治形势也在变化。1868年以后，越来越多的辉格党人开始接受自由主义者的标签，到那时这个词已经存在几十年了。如前文所述，辉格党在1831年的大选中胜过了托利党，他们的继任者，即自由主义者将统治苏格兰的政治舞台，直到第一次世界大战爆发。

沃尔特·司各特爵士一直担心将投票权赋予“平民工匠”会带来怎样的后果。他曾试图让苏格兰的历史将每个人缚在原地，男男女女都明白自己的地位，并心怀感恩地在这个世界里各司其职。然而他没有预见到，苏格兰教会在1843年一分为二。

自黑暗时代以来，基督教对苏格兰的凝聚力至少和任何世俗统治者、任何政府一样重要。在13世纪和14世纪，当苏格兰的独立受到威胁时，正是主教的支持才让罗伯特·布鲁斯敢于一往无前，反抗野心勃勃的英格兰霸主。16世纪的改革使苏格兰人接受了教育，启发并极大地影响了后来的启蒙运动。此外，苏格兰人还从签署《国民盟约》中获得了不可撼动的个人价值感，从此所有人在上帝眼中都是平等的。

在19世纪，苏格兰联合教会仍然是社会运转的中心。苏格兰自1707年以来就没有了议会，但是苏格兰教会的总会在许多方面取代了它，给予民众集会的场合，可以宣泄不满。在每个教区，是教会负责监督人民的道德，通过分配救济金来照顾穷人，并监督学校教师的行为和表现。但在1843年，一场关于牧师任命权到底属于宗教委员会还是属于教区的世俗赞助人的争论逐渐失控。当尘埃散去，约40%的教区居民和8%的牧师走出了教堂，再也没有回来。反抗者组成了苏格兰自由教会，曾经统一的苏格兰教会从此瓦解。

教会分裂对高地和岛屿的影响尤为强烈。在那里，这一问题早已潜伏多年，因为宗教委员会一直就牧师任命权和世俗赞助人（通常是土地所有者）较劲。早在1712年，由托利党主导的议会就通过了《赞助法案》，在牧师任命中给予土地主最终决定权。从那以后，不仅土地所有者和佃农的权利问题是摩擦不断的根源，谁来任命牧师又成了根深蒂固的积怨的另一个症状。

当1846年至1848年的土豆饥荒把普通人的生存推到了崩溃边缘，成千上万的人发现他们唯一的选择就是走上通往海岸的老路。他们在那里登上向西航行的船只，离开这片无法支撑他们生活的土地。此外还有肆虐的霍乱，对许多人来说，这片土地似乎不再想要他们了。远走他乡并不总是自愿，普通人的处境比第一波"高地清除运动"达到高潮时好不了多少。土地主习惯于把利润放在人们的需要之前，在19世纪40年代和50年代，强行驱逐的力度甚至在威斯敏斯特引发了焦急的讨论。

那些留在文明废墟中的人们感到一丝解脱，主要是因为人口大幅减少，减轻了土地的压力。但不可否认的是，人口的大出血正在透支高地的生命力。城市当然继续膨胀，尤其是格拉斯哥，似乎总能将更多的人吞进永不满足的工厂，其肮脏、过分拥挤的廉租公寓带来了非人的痛苦。

大英帝国的经济引擎对人性的损失装聋作哑，它以前所未有的速度机械地、欢快地运转着。苏格兰人在不列颠军队中享有盛誉，他们中却只有少数人在世界各地的殖民地担任总督。少数人创造了财富，任何苏格兰民族身份的念头似乎都被大不列颠帝国的更高利益所颠覆。但在爱尔兰海那边，虽然地质学早就否定了他们发生工业革命的可能性，另一种巨变却将对苏格兰的历史产生影响。

爱尔兰人没有煤矿、工厂、棉纺织厂和19世纪其他进步发明的东西，他们别无出路，依然依赖着土地。他们对土地的渴望，对土地的依恋，意味着他们总是更积极、更拼命地拼抢属于自己的那块地。

自1801年《联合法案》以来，整个爱尔兰岛成了联合王国的一部分。早在1803年，爱尔兰就试图重新获得独立，1848年和1867年也曾故态复萌。1879年，爱尔兰土地联盟成立，目的是反对地主所有制，争取让农民拥有他们劳作的土地的权利。联盟的第一任主席是具有贵族血统的查尔斯·斯图亚特·帕内尔，时任英国首相的威廉·格莱斯顿曾说帕内尔是他见过的最杰出的人。1886年，格莱斯顿的自由党政府试图在议会推动一项爱尔兰自治法案，得到了帕内尔及其新成立的爱尔兰议会党的支持，但此举被不列颠和爱尔兰统一派挫败。爱尔兰并不打算打破联盟，与不列颠决裂，它仅仅是为了掌控自己在联合王国中的命运而已。但是考虑到这一动向可能给大英帝国带来的后果，任何对其根基的动摇都是不可想象的。

格莱斯顿对爱尔兰自治的决心将分裂自由党，使得辉格党内部产生了分裂，其政治统治力量开始衰落。但是及至此时，佃农的土地所有权观念早已渡过爱尔兰海，传播到苏格兰高地上。

1853年，苏格兰权利全国促进协会成立，该协会并不寻求撼动联合王国，而仅仅是为了改进其条款。他们为爱尔兰自治的问题得到过分关注而感到恼火，协会成员也有自己的诉求，觉得有义务公开发声。除了建议联合王国仅称“大不列颠”以外，他们还希望在威斯敏斯特看到更多苏格兰议员的席位（当时的658个席位中只有53席属于苏格兰人）。尽管该协会的目标不高，但它没几年就在一事无成中解散了。尽管如此，首相格莱斯顿当时已经准备好让步，如果自治规则对爱尔兰适用，那么它对苏格兰也将适用。

这位自由主义首相因其政治观点而陨落了，但苏格兰自治协会随即成立。虽然它的名字带有危险的现代意味，在19世纪80年代，苏格兰自治派只想提高联盟的效率。威斯敏斯特的苏格兰议员习惯于私下见面讨论苏格兰事务，而苏格兰自治协会的意愿导致这样的会面被安排在爱丁堡而不是伦敦。

爱尔兰还以另一种较为隐晦的方式激发了苏格兰自治运动：按闹分配。在许多苏格兰人看来，尽管爱尔兰人在联合王国最需要他们的时候明显缺乏忠诚，却通过不忠使其自治事业得到了首相更多的承诺。

1796年，一个自称联合爱尔兰人会的爱尔兰共和主义组织邀请法国人登上爱尔兰领土，领导反英政府的战斗。恶劣的天气和糟糕的领导致使战役从未打响，但在1798年5月，当拿破仑入侵不列颠的威胁进入最危急的时刻，联合爱尔兰人会公然发起反抗国王的叛乱。他们再次邀请法国人（派来了数千名水手和士兵）借道爱尔兰攻击不列颠的侧翼。但是在9月底，这场叛乱被迅速镇压了。不计其数的苏格兰人集结起来保卫不列颠，而叛国的爱尔兰人却试图和不列颠最大的敌人联合起来，往自己的国家背后插刀。这样的行为反倒让他们更接近自治的目标，而苏格兰人的诉求却逐渐无人问津。害群之马反而得到了大家的关注。

1885年，苏格兰人的诉求被提上议事日程，威斯敏斯特恢复了苏格兰事务大臣这一古老职位，并在伦敦开设苏格兰事务部。但是，在远离不列颠首都的地方，人们对土地主的不满已经导致了剧烈的转变。

在我们多数人的想象中，所谓高地清除运动，就是一个破产的人逆来顺受、步履沉重地离开家，走向不确定的未来。但在1883年，在天空岛麦克唐纳勋爵的布雷斯庄园，这些逆来顺受的人开始着手确保他们的儿子可以继承一些小的地块。关于本莱地区牧场权利的争议不断升级，地主不得不从格拉斯哥召集了50名警察。关于谁率先发动攻击的说法各不相同，但是一场暴动爆发了，当地人用能拿到的所有武器攻击警察。许多佃农被捕，遭受罚款，但他们已经表明了自己的观点。

这就是“布雷斯之战”，它是高地“佃农之战”的起点，此后这场内乱还将爆发出更多的麻烦。随后，政府对“高地佃户和佃农的状况”进行了调查，并于1884年公布了调查结果。国会的高地议员利用自由党在下议院的微弱人数优势实现了一些改革。1885年的《佃农法案》给予佃农终身的保障，这意味着有史以来第一次，父母可以把同样的保障传给子女，此外，也首次设立了土地法庭，以确保公平的租金。

沃尔特·司各特爵士会怎么看待这一切？他决心保持苏格兰独特的文化遗产和民族身份，由此让历史上的高地人成了英雄。现在，在他死后半个多世纪，他们的少数后裔绷紧了腿，向折磨他们的人猛扑过去。在最后的关键时刻，最后一批高地人阻挡住了一股似乎必然会将他们彻底扫入驱逐、流放和悲痛的浪潮。他们逆流而上，说服了一个遥远的政府，赋予他们至少在自己土地上生活的一些权利。

20世纪初，自由党成员建立了苏格兰青年会。1914年5月，就在第一次世界大战爆发前三个月，自由党首相赫伯特·阿斯奎斯提出的《苏格兰自治法案》差一点就通过了。它通过了下议院的第二次议案宣读，但是对备战的关注超过其他一切事情，它还是没能被写进法令中。

在18世纪，苏格兰想要证明自己在联合王国中是英格兰平等的伙伴,同时也是世界舞台上的重要选手,但这些顾虑让她忘记了自己。联合王国和大英帝国赋予这个国家在国际事务中远远超过其实力的权利,并派出了数以百万计的苏格兰男女到地球的各个角落。许多人变得超乎想象的富有。

现在,就在欧洲各国准备一头扎进迄今为止最大规模的血腥战争中时,苏格兰开始回想起自己是谁。只有当战争的硝烟散尽后,我们才会看到她将会如何发扬这些理解。

# 第十一章

# 归　航

> 家是为了返航而建造，
> 梦想是为了出航而存在，
> 然而梦想也许永远不会成真。
>
> ——《我出生在一颗漂泊的星星下》

苏格兰的历史，至少是大部分历史都很容易寻觅到。即使再古老的过去也被保留下来供后人观摩：石器时代的村庄，如奥克尼岛上的斯卡拉布雷和霍沃尔山顶的农庄，距今大约5 000多年；同样古老、神秘的仪式遗址，如刘易斯岛上竖立的卡拉纳斯石圈，或阿伯丁郡东阿库霍蒂群岛上的伏卧石圈。

罗马人率先描写了生活在不列颠岛北部三分之一的部落文明，他们也在那里留下了不可磨灭的痕迹。在这些岛屿上，罗马帝国最北的边界——安东尼城墙的沟渠和船只拢岸的遗迹，以及堡垒、要塞、道路和帝国的其他基础设施，在现代苏格兰的风貌中也依然清晰可见。在东阿库霍蒂群岛的视线范围内可见的是本纳奇，很可能是阿格里科拉和卡尔加克斯发生传奇决战的地点。

罗马人离开后，中世纪早期（所谓黑暗时代）的痕迹一直延续到今天的光明中：达尔里亚塔的盖尔人堡垒邓拉德，在1 300年以前是古代王国的文明中心，其贸易路线一直延伸到阿富汗和地中海地区，如今的气势丝毫不减当年。邓登的皮克特族山堡也沉默地见证了在苏格兰甚至成为苏格兰之前的千百年的沧桑变幻。时间过去了，一切还是原样：铁器时代的圆石塔和中世纪的城堡；大教堂废墟、宏伟的宫殿和巍峨的塔楼；很久以前的古战场遗址依然吸引着来自世界各地的游客乘坐大巴前来；英雄、恶棍和流氓的纪念碑；被赋予传奇人物名字的洞穴和岩石。

参观斯特灵市就像拜访苏格兰宇宙的中心。在彼此相距不到几英里的地方散布着许多受人敬仰的民族身份（至少是神话身份）试金石：庇护幼年的苏格兰玛丽女王的城堡（也是她所有斯图亚特祖先的家）；斯特灵桥（班诺克本和谢里夫缪尔的战场）。在它们上方的克雷格修道院所在的山顶上，有一座高达220英尺的华莱士国家纪念碑。1297年，威廉·华莱士和安德鲁·默里在那里观察爱德华军队的行军，然后在斯特灵桥上将他们全数歼灭。它是苏格兰历史的中心点，许多苏格兰人最骄傲、自豪的思想和观念都围之旋转，一个历史和想象同样浓墨重彩的地方。

格拉斯哥大教堂、教士居所、商业城；爱丁堡城堡、皇家英里大道、荷里路德宫；卡洛登和基里克拉基的战场；博斯韦尔布里格和德拉姆克罗格；艾斯坦夫特和达尼赫坦。整个国家的东南西北，空气中的历史浮尘如此厚重，你简直不得不伸手把它从脸上掸去。

入侵者来了又走，或者留下来被整个吞没。历史就像一长队坦克，穿过高地峡谷，穿过斯特灵洼地的平原，在肥沃的低地上来来往往。一个又一个文化被夷为平地。苏格兰，以及苏格兰的岩石却一直以来都在这里，不变又一直在改变，但那些山峦的起源归根到底也依然是苏格兰本身。

现在，我们来到了众望所归的20世纪。只要稍微有点年纪的人都知晓20世纪历史上重要的名字和地方：费尔菲尔德和约翰·布朗的造船厂；马瑟韦尔和科特布里奇的钢铁厂；巴斯盖特、林伍德和拉文斯克雷格等传奇名字；艾尔郡、斯特灵郡和法夫的煤矿。你可能会觉得有很多东西可以看。毕竟在苏格兰，有很多全程经历了20世纪的人都还活着。所以你可能期待BBC的《苏格兰史》纪录片最后一集会有很多素材可以拍。但你错了。很多东西已经消失了。在20世纪修建的伟大建筑中几乎没有太多东西留下踪迹。现在去参观约翰·布朗造船厂，剩下的只有"泰坦"，那是一架巨大的悬臂起重机，曾经用来把大发动机吊到船上。现在它被重新刷上油漆，供游客参观。这副矗立在天幕中的机器骨架也是一个消逝的产业的残骸。坐电梯到山顶，你可以欣赏到格拉斯哥城、克莱德河和卡特河的壮丽景色。你也会在令人目眩的远方看到下水滑道的轮廓，许多像"玛丽女王号"这样伟大的船舶就是从这里下水成为传奇。当然它现在早已不做此用，成了新近铺设的人行走道旁的深色斜坡。

曾经为人所熟知，上面写着巨大的白色名字的拉文斯克雷格蓝色铁皮，现在也不见了，早已在1996年7月被拆除。煤矿里一片死寂，水泵早已关闭，洞穴、竖井和隧道里灌满了如悔恨般阴郁的积水。

尽管苏格兰历史上其他时期的遗迹都像冗长故事中的标点符号一样散落在风景中，经过精心修复、维护和保存，好让游客们得到熏陶和教化，但是这个国家最近时期的历史物证已经像粉笔灰一样被从黑板上擦去了。仿佛20世纪的绝大部分是一段苏格兰情愿忘记的时期。

在很多人看来，1914年至1918年的第一次世界大战是一道过去和现在之间的分水岭。我们依然可以透过这道分水岭，看到过去的方式和习俗；但这道屏障意味着我们不可能完全理解生活在那场大战乱之前的失落世界中，到底意味着什么。

在19世纪，苏格兰是维多利亚大英帝国重要且有影响力的一部分。女王本人公开表明她对高地的热爱，她还买下了巴尔莫勒尔城堡作为度假宫殿。自1603年詹姆斯一世离开以来，王室家族已经有多少年没有在苏格兰安家了。在19世纪，苏格兰要么接纳，要么发明了伟大的技术，令她成为大英帝国的机械车间和引擎。机械制造的不断崛起，以及像克莱德造船厂等重工业圣地麦加的出现，不仅仅是让少数寡头的腰包鼓起来而已。工业革命成功地把在家工作（代表过去的工作方式）的人们转变为工厂、矿山、铸造厂和造船厂的集中劳动力，在无意中创造了一个“工人阶级”。那么多男男女女聚集在同一个地方，共同忍受着恶劣的工作条件和低工资带来的耻辱感，他们中的一些人迟早会开始为自己和同伴要求更好的待遇。

创造工人阶级的力量也塑造出了中产阶级，他们有意愿，更重要的是有资金，使自己与那些在社会等级中比他们地位低下的人们保持距离。当管理层和专业人士在工业中心的边缘地带建造上流社会的优雅郊区时，工人们却只能住在拥挤不堪、肮脏贫穷的地方，这样的环境从一开始就是他们存在的特征。

和其他许多国家的居民相比，苏格兰人长期以来对泾渭分明的社会阶层表现出更加内化的接受，甚至是欣赏。尽管工人阶级崇拜白手起家者（以罗伯特·彭斯为代表，只靠教育和苏格兰人的智慧就跨越了社会阶级），但他们也乐于生活在人人安分守己的世界里。

在维多利亚时代，中产阶级和上层阶级也沉溺于如下观念：一个人活得穷苦且悲惨的话，只能怪自己。如果你在肮脏的棚屋里挨饿，为了生存而挣扎，因为失业而绝望，那是因为你是一个道德和肉体上的堕落者。富有的人不会通过建造更好的住房来改善大众的生活，也不会通过改革就业从而支付体面的工资，他们只会告诉穷人他们的生活方式到底错在哪里。在给予他们任何实际帮助之前，必须先教会他们提高自己。这是禁酒运动的鼎盛时期，它吸引了许多工人阶级，尤其是妇女。按照禁酒运动的逻辑，摆脱了恶魔的饮料，人们就可以走出泥沼，成为优秀、正派、勤劳的公民。

这也是这个整齐有序的等级社会的最后一段繁荣兴盛的时期。富裕的家庭大量雇用仆人，照料他们的家宅和庭院。富人的豪宅和地产为成千上万的男女提供了体面、受欢迎的职位，并给他们几代人灌输了一个道理：如果他们为男女主人努力工作，那么他们也会得到主人的照顾。这是一种奇怪的共生关系，我们现在无法理解，第一次世界大战让一切天翻地覆之前，这种关系将以其特有的方式运行下去。

维多利亚女王于1901年去世，因此是爱德华七世的苏格兰承受了战争的生灵涂炭。对于那些低收入的苦工或在失业的耻辱中挣扎的人来说，参加一场反邪恶帝国的光荣战争的机会是无法抗拒的。工人阶级厌倦了繁重的劳动；中产阶级的小职员和售货员被束缚在单调乏味的日常工作中；上层阶级的丈夫和儿子都渴望效仿他们祖先的荣耀，他们所有人都被战争的浪潮裹挟了。所有阶级的苏格兰人第一次被共同的事业团结起来，几周之内，格拉斯哥和爱丁堡等城市的征兵中心被志愿参军的人潮挤到了崩溃边缘。

然而在1914年的夏天，苏格兰男人或男孩都以为战争不会给他们带来真正的危险。这一代人在维多利亚的帝国主义军队最后的光辉岁月中成长起来，他们对保卫帝国的理解是通过阅读关于南非布尔战争的记载而形成的。由机关枪、铁丝网和烈性炸药主导的壕沟战尚不为人所知，所有阶层都以为他们很快就会奔向荣耀，以正义的怒火驱赶面前的“德国佬”。

整个工厂、整条街道、整个学校的人加入了军队。“米德洛锡安之心”足球俱乐部的整个首发阵容都报名加入了由当地商人乔治·麦克雷出于爱国之心创立的第十六皇家苏格兰军团。对职业运动员或其他任何人的个人安全的唯一威胁似乎来自邻居、从前的朋友、老师和上司——更糟糕的是，妇女们最近明确表示，只有懦夫才不穿军装。十八岁到四十五岁之间的任何男性只要还穿着便服，就会被认为是胆小鬼，甚至更糟。全国上下洋溢着热情和兴奋，加上加官晋爵的大好前景，导致超过30万的苏格兰人在战争的前一年半自告奋勇为军队效力。

战争的现实形势来得很慢，但在1915年期间，它就像一阵夹杂冰雨的刺骨寒风迎面而来。到1916年1月，西线的死亡人数已经彻底打消了人们参军的热情，征兵成为保持兵力增长的唯一途径。到最终的1918年，一共将近有70万苏格兰人为国效力。

阿拉斯、卢斯、帕申代尔、索姆、伊普雷斯和其他地方的屠宰场欢迎苏格兰的花朵，以及其他许多国家最好的年轻人。我们很难得出确切的伤亡数字，但是在1918年11月11日上午11点之前，大约7.5万到12万的苏格兰士兵已经阵亡。从统计数据中很难了解到实际发生的情况，但许多作家都有理由声称苏格兰的人口受到了可怕的重创。高地和群岛的死亡率高达参军人数的六分之一。

到最后，苏格兰的战争以两次绝望的悲剧而告终，这两次悲剧夺去的并非法国战场上的生命，而是国内的生命。1915年5月22日早上7点的前几分钟，一列载有近500名皇家苏格兰第七军团第一营士兵的军用列车，在邓弗里斯郡昆廷希尔附近与一列停着的运煤列车相撞。第一次撞击过后片刻之内,一列从伦敦向北行驶的特快客车就全速冲进燃烧的残骸。这都归咎于两名信号员詹姆斯·廷斯利和乔治·米金,他们忘记及时将运煤列车驶离向南的铁路线,好让军用列车在驶往利物浦码头的途中通过。他们在那天犯下的致命错误夺去了227名士兵的生命,另有246人受伤,其中一些伤势极其严重。直到今天,昆廷希尔事故依然是不列颠最重大的铁路灾难。幸存者连同兵团的其他人,后来在加利波利战役期间参加了在阿奇巴巴和沟谷等地的行动;但他们最惨重的那次伤亡(占总人数的42%)发生在1915年5月22日的苏格兰。

1919年1月1日凌晨,女王皇家游艇"伊奥莱尔号"在前往斯托诺威的途中与港口附近的危险水域的一片礁石(被当地人称为"小岛野兽")相撞。这艘船由不熟悉在黑暗中的水路航行的皇家海军人员掌舵,但倘若有人事先发问,船上280名不幸的乘客中任何一个都会警告他们这里有危险。他们是海军,并且是当地人,是经历了战争带来的一切创伤后,终于踏上归途的刘易斯岛人。"伊奥莱尔号"不是通常用于往返马尔莱格和斯托诺威的摆渡船只,这是渡轮"希拉号"的工作,但当晚军人太多应接不暇,他们不想在元旦前夜把军人晾在明奇海峡,于是打电话叫来了第二艘船。

女王皇家游艇"伊奥莱尔号"(盖尔语"雄鹰"的意思)最近才被派到斯托诺威服役,由于它是军舰而不是客轮,所以只配备了足够船员使用的救生艇和救生衣。当它与"小岛野兽"相撞时,军人们被抛进了冰冷刺骨的海水中,几乎没有任何获救或逃生的希望。由于他们本应在元旦前夕抵达,所以斯托诺威港的岸边挤满了亲朋好友,"小岛野兽"就在港口附近,205个身为丈夫、儿子和兄弟的人眼看就要回到家中,却在他们所爱的人眼前淹没在海里。

战争爆发时,刘易斯岛的人口大约3万。在战争期间大约有6 000

人报名参军，到1918年，其中1 000人牺牲，达总数的六分之一。所有的西部群岛都慷慨地献出了他们的男性，每一个大大小小的村庄都体会到失去亲人的无限悲伤。“伊奥莱尔号”的悲剧是一道太过深重的创伤。

1918年，西部群岛的利弗休姆勋爵威廉·赫斯基斯·利弗买下了整个刘易斯岛。这么些年来，有许多所谓的社会工程师被吸引到西北部，决心让当地居民重新焕发出活力，而他只不过是最新近的那一位。他梦想将工业化的鱼罐头行业引入刘易斯岛，但该岛居民被战争伤得太深，已经无法轻易或友好地接受另一个陌生人的野心。利弗休姆的计划一无所获，整个社区几乎都被“伊奥莱尔号”的悲剧击垮了。据有关统计显示，1914年到1919年1月1日期间发生的人员伤亡严重地削弱了该岛的生命力，直到今天都不曾恢复。

这场战争改变了一切，它从根本上改变了千百年来的社会结构以及支撑这个结构的社会关系。数万苏格兰工人阶级在第一次世界大战期间牺牲，这是一个由来自上层阶级和贵族的指挥官监管的机械过程，他们之间古老的纽带最终被切断了。自古以来，穷人就为富人服务，作为回报，富人理应对处于他们以下阶级的人们履行父亲般的关怀。这种义务至少从17世纪起就逐渐消失了，更因“高地清除运动”彻头彻尾的残酷和冷漠被扼杀。但它不安的灵魂却因领导层在佛兰德斯的背叛而被彻底埋葬。

经过1914年到1919年的动荡时期后，当参战的人们最终回到苏格兰时，他们让工人阶级中的许多人变得激进。随着对战争物资的需求与日俱增，成千上万的工人拥进格拉斯哥等城市的军需工厂填补新的空缺。已经人满为患的危破房屋还在被房主残酷地剥削。一些地区的租金上涨了23%，很快，前线战士的妻子和孩子因为无力支付租金而被驱逐出他们的家。

1915年，遭驱逐的人数上升到民众无法接受的程度。这样的情况通常只需要一个人站出来反抗，这一次是个名叫玛丽·巴博的工人阶级家庭主妇——大规模的叛乱随即爆发，人们强烈要求改变现状。巴博太太在11月新成立的南戈万妇女住房协会组织了一系列拒交租金运动，这一策略很快在全城如火如荼地展开。

到1916年中，格拉斯哥的每个军火区，包括戈万、伊布罗克斯、帕克黑德、帕特里克和谢特尔顿，都有数千名房客拒绝交纳租金。无论何时何地，每当法官手下的工作人员试图驱逐房客，数百名组织有序的抗议者都会迅速聚集起来，堵住门口，关闭通道，拒绝这些人进入。独立工党采取了强硬措施，很快，以劳合·乔治为首相的政府不得不匆忙通过立法，不仅在战争期间固定了租金，而且迫使租金回到了1914年前的水平。

随着约半数四十五岁以下的苏格兰人在战场上打仗，妇女和女孩最终被召唤到工作场所替代他们的位置。她们并非第一选择。在允许妇女离开家进入工厂和造船厂之前，当局首先考虑的是使用来自殖民地的男性，甚至是来自饱受战争蹂躏的比利时的男性难民。潘克赫斯特太太领导的“服役权”运动最终说服劳合·乔治，妇女也应被允许在战争中发挥积极作用。妇女们制造炮弹、子弹、沙袋、军装和其他战争装备的四年时间彻底打开了一个关不上的阀门。尽管妇女在战争年代工资很低，而且在任何愿意接受她们的工厂或船厂最低微的位置上被普遍剥削，但这依然是一种解放。

战争结束时，她们不得不为返乡的士兵腾出工作岗位，但到那时，妇女们已经知道，在父亲家和丈夫家的四堵墙之外，还有更广阔的世界。在争取到工作权利之后，她们开始以强硬的态度要求投票权。早在1914年之前，妇女参政权论者就开始争取平权了，但当时国家处于战争状态，她们一致同意暂时搁置自己的要求。随着战争的停止，人们带着更大的决心和热情重拾这一使命。在1918年底前，投票权已拓宽到三十岁以上的妇女。这就是《人民代表法令》，它还将投票权给予所有二十一岁以上的男性投票权。经此一役，苏格兰的选民从不足80万人一举增加到超过220万人。

如果说工人阶级的妇女在战争期间学会了为她们自己而战，那么她们归乡的男性家属也有同样的决心让更多社会正义得到实现。在西线和加利波利的“停尸房”待过一段时间后，成千上万的士兵改变了看待自己和世界的方式。他们目睹了工业社会中不人道的现象，回到家里之后，发现他们从前的生活不再具有意义，过去忍受的侮辱也变得不再可以忍受。

政治家为了争取民众的支持，承诺将根据他们为保卫国王和国家所做的一切，改善返乡士兵的生活条件。劳合·乔治曾为“英雄之家”制造声势，现在成千上万心存不满的苏格兰人回到家乡，发现等待他们的还是同样的肮脏和贫穷，工作的前景也还是同样黯淡。

1918年12月的大选让劳合·乔治的联合政府获得了确凿无疑的支持。但工人们嗅到了水里的血腥味。在人们一直以来的记忆中，苏格兰都是一个自由党控制的国家。传统上他们主张自由贸易(通过压低食品价格来取悦穷人，通过开放国际市场来取悦商人)、改善教育和住房条件。他们也支持要求地方自治的呼声，因为在他们看来，这是一种加强而不是削弱联合王国力量的手段。

然而在战争结束后，由于工党成员为改善穷人的生活和工作条件发出的呼声更响亮，越来越多的人开始倾听工党的意见。此外，工党成员往往来自穷人阶级本身。有史以来第一次，工人阶级的男男女女听到自己人在台上诉说他们的要求。如果说工党的崛起对自由党来说还不算问题的话，他们还面临着日益活跃的保守党运动的挑战。自1912年以来，苏格兰保守党和苏格兰自由统一党找到了反对爱尔兰自治（以及衍生出来的苏格兰自治）的共同事业，并合并成苏格兰统一党。这些政党虽然有自己的名字，但本质上都是不折不扣的保守党，在第一次世界大战之后他们成了一股主要力量。

因此苏格兰的自由党面临着双重打击：工人阶级发现他们对社会公正的要求在工党那里得到了更好的表达，而中产阶级则在保守党的庇护下抵挡"社会主义"的崛起。

在1919年底前，紧张不安的中产阶级会在工人阶级的运动中发现许多值得担心的事情。对于1917年在俄国发生的事情，当权者已经对工人们会如何回应布尔什维克取得的成果而感到紧张。事实证明，苏格兰工人阶级的抱负要相对温和得多。1919年，当工程行业的工人举行罢工，要求将他们每周工作时间从超过50小时缩短到40小时以下时，同样的历史性难题（糟糕的住房、低薪资、极其艰苦的工作条件）也引发了激烈的骚乱。被骚乱激发了勇气和激情的大众，在1920年1月31日数以万计地聚集在格拉斯哥的乔治广场上，表达他们对罢工的支持。很快，其他诉求也开始浮现，包括对住房和租金惯常的抱怨。

这对当局来说太过分了，由于担心"红色克莱德河岸"引发的抗议活动即将失控并进入全面革命，当局派出警察和军队来驱散人群并恢复秩序。但是，警方的行动一如既往地笨拙和粗暴。现场出现了暴力冲突，双方都有人员负伤。抗议者中有心怀不满的前军人，他们竭尽全力贡献了自己的力量。但是，这场迫在眉睫的革命却化成了泡影。人群散开，回到他们破败不堪的家，罢工者在不到两周的时间里接受了一周47小时的工作时长，乖乖地回到工作岗位上。当局本以为社会处于岌岌可危的境地，处于待命状态的坦克和遍布全城的机关枪和枪手都表明他们有多么严阵以待。

苏格兰的当权者和中产阶级纷纷反对变革，这一点毫不出人意料，因为这场世界大战有利于苏格兰的商业。

时至今日，苏格兰重工业的残骸已经慢慢消失了，但你仍有可能行走于它们支离破碎的遗迹之间。位于科特布里奇的萨默利钢铁厂，在运作了快一百年之后于20世纪30年代才刚刚被拆除。尽管如此，考古学家还是不得不移除了六米厚的泥土和碎石，才得以揭示让萨默利成为19世纪上半叶英国最重要的钢铁厂之一的大型高炉和窑炉的遗迹。正是在这里，钢铁厂的创始人约翰·尼尔森的弟弟詹姆斯·博蒙特·尼尔森开创了革命性的“预热送风”炼铁系统。科特布里奇至少几十年来都是苏格兰的“铁堡”，直到19世纪末钢铁工业的崛起才取而代之。

然而到那时，苏格兰已经成为大英帝国的车间，当时全世界四分之一的地区及其人口都属于大英帝国。苏格兰的中心地带就位于这个车间跳动的心脏，拉纳克郡的莫斯威尔等城镇皆因工业而改变。在过去，此地因纯净的天然泉水而得名，人们甚至将其称为“圣母泉”。然而当炼铁厂发出灼热的红光时，镇上的河流和小溪都被废水污染成了黑色。

苏格兰为大英帝国的富饶尽了一臂之力，但成千上万的苏格兰人却为此忍受着人间炼狱般的生活。第一次世界大战前的住房报告让人痛心。为了生产世界上迄今为止最坚硬的金属而辛勤工作的人们，忍受着极其糟糕、下贱的生活条件。在整个拉纳克郡，公司为工人及其家属提供的住房条件是苏格兰最差的：每70人共用一个马桶；到处都是粪便和尿液的臭味；孩子们在垃圾中觅食；只有街上的竖管中有水；每个房间至少住四个人。

公司老板、董事和高级职员则过着舒适的生活。但那些住在公司宿舍的人则犹如活在另一个世界里。尽管条件恶劣，房客对住房却毫无控制权可言。如果和老板发生争执，整个家庭都有可能被迫露宿街头。如果有人生病（在这样不卫生的残酷环境下，疾病猖獗是很正常的事情），唯一的选择就是求助于公司的医生。不管病人有没有治好，当家男人的工资都将被扣除治疗费用。

从统计数据表中，我们会发现，这种生活是一个国家（或至少统治这个国家的人）的耻辱。苏格兰许多城镇和城市过度拥挤的情况甚至比伦敦最糟糕的贫民窟还要严重。每五个孩子中就有一个不到一岁就夭折了。然而这样的现实是大英帝国工业繁荣的重要因素。苏格兰的工业产生的利润背后有一个秘密、无形的交易，也许是和魔鬼本人达成的交易：苏格兰想要成为大英帝国工业车间的话，那么她的大多数人民就必须在苦难中挣扎求生才行。苏格兰的工业之所以能在世界上占据主导地位，有并且只有一个原因：苏格兰工人的工资低于其他地区同等工人的工资，而且他们住在廉价搭建的棚屋里，这样公司老板才能剥削走大部分的利润。

来自坎贝尔顿的大卫·科尔维尔，1872年开始在莫斯威尔经营一家名叫达尔泽尔的工厂，生产可锻铸铁棒。达尔泽尔一开始只是一家拥有200名员工的小公司，但最终会成长为一头庞然大物。1879年，邓迪的泰桥倒塌后，科尔维尔赢得了生产替换铁材的合同。在三个儿子，约翰、阿奇博尔德和大卫的协助下，科尔维尔名下这家公司的良好声誉稳步增长，并很快实现了从炼铁到炼钢的关键转型。当福斯桥在1883年动工时，它所使用的钢材就是科尔维尔的达尔泽尔工厂出产的。

1888年8月，当十三岁的约翰·克雷格以见习勤杂工的身份加入公司时，达尔泽尔钢铁厂只是镇上几家钢铁厂之一。克雷格是熔炉工的儿子，他善于抓住机会，跟随父亲进入了这个蒸蒸日上的行业。这个决定不仅会对达尔泽尔工厂产生重大影响，也会影响整个苏格兰的钢铁工业。在余生的六十七年里，他将和科尔维尔家族共同度过，他的财富和命运也会同他们，以及整个苏格兰紧紧缠绕在一起。

如果这个世界上有所谓的“天才少年”，那说的就是约翰·克雷格。1895年，当约翰·科尔维尔当选国会议员时，二十一岁的克雷格就已经被提拔为格拉斯哥皇家交易所的公司代表。在电话对商业产生至关重要的影响之前的几年里，商人们都在交易所大楼里面对面地达成交易。到了克雷格的时代，格拉斯哥皇家交易所已经占据了皇后街上那座曾经属于威廉·坎宁安的豪宅。

克雷格在完成学业之前就离开了学校，他始终感到有一点缺憾。现在他整天和事业有成、年纪比自己大一两倍的人交往，他走上了自我学习、自我提升的道路。在往返于莫斯威尔和格拉斯哥的路途中，他没有虚度时光，而是把时间都用来阅读和学习。他是个勤奋进取的人。他在母亲膝下受到《圣经》经文的熏陶，并把长老会的准则应用于工作场所。在克雷格的世界里，每个人都对自己的命运负责。任何人只要努力工作、信仰上帝，就能活下去，至少这个方法对他来说肯定是有用的。三十六岁时，他已经是当地达尔泽尔自由教会的长老，以及科尔维尔家族公司的董事，对于一个体力劳动者的儿子而言，这是惊人的成就。第一次世界大战给苏格兰钢铁制造商带来了前所未有的机遇，莫斯威尔的科尔维尔家族占据了其中最大的份额。当其他公司衰落时，科尔维尔总是伺机吞并，将其纳入自己的帝国。但是这个庞大的帝国也在消耗他孩子的生命，科尔维尔兄弟没能承受得了持续高强度的工作节奏。长子约翰在1901年去世，享年四十九岁。大卫和阿奇博尔德在1916年的两个月里先后去世，死时分别为五十六岁和六十二岁。他们确实是精疲力竭了。

因此，他们信任的副手约翰·克雷格在同年一跃晋升为公司董事长，那一年他才四十二岁。在达尔泽尔工厂（以及整个科尔维尔帝国），铸造厂都在不眠不休地生产弹壳和坦克装甲。乔治五世也适时地访问了他们的公司，在战争结束之前，克雷格就被授予大英帝国勋章。科尔维尔公司主宰了苏格兰的钢铁生产，克雷格坐在最顶端的位置。

然而，这是一个在世界大战的熔炉中锻造出来的帝国。1918年战争的结束对那些为了飞速生产炮弹和子弹而疯狂扩张的工厂来说算不上什么好消息。到20世纪30年代伊始，仅科尔维尔家族就拥有六家钢铁厂，能消耗二十四家煤矿公司生产的煤炭。这些矿坑由科尔维尔公司的生产线支撑，煤炭由科尔维尔公司拥有的货车车厢沿着由科尔维尔公司建造的铁路线行驶，途中穿过由更多科尔维尔钢铁打造的桥梁。克莱德河畔也有用科尔维尔产品建造的船只，将科尔维尔钢铁出口到大英帝国的各个国度。

仅科尔维尔家族就雇用了18万名员工，还有数十万人的公司都依赖战时钢铁的需求水平。当然这不会持续下去。世界和平意味着，随着订货簿中的空白页越来越多，被解雇的麻烦也随之而来。最幸运的人只是工作时间和工资被削减，而成千上万的工人则直接被解雇了。莫斯威尔几乎是一座完全依靠钢铁建立起来的城镇，战争期间该镇的失业人数不足2 000人，战后则增加到12 000多人。毫不夸张地说，它是苏格兰失业问题最严重的城镇。

在失业救济金这张安全网出现之前的岁月里，失业者几乎没有地方可以寻求帮助。扶贫救济金由地方议会控制，管理其分配的指导方针含糊其词，容易引起歧义。20世纪20年代的苏格兰工人阶级自尊自傲，一心靠自己的劳动生活，哪怕想到向陌生人求助都让他们感到恐惧。从家人或亲密的朋友那里借钱是一回事；但向当局伸手要钱的想法几乎让所有人深恶痛绝。扶贫救济金尽管微薄，也需要对受助者进行收入调查，除了最绝望的人之外，没有人愿意接受这种对私生活的侵犯。

员工从雇主那里也得不到什么帮助。尽管本身来自工人阶级，约翰·克雷格却对那些陷入困境的人几乎没有同情心。他只相信自我提升，每个人都要靠一己之力振作起来，养活自己和家人是一个人自己的责任。与其增加工资或改善工作条件，科尔维尔这样的公司更愿意提供高尔夫球场，这样他们的员工就可以利用空闲时间追求健康生活。不用说，俱乐部是不提供酒精的。

随着20世纪20年代的进展，罢工人数的上升使得扶贫救济工作变得愈发困难和复杂。随着工作时间的减少和到处裁员，工人们开始停止工作，希望这么做能迫使老板放下斧头，在经济风暴中改走一条更加友善的道路。相应地，地方政府也不得不考虑区分扶贫救济的对象，将明明身体健康，有工作能力但拒绝工作的人从救助对象中拎出来。这些人和他们的家人是否有权获得通常针对失业者的经济援助？对于穷人（不管是失业还是罢工，都没有区别）来说，生活在苏格兰变得令人难以置信地困难。莫斯威尔有一家赈济所，这些可怜的地方从来没有这么忙碌过。男人们排队等候着，什么时候轮到他们在当地公墓里挖土，获取一天几便士的酬劳。

苏格兰人开始大量移民。在1921年到1931年之间的十年里，大约50万苏格兰人离开了这个国家。大约7万人为了找工作而越过边界进入英格兰，其余人则前往美国、加拿大和澳大利亚。到了1931年，世界上每五个苏格兰人中就有一个不再生活在苏格兰。

“高地清除运动”已经渐渐成为民间传说和传奇，但在20世纪前三十年里，苏格兰人自发的大批出走却更加令人沮丧。20世纪20年代离开这个国家的大多数人不是因为失业，而是因为对失业的恐惧。如果一个国家要在现代世界中获得成功，就很需要受过教育、具备技能的人，然而这些人决定登上驶出克莱德河的船只，走向新世界的新生活。苏格兰正在大失血，正在失去最聪明和最优秀的苏格兰人。

越来越多的留守者开始质问，这个国家为什么会处于如此危险的状态。他们中越来越多人把责任直接推给政府。自由党对苏格兰的统治已经成为过去。1924年，第二次大选使斯坦利·鲍德温领导下的保守党政府回归，但在两年后，整个英国都将承受全面大罢工的影响。

矿工们对减薪和工时增加感到愤怒，在他们的领导下，罢工很快扩展，吸纳了其他行业的数千名工人。这场罢工持续了十天，除了矿工之外的其他工人都在1926年5月退出了，虽然没有什么结果，但它揭示了苏格兰社会中根深蒂固的分歧。这些裂痕不仅存在于工人阶级和中产阶级之间，也存在于工人阶级和劳工运动本身。那些具有革命精神的人试图让国家动荡的梦想落空了，那些倾向于温和路线的人比以往更确信只有通过投票箱才能实现变革。

对于越来越多的苏格兰人来说，20世纪20年代的不满气氛使他们相信现有的政党都未能充分关注苏格兰的需求。对自由党而言，地方自治是他们坚定的信念，但他们追求的自治是能够加强联合王国的自治。现在，却有人呼吁一种完全不同的权力分离。苏格兰自治协会于1918年重新成立，自1919年“红色克莱德河岸”叛乱以来，其成员与包括约翰·麦克林在内的独立工党狂热分子开始有了越来越多的共同语言。

在1924年的大选中，工党获得的压倒性胜利使许多独立工党（ILP）领导人进入了伦敦政府（尽管不包括工党中最聪明的人麦克林，他于1923年去世，年仅四十四岁）。地方自治很快又一次被提上议事日程，成为众议院激烈辩论的主题，却还是没能登上法令全书。当工党决定放弃这件事，将更多精力集中在建造新房屋和创造新的就业机会上，自治理念在边界以北发生了突变，变成了民族主义，甚至要求独立。

克里斯托弗·默里·格里夫是一名生活在蒙罗斯的记者，但他的笔名休·麦克迪亚米德更为人所知。作为一个疯狂憎恨一切英格兰事物的人，他试图用诗歌和自己出版的杂志来说服他的苏格兰同胞，如果苏格兰想要重新沐浴在乐观和繁荣的阳光下，就必须采取极端行动。麦克迪亚米德不是苏格兰知识分子中唯一一个认为国家需要采取紧急措施来遏制大失血、恢复自我意识和认同感的人。他的家后来成了"苏格兰文艺复兴"的聚会场所，刘易斯·格拉西·吉本和康普顿·麦肯齐等作家很快就和社会主义者埃德温·穆尔一起被纳入麦克迪亚米德的轨道。

1887年，穆尔出生于奥克尼的迪尔内斯。1901年，当穆尔十四岁时，他的父亲失去了家庭农场，全家搬到工业城市格拉斯哥的市中心。一个只见过奥克尼群岛与世隔绝的乡村风景的男孩，突然被扔进工业革命的熔炉，可以想象他是多么震惊。他后来形容这次搬家类似于从18世纪直接迈入20世纪，两者之间没有任何过渡。

第一次世界大战结束后不久，穆尔在布拉格住过一段时间。捷克人重新获得独立，开始走向新的未来，他们的乐观和兴奋之情感染了他；当他回到祖国时，深信他的苏格兰同胞也应这么做。（他在20世纪30年代从布拉格搬到蒙罗斯，有一阵子他和妻子是麦克迪亚米德的邻居。在那段时间里，他肯定像十几岁时从奥克尼搬到格拉斯哥一样不知所措。）无论如何，穆尔环顾苏格兰，他和麦克迪亚米德一样，不喜欢他所看到的苏格兰现状。

随着20世纪20年代时间慢慢过去，麦克迪亚米德的观点越来越倾向极端主义。他首先沉迷于语言，认为在苏格兰人完全接受苏格兰语之前，苏格兰既不能恢复也无法实现她的真正自我。他所指的不仅仅是彭斯的苏格兰语，他所考虑的是重新普及一种自15世纪威廉·邓巴这样的苏格兰诗人的时代以来就不复流行的说话和写作的方式。他的政治观点也同样挑衅。1922年，墨索里尼和法西斯党在罗马夺取政权后不久，麦克迪亚米德就发表了一篇呼吁法西斯主义在苏格兰崛起的杂志文章。他还敦促失业的退役军人进军高地和岛屿，占领那里无主的土地。

到1926年大罢工时，麦克迪亚米德等人所撰文章中的民族主义气息已经开始渗透到苏格兰社会的架构中。报纸和杂志上刊登的文章、专题报道和信件，质疑苏格兰作为一个国家为何会失败，人口为何会流失。更重要的是，他们提出追求独立可以让这个国家变得好起来。

政府和科尔维尔等公司对罢工行动的回应几乎没有影响到他们观点的逻辑。当军队在一旁待命，当工厂甚至对愿意工作的人也大门紧闭，关于罢工人员是否有资格获得扶贫救济金的难题再次浮出水面。科尔维尔公司的董事会显然不这么认为，并利用全部的法律力量阻挠当地教区议会向罢工者发放救济金。他们辩称，像他们公司这样的纳税人没有法律义务为故意放下劳动工具的人提供经济援助，而议会最终不得不偿还用于救济罢工者的公共款项。

鲍德温政府面临罢工时做好了充分准备，除了矿工以外，其他所有工人都在两周内返回了工作岗位，当局顽固坚守并以时间作为武器。到最后，被饥饿和绝望击垮的矿工在1926年10月底中止了最后一次行动。

与此同时，麦克迪亚米德以自己的方式继续着自己的战斗。他和其他苏格兰作家一起组建了苏格兰民族党，目标只有一个：独立。这是苏格兰人迄今为止在政治上发表的最激进的宣言——对苏格兰人民来说，似乎过于激进了。在下一次大选中，新成立的苏格兰民族党推出了两位不起眼的候选人，仅获得了3 000票。自治、民族主义和独立，可能是聊天的好话题，但不是选民们最看重的事项。

正如2008年的全球金融危机撼动了联合王国，1929年的经济危机像致命病毒一样传遍世界各地，没有一个国家可以幸免。10月25日，在纽约华尔街，股票和证券的价格一落千丈。在苏格兰，没有人意识到这一天将对他们产生影响，但很快"华尔街大崩盘"就像海啸一样席卷了全球。

糟糕的经济形势对苏格兰的工业而言更是雪上加霜。许多公司倒闭，许多工厂关门，许多男人和女人加入了失业者的行列。赈济所再一次向绝望、走投无路的人敞开了大门。那些有办法离开这个国家的人再一次大批出走。几个世纪以来，苏格兰人一直有移民的传统，到了20世纪，几乎每一个边境以北的家庭都有海外关系。因此对于苏格兰人来说，和远在海外的家族成员搭上线，换个地方重新开始碰碰运气，是一件相对容易的事情。沿着克莱德河航行的船只满载受过教育、技能娴熟的年轻苏格兰工人，再次越过大西洋，或驶向澳大利亚和新西兰。

20世纪30年代，埃德温·穆尔为一本不同寻常的游记收集了素材。他并非去异国旅行，而是周游苏格兰，为这个国家的现状做了一次评估。他在1935年出版了《苏格兰之旅》，书中深度描写了许多苏格兰人因失业和绝望而陷入困境，使用了大量坦率、露骨的词语，下笔毫不留情。

根据穆尔的说法，全国最衰落的地方在拉纳克郡的莫斯威尔和埃尔德里附近。在那些无精打采地徘徊在莫斯威尔十字街的劳动交流中心的年轻失业者的脸上，他只看到了绝望和失败。他明白只有社会革命才能结束这场悲剧，才能让屈服于冷漠无情的政府和企业主的整整一代苏格兰人重新振作起来。这一观点与他的朋友麦克迪亚米德形成了鲜明对比，后者认为解决办法在于同英格兰切断所有联系。苏格兰必须有所改变，问题在于方向，到底是应该朝着诗人的民族主义梦想，还是朝着社会主义的乌托邦？

麦克迪亚米德本人的性格和行为使寻找这个问题的答案变得更加复杂。毫无疑问，他是一个伟大的天才和独具一格的思想家，他咬牙切齿的仇英情结让许多人很难听进他的话，更别说认真对待了。他极度痴迷古苏格兰语，这也让他的作品十分晦涩难懂，如果他能用平常的语言表达出作品中的情感，许多人会更加仔细地倾听。对于民族主义者来说，麦克迪亚米德令人遗憾地在苏格兰近代的历史上投下了如此黑暗而巨大的阴影。被一个披头散发的沙文主义仇英分子拖累了这么久之后，激进观点确实很难得到认真的对待。

苏格兰的经济长期依赖于只有战争才能产生的白热高温。美国独立战争期间，克莱德首先有了造船业，因为烟草大王发现战争妨碍了北美殖民地的造船业。一夜之间，这条河上就挤满了运送波罗的海木材的船只，用以制造纵帆船和货轮。对这个行业而言，战争反而促进了人们的创造性思维。第一次世界大战带来的繁荣造就了科尔维尔和利思戈等巨型工业家族，它的结束却带来了经济衰退和短暂的痛苦。当第二次世界大战在1939年爆发时，钢铁厂和造船厂的订单再次爆满只是时间问题。事实证明确实如此。

在爱丁堡卡尔顿山的阴影下，圣安德鲁斯大厦终于竣工，当时联合王国正在紧锣密鼓地备战，此事几乎无人在意。9月3日，联合王国向德国宣战，第二天，第一批公务员陆续穿过苏格兰崭新的行政中心巨大的青铜大门。有史以来第一次，治理整个国家的官僚机构被安置在苏格兰，被称为“苏格兰的白厅”，旨在至少安抚一部分想要在苏格兰商讨苏格兰事务的人。至少现在，从前在伦敦决定的苏格兰政策将由爱丁堡的苏格兰事务部管理。（今天在那里工作的人会告诉你，由于战争的爆发，圣安德鲁斯大厦从未正式“落成”。当六年后和平终于到来，也没人费心再去举办仪式了。）

苏格兰的经济困境很快被战争的浪潮冲走了。为了确保必要的战争物资能得到顺利且不间断的供应，“中央管制经济”应运而生，即由政府控制了整个国家的所有工业。这种战时思维方式突破了当时的社会冲突，也塑造了战后政府的政策。

尽管温斯顿·丘吉尔领导国家获得胜利，但他并不是大多数英国人在和平时期想要的领导人。在1946年7月的大选中，工党取得了压倒性的胜利，克莱门特·艾德礼担任了首相。

如果你走访法夫的格伦罗斯等“新城区”，你就会明白战后的新苏格兰是什么样子。经过几个世纪的贫民窟，苏格兰人终于住进了拥有三居室，有室内浴室和前后花园的新房子。那些为世界自由而战的军人们晚了整整一代人，终于可以在回家后和家人一起搬入“为英雄量身打造的家”中。劳合·乔治政府在1918年做出的承诺，直到1948年的格伦罗斯才实现。

格伦罗斯有的不仅仅是新建的房屋，这座小镇是为在罗斯的“超级矿井”工作的矿工而修建的，这是最先进的煤矿，计划雇用5 000名矿工，每天生产5 000吨煤。它于1957年在女王批准下启动，预计将持续开采100年。事实上，几乎在第一天，它就遇到了问题。了解该地区的矿工曾发出警告，洪水将成为新矿井的隐患，结果预言很快成真。流入矿井的水势根本无法阻挡，仅仅五年之后，整个地区就报废了，成了无用的累赘。

暂且不谈罗斯煤矿的问题，1946年当选的工党政府致力于规划各种各样、数不胜数的项目。他们热衷于梦想和细节。国家卫生局成立于1948年，由位于圣安德鲁斯大厦的苏格兰事务部管辖。苏格兰似乎正走在通往埃德温·穆尔所设想的工人乌托邦的道路上，而这一决策的基础靠一群全情投入的工党议员仅在一届威斯敏斯特议会期间就打下了。

战争期间，曾担任苏格兰事务大臣的托马斯·约翰斯顿在苏格兰设立了很高的标杆。他是一位老练的工党政治家，始终把苏格兰的需求放在心上。他也是一位有才能的执政者，同时也了解大型规划的益处，并且拥有把控细节的头脑。约翰斯顿在战后离开了政府，领导创建了苏格兰水力电力公司，并创造了10 000个就业机会，为高地的复兴立下了汗马功劳。

在1946年上台的新一批苏格兰工党议员中，有一位曾经担任过少校的威利·罗斯。作为一个火车司机的儿子，他先是就读于格拉斯哥大学，毕业后成为一名教师。在20世纪20年代和30年代的大萧条期间，他目睹了极度贫困对人们（尤其是对儿童）的影响，开始涉猎政治。战争胜利后，他和所有同仁一样决心要改变苏格兰。但是在1951年，当丘吉尔和保守党在自由党的帮助下重新掌权时，罗斯就在短短的任期后被匆忙地赶下了台。罗斯和他的宏大计划不得不再耐心等待些年岁。

虽然苏格兰的各种政党和组织从未有足够的意志力来产生任何真正的政治影响力，但是某种激情的火焰从未在他们手中熄灭。要求自治或独立的呼声仍在继续，在1949年，政治活动家约翰·麦克唐纳·麦克科米克发起了“国家自治盟约”。1948年，在佩斯利的一次补选中，他作为“全国性”候选人和工党直面抗衡。他输了选举，但赢得了工党对他的永久憎恨。

《国民盟约》在有意识地借用同名历史先例所蕴含的情感力量。新的《国民盟约》也效仿1638年的做法,被送到全国各地征集签名。最终多达200万苏格兰人将自己的名字写在了上面。正是在公众对这一政治异见的支持的热烈气氛中,四名苏格兰学生开始了他们拿回"命运之石"的尝试。

格拉斯哥大学法律系学生,二十五岁的伊恩·汉密尔顿,怂恿他的三位朋友凯·马修森、艾伦·斯图尔特和加文·弗农,和他一起出发实践堂吉诃德的使命。他们驾驶着两辆汽车,直奔伦敦的威斯敏斯特大教堂。在1950年圣诞节早些时候,他们设法把这块石头从禁锢它七个世纪之久的加冕宝座上卸了下来。他们幸运地溜出了威斯敏斯特大教堂,一路回到苏格兰。当他们打开包裹时才发现,石头已经碎成两半,他们好说歹说,才让一位友善的格拉斯哥石匠做了必要的修复工作。

不管他们是否猜想这件事会在苏格兰引起巨大反响,四人小组都已然惹了大麻烦。为了最终将石头置于1320年签署《阿布罗斯宣言》的阿布罗斯修道院的高坛而将它归还给当局之前,他们是全国的头号通缉犯。汉密尔顿和他的同伴们可能面临严重的指控,但他们得到了苏格兰公众的狂热支持。在边境以北,他们的行动得到了排山倒海的拥护,这意味着向他们提起诉讼可能并不值得,反而会更加麻烦。他们因此名声大振,但这似乎成了苏格兰民族主义的下限:善意的恶作剧。

民族主义事业的问题如此根深蒂固,以至于光靠姿态是难以解决的。在第二次世界大战期间和之后,苏格兰人、英格兰人、爱尔兰人和威尔士人意料之外地在联合王国的温暖毛毯下和谐共处。不列颠岛上的各民族都团结起来面对共同敌人时,民族主义的主张被暂时搁置了。随着国家卫生局和涵盖所有人的福利制度的出现,这种新的亲密无间的感觉即使在战后也几乎没有减弱。

至于那些真正被苏格兰人民委以重任的苏格兰政治家，则继续努力让经济形势好转起来，到20世纪50年代末，苏格兰的规划者都认为克莱德河的造船业已经是末日产业。他们认为以后不应再为船舶生产重型钢板了，而应该投资生产用于汽车和冰箱、洗衣机等奢侈消费品的轻型钢材。正是这样的想法促成了第一家钢带厂于1962年在莫斯威尔的拉文斯克雷格诞生。虽然政府保证在佩斯利附近的林伍德会有一家新的大型汽车制造厂，而在利文斯顿附近的巴斯盖特会有一家同样雄心勃勃的重型车厂，它们很快就会消耗掉所有新生产的钢材，但除了科尔维尔公司之外，没有人敢于背负巨额债务来建造它。

这将是苏格兰工业的未来：汽车、冰箱、洗衣机和卡车。但规划者们错了。当他们把钱投进新的产业时，旧的产业只能凋亡。在1950年，克莱德河的造船厂建造了全世界30%的船舶。仅仅十年后，这一全球市场份额就跌至5%，并将持续下滑。尽管规划者说造船业已经是历史，但越来越大、越来越先进的船舶生产和制造正在成为其他地方巨大的增长产业。

克莱德河上的造船业还因为一些简单的、本土方面的原因而濒临死亡：这条河流太窄，以至于船厂甚至无法考虑建造未来世界各地都会需要的大型轮船。在战争期间，船厂主忙到无法从爆满的订单中抬起头来，他们自然也无法看到传统建造在船坞狭窄的墙壁范围之外显得多么陈旧过时。

克莱德的船只通常是定制的，按照订单量身打造。在这样远离市场脉搏的空气里，老练的商人通常被赋予与其经济价值不成比例的重要地位，各个工会也小心翼翼地保护其成员的专业角色。建造一艘船的过程被分解为无数小任务，每一个任务都是特定工人群体的专属保护区，他们的权利受到严格而强烈的保护。在克莱德河，工会之间对彼此的憎恨超过了他们对管理层的憎恨，任何渴望在工作上领先别人的个体，都会因为侵犯其他工会的领地而惹火上身。但是在战后的世界里，时间就是金钱。人们对类似于大规模生产的胃口越来越大。对于成功的造船厂而言，速度是至关重要的，像划分劳动这样的做法是一个时代错误，格拉斯哥造船厂和其他地方的生产制造商相比，显得缓慢而昂贵。

1961年，一部关于克莱德造船业的纪录片《驶向大海的巨轮》为苏格兰赢得了第一座奥斯卡最佳纪实短片奖。当这部短片制作时，造船厂依旧忙碌，这部片子也描绘了一个自豪且欣欣向荣的世界。然而事实证明，屏幕上看到的一切都不值得相信。到1961年，克莱德的全盛时期早已过去，只是那里的大多数工人都不自知。当苏格兰造船业的真相渐渐浮出水面时，它落入了民族主义者的手中。克莱德曾是苏格兰跳动的心脏，它生产的船给苏格兰人带来了巨大的民族自豪感，如果连克莱德都濒临死亡，那么谈何国家的未来？苏格兰是否很快就要变成“苏格兰郡”，变成联合王国疏于过问的一潭死水？

1964年，女王出席了福斯湾公路大桥的通车仪式。数以千计的苏格兰人在大河两岸围观车辆穿梭于欧洲最长的吊桥之上。新的工业正在兴起，随着伟大的科技和工程像新的桥梁一样崛起，苏格兰开始变得不同。但大多数苏格兰人并没有感受到什么不同。变化的速度没能快到可以阻止移民潮，失业率也正在逐渐失控。

就在福斯湾公路大桥开通两周后，大选再度举行，人们仍旧渴望改善。以哈罗德·威尔逊为首的工党政府当选，威利·罗斯被任命为苏格兰事务大臣。当他穿过爱丁堡圣安德鲁斯大厦的青铜大门时，他可能花了点时间才注意到刻在门上的铭文，上面写着：“我要叫你们得人如得鱼一样。”这是耶稣基督对他的第一批门徒，安得烈和彼得所说的第一句话，当时他从旷野走出来，看见他们在加利利海边捕鱼。这句话旨在号召大楼里工作的人时刻关注他们同胞的福祉。不管他有没有看到，罗斯决心用他自己独特的方式去实现其中的内涵。直到现在还流传着一个故事，新任命的次长来向他寻求指示：“我到底要做什么？”罗斯回答：“让你做什么你就做什么！”

罗斯是个彻头彻尾的老派官僚，完全体现了当代权贵不容置疑的自我信念。他曾是军人，也是教会长老，他完全确信自己知道苏格兰需要什么，以及如何实现。在罗斯心目中，这很简单：“我最清楚，听我说就好，不要问愚蠢的问题。”最重要的是，他明白真正的权力，真正改变事务的权力在威斯敏斯特，在那些围坐在内阁会议桌旁的人手中。他现在也是内阁成员了，当他坐在同事中间，把那张桌子拍得砰砰响，为他的地盘（苏格兰）争取更多资金的时候，所有人都屏息倾听。据说连哈罗德·威尔逊都被震慑住了。

到1966年，罗斯得到了他想要的东西：高达几十亿英镑的苏格兰投资计划。它被称为“进步计划”，乃是整个不列颠前所未有的大规模苏维埃式的国家计划。它野心勃勃，同时也注重细节。工作、房屋、道路、电力供应，一样不落，如果一切都实现了，这个国家就会发生翻天覆地的变化。但是“进步计划”虽然设想得很美好，却被经济现实绝望地抛弃了。1967年，英镑贬值，政府冻结了公共开支，特别是威利·罗斯的疯狂投资。他没能给苏格兰带来一个乐观的投资时代，只能眼睁睁看着数千名矿工和造船厂工人加入了领取救济金的队伍却无能为力。

他曾经是苏格兰在伦敦的人，现在却越来越像伦敦在苏格兰的人，某种程度上更像一个殖民地总督，代表伦敦老板照管当地人。“设”在英格兰的政府开始越来越像受英格兰“统治”的政府，苏格兰民族主义者的“苏格兰郡”预言似乎正在成为现实。正是在这种氛围中，苏格兰民族主义，这场长期以来看似激动人心实际上却束手无策的边缘运动，开始与许多苏格兰人产生新的关联。他们被告知要忘记旧苏格兰的船只和重型钢板，转而期待汽车、冰箱和洗衣机的制造。但真正关键的是资金、订单以及……产品。

越来越多的苏格兰选民对两党制感到失望。保守党和工党一再上演争斗不休的戏码，谁也没得到什么好处。越来越多十几、二十岁的苏格兰年轻人开始想弄明白他们生活其中的苏格兰到底是怎么来的。

在第二次世界大战期间以及之后的几十年里，不列颠人太过担心工作、医疗、住房和教育问题，以至于无暇过多地顾及民族主义议题。集中化的国家规划和干预对改善边境南北两边人民的生活都起到了很大作用，似乎没有必要去探寻国家的起源和本质。但随着20世纪60年代渐渐过去，联合王国的发展开始出现了明显的停滞。如果工党和保守党派都不允许变革的新鲜空气进入，那么自有其他人会做这件事情。

1967年，民谣组合“科里斯乐队”的罗伊·威廉姆斯为苏格兰同胞呈上了《苏格兰之花》。这首歌的歌词简单而有力量，让人们回想起1314年6月24日清晨，罗伯特·布鲁斯要求士兵昂首阔步走上斯特灵河漫滩，与爱德华二世国王的英格兰军队对抗的精神。

如今山丘荒芜，
秋天的落叶厚重而安静，
勇士们曾坚决保卫过的
家园已经沦陷，

勇士们曾坚决抵抗过

爱德华骄傲的军队，
把他们赶回老家，
要他三思而后行。

那些日子已经过去，
它们必须留在过去，
但我们仍可以崛起，
再次成为一个国家……

民族主义者认为，如果执政党许下的承诺必将成为泡影，那么对未来的另一种期许也许更值得相信。

麦克迪亚米德的热情（疯狂，或悲伤，或远见，谁知道呢？）再次出现。从他任性到无以复加的喋喋不休中，传来一道清晰、简洁明了的声音，仿佛第一次被人听到。在他所有愤怒的仇英谩骂中，一些简单的东西突然得到了苏格兰人的认同。苏格兰不是一个地区，而是一个国家，而且一直以来都是。也许苏格兰真的不同于英格兰，需要一个截然不同的方向。

1967年11月，温妮·尤因为苏格兰民族党赢得了之前稳稳掌控在工党手中的汉密尔顿选区席位。虽然爆出了这样的冷门，但是民族党的领导层没能利用这次成功来建立长久的势头，但它向人们表明了，苏格兰至少有两种以上的政治倾向。

工党和保守党派对汉密尔顿选区结果的反应都是半冷不热的。1968年，保守党领导人爱德华·希思在珀斯的政党会议上表示，苏格兰的分权改革值得官方讨论；次年，工党首相哈罗德·威尔逊任命了一个皇家委员会来考虑这一问题。在1970年的大选中，希思取代了威尔逊，尽管苏格兰民族党得到了11%的选票，但它在威斯敏斯特只占一个席位：西部群岛。汉密尔顿选区虽然是这一切的开端，却再一次被工党拿下。

1970年10月，不列颠石油公司在阿伯丁海岸附近的北海海域发现了储量巨大的福尔蒂斯油田。壳牌勘探开发公司在1971年发现了布伦特油田，突然之间，一个全新的未来闪现在苏格兰人眼前。按照苏格兰民族党的说法，北海的石油可以纠正之前苏格兰所忍受的每一个错误。"黑色黄金"带来的不可估量的财富足以让苏格兰人享受到世界上最好的医疗服务，他们的孩子可以接受最好的教育，反正是最好的一切。苏格兰人最终将成为和英格兰真正势均力敌的伙伴，全世界都将听从她的意见。但民族主义者说，这里也有一个陷阱：除非苏格兰能掌握自己的命运，掌握她新发现的天然资源，否则这一切都不会发生。他们呼吁苏格兰人通过推动分权改革来控制油田，却并没有像预期的那样得到民众的直接响应。

温妮·尤因在汉密尔顿选区席位上的短暂胜利看来又走回了老路：它不过是地方选民为了吓唬保守派势力而在补选中投出的反对票。工党和保守党适时地将分权改革放在议事日程上，民族主义者的狂热情绪也随之消逝。现在他们为了追求石油财富而解散联合王国的呼声，听起来完全是出于狭隘的自私。

20世纪70年代，苏格兰人仍然能感受到他们在战争期间和战后与英格兰之间建立的强力纽带。国家的福利制度和国家卫生局不仅照顾英格兰人，也照顾苏格兰人。国家政府的资金为苏格兰儿童提供了学校教育，也为苏格兰成年人提供就业机会。苏格兰人现在如果仅仅因为在卧室地板上发现了一张中奖彩票，就打算搬出这个大家庭，这似乎不是一种正确的行为。这不仅听起来很粗俗，还冒犯了苏格兰人的公平意识。

石油既是诱惑也让问题变得更加复杂，但单凭它本身并不足以迫使苏格兰人要求修订宪法。事实上，苏格兰人发现石油的结果与得克萨斯人的处境更相近。希思政府不顾一切地想尽快把钱存进银行，不能也不愿意等待国内公司开发必要的开采技术。相反，他们向跨国公司打开了大门，长期繁荣因此被牺牲在了短期利益的祭坛上。

在石油商机受阻的同时，苏格兰的传统工业面临着重重的困境。造船厂工人、矿工和钢铁厂工人依靠政府补贴过活。在20世纪60年代和70年代，保守党和工党政府都轮流援助那些在全球经济中失去竞争力的产业，它们都是已不再具有任何现实经济意义的产业。意识到自身的问题，让苏格兰所有重工业的工人都更害怕降薪和失业。工人和管理者之间的关系（从来没有好过）持续恶化，双方都有过错。罢工造成的损失更是加剧了业界的困境。

一届又一届的政府都认为，新的制造业是苏格兰创造就业机会的最佳选择，故而它们竭尽全力地提供财政激励措施，鼓励外国（通常是美国）公司进驻。但实际上，他们所做的不过是让苏格兰工人换了一种依赖国家补贴的方式。外国公司之所以进入不列颠并开设工厂，是因为不列颠政府为他们的全部风险买了单。

跨国商业贿赂的虚伪承诺也不是唯一的问题。传统工业的盈利能力依赖于工人的低薪和长时间工作。现在，新的行业也试图采用低收入和长工时的方法，因此产生的工作机会往往既依赖政府补助，报酬又过低。如果合同发生任何变化，或者在其他地方发现更廉价的劳动力来源，跨国公司只会转头寻找标明“出口”的大门。

1973年冬天，矿工们开始抵制加班，进而在1974年2月进入全面罢工，导致希思政府下台，威尔逊以微弱优势重新掌权。威利·罗斯重新回到了苏格兰事务部，他很快就会提醒他的老板，当他们不在场的时候，苏格兰的政局已经完全改变。传统行业的失业率稳步上升，意味着苏格兰中部的许多社区正朝着后工业方向发展。石油的开采使阿伯丁从渔港转型为北方的达拉斯。

对像罗斯这样的政治家而言，无论在哪里，甚至在工党的核心地带，最切中要害的话题始终都是自治、分权改革，甚至独立。威尔逊深信分权改革可以提高他在苏格兰的声望，所以当他发现许多苏格兰议员都坚决反对它时，他感到特别沮丧。尽管他们可能不愿意承认（尤其是在苏格兰民族主义者面前），但他们与保守党至少有一个共同点：他们是统一派。从社会主义的观点来看，任何国家认同的理念都是无益的干扰。全世界的工人都必须跨越所有边界团结起来，建立一个平等的世界。任何国家间的分离都有百害而无一利。认识到这一点，苏格兰的老牌工党成员都是以蔑视的态度对待分权改革的概念。

即使面对威利·罗斯，威尔逊也依然不屈不挠。罗斯非常明确地表示，威尔逊不明白为什么苏格兰想要拥有自己的议会，威尔逊则问："你们都有我了，还要议会有什么用呢？"威尔逊和任何一位懂得自保的首相一样务实，他派了重要人物北上，以大局的诉求进行谈判与合作。在工会同盟的帮助下，威尔逊如愿以偿。现在工党不得不考虑将分权改革兑现给苏格兰人。随后唇枪舌剑的痛苦无须赘述，几方的观点是相当两极分化的。内阁中有一些人只想简单地远离整个混乱局面，但威利·罗斯提醒他们为时已晚。到1976年，苏格兰的分权改革成了工党的一项官方政策。

当全民公投开始时，盛况非比寻常。投票当天晚些时候，一位常驻伦敦的苏格兰国会议员乔治·坎宁安成功地赢得了对一项重要修正案的支持。在必要的议会法案生效之前，至少得有40%的选民投出赞成票。这意味着任何一个未能进行投票的人都将被算作投了反对票。在1997年3月1日投票当中，仅52%的人希望分权改革，48%的人不希望。然而，当未投票的人被计入总数时，结果被逆转了。33%的人投票赞成分权改革，31%的人投票反对，36%的人弃权。结果未能实现“坎宁安修正案”的条款所要求的40%赞成票。

苏格兰由此被“苏格兰特性”和“不列颠特性”撕扯着。无论如何，这场公投已经揭示了真相，或者至少是一个有说服力的结果：大多数苏格兰人不愿意在1979年改变现状。

具有讽刺意味的是，在这场公投中遭受最沉重打击的是苏格兰民族党。他们一直对分权改革持两种看法。党内温和派选择将其视为有用的垫脚石，他们认为此举将推动苏格兰人走向完全独立。强硬派认为这是一种逃避，这一举动将分散民众的注意力，不利于他们彻底斩断与英格兰的所有关系。但是当全民公投最终结果是“不”时，不知为何责任全部落在了民族主义者头上。那些希望分权改革的人将他们的失望之情倾泻在这个从一开始就对此不冷不热的政党身上。然后，玛格丽特·撒切尔出现了。

这是不远的过去才发生的事，当时的很多人现在还活着，但要在一本历史书中书写这段过去，却是一件极为棘手的事情。没有距离和时间的滤镜，人物和事件似乎离得太近，太过私人化。岁月的流逝反而能提供另一种透镜，使我们的视线能够清晰地聚焦。在经过时间的沉淀之前，几十年前的事情反而容易显得模糊不清。

这位所谓的“铁娘子”是现代被妖魔化最严重的政治家之一。对许多苏格兰人而言，她几乎就是魔鬼的化身。然而就苏格兰而言，她有两项罪名比其他任何罪名都严重：无知是其中较轻的一项，更不可原谅的是她永远无法从经验中吸取教训。撒切尔夫人就是不明白，为什么一个产生亚当·斯密的国家(并且在18世纪和19世纪哺育出一批靠自由市场致富的寡头)却如此顽固地反对她的冷血政策。

当她考察这个在工业上依赖政府扶持的地方时,她只看到了一大批“补贴瘾君子”,于是狠心切断了国家的援助。依靠国家财政补助的造船业、采煤业和钢铁业,很快就如濒临灭绝的恐龙般饿死了。即使到了现在,整整一代苏格兰人仍在愤愤不平地谈论“玛格丽特·撒切尔对苏格兰做了什么”。但事实上,在许多方面,她只是什么也没做。自从第二次世界大战结束以来,当旧工业一如既往地向政府伸手要求援助时,她什么也没做。几十年来,国家出手干预来支持可怜的跛脚鸭的做法,被她狠狠地拒绝,她任由它们死去。唯一幸存下来的就是那些可以自立的产业。

当英格兰在1983年和1987年投票支持保守党时,苏格兰只能通过投票给工党来寻求慰藉,并且徒劳地发出抗议。随着80年代接近尾声,苏格兰人已经情愿看到白虎在王子街花园里徘徊,也不愿再看到任何保守党议员当选。

1988年,撒切尔夫人冒险北上。5月21日,在爱丁堡市中心“土丘”举行的苏格兰教会总会上,她发表了演讲,将自己的政策等同于基督教价值观:

> ……富足而非贫穷,才是正当的,这源于创世的天性。然而,第十诫说,你不可贪图,因为挣钱和拥有东西乃是自私的行为。但是,错不在创造财富,而是对金钱本身的热爱……然而可以肯定的是,任何一套社会和经济安排,如果不是建立在接受个人责任的基础上,都只会造成伤害。我们都要对自己的行为负责,如果我们不遵守法律,就不能责怪社会。我们不能简单地将仁慈和慷慨给予

别人。

不管用什么标准来衡量，所谓的"土丘布道"都是一种令人叹为观止的傲慢和自欺欺人的表现。更糟糕的是，她甚至来到苏格兰足总杯决赛的现场，只得到了全场嘘声，还有事先准备好的数千张红牌在看台上向她挥舞。她完全不了解苏格兰人的是非观念，好像从火星上统治这个国家一样。

1989年，撒切尔夫人向苏格兰引入了"社区费用"，即臭名昭著的"人头税"，比英格兰和威尔士早了一年。对许多人来说，政府已然认为苏格兰是个他们永远力不能及的地方，而这道税是他们对苏格兰的最后侮辱。在1990年，当英格兰实行人头税之后，各地的暴乱和抗议活动令保守党明白，他们这一步实在是走得太远了。当年11月，撒切尔被赶下台，此后不久，万人唾弃的人头税就成为历史。

在经历过"撒切尔主义"的所有痛苦和艰辛后，实现自治、分权改革或独立的计划和密谋依然存在。尽管被许多人完全忽视，这些根深蒂固的幼苗依然在20世纪80年代期间得到了苏格兰议会运动的悉心照料。1988年，这个跨党派组织发表了《苏格兰权利主张》，呼吁召开制宪会议，为分权改革扫清道路。保守党和苏格兰民族党同样都回避了这个想法，后者担心这样的妥协措施会使苏格兰偏离他们所追求的完全独立的目标。然而，工党支持这项呼声；自由民主党、工会、许多地方政府和苏格兰教会也是如此。

"苏格兰议会运动"是一头奇怪的野兽。它得到了如此广泛的支持，至少代表了苏格兰人的一部分民意。它未经选举，因此也不掌握权力，但它很重要。在许多方面，它都在实质上被等同于苏格兰的议会：一个在自己的国家流亡的议会。

1992年的大选和边境以北许多人的愿望背道而驰，保守党卷土重来，其领导人约翰·梅杰当选英国首相。虽然梅杰并不被看好，尤其被其前辈所诟病，但大选所体现的民意显示，大不列颠选民并不相信工党是最关心人民利益的政党。

1996年，“命运之石”在缺席七个世纪之后回到了苏格兰，却被苏格兰人民认为是“蹩脚的公关行为”。如果当局指望它来消除撒切尔时代造成的任何伤害，那么它显然出师不利。

1997年，保守党的好运气用完了。托尼·布莱尔领导的工党以压倒性优势上台。两个月后，苏格兰事务大臣唐纳德·杜尔发表了一份关于分权改革的《苏格兰议会》白皮书。在1997年9月11日举行的全民公投中，苏格兰人显然已经摆脱了1979年的自我怀疑。投票人数中74%的人支持成立苏格兰议会，63%的人接受该议会应该具有征税的权力。

选举于1999年5月6日举行，苏格兰议会的129个席位通过“得票最多者获胜”和比例代表制相结合的方式被分配出去。工党成为最大政党，占56个席位。苏格兰民族党占35个，保守党18个，自由民主党17个，苏格兰绿党1个，苏格兰社会主义党1个。还有一个席位则由独立候选人占据。

新议会于1999年7月1日由女王剪彩启动。它起先位于爱丁堡城堡下方的苏格兰教会的礼堂，后来才搬到皇家英里大道尽头，荷里路德宫对面的永久办公场所。十年后，苏格兰的新议会仍处于襁褓之中，犹如一个古老国家里的新生儿。而麻烦不断的20世纪遗留下来的问题仍然要靠21世纪去解决。

依靠国家救济生存的产业现在已不复存在了。但仍有太多的苏格兰人受雇于外国跨国公司提供的低收入工作；人们只是将一种依赖换成了另一种依赖。苏格兰仍在等待本土企业和产业的崛起，以使其人民摆脱依赖外界援助这个日益沉重的负担。

理查德·芬利认为,苏格兰这个国家依然缺乏信心,尤其那种激发冒险精神和创业精神的信心。虽然也有个别例外,如汤姆·法默、安·格洛格等,但他们之所以脱颖而出,正是因为像他们这样的人实在太稀少了。苏格兰人还有着一种对成功不屑一顾,或者试图忽略它的倾向。苏格兰拥有世界上有史以来最成功的作家,J. K.罗琳,然而批评家却对她的作品嗤之以鼻。杰克·维特利亚诺是苏格兰最受欢迎的艺术家,全国家家户户的墙壁上都挂着其作品的复制品,但国家美术馆却没有他的一席之地。在苏格兰人的性格中,求得安稳工作和保持低调实在是根深蒂固的两种观点。

在克莱德的船厂、矿山和钢铁厂衰落的三十年后,苏格兰人依然在哀悼它们的消逝。苏格兰人的骄傲仿佛断不了脐带般挣脱不了如下观念:只有通过建造巨大的船只,出口煤炭、钢铁,她才能(诚实地)在世界上获得成功。

虽然在边界以南(尤其是英格兰东南部),许多邻居在20世纪80年代建立了各种各样的企业并不断致富,但有太多苏格兰人不敢冒同样的风险。也许这种犹豫不决是可以理解的,毕竟在持续了一个世纪的失业和种种艰难险阻中,苏格兰人已经吸取了足够多的教训。也许其中也有加尔文派长老会的要素,在四个多世纪之前它就深深地扎根于这个国家。靠投机取巧而不是艰苦奋斗赚来的钱总是被看轻。毕竟,“活着不是为了享受”。

苏格兰是地处欧洲边缘的一个小国,面向严酷无情的大西洋。对大多数人来说,大部分时候这里的生活都很艰难。18世纪和19世纪的工业革命导致人口空前增长,这块自然资源匮乏的土地很快就成了500万人的家园。对于一个连支撑100万人生存都勉为其难的国家来说,人口的压力实在很大。

一个天性爱流浪的人，必然会成为流浪者。成千上万，乃至数以百万计的苏格兰人发现，解决现实中或想象中的问题的唯一办法就是离开这里的海岸，去世界的各个角落创造未来。17世纪晚期的涓涓细流变成了18世纪、19世纪和20世纪的大出血。人口的减少并没有停止，苏格兰是否能找到留住她的孩子们的方法，还有待观察。2009年被称为苏格兰儿女的“归国年”，无论他们身在何处。在写作本书的时候，仅麦克唐纳家族就声称在世界各地拥有至少1 200万后裔。苏格兰在其历史上大部分时候都是这些逐梦人留在身后的家乡。分权改革和新议会，乃至从联合王国中完全独立出来，是否会让一切变得更好，也有待观察。

也许苏格兰培养出来的永远是这样一类人，他们总会离开家乡，去世界其他地方定居，让那里变得更好。不过最终，苏格兰面临的挑战将是，她到底能否让自己成为人民可以实现希望和梦想的地方。

如果不久前的过去因为距离太近而无法聚焦，那么当下和将来也同样模糊不清。就我们这本《BBC苏格兰史》而言，我们最好不要涉及它们。

对我而言，苏格兰是一个不可思议的国家。我一生都热爱这片土地，并且会永远热爱下去。它比古老更古老，它将自身永恒不变的特质赋予生活在这片土地上的人们，令他们拥有战胜一切困难的生存意志。苏格兰人离开了他们小小的国土，作为企业家、商人、教士、工程师、总督、首相、战士和其他国家的普通公民，使更广阔的世界有了今天的模样。作为一个民族，苏格兰人无论在过去和现在都是一个无可比拟的国际化的成功案例。

苏格兰先成后败，败后又成，如此往复一千次。一百二十年后，我们所有活着的人，连同我们的希望、罪行、烦恼和梦想，都将一并消失。在一百万年后，曾经是苏格兰的岩石也将继续流转，创造新的天地，一切又将不同。

所以这些都无关紧要了，只有岩石永垂不朽。

# 延伸阅读

**General**

Ascherson, Neal, *Stone Voices: The Search for Scotland* (Granta, 2002)

Goring, Jenny, *Scotland: The Autobiography* (Viking, 2007)

Herman, Arthur, *The Scottish Enlightenment: The Scots' Invention of the Modern World* (Fourth Estate, 2001)

Lynch, Michael, *Scotland: A New History* (Pimlico, 1991)

Mackie, J.D., *A History of Scotland* (Pelican Books, 1964)

Magnusson, Magnus, *Scotland: The Story of a Nation* (HarperCollins, 2001)

Mitchison, Rosalind, *A History of Scotland* (Routledge, 1982)

Moffat, Alistair, *Before Scotland: The Story of Scotland Before History* (Thames and Hudson, 2005)

Pittock, Murray G.H., *A New History of Scotland* (Sutton, 2002)

Prebble, John, *Scotland* (Penguin, 1984)

Watson, Fiona, *Scotland: From Prehistory to the Present* (Tempus, 2001)

Wormald, Jenny (Editor), *Scotland: A History* (Oxford University Press, 2005)

**Chapter One**

Ascherson, Neal, *Stone Voices: The Search for Scotland*

Crofts, Roger; Gordon, John and McKirdy, Alan, *Land of Mountain and Flood: The Geology and Landforms of Scotland* (Birlinn, 2007)

Crofts, Roger and McKirdy, Alan, *Scotland: The Creation of its Natural Landscape. A Landscape Fashioned by Geology* (Scottish Natural Heritage, 1999)

McKie, Robin, *Face of Britain: How Our Genes Reveal the History of Britain* (Simon and Schuster, 2006)
Moffat, Alistair, *Before Scotland: The Story of Scotland Before History*

**Chapter Two**

Campbell, Ewan, *Saints and Sea-kings: The First Kingdom of the Scots* (Canongate, 1999)
Driscoll, Stephen, *Alba: The Gaelic Kingdom of Scotland AD 800–1124* (Birlinn, 2002)
Foster, S.M., *Picts, Gaels and Scots* (Historic Scotland, 2004)
Houston, R.A. and Knox, William (Editors), *The New Penguin History of Scotland* (Penguin, 2001)
Laing, Lloyd and Jenny, *The Picts and the Scots* (Sutton, 1993)
Lynch, Michael, *Scotland: A New History*
Owen, Olwyn, *The Sea Road: A Viking Voyage through Scotland* (Canongate, 1999)
Wagner, Paul, *Pictish Warrior AD 297–841* (Osprey, 2002)
Woolf, Alex, *From Pictland to Alba: 789–1070* (Edinburgh University Press, 2007)

**Chapter Three**

Fisher, Andrew, *William Wallace* (John Donald, 1986)
Gray, D.J., *William Wallace, The King's Enemy* (Robert Hale, 1991)
King, Elspeth, *Introducing William Wallace: The Life and Legacy of Scotland's Liberator* (Firtree Publishing, 1997)
Oram, Richard, *The Reign of Alexander II, 1214–49* (Brill, 2005)
Ross, David R., *On the Trail of William Wallace* (Luath Press, 1999)
Watson, Fiona J., *Edward I and Scotland 1296–1305* (Tuckwell Press, 1998)
Watson, Fiona, *Under the Hammer* (Tuckwell Press, 1998)

**Chapter Four**

Barrow, G.W.S., *Robert Bruce and the Community of the Realm of Scotland* (Edinburgh University Press, 2005)
Bingham, Caroline, *Robert the Bruce* (Constable, 1998)

Duncan, A.A.M. (Editor), *John Barbour: The Bruce* (Canongate, 1999)
Grant, Alexander, *Independence and Nationhood: Scotland 1306–1469* (Edward Arnold, 1984)
Grant, A. and Stringer, Keith J., *Uniting the Kingdom? The Making of British History* (Routledge, 1995)
Houston, R.A. and Knox, William (Editors), *The New Penguin History of Scotland* (Penguin, 2001)
Russell, William, personal communication
Watson, Fiona J., *Edward I and Scotland 1296–1305* (Tuckwell Press, 1998)
Watson, Fiona, *Under the Hammer* (Tuckwell Press, 1998)

**Chapter Five**

Bannerman, J.W.M., 'The Lordship of the Isles' in Brown, Jennifer M. (Editor), *Scottish Society in the Fifteenth Century* (Edward Arnold, 1977)
Grant, Alexander, 'Scotland's "Celtic Fringe" in the Late Middle Ages: The MacDonald Lords of the Isles and the Kingdom of Scotland' in Davies, R.R. (Editor), *The British Isles, 1100–1500: Comparisons, Contrasts and Connections* (John Donald, 1988)
MacDonald, R. Andrew, *The Kingdom of the Isles. Scotland's Western Seaboard, c.1100–c.1336* (Tuckwell Press, 1997)
Macdougall, Norman, *James III: A Political Study* (John Donald, 1982)

**Chapter Six**

Cheetham, J. Keith, *On the Trail of Mary Queen of Scots* (Luath Press, 1999)
Fraser, Antonia, *Mary Queen of Scots* (Weidenfeld and Nicolson, 1969)
Goodare, Julian and Lynch, Michael (Editors), *The Reign of James VI* (Tuckwell Press, 2000)
Guy, John, '*My Heart is My Own*'. *The Life of Mary Queen of Scots* (Fourth Estate, 2004)

**Chapter Seven**

Harris, Tim, *Restoration* (Penguin Books, 2005)

'Johnston of Wariston's Diary 1632–1639' in *Scottish History Society* Vol. 61 (Edinburgh, 1911)

Roy, David, *The Covenanters: The Fifty Years Struggle 1638–1688* (In the Pew Publications, 1997)

Stevenson, David, *Revolution and Counter-Revolution in Scotland 1644–1651* (John Donald, 2003)

Walker, Patrick and Shields, Alexander (Editors), *Biographia Presbyteriana* (D. Speare, Edinburgh, 1827)

**Chapter Eight**

Lenman, Bruce, *The Jacobite Cause* (Richard Drew Publishing, 1986)

Pittock, Murray G.H., *Jacobitism* (Macmillan Press, 1998)

Reid, Stuart, *1745: A Military History of the Last Jacobite Uprising* (Spellmount, 1996)

**Chapter Nine**

Barclay, Tom, *The Early Transatlantic Trade of War 1640–1730* (Ayrshire Archaeological and Natural History Society, 2005)

Devine, T.M., *The Scottish Nation 1700–2007* (Penguin, 2000)

Graham, Eric J., *Clyde Built. Blockade Runners, Cruisers and Armoured Rams of the American Civil War* (Birlinn, 2006)

Herman, Arthur, *The Scottish Enlightenment: The Scots' Invention of the Modern World*

Watt, Douglas, *The Price of Scotland* (Luath, 2007)

Whateley, Christopher A., *Scottish Society, 1707–1830. Beyond Jacobitism towards industrialisation* (Manchester University Press, 2000)

**Chapter Ten**

Devine, T.M., *The Scottish Nation 1700–2007* (Penguin, 2000)

**Chapter Eleven**

Clements, Alan; Farquharson, Kenny and Wark, Kirsty, *Restless Nation* (Mainstream, 1996)

Devine, T.M. and Finlay, R.J. (Editors), *Scotland in the Twentieth Century* (Edinburgh University Press, 1996)

Finlay, Richard J., *Modern Scotland 1914–2000* (Profile Books, 2004)
Harvie, Christopher, *No Gods and Precious Few Heroes. Scotland 1914–1980* (Arnold, 1981)

图书在版编目（CIP）数据

BBC苏格兰史／（英）尼尔·奥利弗（Neil Oliver）著；张朔然译．—南京：译林出版社，2020.8

书名原文：A History of Scotland

ISBN 978-7-5447-7287-7

I.①B… II.①尼… ②张… III.①苏格兰－历史 IV.①K561

中国版本图书馆 CIP 数据核字（2020）第 058852 号



著作权合同登记号　图字：10-2017-061号

**BBC苏格兰史　[英国] 尼尔·奥利弗／著　张朔然／译**

责任编辑　陶泽慧
装帧设计　韦　枫
校　　对　蒋　燕
责任印制　单　莉

原文出版　Weidenfeld & Nicolson, 2009
出版发行　译林出版社
地　　址　南京市湖南路 1 号 A 楼
邮　　箱　yilin@yilin.com
网　　址　www.yilin.com
市场热线　025-86633278
排　　版　南京展望文化发展有限公司
印　　刷　苏州市越洋印刷有限公司
开　　本　718 毫米 ×1000 毫米　1/16
印　　张　28.5
插　　页　4
版　　次　2020 年 8 月第 1 版
印　　次　2020 年 8 月第 1 次印刷
书　　号　ISBN 978-7-5447-7287-7
定　　价　88.00 元